浙江文化研究工程成果文库

赵顺宏 著

徐讦年谱

浙江大学出版社 · 杭州
ZHEJIANG UNIVERSITY PRESS

浙江省文化研究工程指导委员会

浙江现代文学名家年谱
编纂委员会

浙江文化研究工程成果文库总序

有人将文化比作一条来自老祖宗而又流向未来的河,这是说文化的传统,通过纵向传承和横向传递,生生不息地影响和引领着人们的生存与发展;有人说文化是人类的思想、智慧、信仰、情感和生活的载体、方式和方法,这是将文化作为人们代代相传的生活方式的整体。我们说,文化为群体生活提供规范、方式与环境,文化通过传承为社会进步发挥基础作用,文化会促进或制约经济乃至整个社会的发展。文化的力量,已经深深熔铸在民族的生命力、创造力和凝聚力之中。

在人类文化演化的进程中,各种文化都在其内部生成众多的元素、层次与类型,由此决定了文化的多样性与复杂性。

中国文化的博大精深,来源于其内部生成的多姿多彩;中国文化的历久弥新,取决于其变迁过程中各种元素、层次、类型在内容和结构上通过碰撞、解构、融合而产生的革故鼎新的强大动力。

中国土地广袤、疆域辽阔,不同区域间因自然环境、经济环境、社会环境等诸多方面的差异,建构了不同的区域文化。区域文化如同百川归海,共同汇聚成中国文化的大传统,这种大传统如同春风化雨,渗透于各种区域文化之中。在这个过程中,区域文化如同清溪山泉潺潺不息,在中国文化的共同价值取向下,以自己的独特个性支撑着、引领着本地经济社会的发展。

从区域文化入手,对一地文化的历史与现状展开全面、系统、扎实、有序的研究,一方面可以藉此梳理和弘扬当地的历史传统和文化资源,繁荣和丰富当代的先进文化建设活动,规划和指导未来的文化发展蓝图,增强文化软实力,为全面建设小康社会、加快推进社会主义现代化提供思想保证、精神动力、智力支持和舆论力量;另一方面,这也是深入了解中国文化、研究中国文化、发展中国文化、创新中国文化的重要途径之一。如今,区域文化研究日益受到各地重视,成为我国文化研究走向深入的一个重要标志。我们今天实施浙江文化研究工程,其目的和意义也在于此。

　　千百年来,浙江人民积淀和传承了一个底蕴深厚的文化传统。这种文化传统的独特性,正在于它令人惊叹的富于创造力的智慧和力量。

　　浙江文化中富于创造力的基因,早早地出现在其历史的源头。在浙江新石器时代最为著名的跨湖桥、河姆渡、马家浜和良渚的考古文化中,浙江先民们都以不同凡响的作为,在中华民族的文明之源留下了创造和进步的印记。

　　浙江人民在与时俱进的历史轨迹上一路走来,秉承富于创造力的文化传统,这深深地融汇在一代代浙江人民的血液中,体现在浙江人民的行为上,也在浙江历史上众多杰出人物身上得到充分展示。从大禹的因势利导、敬业治水,到勾践的卧薪尝胆、励精图治;从钱氏的保境安民、纳土归宋,到胡则的为官一任、造福一方;从岳飞、于谦的精忠报国、清白一生,到方孝孺、张苍水的刚正不阿、以身殉国;从沈括的博学多识、精研深究,到竺可桢的科学救国、求是一生;无论是陈亮、叶适的经世致用,还是黄宗羲的工商皆本;无论是王充、王阳明的批判、自觉,还是龚自珍、蔡元培的开明、开放,等等,都展示了浙江深厚的文化底蕴,凝聚了浙江人民求真务实的创造精神。

代代相传的文化创造的作为和精神,从观念、态度、行为方式和价值取向上,孕育、形成和发展了渊源有自的浙江地域文化传统和与时俱进的浙江文化精神,她滋育着浙江的生命力、催生着浙江的凝聚力、激发着浙江的创造力、培植着浙江的竞争力,激励着浙江人民永不自满、永不停息,在各个不同的历史时期不断地超越自我、创业奋进。

悠久深厚、意韵丰富的浙江文化传统,是历史赐予我们的宝贵财富,也是我们开拓未来的丰富资源和不竭动力。党的十六大以来推进浙江新发展的实践,使我们越来越深刻地认识到,与国家实施改革开放大政方针相伴随的浙江经济社会持续快速健康发展的深层原因,就在于浙江深厚的文化底蕴和文化传统与当今时代精神的有机结合,就在于发展先进生产力与发展先进文化的有机结合。今后一个时期浙江能否在全面建设小康社会、加快社会主义现代化建设进程中继续走在前列,很大程度上取决于我们对文化力量的深刻认识、对发展先进文化的高度自觉和对加快建设文化大省的工作力度。我们应该看到,文化的力量最终可以转化为物质的力量,文化的软实力最终可以转化为经济的硬实力。文化要素是综合竞争力的核心要素,文化资源是经济社会发展的重要资源,文化素质是领导者和劳动者的首要素质。因此,研究浙江文化的历史与现状,增强文化软实力,为浙江的现代化建设服务,是浙江人民的共同事业,也是浙江各级党委、政府的重要使命和责任。

2005年7月召开的中共浙江省委十一届八次全会,作出《关于加快建设文化大省的决定》,提出要从增强先进文化凝聚力、解放和发展生产力、增强社会公共服务能力入手,大力实施文明素质工程、文化精品工程、文化研究工程、文化保护工程、文化产业促进工程、文化阵地工程、文化传播工程、文化人才工程等"八项工程",实施科教兴国和人才强国战略,加快建设教育、科技、卫生、体育等"四个强省"。作为文化建设"八项工程"之一的文化研究工程,其任务就是系统研究浙江文化的历史成就和当代发展,深入挖掘浙江文化底蕴、研究浙江现象、总结浙江经验、指导浙江未来的发展。

浙江文化研究工程将重点研究"今、古、人、文"四个方面,即围绕浙江当代发展问题研究、浙江历史文化专题研究、浙江名人研究、浙江历史文献整理四大板块,开展系统研究,出版系列丛书。在研究内容上,深入挖掘浙江文化底蕴,系统梳理和分析浙江历史文化的内部结构、变化规律和地域特色,坚持和发展浙江精神;研究浙江文化与其他地域文化的异同,厘清浙江文化在中国文化中的地位和相互影响的关系;围绕浙江生动的当代实践,深入解读浙江现象,总结浙江经验,指导浙江发展。在研究力量上,通过课题组织、出版资助、重点研究基地建设、加强省内外大院名校合作、整合各地各部门力量等途径,形成上下联动、学界互动的整体合力。在成果运用上,注重研究成果的学术价值和应用价值,充分发挥其认识世界、传承文明、创新理论、咨政育人、服务社会的重要作用。

我们希望通过实施浙江文化研究工程,努力用浙江历史教育浙江人民、用浙江文化熏陶浙江人民、用浙江精神鼓舞浙江人民、用浙江经验引领浙江人民,进一步激发浙江人民的无穷智慧和伟大创造能力,推动浙江实现又快又好发展。

今天,我们踏着来自历史的河流,受着一方百姓的期许,理应负起使命,至诚奉献,让我们的文化绵延不绝,让我们的创造生生不息。

2006 年 5 月 30 日于杭州

"浙江文化研究工程成果文库"序言

易炼红

国风浩荡、文脉不绝,钱江潮涌、奔腾不息。浙江是中国古代文明的发祥地之一、是中国革命红船启航的地方。从万年上山、五千年良渚到千年宋韵、百年红船,历史文化的风骨神韵、革命精神的刚健激越与现代文明的繁荣兴盛,在这里交相辉映、融为一体,浙江成为了揭示中华文明起源的"一把钥匙",展现伟大民族精神的"一方重镇"。

习近平总书记在浙江工作期间作出"八八战略"这一省域发展全面规划和顶层设计,把加快建设文化大省作为"八八战略"的重要内容,亲自推动实施文化建设"八项工程",构筑起了浙江文化建设的"四梁八柱",推动浙江从文化大省向文化强省跨越发展,率先找到了一条放大人文优势、推进省域现代化先行的科学路径。习近平总书记还亲自倡导设立"文化研究工程"并担任指导委员会主任,亲自定方向、出题目、提要求、作总序,彰显了深沉的文化情怀和强烈的历史担当。这些年来,浙江始终牢记习近平总书记殷殷嘱托,以守护"文献大邦"、赓续文化根脉的高度自觉,持续推进浙江文化研究工程,接续描绘更加雄浑壮阔、精美绝伦的浙江文化画卷。坚持激发精神动力,围绕"今、古、人、文"四大板块,系统梳理浙江历史的传承脉络,挖掘浙江文化的深厚底蕴,研究浙江现象、总结浙江经验、丰富浙江精神,实施"'八八战略'理论与实践研究"等专题,为浙江干在实处、走在前列、勇立潮头提供源源不断的价值引导力、文化凝聚力、精神推动力。坚持打造精品力作，目前一期、二期工程已经完结，三期工程正在进行中，出版学术著作超过1700部，推出了"中国历代绘画大系"等一大批有重大影响的成果，持续擦亮阳明文化、和合文化、宋韵文化等金名片，丰富了中华文化宝库。坚持砥炼精兵强将，锻造了一支老中青梯次配备、传承有序、学养深厚的哲学社会科学人才队伍，培养了一批高水平学科带头人，为擦亮新时代浙江学术品牌提供了坚实智力人才支撑。

文化是民族的灵魂，是维系国家统一和民族团结的精神纽带，是民族生命力、创造力和凝聚力的集中体现。在以中国式现代化全面推进强国建设、民族复兴伟业的新征程上，习近平文化思想在坚持"两个结合"中，以"体用贯通、明体达用"的鲜明特质，茹古涵今明大道、博大精深言大义、萃菁取华集大成，鲜明提出我们党在新时代新的文化使命，推动中华文脉绵延繁盛、中华文明历久弥新，推动全党全国各族人民文化自信明显增强、精神面貌更加奋发昂扬。特别是今年9月，习近平总书记亲临浙江考察，赋予我们"中国式现代化的先行者"的新定位和"奋力谱写中国式现代化浙江新篇章"的新使命，提出"在建设中华民族现代文明上积极探索"的重要要求，进一步明确了浙江文化建设的时代方位和发展定位。

文明薪火在我们手中传承，自信力量在我们心中升腾。纵深推进文化研究工程，持续打造一批反映时代特征、体现浙江特色的精品佳作和扛鼎力作，是浙江学习贯彻习近平文化思想和习近平总书记考察浙江重要讲话精神的题中之义，也是浙江一张蓝图绘到底、积极探索闯新路、守正创新强担当的具体行动。我们将在加快建设高水平文化强省、奋力打造新时代文化高地中,以文化研究工程为牵引抓手,深耕浙江文化沃土、厚植浙江创新活力,为创造属于我们这个时代的新文化贡献浙江力量。要在循迹溯源中打造铸魂工程,充分发挥习近平新时代中国特色社会主义思想重要萌发地的资源优势,深入研究阐释"八八战略"的理论意义、实践意义和时代价值,助力夯实坚定拥护"两个确立"、坚决做到"两个维护"的思想根基。要在赓续厚积中打造传世工程,深入系统梳理浙江文脉的历史渊源、发展脉络和基本走向,扎实做好保护传承利用工作,持续推动优秀传统文化创造性转化、创新性发展,让悠久深厚的文化传统、源头活水畅流于当代浙江文化建设实践。要在开放融通中打造品牌工程,进一步凝炼提升"浙学"品牌,放大杭州亚运会亚残运会、世界互联网大会乌镇峰会、良渚论坛等溢出效应,以更有影响力感染力传播力的文化标识,展示"诗画江南、活力浙江"的独特韵味和万千气象。要在引领风尚中打造育德工程,秉持浙江文化精神中蕴含的澄怀观道、现实关切的审美情操,加快培育现代文明素养,让阳光的、美好的、高尚的思想和行为在浙江大地化风成俗、蔚然成风。

我们坚信,文化研究工程的纵深推进,必将更好传承悠久深厚、意蕴丰富的浙江文化传统,进一步弘扬特色鲜明、与时俱进的浙江文化精神,不断滋育浙江的生命力、催生浙江的凝聚力、激发浙江的创造力、培植浙江的竞争力,真正让文化成为中国式现代化浙江新篇章中最富魅力、最吸引人、最具辨识度的闪亮标识,在铸就社会主义文化新辉煌中展现浙江担当,为建设中华民族现代文明作出浙江贡献!

2023 年 12 月

凡　例

一、本丛书之谱主均系公认的浙籍作家。其主要标识为出生于浙江，或童年、少年时期在浙江度过，或长期与浙江保持密切联系，其家世影响、成长经历、文学素养的形成，受到浙江地域文化的浸染，其文学观念、文学创作留有鲜明的浙江文化印记。浙江"身份"尚存争议的作家，暂不列入。

二、本丛书之谱主的主要文学成就，均在"中国现当代文学"时期（包括 1949 年以前的"现代"期和中华人民共和国成立后的"当代"期）产生过广泛影响的各种文学创作、文学活动及其他相关文化活动。其他历史时段与谱主相关的活动，从略记述。

三、每位谱主之年谱为一册，以呈现谱主之文学创作、文艺思想、文学组织、文学编辑等成就为重点，相关背景呈示多侧重其与文学的关联性；年谱亦涉及谱主在中国革命史、思想史、文化史上的成就与贡献，充分展示谱主在建构我国 20 世纪新文化中的特殊贡献。

四、每部年谱共由三部分组成。第一部分为家世简表、谱主照片等有关材料；第二部分为年谱正文和少量插图，图片配发在正文相应部位，以便形成文图互证；第三部分为谱主的后世影响,主要包括正文未及的谱主身份、价值的确切定位及相关悼念、纪念活动,以及谱主的全集出版、著作外译、谱主研究会的成立、重要研究成果等,均予以择要展示。文后附参考文献。

五、年谱使用规范的现代语体文。直接引用资料采用原文文体;人名、地名、书名、文章篇名及引录的原著繁体字或异体字文句,凡可能引起歧义、误解者,仍用原繁体字或异体字。

六、年谱以公历年份作为一级标题,括号内标注农历年份。谱主岁数以"周岁"表述,出生当年不标岁数,只标为是年"出生"。为便于阅读,按通行出版惯例,年、月、日及岁数均采用阿拉伯数字。

七、年谱在一级标题下,以条目形式列出本年度与谱主的文学(文化)活动密切相关、对谱主产生重要影响的若干条"年度大事记"。

八、年谱以公历月份作为二级标题。在二级标题之下,以日期标识谱主相关信息。所有日期均为公历;若农历涉及跨年度等特殊情况,则换算为公历将所述内容置于相应年份,以利于读者识别。

九、年谱中部分具体日期不明的重要信息,均置于当月最后位置,以"本月 ……"说明之;若有关信息只能确定在"春季""夏季"之类时间段内,则置于本年度末,以"春 ……""夏 ……"等加以说明;若有关信息只能确定在本年度的,则亦置于本年度末,以"本年 ……"进行表述。

十、中华人民共和国成立前国家、民族、地名、组织、机构、职官等名称,除明显带有歧视、污蔑含义者须加以适当处理外,原则上仍用文献记载的原名称。

十一、鉴于资料来源多元和考证繁杂,年谱中若观点出现有待考证或诸说并存的,借助"按……"的形式,简要表述编撰者的考辨,或者以注释形式加以说明。

十二、凡有补充、评述等特别需要说明的内容,皆以注释形式说明。对以往诸家有关谱主传记文字的误记之处,在录入史实后,均用注释的方式予以纠正。

十三、年谱正文原则上不特别标识信息来源;若确需说明的,则以分门别类的方式,在正文表述中进行适当处理。

十四、年谱注释从简。确需注释的,统一采用当页脚注。发表报刊一般不注,用适当方式通过正文直接表述;其中,民国时期报刊之"期""号"等,原则上依照原刊之表述。

十五、因时代关系,部分历史文献之标点符号不甚规范,录入时已根据现时标点符号规范标点。以往相关书籍史料中收录的谱主文献,不同版本在部分文献上有不同的断句,本年谱所录之文系在比对各种资料后基于文意定之。

十六、谱主已知的全部著述,均标注初刊处、写作日期、初收何集、著述体裁(如小说、散文、漫画、艺术论述、童话、诗词、评论、译文、书信、日记、序跋等)。若谱主著译版本繁多,一般仅录入初版本。若该作品有多处重刊、转载或收入作品集,则在正文中进行说明,以表明作品的重要性和社会影响。未曾发表的作品注明现有手稿及作品的现存之处。

十七、谱主的主要社会评价,既反映正面性评价,也反映批评性评价,以体现存真的目的,尽可能体现年谱对谱主的全面评价意义。有代表性的评价文字,节录原文以存真。社会评价文字根据原文发表时间,放在相应的正文中表述;若无法确定时间,则放在相应的月份末尾或年份末尾予以恰当叙述。

十八、年谱若遇历史文献中无法辨认之字,则用"□"表示。

十九、年谱中有关谱主的后世影响，根据不同谱主状况，依照类别和时间顺序，在谱后进行详略有别的叙述。

《浙江现代文学名家年谱》编纂委员会
2020 年 8 月

家世简表

徐荷君　姜燕琴

徐犁如　　徐班如　　徐瑟如　　　徐传琮
（长女）　　（次女）　　（三女）　　（长子，1908—1980）

尹秋（母赵琏）　　葛原（母葛福灿）　　尹白（母张选倩）
（长子，1935—）　　（长女，1950—）　　（次女，1955—）

徐訏像

天上的雲，樹上的葉，此時的，都不是彼時的。
昨日的花，今日的果，開花的，也就是結果的。
去年的你，昨宵的你，已逝的，都不是你自己的。
天黑了，你該回去，太陽還是從黑暗裡生長的。
莫戀現在，莫望將來，既有的現在，都屬于過去的。
逝者如斯，來者若彼，一切的存在，禾過是此時此地的。

錄拙詩一切的存在。应

耀明先生屬

徐訏

一九六八，三，二〇，香港。

徐訏手迹

目　录

1908 年(戊申,清光绪三十四年) 出生

▲2 月 25 日,杭州各界在风林寺召开秋瑾的追悼大会,到会者达四百余人。革命党人借此秘密集会,商议革命策略。决议注全力于军队,以掌握革命实力。

▲8 月 27 日,清廷颁布了中国历史上第一部宪法性文件《钦定宪法大纲》。

▲11 月 14 日,清光绪帝驾崩。次日,慈禧太后崩。溥仪继位,改年号宣统。

10 月 30 日 农历戊申年十月初六,出生于浙江省慈溪县洪塘镇竺杨村。[①]

本名徐传琮,字伯讦。徐讦是后来常用的笔名,也是发表成名作《鬼恋》时的署名。此外常用的笔名还有东方既白、任之初、迫讦、徐于、姜城北、史大刚、云起白、释岂饭等。

父徐荷君,又名曼略,能诗善文,清光绪三十年中举,曾任北洋政府财政部秘书和上海中央银行监事会秘书。育有三女一子,中年得子的他将儿子取名传琮,三女则分别叫犁如、班如、瑟如。

母姜燕琴。姜氏因之前育有三女而发下誓愿:如果生得儿

---

① 徐讦因无法确切记忆自己的出生日期,遂把 1908 年 11 月 11 日定为自己的生日。10 月 30 日是徐讦的女儿在《残月孤星》中提供的日期,来源是徐讦母亲在徐讦订婚时生辰八字上所书的日期。考虑到中国乡村老人对子女生辰八字的重视,记忆应该具有相当的准确性,并且与徐讦本人记忆相去不远,故采用此日期。

子,则终身吃素。儿子徐讦出世,姜氏如愿,开始吃素。

1909 年(己酉,清宣统元年) 1 岁

▲2 月 15 日,《教育杂志》创刊于上海。

▲3 月 2 日,周氏兄弟合译的《域外小说集》第一集出版。

▲9 月 28 日,政府游美学务处北京西郊清华园旧址建肄业馆,后改名清华学校。

▲11 月 13 日,提倡民族气节鼓吹新学思潮为主旨的革命文学团体"南社"成立于苏州,活动中心在上海,发起人为陈去病、高旭、柳亚子等。

徐讦回忆:"当我生下来的时候,一个算命先生说这个孩子养不大,如果养大准是个克星。果然,我的父母不久就分居了,我被送到了学校。"这对其性格及心理造成了重大的影响。

1910 年(庚戌,清宣统二年) 2 岁

▲1 月,《南社丛刻》开始出版。

▲2 月 20 日,《国风报》(旬刊)在上海创刊,发行人为何国桢,实际由在日本的梁启超遥控。

▲5 月 23 日,预备立宪公会、江苏谘议局研究会、华商联合会、商学公会等 15 个团体在上海预备立宪公会会所欢送第二次请愿速开国会代表赴京。

▲8月29日,商务印书馆《小说月报》创刊,该刊以"多译名作,缀述旧闻,灌输新理,增进常识"为宗旨,由南社社员王蕴章担任主编。

▲11月4日,清政府宣布缩短预备立宪期限,决定于宣统五年,即1913年开设议院,同时下令各省请愿代表即日散归,不得再行请愿。

作为徐家唯一的男孩,受到奶奶的宠爱。

1911年(辛亥,清宣统三年) 3岁

▲4月26日,清华学堂(清华大学前身)正式开学。

▲4月27日,由同盟会领导的广州起义爆发。

▲8月,《申报》副刊《自由谈》创刊。

▲10月10日,武昌起义爆发。革命军首先在武汉三镇取得胜利,成立湖北军政府。11月,各省代表在南京举行临时大总统选举,孙中山被推选为临时大总统。改国号为"中华民国"。

本年 父亲到上海银行工作。

1912年(壬子,民国元年) 4岁

▲1月1日,孙中山宣誓就任临时大总统,中华民国成立,改用阳历。

▲2 月,清帝退位。孙中山辞职,袁世凯接任中华民国临时大总统。

▲6 月 8 日,中华民国临时大总统袁世凯公布:以五色旗为中华民国国旗,另以武昌起义革命军使用的十八星旗为陆军旗,以青天白日旗为海军旗。

▲8 月,同盟会联合统一共和党等四个政团合并组成国民党,孙中山任理事长。

本年 父母不和睦,对徐讦造成很大的心理压力。

1913 年(癸丑,民国二年) 5 岁

▲7 月,爆发"二次革命",孙中山随后流亡日本。

▲9 月 24 日,章太炎驳斥建立孔教,称将孔子与耶稣等并论,实为亵渎。

▲9 月,中国第一部电影故事片《难夫难妻》(又名《洞房花烛》)在上海上映。

▲10 月 10 日,袁世凯宣誓就任中华民国大总统。

▲11 月 23 日,康有为任孔教会会长。

本年 家中请来私塾老师教徐讦古文。

1914年(甲寅,民国三年) 6岁

▲5月,章士钊在日本创办《甲寅》月刊。

▲5月,鸳鸯蝴蝶派代表作《玉梨魂》出版,徐枕亚在上海创办《小说丛报》。

▲5月,孙中山在日本创办《民国》杂志,进行反袁宣传。

▲7月,孙中山在日本改组国民党为中华革命党,并被推选为总裁。

▲本年,第一次世界大战爆发。

本年 徐讦被父亲送往村里的一家寄宿学校。这家寄宿学校的孤独经验在徐讦的心中烙下了深刻的记忆。(《传薪集》《夜窗小札》)与大多望子成龙的父亲一样,早在徐讦牙牙学语时,徐父就请老夫子教儿子四书五经;怕儿子被奶奶宠坏,又把不满6周岁的徐讦送进离家有一里多路的承裕小学。走读了半年,年纪太小不适应,于是开始住校。与老校长翁老夫子住在一起,并且也不再随班上课,只跟着翁老夫子读《左传》。翁老夫子是当地有名的旧式教育家,在当地很有影响,很多人跟着他学古文,但都是大人,徐讦是其中唯一的孩子。当时的教育比较重视国文、英语和算术,徐讦因年纪小不用上全部的课程,但算术和英文两门课仍然要跟班学习。学校的生活比较艰苦,乡下的学校没有水电,水是用水缸积盛的雨水;电是煤油灯照明。饭菜更是难以下咽,还常常出现苍蝇、蚂蚁之类。这些并不是最难忍受的,最难忍受的是想家。对于童年,徐讦曾这样写道:"我喜欢到

学校读书,可是不愿意住宿,那时乡间没有电灯,厕所远在校外,有几次逃学回家,可是每次都被送了回去。有一次,在学校的楼上看到家里着火,我想回家,可校长不同意,我只好在那儿干着急。"(《〈责罚〉的背景——我上学的第一个小学及其他》《我小学生活里的人物》)

1915 年(乙卯,民国四年) 7 岁

▲3 月,鸳鸯蝴蝶派杂志《小说新报》在上海创刊。

▲5 月 9 日,袁世凯正式承认丧权辱国的"二十一条"。

▲9 月 15 日,陈独秀在上海主编的《青年杂志》创刊(从第二卷起改名《新青年》),反对旧思想,提倡科学与民主。

▲12 月 12 日,袁世凯通电全国,正式宣布接受帝位,改国号为"中华帝国",以 1916 年为洪宪元年。唐继尧、蔡锷等组织护国军讨袁。

本年 阅读《七剑十三侠》《七侠五义》之类的武侠小说。开始尝试写诗。

1916 年(丙辰,民国五年) 8 岁

▲1 月,北京汇文大学、通州华北协和大学、北京华北女子协和大学等学校合并为燕京大学,司徒雷登任校长。

▲1 月,邵力子、叶楚伧在上海创办《民国日报》,后成为国民

党机关报。

▲12月26日，黎元洪总统任命蔡元培为北京大学校长。

▲本年，袁世凯死，黎元洪继任大总统，段祺瑞任国务总理。各系军阀争权夺利，中国陷入军阀混战。

▲本年，黑幕小说开始风行。

本年 到上海环球中国学生会附设的小学学习。地址在上海跑马厅对面，光明戏院的旧址附近。级任老师是一位钱姓女教员。老师教学很认真，尤其是对作文的批改很仔细，徐讦父亲称赞她改得好，这多少培养了徐讦对于写作的兴趣。

1917年(丁巳，民国六年)　9岁

▲1月，胡适在《新青年》第2卷第5号发表《文学改良刍议》。

▲2月，《新青年》发表陈独秀《文学革命论》，正式举起文学革命的旗帜。

▲6月14日，张勋率"辫子军"进入北京城，黎元洪令大开中华门，迎接张勋。

▲7月1日，清废帝溥仪发布"即位诏"，称"共和解体，补救已穷"，宣告亲临朝政，收回大权。复辟很快宣告失败。

▲11月7日，俄国十月革命爆发。

▲本年，中国政府下令对德宣战，并宣布不再恢复《临时约法》和国会。孙中山在广州发动护法运动。

本年 在上海环球中学附小学习。

1918 年(戊午,民国七年) 10 岁

▲1 月,《新青年》改为同人杂志。

▲4 月 18 日,毛泽东在长沙创办新民学会。

▲5 月,鲁迅在《新青年》第 4 卷第 5 号发表《狂人日记》,为中国现代文学史上第一篇白话小说。

▲10 月,陈独秀、李大钊组织社会主义研究会。

▲11 月 11 日,第一次世界大战结束。李大钊发表《庶民的胜利》和《布尔什维主义的胜利》,歌颂十月社会主义革命。

▲12 月,周作人在《新青年》第 5 卷第 6 号发表《人的文学》。

本年 在上海环球中学附设小学获得小学文凭。于初等小学毕业后,到北京考学校,结果录取在中学部(这意味着跳过了高小的三年)。这所学校是一个陆军中学,叫正志中学,是徐树铮办的,校舍宏大,设备齐全。因徐树铮的关系,学校的学生大部分来自安福系,是一群达官贵人子弟。徐訏来自南方乡村,不会国语,感到很是孤单。虽然跳了三级,功课还能跟上,并且不算坏,但学校的军事化管理,严格的作息与操典让徐訏很不适应。"读了一年,还因为家庭里一点事情,就又回到故乡去读小学了。"(《我小学生活里的人物》)

1919年(己未,民国八年)　11岁

▲1月,北京大学《新潮》创刊。

▲1月18日,巴黎和会开幕。英、美、法三国首脑操纵和会拒绝中国的正义要求,将德国在山东权益让与日本。

▲5月4日,北京学生3000余人举行爱国游行示威,抗议巴黎和会的强权和北洋军阀政府的卖国行径,揭开了中国新民主主义革命之序幕。

▲7月20日,胡适在《每周评论》发表《多研究些问题,少谈些主义》,随后展开"问题与主义"的论争。

▲7月,毛泽东主编《湘江评论》创刊。李大钊等在北京成立少年中国会,创办《少年中国》月刊。

▲10月,孙中山宣布改组中华革命党为中国国民党。

秋　回到承裕小学,成为高等小学二年级学生。老校长翁老夫子很快就作古了。新来的校长姓袁,办事认真,教同学们国文,后来也教同学们英文。

1920年(庚申,民国九年)　12岁

▲3月,李大钊、邓中夏、高君宇、罗章龙等在北京大学秘密组织马克思学说研究会。

▲3月,胡适《尝试集》由上海亚东图书馆出版,为中国现代

文学史上第一部白话诗集。

▲4月,马克思、恩格斯《共产党宣言》(全译本)由上海社会主义研究社出版。

▲8月,上海共产主义小组成立,并秘密创办了刊物《共产党》。

▲9月,毛泽东在湖南建立共产主义小组,并组织马克思主义研究会。

本年 在承裕小学就读。作为最初的启蒙者,这所小学的一些老师给徐讦留下了一些印象。这其中有爱运动的俞先生和胡先生,俞先生会踢足球,经常把球踢得很远,而胡先生除了踢球之外还会画画、作诗。这其中还有一位姓张的同学给徐讦留下了很深的印象,他不但能出壁报,而且在壁报上用自己写的文章;他还喜欢新诗,曾经购买过胡适刚刚出版的《尝试集》。这位同学还关心时事,还曾经在国耻纪念日带着徐讦到各地去刷“毋忘国耻”之类的标语。(《〈责罚〉的背景——我上学的第一个小学及其他》《我小学生活里的人物》)

1921年(辛酉,民国十年) 13岁

▲1月,文学研究会在北京中央公园来今雨轩成立,主要发起人有沈雁冰、叶绍钧、郑振铎、王统照、周作人、许地山等12人,其宗旨是“为人生而艺术”。

▲7月23日至31日,中国共产党召开第一次全国代表大会,通过党纲。

▲7月,郭沫若、郁达夫、田汉等组织的创造社成立。

▲8月,郭沫若《女神》由上海泰东书局出版。

▲10月,郁达夫小说集《沉沦》出版,为中国现代文学史上第一部白话小说集。

年初 高等小学毕业。入宁波当地一所很保守的旧制中学。

1922年(壬戌,民国十一年) 14岁

▲1月,《学衡》杂志在南京创办,由上海中华书局出版发行,重要撰稿人有梅光迪、吴宓、胡先骕等,以反对新文化运动,坚持中国传统文化为宗旨。该刊于1933年7月第79期停刊。

▲5月,创造社在上海创办文艺刊物《创造季刊》。

▲5月,胡适等16人在北京《努力周刊》上发表《我们的政治主张》。

▲7月,中国共产党在上海召开第二次全国代表大会。

本年 转入北京成达中学学习。成达中学是徐讦以前就读过的陆军中学改组的一个学校,当时的名誉校长是吴鼎昌。学校还带有陆军学校的遗风,学校课程相当重视数学。

1923年(癸亥,民国十二年) 15岁

▲2月7日,"二七"惨案发生。

▲6月12日,中国共产党第三次全国代表大会在广州举行,会议决定全体共产党员以个人名义加入国民党,以建立各民主阶级的统一战线。

▲6月15日,《新青年》改出季刊,成为中国共产党的理论性机关刊物,迁往广州出版,瞿秋白任主编。《国际歌》中文词曲在创刊号首次刊出。

▲7月,创造社在《中华新报》上创办《创造日》。

▲10月,中国共产主义青年团刊物《中国青年》周刊在上海创刊。本年起,邓中夏、恽代英、沈泽民等共产党人倡导革命文学。

本年 转入圣芳济教会学校就读。在亲身经历中感受到华人受到歧视。徐讦多年后还回忆起这样一个场景:一个大雨倾盆的黄昏,放学后,同学们都在校门口叫黄包车,有许多华童叫到了车子,结果被洋童们抢着坐去,当时站在一边的西洋修士们却毫不阻止。"这留给我很奇怪的印象。我一直以为穿着黑色道袍的修士们都是德行很高的,而我也粗知上帝的儿女们是平等的,而现在发现事实的确不是如此,这与我过去中国学校里所接受的爱国精神有一种说不出的冲突。我当时是住在附近的一个学校宿舍,并不在等黄包车,只是等雨下得小一点走回去,所以我一直站在门口。看许多华童眼睛望望道貌岸然的修士先

生,而他们一直装作不见不闻,还招呼洋童上黄包车,我幼稚的心里就非常不平了。"徐讦对教会学校产生了强烈的反感,于是又重新回到成达中学就读。

1924年(甲子,民国十三年)　16岁

▲1月20日,国民党第一次全国代表大会在广州召开,确定"联俄、联共、扶助农工"。

▲4月12日,印度著名诗人泰戈尔受邀来华讲学,抵达上海。

▲5月31日,北京政府外交总长顾维钧与苏俄代表加拉罕正式签订《中俄解决悬案大纲协定》,并互换照会,宣布北京政府与苏俄政府建交。

▲6月17日,李大钊代表中国共产党赴莫斯科出席共产国际第五次代表大会,并就中国民族革命问题发表声明。

本年　在成达中学就读。

1925年(乙丑,民国十四年)　17岁

▲1月,中国共产党第四次代表大会在上海举行。

▲3月12日,孙中山在北京逝世,全国各地群众隆重悼念。

▲5月30日,上海发生"五卅惨案",全国掀起反帝国主义浪潮。

▲6 月 3 日,中共中央《热血日报》创刊,由瞿秋白主编。

▲7 月 1 日,中华民国国民政府在广州成立。

本年 到湖南联合高中(北平)就读。

1926 年(丙寅,民国十五年) 18 岁

▲3 月 18 日,北京发生"三一八"惨案,段祺瑞下令屠杀请愿要求拒绝八国通牒的民众。

▲3 月 20 日,中山舰事件发生。

▲7 月 9 日,蒋介石就任国民革命军总司令职,革命军誓师北伐。

▲10 月,上海工人在中共领导下举行第一次武装起义。

本年 在湖南联合高中就读。

1927 年(丁卯,民国十六年) 19 岁

▲4 月 12 日,蒋介石在上海发动反革命政变。

▲7 月 15 日,汪精卫叛变革命,宁汉合流。

▲8 月 1 日,周恩来、朱德等领导南昌起义。

▲8 月 7 日,中共中央召开紧急会议,清算陈独秀右倾投降主义路线,撤销其职务。

▲9 月,毛泽东同志领导秋收起义。10 月底到达井冈山,建

立第一个革命根据地。

▲11月8日,中共中央在上海召开临时政治局扩大会议。

夏 徐訏以优异的成绩考取北京大学哲学系。在此之前认识了在北大注册部和孔德学校任职的张雪门。张雪门对创作和心理学的爱好使他们志趣相投。张雪门当时已经在晨报社出过两本书,一本是童年生活的回忆,一本是短篇小说集。当获知徐訏考取北京大学哲学系的时候,张雪门专门写了一封很诚挚的信来道贺,让徐訏印象深刻。

大学期间,徐訏为马克思主义所吸引,他说:"二十岁的时候,的确是共产主义的信徒。"一段时间里,对于马克思主义的著作产生了强烈的兴趣。当时正是知识欲旺盛的年纪,虽然不能一下子有很深透的理解,但生吞活剥的硬啃是常有的事,曾经在上海购买过马克思《资本论》英译本上下卷,也勉强看完。与此同时,还找来日本河上肇的《新经济学大纲》进行对照阅读。

1928年(戊辰,民国十七年) 20岁

▲2月,《语丝》杂志在上海复刊。

▲4月28日,朱德、陈毅率南昌起义军余部与毛泽东会师井冈山,组成红军第四军,朱德任军长,毛泽东任党代表。

▲6月18日,中国共产党在莫斯科召开第六次全国代表大会。

▲6月,鲁迅和郁达夫合编的《奔流》月刊在上海创刊。

▲12月,中国著作者协会在上海成立。

▲本年,创造社、太阳社倡导无产阶级革命文学,并与鲁迅、茅盾等开展论争。

本年　在北京大学读二年级。

徐訏三年后自述在大学"尝遍了恋爱的苦毒"。他说:第一个女子"因为爱我而骗我了! 这在我是很失望而痛苦的";1928年,一位女子同他接近并爱上了他,他猜这或许是别人设计的结果,因为谣诼与罪名已随之加在了他的身上;第三个女子虽然爱他,然而"风波的开始"伤了许多人的心,而他不愿因误会而伤众人的心。①

1929 年(己巳,民国十八年)　21 岁

▲1 月,毛泽东、朱德率领红四军开辟以瑞金为中心的中央革命根据地。

▲2 月,国民政府颁布《宣传品审查条例》,加紧反革命的文化"围剿"。

▲11 月,陈独秀被开除出党。

▲11 月,我国第一个无产阶级戏剧团体上海艺术剧社成立,首次提出"普罗列塔利亚戏剧"的口号。

5 月

29 日　鲁迅回北京,受北京大学国文学会邀请到北京大学

---

① 参见冯芳:《徐訏罗曼史丛考》,《华文文学》2016 年第 2 期。

三院演讲一小时。徐訏参与听讲。

夏　作诗歌《何不把我的灵魂吹进她的心》，[①]发表于《鞭策周刊》。作品虽略显稚嫩，但徐訏的风格还是比较明显。全诗如下：

清风频敲窗棂问你说

我默然点滴的清泪做了回答的声音！

日斜了。二个影只剩了一个影，园中蝴蝶。

树上黄莺到处笑我孤另！

床上桌上的什物都随你行，姑娘何以独不带走我的魂灵？

只有你用空了的花露水瓶，

横陈着索我眼泪让它饮！

啊！我后悔，为什么不送你行？

但我真不堪那送别回来归途的伤心！

姑娘，当斑鸠正在如愿如诉地哀鸣，

可想到楼头痴望着的孤人的苦情？

蚊虫飞来，频频叮咛；

说是它肚中的血得自你的身，假如我愿任她述入我的心灵，

那吾唯一的良药能医治我的伤心！

挑夫回，近田远山归来只有一人，

车上楼头，二个人儿一样心！微风只能把我的泪吹飞零，

何以不把我魂灵吹进她的心。

---

① 杨炀：《一首佚诗——重新"发现"徐訏》，《中华读书报》2021年2月9日。

本年　在北京大学读三年级。

1930 年(庚午,民国十九年)　22 岁

▲2 月,中国共产党领导的中国自由运动大同盟于上海成立。

▲3 月至 10 月,中国左翼作家联盟、中国社会科学家联盟、中国左翼美术家联盟、中国左翼戏剧家联盟及左翼文化界总同盟先后在上海成立。

▲5 月至 10 月,蒋介石与阎锡山、冯玉祥在河南、安徽、山东、江苏混战,史称中原大战,最后蒋介石获胜。

4 月

12 日　作诗歌《碑铭》。

6 月

29 日　创作戏剧《青春》(独幕剧),收入《徐讦全集》第八卷。剧作的情节集中于一种场景的展示:

时:现代。

地:北平。

人:杨亦修——四十岁的经济学博士,某大学之教授。

韩秉梅——二十岁的少女,杨之学生,其父为杨之友。

王斐君——二十二岁的大学生,风流潇洒。

景:杨亦修的家中,一间精雅的书房,幕开时秉梅与亦修共

坐圆桌旁,亦修刚教完秉梅的书。

相类似的情节后来延伸为小说《花束》中的故事。

10 月

28 日　作《敬以过了生命的轮廓做个引子》一文。

本年　在北京大学读四年级。大学期间积极参与学生剧团的各种演剧活动,积累了戏剧经验。

1931 年(辛未,民国二十年)　23 岁

▲1 月 31 日,国民党中宣部颁布《危害民国紧急治罪法》,进一步实施白色恐怖。

▲2 月 7 日,胡也频、柔石、殷夫、冯铿、李伟森 5 位左翼作家和何孟雄、林育南等 19 位共产党员在上海龙华被国民党淞沪警备司令部秘密枪杀。3 月,左联外围刊物《文艺新闻》创刊,披露青年作家被害消息。

▲9 月 18 日,"九一八"事变爆发。蒋介石下令"不抵抗"。

▲9 月,丁玲主编《北斗》创刊。该刊是左联为扩大左翼文艺运动,克服关门主义和宗派主义而作的努力。

▲10 月,国民党颁布《出版法施行细则》,绞杀进步文化。

▲11 月,中华苏维埃共和国临时政府在江西瑞金成立,毛泽东当选为主席。

2 月

1 日 创作戏剧《多余的一夜》,刊载于《新时代》1933 年 5 月 1 日第 4 卷第 4、5 合期。

10 日 下午,听重回北大的胡适在第二院大礼堂上课,讲中古思想史,听讲者约三百人。这次听课给徐訏留下了较深的印象。因为过去哲学系的老师上课,听讲者大多寥寥,陈寅恪、金岳霖、陈大齐等都是如此,少则七八人,多的也不过十数人。胡适那天的课,不但课堂挤满了听讲的人,窗外也站了不少人,还有一些校外来的,像孔德中学的学生等。胡适的课虽然很有吸引力,但徐訏听过之后感到不太像哲学课,所以最后还是没有选胡适的中古思想史这门课。

4 月

1 日 创作戏剧《子谏盗跖》(独幕剧),刊载于《天地人》1936 年 4 月 1 日第 3 期。剧作是以《庄子·盗跖》为蓝本,铺展而成的一篇历史剧。剧作着重表现了孔子劝谏盗跖放下武器以行先王之道,结果被盗跖痛骂的场面,体现了作者对于社会革命比较激进的倾向。

5 月

27 日 作诗歌《感》,收入《借火集》(上海怀正出版社 1948 年版),后收入《徐訏全集》第十一卷。诗歌的第一段落:"任凭我热血一杯,冷酒半盏,/我也无力来阻抑我愁思泛滥!/片片的落花已将满城的春意深埋,/这样的时节能不使我心头忧烦。"既兆示了徐訏后来诗作的忧郁情调,也显示了对那种主客一体之意象,盘桓起伏之音效的艺术追求。

7 月

本月　北京大学哲学系毕业,获学士学位。

9 月

12 日　在上海。作诗歌《天涯地角》,刊载于《天地人》1936年6月1日第7期,收入《借火集》,后收入《徐訏全集》第十一卷。徐訏早期诗歌只有部分发表过,这是其中的一首,说明这是作者比较看重的作品。其中最后一个段落:"明明是过去聪明人的高调,/烟雾中哪有喜鹊在筑桥?/心已经像没有宗教时代的古庙,/天涯地角哪里能有船儿来回地摇。"显示出徐訏对一个时代精神气象的把握能力。

30 日　在北平。创作戏剧《旗帜》(又名《旗》,独幕剧),收入《野花》集(成都东方书店1942年版),后收入《徐訏全集》第八卷。作品时间设置是一九三一年九月十八日夜。这时离"九一八"事变只有十来天的时间,这应该是最早反映"九一八"事变的戏剧作品。由于《旗帜》一剧在开明剧院演出,徐訏受到鼓舞,"俨然自以为可以做剧作家了"(《汪敬熙先生》),由此把精力从诗歌创作转移到戏剧创作上来,创作了相当一批的剧作。

本月　在北平。创作戏剧《两重声音》(独幕剧),刊载于《万象》1934年第3期,收入《野花》集,后收入《徐訏全集》第八卷。与其它剧作中男女冲突不同,这部小剧设置了一个兄弟冲突的场景,作品的场景设置是这样的:

时：晚上十一点钟辰光。

地：海滨山丘上之别墅。

人：兄，弟。

景：一间很精雅的卧房，右通外；左通浴室，有门帘深垂，放着油灯。

作品写人心的仇恨。弟弟对于哥哥的欺压是明面上吆五喝六，而哥哥对于弟弟的仇恨则是在暗地里悄然滋长。作品写出了贪欲代替人伦后的扭曲与恐怖。

10 月

本月 在北平。留北大任助教。转入心理学系修读心理学。由于此前读哲学专业期间已经修读过一些心理学专业的课程，当时的心理学系主任樊际昌根据徐訏的学分情况把他安排在三年级。尽管徐訏对心理学一直有很浓的兴趣，但进入北大心理学系后，却发现那种实验性的心理学与自己对于心理学的理解有不小的距离。这时候，北大的心理学系刚刚成立，而且是放到理学院之中的。在心理学系，徐訏感到除了汪敬熙先生的课外，没有合适的课程可以选读。而跟着汪敬熙先生研究下去，势必要走到神经心理学研究的专门化路子上去。当然，之所以对汪敬熙的心理学课有一些兴趣，这跟他是一个小说家和诗人是有一定关系的。这对于有志于文学的徐訏来说自然有着一种格外的吸引。"且说我认识汪敬熙先生，虽是在北大，可是远在他研究心理学、生理学以前，他的小说《雪夜》我在中学毕业时已经读过，我记得他在序里还是跋里好像写过他是随身带一本小记事本，在生活中随时记录，作为写小说准备的。我在读他的书后，当时就想，这个作者应该去研究科学才对。现在他成了科学

家,我竟很自负我在中学毕业时已经有这样的眼光。"(《汪敬熙先生》)

本年　作诗歌《一个梦》,收入《借火集》,后收入《徐訏全集》第十一卷。

本年　创作戏剧《公寓风光》(又名《北平风光》,独幕剧),收入《野花》集,后收入《徐訏全集》第八卷。这是一幕轻喜剧,写几个穷苦学生如何对付房东(王掌柜)的故事。此剧受到丁西林等独幕戏剧的影响。

本年　创作戏剧《雪夜闲话》(又名《单调》),刊载于《新时代》1933年2月1日第4卷第1期,收入《野花》集,后收入《徐訏全集》第八卷。这是一幕带有哲理意味的诗剧,其布景人物为:

地:一个山明水秀的乡间。

时:雪月交映的冬夜。

人:老画家,潜隐着的;青年诗人,流浪到的;少女,飘零来的。

景:室内,简洁幽雅,老画家潜隐之地,室内小炉,但窗开着,国家正对窗写生;门与窗相对,在画家之背后。

本年　创作戏剧《志忑》(独幕剧),刊载于《新时代》1933年4月1日第4卷第3期,收入《鬼戏》集(成都东方书店1948年版),后收入《徐訏全集》第八卷。剧作设置了这样一个场景,刻画年轻女性结交异性朋友时的志忑心理:

时:大概就那么样的暮春的早晨。

地:也许是这样的地方。

人:李小姐。

景:女学校的寄宿舍,李小姐的一间小巧玲珑的房间。床有二,一为已回家的周小姐的。

本年　创作戏剧《荒场》,刊载于《新时代》1933 年 9 月 1 日第 5 卷第 3 期,收入《鬼戏》集,后收入《徐讦全集》第八卷。作品设置的场景:

　　拟未来派剧。

　　地:地球上。

　　时:时间中。

　　作品设置了五个场景,每个场景相隔二十年,有甲、乙两人从十岁开始,直到他们的曾孙出场。作品试图表现在时间的巨轮下人世的沧桑巨变。

　　本年　创作戏剧《难填的缺憾》,刊载于《东方杂志》1933 年12 月 16 日第 30 卷第 24 号,收入《鬼戏》集,后收入《徐讦全集》第八卷。作品设置的场景、人物为:

　　时:无论什么时候的傍晚。

　　地:无论什么地方的都市。

　　景:有沙发,有写字桌,陈设很新,组织不久之小家庭也。门有二,一通内,一通外;前者严闭,后者微开。幕开时桌上很乱。高跟鞋一只挂在痰盂口上,一只抛在地上。静悄悄鸦雀无声。

　　人:某某。

　　这些早期诗剧要么选取一个漫漶无边的时空,要么选取一个浓缩的时间爆发节点。这部作品属于后者。写一对年轻夫妻出现感情矛盾后,男方(某某)希望缓解和解释的局面。

　　本年　创作戏剧《野花》,刊载于《时代》1934 年第 6 卷第 3期,收入《徐讦全集》第八卷。这是一部带有抽象意味的独幕剧,写男女间感情的纠结。其剧情开场的设置为:

　　时:某年某月某日某时。

　　地:某国某省某处某地。

人:某少女同某青年。

布景:某少女家里的某间房子,房内到处都插着某种野花。

本年　创作戏剧《男女》(两幕剧)。作品由男女两人的两大段独白构成。这些早期短剧不具有很强的剧本品格,更多地带有戏剧诗的意味,特别注重语言的诗化表达。如:"那一刹那,记得是去年的夏天,我倦游归来,洗了一个澡以后,一个人到这花园里来乘凉,我发现了你的高贵与纯洁。太阳晒着你,你不理会,风霜打着你,你不理会。在这花园里,花开谢去,树叶长起了落掉,月圆了缺,黄莺消逝了是鹧鸪,鹧鸪隐去了是杜鹃,杜鹃啼死了是乌鸦。甚至这花园的主人,我祖父死了是母亲,母亲死了是我,一切都在变,在变,只有你,兀立在花木中间,没有半点喜忽,平平谈淡看着世事的变迁,我想到这点,我就时时刻刻忘不了你。"

本年　创作戏剧《纠纷》(又名《乱麻》,独幕剧),刊载于《文心》1938 年创刊号,收入《野花》集,后收入《徐讦全集》第八卷。剧作以公安局在工人暴动后的混乱场面写当时社会的动荡和不安,主要人物有公安局长和王秘书。

本年　创作戏剧《无业公会》。

本年　创作戏剧《跳着的东西》,刊载于《时代漫画》1934 年第 5 期。

1932 年(壬申,民国二十一年)　24 岁

▲1 月 28 日,"一·二八"事变在上海爆发。

▲5 月,国民党采取不抵抗政策,与日军签订《上海停战协

定》。

▲7月1日，邹韬奋在上海创办生活书店。

▲8月，国民党特务大肆搜查书店，逮捕店主或经理。左联刊物《北斗》被迫停刊。

▲9月，林语堂等人在上海创办《论语》半月刊，提倡幽默和闲适的小品文。

▲12月30日，宋庆龄、蔡元培等发起的中国民权保障同盟在上海成立。

1月

1日 在宁波。作诗歌《江上》，收入《借火集》，后收入《徐讦全集》第十一卷。

11日 北大外文系教授杨丙辰在《大公报·文学副刊》第209期发表《大诗人、天才徐志摩和他的朋友们》一文。徐志摩死后，引起文艺界众多人士的悼念，对其诗作极力称赞。杨丙辰认为，从新文学中新诗的发展来看，徐志摩的诗是有所不足的，主要表现在："第一，是因为他对于新诗似乎是有两种根本错误的见解，……就是他在他的诗里过于追求调的铿锵，和对于'诗的形式'的误解；……第二，在他的才力上尚大有可议处，他所有的才智不见得是能符合伟大诗人底天才的。……"所以，总起来看，志摩的诗显得浮泛。相比较而言，有些年轻诗人的诗"是无论怎样，我也不能不说是胜过了他的"，这其中就包括"徐君伯讦的诗集"。

杨震文的点评极大地鼓舞了徐讦创作诗歌的信心。在经历一个短暂的戏剧创作阶段后，徐讦的诗歌创作进入一个勃发期。杨震文把徐讦的诗歌创作与徐志摩诗歌进行比较的点评，显示出对于徐讦诗歌创作的精准定位。徐志摩的诗歌是白话诗浪漫派的一个高峰,同时,到三十年代初也正是一个转换的前夜。正是需要向现代派诗歌、古典诗歌吸取营养从而避免早期白话诗过于直白的毛病。因此,杨震文的点评对徐讦来说不仅是一种鼓励,同时也是一种提示和指引。

23 日 作诗歌《过年》。

2 月

23 日 在苏州。作诗歌《夜的神秘》,收入《借火集》,后收入《徐讦全集》第十一卷。

与曹禺、章泯等在苏州公演莫里哀的《铿吝人》,并且回北平后与曹禺、王惕鱼等人组织了一个集美戏剧社。

26 日 在北平。作诗歌《闲愁》,收入《借火集》,后收入《徐讦全集》第十一卷。

28 日 在北平。作诗歌《点滴》,收入《借火集》,后收入《徐讦全集》第十一卷。

29 日 在上海。作诗歌《忽忙》,收入《借火集》,后收入《徐讦全集》第十一卷。

3 月

4 日 在北平。作诗歌《受伤》《雾》,收入《借火集》,后收入《徐讦全集》第十一卷。

4 月

23 日 在北平。作诗歌《我是一只爱光的蛾》,收入《借火集》,后收入《徐訏全集》第十一卷。

5 月

14 日 在苏州。作诗歌《池边》,收入《借火集》,后收入《徐訏全集》第十一卷。

6 月

8 日 回到故乡慈溪。作诗歌《河上》,刊载于《天地人》1936年 4 月 1 日第 3 期,收入《借火集》,后收入《徐訏全集》第十一卷。

同日 在上海。作诗歌《似乎》,收入《借火集》,后收入《徐訏全集》第十一卷。

11 日 在杭州。作诗歌《重到江南》,收入《借火集》,后收入《徐訏全集》第十一卷。

夏 留校任助教,并在心理学专业继续学习。

北大读书期间,徐訏开始各种写作的尝试,诗歌是他最早的创作,曾得到杨震文老师的赞许。杨震文当时是北京大学德国古典文学的资深教授,翻译过海涅、歌德的诗歌,文学修养极高。但他对于当时红极一时的徐志摩的诗歌却有些不以为然,认为徐志摩诗歌感情表达上流于轻浮,而认为徐訏诗歌的感情比较凝重。徐訏觉得这是老师对于学生的鼓励,同时,也增强了写作的自信。

8 月

26 日 在北平。作诗歌《经过》,收入《借火集》,后收入《徐讦全集》第十一卷。

9 月

6 日 在上海。作诗歌《捣得粉碎》，收入《借火集》，后收入《徐讦全集》第十一卷。

7 日 在北平。作诗歌《抖》，收入《借火集》，后收入《徐讦全集》第十一卷。

8 日 在北平。作诗歌《云》，收入《借火集》，后收入《徐讦全集》第十一卷。

11 日 在北平。作诗歌《伴相曲》，收入《借火集》，后收入《徐讦全集》第十一卷。

29 日 短篇小说《内外》脱稿，收入短篇小说集《阿刺伯海的女神》(上海夜窗书屋 1946 年版)，后收入《徐讦全集》第四卷。小说写当铺里从学徒到掌柜的升迁，与之相联系的接人待物、社会关系等等随之而起的变化。具有一定的风俗画意味，同时也力图拓展出一种人生不断循环的抽象意味。

10 月

6 日 在北平。作诗歌《忘掉》《寻》，收入《借火集》，后收入《徐讦全集》第十一卷。

本月 在北平。作诗歌《秋水》，收入《借火集》，后收入《徐讦全集》第十一卷。

11 月

15 日 由北平经通州前往烟台。作诗歌《甲板上》，收入《借火集》，后收入《徐訏全集》第十一卷。

16 日　在烟台。作诗歌《岛上》，收入《借火集》，后收入《徐訏全集》第十一卷。

22 日　在烟台。作诗歌《补失句》，收入《借火集》，后收入《徐訏全集》第十一卷。

26 日　在烟台。作诗歌《幼稚的问句》，刊载于《东方杂志》1933 年 10 月 1 日第 30 卷第 19 号，收入《借火集》，后收入《徐訏全集》第十一卷。

本月　作诗歌《小诗》，收入《借火集》，后收入《徐訏全集》第十一卷。

12 月

6 日　在烟台。作诗歌《望》，收入《借火集》，后收入《徐訏全集》第十一卷。

8 日　在烟台。作诗歌《后悔》，收入《借火集》，后收入《徐訏全集》第十一卷。

9 日　作诗歌《傻子》《床上》，收入《借火集》，后收入《徐訏全集》第十一卷。

12 日　在烟台。作诗歌《醒》，收入《借火集》，后收入《徐訏全集》第十一卷。

16 日　在烟台。作诗歌《漫游》，收入《借火集》，后收入《徐訏全集》第十一卷。

22 日　在烟台。作诗歌《一件事》《凄凉》，收入《借火集》，后收入《徐訏全集》第十一卷。

同日　小说《本质》脱稿，刊载于《现代》1933 年 12 月 1 日第 4 卷第 2 期，收入短篇小说集《阿剌伯海的女神》，后收入《徐訏全集》第四卷。作品是对有关爱情本质的一些思考。小说中男主人公殷湲写了一个短剧来阐述他对于爱情本质的理解，"剧旨是指出金钱与容貌是恋爱的本质，面且说明前者为外界的条件，后者为自身的条件。结局是特别的指出：坦白地凭这两个条件来恋爱是合理的，而一切的悲剧都是因为不坦白缘故"。史教授的女儿史小姐虽然爱上了殷湲，但殷湲认为与他对爱情的本质的认识并不符合，所以并不热心。史教授则认为人们的爱还有感情、心理的成分，从帮扶女儿的角度出发，提出如果殷湲坚持他的观点，那么他正可以供给足够的金钱。这样，史小姐和殷湲走到了一起，但这时史小姐才发现殷湲原来有着浪漫的情感经历，因为不被别人接受才成为今天这个模样。这篇小说虽然带有抽象、晦涩的一些不足，但还是写出了人们感情生活上的某些悖论，也可见作者一开始就对这些微妙的情感心理状态有极大的热情。

28日 在烟台。作诗歌《雪夜》《纸条》，收入《借火集》，后收入《徐讦全集》第十一卷。

30日 小说《禁果》脱稿，刊载于《现代》1934年7月1日第5卷第3期，收入短篇小说集《百灵树》（香港亚洲出版社1954年版），后收入《徐讦全集》第十四卷。

本年 作诗歌《扰乱》，收入《借火集》，后收入《徐讦全集》第十一卷。

本年 创作戏剧《心底的一星》，刊载于《申报月刊》1932年11月15日第1卷第4号，收入《鬼戏》集，后收入《徐讦全集》第八卷。剧作的场景设置为：

时：无论何时。

地：无论何地。

人：女戏剧家，侍女，新闻记者。

景：女戏剧家的起居室，左门通外，右门通内，室内有大镜，梳妆台，以及椅桌等；墙上挂着许多世界古今剧作家名伶的照相，幕开时，是我们的女戏剧家穿着睡衣在梳妆的当儿。她的侍女立在她的旁边。

作品写女剧作家对于青春的刻意挽留，以至于在意到一个星期少睡了十几秒钟，但从新闻记者与侍女的谈话中醒悟到青春是永远不会驻留的。

1933年（癸酉，民国二十二年）　25岁

▲1月17日，中华苏维埃临时中央政府和工农红军军委发表宣言，表明愿在三条件下与全国军队停战议和，共同抗日。

▲2月17日，英国作家萧伯纳抵达上海，开始访问中国。

▲5月8日，中华苏维埃临时中央政府任命朱德为中国工农红军总司令兼第一方面军总司令，周恩来为总政委。

▲6月，中国民权保障同盟总干事杨铨被国民党特务杀害，鲁迅等被列入黑名单。

▲10月，蒋介石调动百万军队发动第五次反革命军事"围剿"。

1月

3日　在烟台。作诗歌《一次默默》，收入《借火集》，后收入《徐訏全集》第十一卷。

4 日 创作戏剧《女性史（拟未来派剧）》（独幕剧），刊载于《论语》1934 年 1 月 16 日第 33 期。其为徐訏早期独幕话剧之一，带有很强的实验色彩，如标题所示，是一种拟未来派的戏剧。作品所设置的场景和人物为：

时：悠远悠远的过去。

地：地球上面。

人：壮而有力的男子，窈窕美丽的女性。

徐訏早期剧作较多地受到西方现代派戏剧的影响。

7 日 在烟台。作诗歌《梦》，刊载于《文艺月刊》1934 年 5 月 1 日第 5 卷第 5 号，收入《借火集》，后收入《徐訏全集》第十一卷。

本月前后 在烟台。作诗歌《漫走》，刊载于《人间世》1935 年 1 月 5 日第 19 期，收入《借火集》，后收入《徐訏全集》第十一卷。

2 月

13 日 在北平。作诗歌《玄妙》，收入《借火集》，后收入《徐訏全集》第十一卷。

19 日 在北平。作诗歌《赠别》《留》，收入《借火集》，后收入《徐訏全集》第十一卷。

本月 在北平。作诗歌《幻想》，刊载于《人间世》1935 年 7 月 5 日第 31 期，收入《借火集》，后收入《徐訏全集》第十一卷。

3 月

1 日 在宁波。病中。作诗歌《重会》，收入《借火集》，后收入《徐訏全集》第十一卷。

同日 戏剧《参加》(独幕剧)刊载于《新时代》第 4 卷第 2 期。

2 日 在宁波。病中。作诗歌《约后》，收入《借火集》，后收入《徐訏全集》第十一卷。

6 日 在宁波。作诗歌《银色的诗》，收入《借火集》，后收入《徐訏全集》第十一卷。诗歌表达一种告别之意，应是毕业之后投入新环境的心绪的一种表达。

本月 在北平。作诗歌《会》。

4 月

26 日 在上海。创作小说《小刺儿们》，刊载于《东方杂志》1933 年 8 月 16 日第 30 卷第 16 号，收入短篇小说集《阿剌伯海的女神》，后收入《徐訏全集》第四卷。小说以街景素描的方式，表现一群只求利益不问善恶是非的"小刺儿"形象，虽然简短，但也显示了作者捕捉人物传神瞬间语言、行为的能力。

夏 离开北京大学。从生活多年的北京重新回到南方，从学校走向社会，自然有很多不舍，有很多感慨，也有很多回忆。因为离开，回想往往更为清晰——那经常光顾的北大区里的小饭铺，那些既随和又精明的店主和伙计，还有那些稀奇古怪的菜名：回锅肉片瘦加三样免辣子加豆腐干大炒。当然，老北平的生活，那种从容的风度更是让人留恋。徐訏记忆中的北平不同于国际性的都会，也不同于江南的市镇，那是别有一份"浪漫与自由"："洋车的式样与新旧是不一的，警察也不会干涉车夫的比赛，所以坐一辆新亮异常飞快地掠过别人的车子(尤其是女子的)，脚下使劲踏着铃铛，这也是一个'出众'的地方！在电影场开演以前,聚着许多人高声谈话,或率着好些同志,在夹道上走,或者是遥远地隔着许多座位大声地招呼朋友,再或者留票在门口给别的朋友,后来者就用电影字幕请在座的出来! 还有在公园里,聚合大堆人马去看女人,围着茶桌大声地讨论各色各样的问题,拿一本书读,或者老租一堆一堆画报来看,或者写你的情书,这都是叫以的,至于披着长长头发在斜阳中在花丛中画画,与拿些镜箱在摄取名花与美人,这些都是艺术家! 三海的湖中,夏天在荷花丛中,带着你的情人去划船,你可以引起许多人的羡慕;如没有女人,那怪声地唱着叫着,再或者带着你专长乐器或是留声机,于是岸上的人会注意,湖中的人会看你,看你是多少年纪,多少美丽,再看你光怪陆离的衣服上表现突出还是诗篇。"(《北大区里的小饭铺》《北平的风度》)

夏 开始加入《论语》的编辑工作。由此成为一个自由撰稿人,靠卖文和编辑生活。

9 月

7 日 在上海。作诗歌《我》《问答》,收入《借火集》,后收入《徐讦全集》第十一卷。

15 日 在上海。作散文《论看女人》,刊载于《论语》1933 年 10 月 16 日第 27 期。

20 日 在上海。作《女子纵论》(又名《谈女人》),刊载于《论语》1933 年 11 月 16 日第 29 期,收入《蛇衣集》(上海怀正出版社 1947 年版),后收入《徐讦全集》第十卷。文章指出,社会上女子解放运动往往是停留在表面,"心细的朋友可以去调查女子剪发运动之勃兴,到底是女子自动的,还是在迎合男子的兴味?"

27 日　作《弹字工作》,刊载于《论语》1933 年 12 月 1 日第 30 期。

10 月

1 日　杂感《论文言文的好处》刊载于《论语》第 26 期,收入《蛇衣集》,后收入《徐讦全集》第十卷。

与此同时,有关文言白话的问题在文学界也有所争论。几乎同一时间,鲁迅与施蛰存就有关于文言文的争论。本年 9 月,《大晚报》的编辑向施蛰存征询读书目录:(一)目下在读什么书;(二)要介绍给青年的书。施蛰存的回答则是《庄子》《文选》,并认为这是青年知识者应有的修养。10 月 6 日,鲁迅以"丰之余"的笔名,在《申报·自由谈》上发表《感旧》一文,对这种说法进行了批评,认为这种对文言和古文的提倡带有"以古雅立于天地之间",不利于现代的生存竞争。此后,施蛰存写了《〈庄子〉与〈文选〉》一文,自我辩解。鲁迅则又连作《"感旧"以后》上、下篇,再次进行批评。接着施蛰存发表《我与文言文》一文,仍然进行强辩。

徐讦《论文言文的好处》一方面指出社会上存在着文言与白话并存的现象,同时还指出白话文常常受到打击,旧势力仍然把白话文当作搬弄是非甚至与宣传赤化联系在一起。这种情况下,"无论个人或是团体,在他违反大众时候就去迁就或提倡文言,反之则就主张白话了。在这上面,关于文言势力为什么长期存在着的缘故,我发现一个简单的原委,这就是'文言文可以耍弄糊涂'。"所以,徐讦所谓文言文的好处则完全是一种反语,一种幽默的讽刺。

此篇文章的后面附有林语堂一个短小的跋语,即后来收入

《我的话》中的《跋〈论文言文之好处〉》。其文曰:"事亦凑巧,上午写完两篇关于《语录体》及《白话四六》的文章(见本期论语),下午接到这样的稿件,上海灵学会要振振有词了。读了静默三分,哭笑不得,对于'白话四六'(鬼话)的攻击,有点悔意了。溯自革命以来,吾国思想上是儒道释三姑六婆的复辟,文学上是三家村骈四俪六的复辟。然而在位者愈复辟,愈抓不住青年,天下分而为二,诚如徐君所云。并且反对白话的声浪,南北一致。宁波有公安局布告,广州有招考记室的四六文(见本刊第二十四期古香斋),所以年来古香斋的材料,多至无从容纳。在这个时候,我乃出而打白话鬼,未免使在位者太得意,于心委实不甘。而且我两篇论语,给不糊涂的青年读来,自然会明我的意思,万一给伧夫俗子卫道先生看到,必定欢欣鼓舞,认为我是他们的同志,此种况味,如何形容。"

这里,林语堂是借徐訏的文章进一步表明自己可能遭人误解的态度;同时,我们也可以看到他们彼此心意的相通,以及林语堂对于后学的提携。

15 日 作《论阴阳》,刊载于《论语》1934 年 2 月 16 日第 35 期,收入《蛇衣集》,后收入《徐訏全集》第十卷。作品由当时人们阳历的节日和阴历的节日一起过的情形引出感慨,社会在追求新的事物,同时还受到旧势力的拖累。徐訏认为中国进入了一个"阴阳怪气的时代"。

12 月

17 日 作《谈中西艺术》(又名《论中西艺术》),刊载于《论语》1934 年 4 月 1 日第 38 期,收入《西流集》(上海西风出版社1941 年版),后收入《徐訏全集》第十卷。文中提出:"西洋研究学问讲究分析,中国研究学问则讲究综合,西洋研究学问要分析来研究,中国研究学问是整个地来体会。但是,以艺术来说,就刚刚相反,中国艺术是分析开来把握,西洋艺术则是整个地来体会的。"

28 日 作《论女子的衣领》,刊载于《论语》1934 年 2 月 1 日第 34 期,收入《蛇衣集》,后收入《徐讦全集》第十卷。

本年 创作戏剧《自杀》,刊载于《新时代》1933 年 12 月 1 日第 5 卷第 6 期。

1934 年(甲戌,民国二十三年) 26 岁

▲1 月,中共临时中央召开六届五中全会,"左"倾机会主义路线在党内占统治地位。

▲4 月,林语堂主编的《人间世》半月刊创刊。

▲5 月,国民政府在上海成立"图书杂志审查委员会",并于6 月颁布《图书杂志审查办法》。

▲7 月,中国工农红军发表《北上抗日宣言》。

▲9 月,鲁迅编辑的《译文》创刊;陈望道主编的《太白》半月刊创刊。

▲10 月,中央红军第五次反"围剿"失利,于 10 日开始战略性大转移——长征。

1 月

1 日 在上海。《新年论》一文刊载于《论语》第 32 期,收入《蛇衣集》,后收入《徐讦全集》第十卷。

同日　戏剧《喇叭声》刊载于《新时代》第 6 卷第 1 期。

16 日　在上海。作诗歌《拉纤夫》，刊载于《人间世》1934 年 8 月 5 日第 9 期；诗歌《退化了一种笑》，刊载于《文章》 1935 年创刊号；诗歌《钱塘江畔的挑夫》，刊载于《人间世》1934 年 4 月 20 日第 2 期，并收入《借火集》，后收入《徐讦全集》第十一卷。从这些作品来看，徐讦的诗歌创作开始具有更强的现实感，从前期比较注重个人内心情绪的书写到此一时期开始注重社会现实感的表达。

27 日　在上海。作诗歌《失题》，刊载于《人间世》1934 年 5 月 5 日第 3 期，收入《借火集》，后收入《徐讦全集》第十一卷。

29 日　在上海。作《谈美丽病》一文，刊载于《人间世》1935 年 3 月 5 日第 23 期，收入《蛇衣集》，后收入《徐讦全集》第十卷。文章指出，人们有关美的观念和标准是随着社会的变化而变化的："当初是皇帝的世界，觉得宫殿里需要袅袅的女子，于是女子们都缠脚了；皇帝要胖太太，于是胖子都是美人，才子们都歌颂丰腴；皇帝需要瘦老婆，于是瘦魁都为美人了，才子们都要歌颂苗条。现在社会变了，……于是才子们来了健美运动。"徐讦认为健康和修饰是需要的，但其中的商业买卖成分是需要警醒的。

2 月

5 日　小说《助产士》脱稿，刊载于《东方杂志》1934 年 11 月 1 日第 31 卷第 21 号，收入短篇小说集《阿剌伯海的女神》，后收入《徐讦全集》第四卷。这篇小说写现代女性教育和女性职业的一些困境。作品一开始写一帮学产科的青年女学生三三两两课余饭后对于未来的畅想，最后写史小姐孑然一身常常是夜不能寐孤伶的结局。史小姐是这些现代职业女性中的佼佼者，与她一起的同伴,张小姐、陆小姐、王小姐、孙小姐等来了又走了,无非是结婚生孩子,但在社会上同时也在个人心里上才看作是正道,是归宿。这样史小姐便感到压力越来越大。

10 日　散文《看艺术展览会》刊载于《时代漫画》1934 年第 4 期,收入《春韭集》,后收入《徐讦全集》第七卷。

15 日　小说《烟圈》刊载于《申报月刊》第 3 卷第 2 号,收入短篇小说集《幻觉》(上海怀正出版社 1948 年版),后收入《徐讦全集》第四卷。这是一篇对于都市人生形态的生命意义进行追问的小说。这里面有三个女的六个男的,他们是中学的同学,他们都感到了人生的渺茫与困惑,大家都不约而同地感到一种痛苦,感到一种寂寞。聚会的时候研究哲学的周用抽烟时喷出的烟雾来进行心照不宣的表达,人生就是一个圈,一个烟雾一般随时飘散的圈。他还发起了一项征集活动,让人们表达自己对于人生的感悟,结果收上来的都是一个圆圈。"最后,他生命已经微了。他们没有力量再看那还未启的那些信封,他请人把诗人欧阳的检拆给他,他看了又剧烈地咳嗽起来,这个不是最后的答案,终与大众完全不同。但是他想,海里浮起的浮影:扩大,淡下来,散开去,散开去而终于消失的波纹,也许就是诗人欧阳最后的答案吧。"

19 日　在上海。作《论睡眠》,刊载于《论语》1934 年 5 月 16 日第 41 期,收入《蛇衣集》,后收入《徐讦全集》第十卷。作者认为人的看似自然属性的睡眠实际上有着深厚的社会关联性,农业社会的人与工业社会的人,乡村社会的人与都市社会的人在睡眠上有着极大的不同,这些不同都是不以个体的意志为转移的。

3 月

16 日 小说《属于夜》(又名《属于夜的他俩》)脱稿,刊载于《天地人》1936 年 6 月 16 日第 8 期,收入短篇小说集《幻觉》,后收入《徐訏全集》第四卷。小说以素描的方式写了两个年轻人,一个是刚毕业进入报馆工作的"他",一个是在夜总会当舞女的"她"。他们两人都是昼伏夜出夜间工作的方式,所以是"属于夜"。作品中两个年轻人相濡以沫,颇受到郁达夫《春风沉醉的晚上》的影响。

29 日 在上海。作诗歌《深夜在(的)街头》,刊载于《人间世》1934 年 6 月 5 日第 5 期,收入《借火集》,后收入《徐訏全集》第十一卷。

春 在杭州。作诗歌《湖山》。诗歌写道:"每一个山峰都对我点头,/每一枝树梢都对我扬手,/每一丝湖波都对我飞眸。//她问:'你来自你自己的故乡,/可见我怀里长大的姑娘?/她现在到底是怎么样?/增加了多少风韵,多少长?/每一个笑容里有多少花样?'/我说:'她脸像你中秋夜的月亮,/眼像星星儿在湖里荡漾,/举止像你灯景夜游的光亮,/她比我短三四寸模样,/我是有五尺十寸长。'……"以一种对答的艺术形式表达了对于爱情的深深的欣悦。诗中所谈及的应该就是杭州姑娘赵琎。赵琎生于 1914 年,祖籍杭州,在宁波读中学时认识徐訏,于 1934 年在宁波老家与徐訏拜堂成亲。[①] 婚后两人搬往上海居住,1935 年 8 月儿子尹秋出世。

---

① 参见吴义勤,王素霞:《徐訏评传》,上海三联书店 2012 年 8 月版,第 70 页。

4 月

1 日 在上海。林语堂《跋徐讦〈谈中西艺术〉》刊载于《论语》本日第 38 期。徐讦有关中西学术与艺术等方面差别的有关说法,林语堂"不敢苟同",但这种在东西方文化视野对照下看问题的方法对"两脚踏中西文化,一心评宇宙文章"的林语堂来说显然是"深得我心"的。

在此前后,徐讦协助林语堂编辑《论语》和《人间世》,所以经常见面。"一九三四、三五年我们同在上海的时候,我知道他每天上午到中央研究院办公,他的名义是英文总编辑,事实也是蔡孑民先生的英文秘书,下午他就闭门著作,后来他主编《论语》《人间世》,我与陶亢德是执行编辑,我们谈编务总是在电话里联络,如果要见面总是在六七点钟,不是亢德就是我到他的府上去谈谈,接洽完了就走,编完全稿,他一定会非常认真地阅读,有些译作,他核对英文原稿,往往有许多改正,他铁定星期四下午是《中国评论周报》(China Critic)的会集,而每星期六或星期日的下午一定同太太带着孩子去看电影。他对于电影似乎专为消遣,选择不苟,而他对于音乐几乎是一点都没有兴趣,那时上海的工部局管弦乐队还不错,我从来没有碰见过他去听。"(《追思林语堂先生》)

刊物选稿总体上是宽泛的,由徐讦与陶亢德定夺,但最终由林语堂定稿。林语堂也会坚持自己的原则,这也让徐讦更好地理解了林语堂的个性与为人。当时一个叫丽尼的作家常给《人间世》投稿,每次徐讦将丽尼的文章编辑进去都被林语堂抽出来。林语堂的意见是,丽尼的文章太欧化了,根本就不是中文。认为一个连国语都写不好,满篇都是"洋白话"的人,就没有写文章的资格。这件事给徐訏的触动很大。后来，谈起此事，徐訏还引用林语堂晚年的一段话来说明林语堂非常有见地。林语堂这段话说："大概立论的人，说国语不够精确，所以要学西洋文法，但是这样下去，必有比这三不像的白话还怪的白话出现，弄到国语不成国语，洋话不成洋话，这是弱小民族自卑自侮之行为，不是大国之风。"那时，林语堂根本不认识丽尼，他只是觉得不喜欢其文章而已，所以也就坚执不发他的文章。

5 日 在上海。《人间世》发刊。林语堂的发刊词中谈及本刊的宗旨："宇宙之大，苍蝇之微，皆可取材，故名之曰人间世。"此一时期，徐訏开始与陶亢德共同编辑《人间世》，徐訏的作品，尤其是诗歌作品开始大量刊发。

同日 《人间世》创刊号出版，林语堂宴请鲁迅等人，徐訏作陪。徐訏印象中，鲁迅一向讥讽林语堂幽默大师，想必不苟言笑，而宴会上鲁迅给徐訏留下的印象却恰恰是"幽默"二字。徐訏有点惊讶："他们谈话很有风趣，实在没有甚么'敌''我'分明。"

同日 《人间世》创刊号刊登周作人的《五秩自寿诗》。此诗引起文学界广泛的争议。

同日 诗歌《女子的笑涡》《到底谁在那儿嘀嗒》刊载于《人间世》第 1 期，前者收入《借火集》，后收入《徐訏全集》第十一卷。①

同日 《论烟》一文刊载于《人间世》第 1 期，收入《蛇衣集》，后收入《徐訏全集》第十卷。作者认为"烟"从形态上来说具有一种有形无形之间的特殊的美。又从烟的文化蕴涵谈及具体的吸

---

① 《女子的笑涡》在《借火集》中注为 1935 年上海，不确。

烟活动,认为"吸烟"是一种生活的艺术,但要掌握这门生活的艺术就必须懂得艺术地吸烟。

15 日 戏剧《遗产》(独幕剧)刊载于《申报月刊》第 4 卷第 4 期,收入《鬼戏》集,又收入《灯尾集》,后收入《徐讦全集》第八卷。这是一个带哲理意味的寓言式的剧作,场景是这样设置的:

时:一个阔人死的时候。

地:一个阔人死的地方。

人:阔人一名,亲戚朋友数名,医生一名,侍者数人,看护一人。

景:阔人常寿终的正寝,精致无比。

这是一个悖论,阔人在弥留之际宣布,在他周围的人不能弄出一点声音,弄出了声音便不能继承遗产;所以边上的亲戚朋友一个个都小心翼翼,并且要求医生和周围的人都不要弄出声音,阔人死了,大家也都保持沉默。但在阔人死后,宣读的遗嘱却是,谁在阔人死了之后哭了谁就是遗产的继承人。因为没有人哭,所以阔人的遗产就只有充公。

16 日 《论算命看相卜课之类》一文刊载于《论语》第 39 期。

20 日 诗歌《借火》刊载于《人间世》第 2 期,收入《借火集》,后收入《徐讦全集》第十一卷。

同日 杂感《新生活运动与摩登破坏团》刊载于《人间世》第 2 期。

29 日 作诗歌《一句话》,刊载于《人间世》1934 年 8 月 5 日第 9 期,收入《借火集》,后收入《徐讦全集》第十一卷。

31 日 作诗歌《你的笑》,收入《借火集》,后收入《徐讦全集》第十一卷。

5 月

1 日　诗歌《田野间》《寻》《路》刊载于《文艺月刊》第 5 卷第 5 号,收入《借火集》,后收入《徐讦全集》第十一卷。

5 日　在上海。作诗歌《十四行》,收入《借火集》,后收入《徐讦全集》第十一卷。

同日　诗歌《暮霞》刊载于《人间世》第 3 期,收入《待绿集》(上海怀正出版社 1948 年版),后收入《徐讦全集》第十二卷。①

同日　诗歌《别把池岸弄暗》刊载于《人间世》第 3 期,收入《借火集》,后收入《徐讦全集》第十一卷。

16 日　作诗歌《战后》,刊载于《人间世》1935 年 5 月 20 日第 28 期,收入《借火集》,后收入《徐讦全集》第十一卷。

18 日　在上海。作诗歌《期待》,刊载于《人间世》1935 年 6 月 5 日第 29 期,收入《借火集》,后收入《徐讦全集》第十一卷。

20 日　《"□□□□""……"论》一文刊载于《人间世》第 4 期,收入《蛇衣集》,后收入《徐讦全集》第十卷。这种对于新式标点符号运用的议论,引起了鲁迅的注意。鲁迅以曼雪的笔名发表《"……""□□□□"论补》,其中谈到:"徐讦先生在《人间世》上,发表了这样的题目的论。对于此道,我没有那么深造,但"愚者千虑,必有一得",所以想来补一点,自然,浅薄是浅薄得多了。'……'是洋货,五四运动之后这才输入的。先前林琴南先生译小说时,夹注着'此语未完'的,便是这东西的翻译。在洋书上,普通用六点,吝啬的却只用三点。然而中国是'地大物博'的,同化之际,就渐渐的长起来,九点,十二点,以至几十点;有一种大

---

① 原注创作于 1935 年,不确。

45

作家,则简直至少点上三四行,以见其中的奥义,无穷无尽,实在不可以言语形容。读者也大抵这样想,有敢说觉不出其中的奥义的罢,那便是低能儿。然而归根结蒂,也好像终于是安徒生童话里的'皇帝的新衣',其实是一无所有;不过须是孩子,才会照实的大声说出来。孩子不会看文学家的'创作',于是在中国就没有人来道破。但天气是要冷的,光着身子不能整年在路上走,到底也得躲进宫里去,连点几行的妙文,近来也不大看见了。'□□'是国货,《穆天子传》上就有这玩意儿,先生教我说:是阙文。这阙文也闹过事,曾有人说'口生垢,口戕口'的三个口字,也是阙文,又给谁大骂了一顿。不过先前是只见于古人的著作里的,无法可补,现在却见于今人的著作上了,欲补不能。到目前,则渐有代以"××"的趋势。这是从日本输入的。这东西多,对于这著作的内容,我们便预觉其激烈。但是,其实有时也并不然。胡乱×它几行,印了出来,固可使读者佩服作家之激烈,恨检查员之峻严,但送检之际,却又可使检查员爱他的顺从,许多话都不敢说,只×得这么起劲。一举两得,比点它几行更加巧妙了。中国正在排日,这一条锦囊妙计,或者不至于模仿的罢。现在是什么东西都要用钱买,自然也就都可以卖钱。但连'没有东西'也可以卖钱,却未免有些出乎意表。不过,知道了这事以后,便明白造谣为业,在现在也还要算是'货真价实,童叟无欺'的生活了。五月二十四日。"

23 日 在上海。作诗歌《咒念》,收入《借火集》,后收入《徐讦全集》第十一卷。

25 日 鲁迅致陶亢德信中提及徐讦。

亢德先生:

　　顷蒙惠函,谨悉种种,前函亦早收到,甚感。

作家之名颇美,昔不自量,曾以为不妨滥竽其列,近有稍稍醒悟,已羞言之。况脑里并无思想,寓中亦无书斋;"夫人及公子",更与文坛无涉,雅命三种,皆不敢承。倘先生他日另作"伪作家小传"时,当罗列图书,摆起架子,扫门欢迎也。

专此布复,即请著安。

迅上,五月廿五日。

徐訏先生均此,不另。

此信当是徐訏与陶亢德向鲁迅约稿的回复。

《人间世》设有"作家访问记"专栏,徐訏与陶亢德在约稿不果后再度联名致函鲁迅,请他接受采访,以书房为背景拍一张照片,并与许广平、周海婴合影。以上为鲁迅的回信。

本月 作诗歌《寻雨》,刊载于《人间世》1934 年 11 月 5 日第 15 期(诗专辑),收入《借火集》,后收入《徐訏全集》第十一卷。

6 月

6 日 鲁迅复徐訏信。其日记记载:得徐訏、陶亢德信,即复。

18 日 作《谈鬼神》,刊载于《人间世》1934 年 7 月 5 日第 7 期,收入《蛇衣集》,后收入《徐訏全集》第十卷。文章认为人们对于鬼神的信仰是跟人对自己力量的自信成反比的,当人们相信自己的力量的时候,就有所谓打倒迷信之说;当社会到了绝境,无依无靠,这时就祈求鬼神的显灵了。

20 日 在上海。诗歌《寂寞》刊载于《人间世》第 6 期,收入《借火集》,后收入《徐訏全集》第十一卷。

同日 散文《哈达巾与蒙头纱》(署名迫迁)刊载于《人间世》

第 6 期。

7 月

1 日 《谈幽默》一文刊载于《论语》第 44 期,收入《蛇衣集》,后收入《徐讦全集》第十卷。"幽默"是论语派的经典性话题,作者认为:"幽默是在碰壁的时候转出一条路,是在沉闷空气中开一扇窗,是热极时候一阵风,窘极时候一个笑容。所以幽默的内容是有种种不同,它因人的个性,环境、意识的不同而定。

"现在,中国的一切实在太照旧了,看这幽默的空气,是否能把这假正经所掩埋的聪慧触动?还有,中国社会也太沉闷与枯燥了,看这幽默的空气,是否稍能滋润那些枯燥的心灵,能接受那幽默所触动的新方向的聪慧?——我期待着。"

同日 散文《北平的风度》刊载于《文学》(上海)第 3 卷第 1 期。

20 日 《谈科学》一文刊载于《人间世》第 8 期,收入《蛇衣集》,后收入《徐讦全集》第十卷。文中谈及人们对于科学进步信心中的某些盲目自傲的地方。

23 日 在上海。作《避暑》一文,刊载于《人言周刊》第 26 期,收入《春韭集》(上海西风出版社 1939 年版),后收入《徐讦全集》第七卷。写上海暑热难当,与新婚太太商议到外地避暑,一者说要到山里,一者说要到海边,最后还是因为经济问题作罢。

24 日 在上海。作杂文《和平与争斗》,收入《蛇衣集》,后收入《徐讦全集》第十卷。文章讨论了和平与争斗的辩证关系。

8 月

1 日 在上海。作诗歌《凋疲》,刊载于《天地人》1936 年 5

月 1 日第 5 期,收入《借火集》,后收入《徐讦全集》第十一卷。

5 日 散文《刘复(半农)》(署名迫迁)刊载于《人间世》第 9 期,辑录于《念人忆事——徐讦佚文选》(下文简称《念人忆事》),后收入《徐讦文集》第十一卷。1934 年 6 月,刘半农在西北考察的时候染上了急性传染病,不幸离世。刘半农是新文化运动的先驱,在新文学尤其是新诗的创造上曾有很大的贡献,他的骤然离世引起文化界的极大震动。此前,鲁迅也曾刊文纪念刘半农,鲁迅在文章中点出的刘半农的爽直、无城府、平易近人,"是其时最惹我注意的是陈独秀和胡适之。假如将韬略比作一间仓库罢,独秀先生的是外面竖一面大旗,大书道:'内皆武器,来者小心!'但那门却开着的,里面有几枝枪,几把刀,一目了然,用不着提防。适之先生的是紧紧的关着门,门上粘一条小纸条道:'内无武器,请勿疑虑。'这自然可以是真的,但有些人——至少是我这样的人——有时总不免要侧着头想一想。半农却是令人不觉其有'武库'的一个人,所以我佩服陈胡,却亲近半农"。徐讦虽然就读于北京大学哲学系,但对于文学一直情有独钟,尤其是现在已经以文学为志业。纪念文章中,除了对于刘半农在文学变革上的贡献表达敬意之外,主要还是撷取记忆中的一些侧影来表达怀念之情:"他不是有一个善笑的脸,或者在法国太用功吧,他的表情是缺少法国人之俏皮。在北河沿畔,他常常抽着雪茄烟,黑帽子遮去了脸,静悄悄地坐着包车或慢慢地走过。当我在黄昏遇到他的时候,我常想起康德被人叫做过时钟的故事,同时像个德国式的学者。"如果说,这还带有一点哲学的余味,那么,当作者沉入感情的世界的时候,则纯粹是文学的意味了:

"他有好几个女儿,有两个因为是生在伦敦之故,好像一个叫刘伦,一个叫刘敦吧。她们在孔德学校读书。在北河沿路上,前些年是每晨并坐着一辆包车去上学去，但慢慢是改为一个朝后跪着，一个朝前坐着的形式，不久是变为二个叠着坐了。北大同学们是每天都会同她俩相遇，谁都可以看到她俩天真的笑容，同时在这笑容中，谁都会浮起爱戴黑帽子教授的印象的。

"现在，半农是死了，想来这二位小姐也早到了分坐二辆车的时期，谁还能在无父的孤儿的脸上发现笑容呢？可是，在这对美丽而寂静的面容上，这位爱戴黑帽子的教授是更将被人想念的了。"

9日 作《谈服装》一文，刊载于《人间世》1934年9月5日第11期，收入《蛇衣集》，后收入《徐讦全集》第十卷。

13日 鲁迅致曹聚仁书信，提及徐讦："……看近来的《论语》之类，语堂在牛角尖里，虽愤愤不平，却更钻得滋滋有味，以我的微力，是拉他不出来的。至于陶徐，那是林门的颜曾，不及夫子远甚远甚，但也更无法可想了。"

20日 《杨震文（丙辰）》（署名迫迁）一文刊载于《人间世》第10期，辑录于《念人忆事》，后收入《徐讦文集》第十一卷。文章对于杨丙辰的描述主要是基于他的文学趣味，同时也对他的学者的专业精神表示肯定。"在中国现在，对于英国古典文学有深究的人怕还不难举出十个人，而要举出对德国古典文学有深究者，怕只有杨丙辰一个。丙辰生成有德国气，德国气是深沉，丙辰的面貌也就是这一派：脸是黑的，眼睛缺乏东方人的灵活，鼻子缺乏英国人的自负，嘴唇缺乏法国种的俏皮，要是说他因此也有德国人的果敢，这是不确的，因为脸上还缺少拿得稳的筋肉。"……"他也爱浪漫主义的文学，但他讨厌轻浮。他爱莎士比亚，他爱海涅，但他不爱志摩。在志摩死后许多纪念与批评的文字中，在文学本质上指出志摩缺陷的，恐怕只有他的一二篇文章。要说志摩的诗是灵滑,丙辰赞他的灵,而讨厌他的滑;要说志摩的诗是轻妙,那丙辰是赞他的妙而憎他的轻的。我这样说法,自然有点语病,但这个深沉的斗方的学者,读志摩的诗不合脾胃的地方怕也只有这样可以说。"

26 日 在上海。作诗歌《日记》,刊载于《人间世》1934 年 12 月 20 日第 18 期,收入《借火集》,后收入《徐讦全集》第十一卷。

29 日 作《我的照相》一文,刊载于《论语》1934 年 9 月 16 日第 49 期,收入《春韭集》,后收入《徐讦全集》第七卷。文章由《论语》杂志需要一张用于纪念特辑的照片谈起,认为照片所具有的直观性往往能够洞穿抽象晦涩的见解认识,"可是在别人人像上用心思,在我倒有专门的研究的。丌始时我在大学里听讲康德哲学时,听了二月后还是只有些糊涂的概念,后来忽然在一张康德的相片上悟到了'原来那么回事!'于是我就放弃一切书本,专诚地搜集哲学家的照相来研究了;此法移用到文学:莎士比亚的精练,我是从照相上知道的,拜伦的雄豪,我也是从照相上知道的,雪莱的细腻,我也是从照相上知道的,雨果的奇伟,李白的漂亮,服尔德的狂放,……我都是从他们的造像上知道的"。

9 月

3 日 在上海。作诗歌《卖硬米饧饧的》,刊载于《人间世》1934 年 11 月 20 日第 16 期,收入《借火集》,后收入《徐讦全集》第十一卷。

5 日 《章太炎先生》(署名曹聚仁)一文刊载于《人间世》第 11 期,后作为徐讦佚文辑录于《念人忆事》,当是误收。

上旬 在上海第一次结识老舍。那时老舍在齐鲁大学教书,乘假期来上海看看文坛的状况,能否做一个职业作家。与陶亢德一起接待老舍,然后到沪西亿定盘路林语堂家吃饭。老舍回济南后,《人间世》稿件主要由陶亢德联络,后来帮老舍出版了一本《樱海集》。这次到上海的经历,老舍在《樱海集》序中也有回忆:"我在去年七月中辞去齐大的教职,八月跑到上海。我不是去逛,而是想看看,能不能不再教书而专以写作挣饭吃。我早就想不再教书。在上海住了十几天,我心中凉了下去,虽然天气是那么热。为什么心凉? 兜底儿一句话:专仗着写东西吃不上饭。"

16 日 作诗歌《旱》,刊载于《人间世》1934 年 11 月 5 日第 15 期(诗专辑),收入《借火集》,后收入《徐讦全集》第十一卷。

20 日 杂论《从脸谱谈到旧剧》刊载于《人间世》第 12 期。

秋 在上海。作诗歌《秋在上海》,刊载于《旁观者》1934 年创刊号,收入《借火集》,后收入《徐讦全集》第十一卷。

10 月

5 日 在上海。诗歌《吃月饼有感》《女子的手指》《嘀嘟》刊载于《人间世》第 13 期,收入《借火集》,后收入《徐讦全集》第十一卷。

17 日 作《谈诗》一文,刊载于《人间世》1934 年 11 月 5 日第 15 期(诗专辑),收入《蛇衣集》,后收入《徐讦全集》第十卷。文中作者对诗歌的属性有所辨析,认为诗歌不同与散文,"诗是要在生活的韵律中勾出生活的事件,而散文只是直接地在叙述或说明生活的事件"。徐讦本人也正是一位新诗创作的积极实践者,所以,基于这种认识他的诗作往往强调内在韵律的传达,同时也注意文字上的节奏和押韵等。徐讦还基于此种对于诗歌本质属性的理解来评判新诗对于旧体诗的批判性发展。"中国的新诗运动，如果说将白话去革命文言，是一种文字上的术语，则在诗的境域里，更可以说是对于太重韵的一种反动，就是以重声反对重韵。如果就是白话文反对文言文，是反映中国有就农业经济的崩溃，则在诗史上说，这个重声的运动也是含着这个意义。"

27 日　作《病》一文，刊载于《论语》1934 年 12 月 1 日第 54 期，收入《春韭集》，后收入《徐訏全集》第七卷。写钥匙的失而复得，以及由此形成的疾病与病愈，文章颇富戏剧性。

12 月

2 日　在上海。作诗歌《失眠》《低诉》，刊载于《人间世》1935 年 6 月 5 日第 29 期，收入《借火集》，后收入《徐訏全集》第十一卷。

16 日　鲁迅收到徐訏书信。其日记记载：午后……得徐訏信，得杨霁云信二封，下午复。

17 日　鲁迅收到徐訏书信。其日记记载：得徐訏信并纸二张。

30 日　在上海。作诗歌《乡思》，刊载于《人间世》1935 年 6 月 20 日第 30 期，收入《借火集》，后收入《徐訏全集》第十一卷。

本年　在上海。作诗歌《今夜的梦》《骨头》《手史》《唠叨》等，刊载于《文章》1935 年创刊号。

本年　在上海。作诗歌《热病》《希奇》《愉快的脸》等，收入《借火集》，后收入《徐訏全集》第十一卷。

本年　作诗歌《独游》《那一夜》，刊载于《人间世》1935 年 6 月 20 日第 30 期。

本年　杂感《想到"体育"》刊载于《新语林》第 1 期。

本年 创作戏剧《漏水》（独幕剧），收入《灯尾集》。剧作的场景和人物设置为：

时：夏。

地：中国都市的贫民窟。

人：赵二，赵二奶奶，林二房东，老三——赵二奶奶的兄弟。

景：一间贫民窟，穷，乱。幕开时，窗外电闪，雷，雨，把房东的灯陪衬得时暗时亮。赵二睡在床上，赵二奶奶正在为漏水忙着。

作品集中写了一个"屋漏偏逢连夜雨"的场面。大雨屋漏，赵二无法入睡，但白天还要做工。二房东催要房租，赵二奶奶忙于借钱搬家，老三工厂罢工。短小的篇幅中各种纷乱的头绪紧凑在一起，体现出作者戏剧实验的色彩。

1935 年（乙亥，民国二十四年） 27 岁

▲1 月 15 日至 18 日，中共中央在长征途中于遵义召开政治局扩大会议，确定了毛泽东在红军和党中央的领导地位。

▲6 月 18 日，瞿秋白在福建长汀就义，时年 36 岁。

▲11 月 28 日，中华苏维埃人民共和国中央政府、中国抗日红军革命军事委员会发表《抗日救国宣言》。

▲12 月 9 日，北平学生在中国共产党领导下举行抗日爱国示威游行，并在全国掀起抗日救亡运动的新高潮。

▲12 月 17 日，中共中央在陕北安定县瓦窑堡召开政治局扩大会议，制定出符合中国国情的抗日民族统一战线新策略。

1 月

1 日 《新年谈:忆旧与怀新》一文刊载于《论语》第 79 期,收入《蛇衣集》,后收入《徐讦全集》第十卷。文章是在新旧交替时节对于时事所发的一些感慨,认为忆旧与怀新是人类心理上所具有的两种基本倾向,相对来说,中国人更偏向于怀旧一些,而对于中国当下的社会,尤其是青年人,需要怀新的精神。

同日 在上海。作诗歌《今年的新年》("新年前夕"写),刊载于《人间世》1935 年 1 月 5 日第 19 期,收入《借火集》,后收入《徐讦全集》第十一卷。诗人在岁末年初的总结和展望,看到的是"兵灾旱灾水灾"背景下乡下人的苦苦求生,以及都市里黄浦江头"冒着烟的外国军舰。"

同日 散文小品《咯血》刊载于《东方杂志》第 32 卷第 1 号。

16 日 创作戏剧《水中的人们》,刊载于《东方杂志》1936 年 1 月第 33 卷第 2 号,收入《鬼戏》集,又收入《灯尾集》,后收入《徐讦全集》第八卷。剧作以一个特殊的广角镜头反映 1935 年中国南方的水灾:

时:一九三五年。

地:中国灾区。

人:王乡绅,张升(男佣),巧莲(女佣),陆英(女佣),张掌柜,王太太(王乡绅妻),沈科长。

景:王乡绅家之厅堂,幕开时,巧莲正揸骨牌,陆英在套沙发套。

先是两个女佣巧莲与陆英的对话,巧莲为家乡遭受洪水担心;接下来是巧莲与王乡绅之间的对话。这部作品既显示了剧作家对现实问题的关注,同样可以看出剧作在艺术表达上的独特视角。

18 日　在上海。创作特写《北大区里的小饭铺》,刊载于《人间世》1935 年 2 月 5 日第 21 期。

19 日　在上海。小说《滔滔》脱稿,刊载于《人间世》1936 年第 1 期(新),收入短篇小说集《幻觉》,后收入《徐訏全集》第四卷。写乡下农妇小顺嫂进城打工的故事,小说主要选取两个江边的场景,一个去时的场景,一个归时的场景,表现人物心理的变化。去时:"但是小轮船又拖长地叫了一声,船就离开了码头,她望着船埠向后退去,退去,她看到她丈夫也走了,于是她看到码头与岸景合而为一,只有一朵烟还停在江天上。她回过头来,前面滚动着滔滔的江水,再前面是她渺茫的前途,她想家里的一切,从厨房想到卧房,她想回家。但是她必须出门。她是一直想出门的,如今已经出来,自然再回去的时候要同别人一样,有一点面子。她是带着乳汁出来,回去的时候一定要换回点幸福。"归来:"小轮在江里走,江水还是依旧滔滔。她痴想过去,第一次出来,第二次出来,她痛恨,她想跳下江去,不止五六次,可是她又想到了家,想到自己的小孩,想到了丈夫。她觉得她对不起一切,她恨陶太太,她恨车夫,她恨刘太太,她恨上海那班佣人,她也恨自己,她哭,她哭,她要抱住她丈夫哭。她痴呆地远看。于是回看过去,都市确已离远了。她又回忆过去,过去确也远了,同都市一样朦胧,什么都是梦,梦一般的过去了。她现在像噩梦中醒来,在现实的归途中,她将脱下人造丝的衣服,脱下皮底鞋,她要在一丝灯光下搓绳,她要伴丈夫一同下田!她要在矮屋里煮饭,她要一只手抱小核,一只手提水桶到河里去取水,她要,她愿意,她要船快点走,她要飞!"写出了在现代都市文明渗透下,传统的乡村生活与朴素的道德范型面临巨大的压力日益趋向崩解的危险。

26 日 作散文《寻病记》，收入《春韭集》，后收入《徐訏全集》第七卷。写自己到乡下看望病中的表妹，结果被那种病态的美所吸引、所迷惑。这篇作品已经比较充分地显示出徐訏特有的创作个性，就是在写实的因由下注入幻想的成分。这篇作品或许是揭开徐訏创作的一把钥匙。

2 月

17 日 在上海。作诗歌《希望》，收入《借火集》，后收入《徐訏全集》第十一卷。诗歌把希望比作一朵诱惑人的花，"它把老年人领进了坟墓，又哄小孩子跨入了人世"。

3 月

22 日 鲁迅书赠徐訏两幅字。据徐訏后来回忆："鲁迅的信都是用白宣纸毛笔写的，写得非常工整，我看了非常惭愧。因为我总是洋纸洋笔在写信。我觉得他的字很可爱，所以就写了一封信，说我想请他写一幅字，他回信居然答应了，但幽默地说，他不写格言之类；于是我就买了宣纸送到内山书店，我好像还写了一封信，那时我正预备结婚，我就说，我希望成家时有他的墨宝以光寒斋的话，他不久后就给我信，叫我到内山书店去取。"鲁迅书赠徐訏的两幅字，一是横幅书李长吉句"金家香弄千轮鸣，扬雄秋室无俗声"，款为"录应伯訏先生属。亥年三月，鲁迅"；另一幅为立轴，录郑所南《锦钱余笑》之一"昔者所读书，皆已束高阁。只有自是经，今亦俱忘却。时乎歌一拍，不知是谁作。慎勿错听之，也且用不着"，款为"录应伯訏先生雅属。鲁迅"。

这两件墨宝后来屡经辗转收藏于上海鲁迅纪念馆,而徐讦临终之前想再看看,也只见到女儿带来的复制品。葛原在一篇文章中谈到这件事的经过:"……直到天气重新寒冷时,瞿先生才把鲁迅先生的手迹还来。又过了很长时间,瞿先生给了我母亲一本《鲁迅诗稿》,此为1961年上海鲁迅纪念馆编的影印本,我们方知鲁迅书赠我父亲的两幅墨迹均已收在其中,然而掐头去尾隐掉了我父亲的名字。很久之后从报上见到王尔龄先生的文章,才明白那时是推说年久破损,不堪辨认而去之。当然其中的奥妙已无须解释了(1976年影印本已恢复)。我的父亲见到这两件他久别了二十余年的墨宝后,引起了他深深的思念,退而渴求复制品。……"

　　"上海鲁迅纪念馆负责接收的是史伯英先生。个把月后,史先生亲自到我母亲单位,向我母亲表示谢意,并把收条交到了我母亲的手里。收条上写着:'葛福采(灿)同志:收到你珍藏多年的鲁迅手迹贰件。对于你将文物捐献给国家的革命行动,我们表示赞扬。此致革命敬礼。上海鲁迅纪念馆革委会,一九七〇年一月十二日。'拿着这张薄薄的字条,母亲回忆起数十年来的风风雨雨,不禁百感交集,热泪盈眶。几年后的事实证明母亲那时的选择还是正确的,因为十年动乱结束后,尽管组织上对文革中的行为作了平反,但文革所造成的损失却是不能弥补的,我家被抄去的物件无一幸存,难以归还;若不是把鲁迅先生的手迹及时献出,恐怕也不能逃脱此劫。后来史伯英先生给了我们那两幅墨宝的复制品。80年我去香港探望父亲时,史先生和周国伟先生特此送来了同样两件复制品,由我把它们带给了父亲,了却了我父亲的心愿。"①

暮春 在上海。作诗歌《干杯的歌》,刊载于《天地人》1936年4月16日第4期,收入《借火集》,后收入《徐讦全集》第十一卷。

5 月

13 日 在上海。作诗歌《万佛节》,刊载于《天地人》1936年7月1日第9期,收入《借火集》,后收入《徐讦全集》第十一卷。

16 日 在上海。作诗歌《春》,收入《借火集》,后收入《徐讦全集》第十一卷。诗歌结尾:"所以无论春国里有多少佳酿,/一杯酒总有一份是凄凉!"

同日 《谈女子婚姻与生育》一文刊载于《论语》第65期,收入《蛇衣集》,后收入《徐讦全集》第十卷。受邀到某中学就女子的爱情、婚姻和生育等发表的演讲。

29 日 在上海。作诗歌《老渔夫》,收入《借火集》,后收入《徐讦全集》第十一卷。

6 月

1 日 在上海。作诗歌《自恸》,收入《借火集》,后收入《徐讦全集》第十一卷。

5 日 在上海。作诗歌《傍晚》,刊载于《人间世》1935年7月20日第32期,收入《借火集》,后收入《徐讦全集》第十一卷。

16 日至 17 日 在上海。作诗歌《劫》《怀念》,刊载于《人间

---

① 葛原:《鲁迅赠徐讦墨宝的辗转和归宿》,《鲁迅研究月刊》1996年第5期。

世》1935 年 7 月 5 日第 31 期,收入《借火集》,后收入《徐讦全集》第十一卷。

7 月

1 日　在上海。作诗歌《访王三娘》,刊载于《人间世》1935 年 8 月 20 日第 34 期,收入《借火集》,后收入《徐讦全集》第十一卷。

20 日　《谈金钱》一文刊载于《人间世》第 32 期,收入《蛇衣集》,后收入《徐讦全集》第十卷。文中谈及现代社会金钱的力量对于一切事物的渗透与一切关系的毒害。"'有钱能使鬼推磨',这句话现在似乎应当反转来,说是有一个大鬼在运用钱,使我们全世界的人类都在他手下听他指使似的了。有一天,人类能对金钱反转身来,使役人的金钱乖乖地被役于人,则世界恐怕是有希望了吧。"

9 月

4 日　作《住的问题》一文,收入《春韭集》,后收入《徐讦全集》第七卷。写在上海寻找住处的困难。

9 日　在上海。作诗歌《睡歌》,刊载于《天地人》1936 年 5 月 16 日第 6 期,收入《借火集》,后收入《徐讦全集》第十一卷。

22 日　上海。作诗歌《别意》,收入《借火集》,后收入《徐讦全集》第十一卷。

25 日　发表《梅兰芳论》(上)于《独立漫画》第 1 期。

10 月

7 日　上海。作《上学》一文,刊载于《论语》1935 年 11 月 1 日第 75 期,收入《春韭集》,后收入《徐讦全集》第七卷。文章谈及当时的小学教育问题。

10 日　发表《梅兰芳论》(下)于《独立漫画》第 2 期。

1935 年,继美国演出获得博士头衔之后,梅兰芳在苏联的演出又因为苏联著名导演的称赞而名噪一时。文章讨论了"梅兰芳现象"。认为梅兰芳在舞台上是演美人的,但在台下他堪称一个英雄。文章认为,梅兰芳的成功在于他的"努力"和"谦虚"。但这篇文章比较重要的一点在于讨论了现代文化背景下中国传统戏剧的生存问题。文章从余上沅、刘半农对梅兰芳的支持分析,现代话剧已经立足的情况下,那些深深根植于普通百姓生活中的传统戏剧的生存问题。

11 月

22 日　在上海。作诗歌《浪卷来的人群》,刊载于《天地人》1936 年 3 月 16 日第 2 期,收入《待绿集》,后收入《徐讦全集》第十一卷。这是一首长诗,也是徐讦此一时期诗歌现实感增强的代表性作品之一。诗歌写道:"老的,年青的,男的女的,/赤膊的,披发的,/露腿的,光脚的,/扶着老,抱着小,拉着残废的,/按着惨淡的心,抚着沉重的腿,/一群一群,一堆一堆。/路东路西,街头街尾,/他们不知道哪里可以去,/也不知道那天可以归!……看守人说水退时我们就可回去,/但是回去又怎么样?/没有了房屋,没有了牛,/没有了家具,没有了谷,/我们又将像原始人一样,/来把这混沌世界改成碧绿,/但是我们自思我们没有贪,我们也从没有过什么罪恶,/我们还愿回去苦苦工作,/垦那腐烂的地,培那黄金的谷,/但我们要将手造的世界据为己有,/让我们自己管理,自己收获,/不要讨我们重税,索我们谷,/我们将有余力把这河堤坚固地筑。"与同时期的剧作《水中的人们》形成对照。

30 日 在上海。作诗歌《人像》,收入《借火集》,后收入《徐讦全集》第十一卷。

12 月

3 日 致信鲁迅。鲁迅日记记载:午后……得徐讦信,附与诗荃函,即为转寄。

4 日 鲁迅回信,内容如下:

×× 先生:

惠函收到。……

武松打虎之类的目连戏,曾查刊本《目连救母记》,完全不同。这种戏文,好像只有绍兴有,是用目连巡行为线索,来描写世故人情,用语极奇警,翻成普通话,就减色。似乎没有底本,除了夏天到戏台下自己去速记之外,没有别的方法。我想:只要连看几个,也就记下来了,倒并不难的。

现在听说其中的《小尼姑下山》《张蛮打爹》两段,已被绍兴的正人君子禁止,将来一定和童话及民谣携手灭亡的。我想在夏天回去抄录,已有多年,但因蒙恩通缉在案,未敢妄动,别的也没有适当的人可托;倘若另有好事之徒,那就好了。专复,并请撰安。

迅,十二月四夜。

徐訏这一时期不仅向鲁迅约稿,还向鲁迅请教地方戏剧相关的问题,传统戏剧的现代转化和利用是徐訏此一时期所关注的问题。鲁迅对于地方戏的评断,对于徐訏更好地认识地方戏的价值无疑具有一种精神上的支持。

5日 鲁迅回信。其日记记载:上午……复徐訏信。

7日 鲁迅回信。其日记记载:午复徐訏信。

8日 寄鲁迅信。鲁迅日记记载:午后得徐訏信。得周昭俭信,附周棱伽信,夜复。

这一时期,徐訏与鲁迅交往颇为频密,主要是作为《人间世》的编辑与鲁迅联系,而鲁迅对于《人间世》的态度十分明确,就是不赞同林语堂等人提倡的小品文,鼓吹的性灵、幽默之类。如当时的年轻的编辑家赵家璧所言:"而林语堂主编的小品文半月刊《人间世》当时正由良友公司出版(创刊于一九三四年四月,一九三五年底停刊)。在这个刊物上经常发表文章的有林语堂、周作人、刘半农等,他们赞扬晚明小品,大谈袁中郎,说什么"宇宙之大,苍蝇之微",都要谈,就是不谈现实社会和现实生活中的许多迫切问题。创刊号卷首刊有周作人的大幅肖像和周作人的《五秩自寿诗》。鲁迅和左翼作家对《人间世》颇表不满,在《申报·自由谈》和《太白》等报刊上进行批评。我是在林语堂来良友开始编《人间世》时才认识他的。当时文艺界朋友对良友公司会出版《人间世》这样一个刊物颇感不解。过去许多人曾向我提过这个问题,现在这些事都成了历史,我可以乘机把这件史料也带上几句。"①但这并没有妨碍鲁迅与徐訏之间的良好关系。

---

① 赵家璧:《话说〈中国新文学大系〉》,见《编辑忆旧》北京三联书店 2007 年版,第 132 页。

11日 作《太太的更正》一文,刊载于《天地人》1936年4月16日第4期,收入《春韭集》,后收入《徐訏全集》第七卷。由太太的烫发引出科学美与自然美的话题,又由此引发上海日常生活各方面花销太贵的感慨。

本年 创作戏剧《人类史》(三幕短剧),刊载于《论语》1936年7月1日第91期"鬼故事专号",收入《鬼戏》集,又收入《灯尾集》,后收入《徐訏全集》第八卷。作品号称三幕剧,但总共不到两千字。作品从"过去""现在""未来"三个角度设置了三个戏剧场景。

本年 创作戏剧《鬼戏》(三幕短剧),刊载于《论语》1936年7月1日第91期"鬼故事专号",收入《鬼戏》集,又收入《灯尾集》,后收入《徐訏全集》第八卷。作品以"过去""不久的过去""现在"三个时间点设置了人与鬼之间的对话。"现在"这个时间点里,鬼说:"可是我们没有什么奇怪的先圣定下不变的方针,我们的方针是必须为你们设法,必须管理你们,你看,这是炮,这是枪,这是飞机,这是军舰,你们以后就必须给我们管。"人答:"是的,你们是可敬的,但我们先圣有言,必须'敬鬼神而远之'。你们要近我们,我们没有办法,好,我们是黄帝的子孙,现在迁到黄河,将来迁到黄海,离你们越远越好呀!"剧作体现了作者对于当下中国文化的思考。

本年 作诗歌《私语》《火车上》,收入《借火集》,后收入《徐訏全集》第十一卷。

1936年(丙子,民国二十五年) 28岁

▲5月5日,毛泽东、朱德代表红军发表《停战议和一致抗日》通电。

▲5月31日,沈钧儒、邹韬奋等在上海发起成立"全国各界救国联合会",并于6月1日发表成立宣言和政治主张。

▲6月,中共中央发出《告中国国民党书》,再次呼吁停止内战,一致抗日。

▲10月19日,鲁迅先生病逝于上海北四川路底施高塔路大陆新村9号寓所。

▲12月12日,"西安事变"发生。

▲本年,左联解散,左翼作家展开"国防文学"与"民族革命战争的大众文学"两个口号的论争。

1月

1日 《"The Art of Play Production"等三种》一文刊载于《宇宙风》第8期。文章表明徐讦对于现代戏剧思潮的敏感与重视。

4日 致信鲁迅。鲁迅日记记载:上午得山本夫人、段干青及李桦贺年片。得徐懋庸信。得谢六逸信。得徐讦信。

上旬 岁末年初,因准备自己独立编辑、出版文学刊物,曾两次致信朱光潜,希望他为即将诞生的《天地人》写点稿子。朱光潜于1月7日回信。回信中,朱光潜先是谈了他对于文章的看法,他认为,文章可以分为三种:"最上乘的是自言自语,其次

是向一个人说话，再其次是向许多人说话。第一种包含诗和大部分纯文学，它自然也有听众，但是作者的用意第一是要发泄自己心中所不能不发泄的，这就是劳伦斯所说的'为我自己而艺术'。这一类的文章永远是真诚朴素的。第二种包含书信和对话，这是向知心的朋友说的话，你知道我，我知道你，用不着客气，也用不着装腔作势，像法文中的一个成语所说的'在咱们俩中间'（Entre Nous）。这一类文章的好处是家常而亲切。第三种包含一切公文、讲义、宣言以至于'治安策'、'贾谊论'之类，作者的用意第一是劝服别人，甚至于在别人面前卖弄自己。他原来是要向一切人说话，结果是向虚空说话，没有一个听众觉得话是向他自己说的。这一类的文章有时虽然也有它的实用，但是很难有使人得到心灵默契的乐趣。这三种文章之中，第一种我爱读而不能写，第三种我因为要编讲义，几乎每天都在写，但是我心里实在厌恶它，第二种是唯一的使我感觉到写作乐趣的文章。我的最得意的文章是情书，其次就是写给朋友说心事话的家常信。在这些书信里面，我心里怎样想，手里便怎样写，吐肚子直书，不怕第三人听见，也不计较收信人说我写得好，或是骂我写得坏，因为我知道他，他知道我，这对于我是最痛快的事。"

11日 致信鲁迅。鲁迅日记记载：上午得徐訏信。

15日 徐訏对朱光潜《一封公开信》回信，即《公开信的复信》，后来刊载于《天地人》。关于"三种文章"的讨论，徐訏在回信中这样说："先生所说的三种文章，我觉得还是第三种最于年青人有益，不过我只想试写而不会写，别人写的我可最喜欢读，同时也读得最多，但是我知道许多人是不爱读的。先生所说的最上乘的第一种，我是试写着而写不好，但我知道有不少写得好而让我爱读的；只有第二种，我觉得这不过是一个化合物，本质上常是属于第三种,或者是属于第一种的,前者是供给别人以意见,后者是抒写自己之情感,有时候则是二者相混合着。先生不喜欢'劝服别人'甚至在'别人面前卖弄自己'的经院式文章,这也就是许多有情感的青年,或者稍微骄傲的与火气大的人不爱读的,读这类东西第一要虚心,第二要忍耐,第三要像煞有介事。这些都是要有较长期修养才能够获得,所以虽然得益多,但是爱读的人自然少。至于第一种的诗文,固然很能使人得到心灵的默契,但是因为是'自己的话','真诚朴素'到不求别人的了解,有时候也就容易被人家误解。同时也很容易造成兴趣的偏狭的,读文学作品当有深入浅出的修养,青年人容易深入而不会浅出,有多少人读《红楼梦》就想有个林妹妹,读读《茶花女》而做阿芒呢?我并不是不赞成青年人读文学作品,文学作品要读有许多书籍可以读。文学的杂志也自然可以有,但是我感到青年人在文学外还需要目前的切身劝诱指导与提示。在现在这个时代,中国青年需要的方面实在广,过去书籍所谈的又多不是目前切身的问题,学者们又都冷冰冰摆足架子发给他们专门的讲义,文人们又都只带给他们离开现实的美梦。他们感到不满足是真的。——这就是先生所说的文明文学太与我们的时代与环境隔阂之故。"

可见徐讦对于当时的文化状况,尤其是对于青年人的社会处境与知识状况还是有比较清晰的理解和体会,有着较为清晰的办刊思路和追求。

22 日 在上海。作诗歌《一百个医生》,刊载于《天地人》1936 年 3 月 1 日第 1 期(创刊号),收入《借火集》,后收入《徐讦全集》第十一卷。

同日 作诗歌《过年》,刊载于《天地人》1936 年 5 月 1 日第

5 期，收入《借火集》，后收入《徐訏全集》第十一卷。

2月

18 日　在上海。作诗歌《战剩的情绪》，收入《借火集》，后收入《徐訏全集》第十一卷。

19 日　在上海。作诗歌《秋月》，收入《借火集》，后收入《徐訏全集》第十一卷。

3月

1 日　与孙成合办《天地人》半月刊出版。《天地人》是徐訏协助林语堂、陶亢德编《论语》《人间世》之后自己独当一面的编辑活动。在创刊号上，除了林语堂、杨丙辰这样的师友助阵之外，还刊发了像许钦文、臧克家、丰子恺这样在文坛已有一定声名作家的作品。还引人注目地刊发了当时的诗歌理论家朱光潜的《一封公开信》以及编者对于公开信的答复。在这封公开信中，朱光潜非常善意地提醒编者不要再走《人间世》《宇宙风》的老路。"你主编的《天地人》还没出世，我不知道它的性质如何。你允许我们把它弄得比《人间世》'较少年'。这叫我想起《人间世》以及和《人间世》一模一样的《宇宙风》。你和这两个刊物关系似乎都很深，《天地人》虽然比它们'较少年'，是否还是它们的姊妹？《人间世》和《宇宙风》里面有许多我爱读的文章，但是我觉得它们已算是尽了它们的使命，如果再添上一个和它们同性质的刊物，恐怕成功也只是锦上添花，坏就不免画蛇添足了。"与此相联系，朱光潜对于当时文坛上言必称晚明小品的现象也提出了针砭和异议。对于朱光潜的看法，徐訏表示编辑就如同厨子一样,他的厨艺如何以及提供什么口味的菜品,往往受制于食客的要求。他觉得从中国当时的文学状况来说,"也不能太怪一二个切咸菜之厨子,实际上许多大厨子也只好为胃弱的人煮稀饭,同时许多航海家也只好在北海为公子小姐划小船了"。但徐讦对于朱光潜"严肃作品"的要求深表赞同与感谢。

据《陶亢德回忆录》记载,"我和徐讦共编《人间世》时,丰子恺先生是经常惠稿的作家之一,他给徐讦和我一人一幅着色的画,送徐讦的一幅题为《游春人在画中行》,送给我的一幅呢,题为《贫贱江头自浣纱》"①。

14 日 作《巴夫洛夫之交替反应在近代思想上的意义》一文,刊载于《天地人》1936 年 4 月 1 日第 3 期。2 月 7 日,苏联著名生理—心理学家巴甫洛夫(徐讦文章中写作巴夫洛夫)逝世,本文即为纪念而作。徐讦对于心理学一直饶有兴趣,大学期间虽然修读的是哲学课程,但也选读了一些心理学的课程。并且在哲学系毕业之后,又修读心理学专业近两年。徐讦一直对此前盛行的西方的行为心理学感到不满足。行为心理学的主要理论假设建立在刺激反应实验之上,用这种刺激反应的行为来解释人类的心理现象。这时,人类的心理与生理并没有很好地区别开来,这让徐讦感到有较大的欠缺。同时,徐讦在对马克思学说的追踪中感到物质和意识的关系问题虽然得到充分的论述,但就具体的人的生理/心理关系却多少有些忽视。因此,他一方面希望用马克思主义的辩证思想来深化、批判行为心理学;另一方面,也希望引入巴甫洛夫的生理—心理学来充实意识与物质关系的某些环节。所以,这篇文章是把巴甫洛夫的条件反应说

---

① 陶亢德:《陶亢德回想录》,《中华书局》2022 年 6 月版,第 133 页。

放在近代思想史的背景下加以论析的。巴甫洛夫的心理学实验对徐讦来说是影响深久的。三十多年之后，直到 1969 年巴甫洛夫诞辰 120 周年纪念的时候，徐讦又发表了一篇纪念文章《谈巴夫洛夫的交替反射之研究》。这篇文章除了对巴甫洛夫的学说作进一步的介绍之外，还对巴甫洛夫学说的巨大影响和意义进行了评说，认为巴氏的条件反应说"开辟了以后半世纪来心理学的研究的新途径。""最大的影响，则是对于'人'有新的认识与了解。"

16 日　《新旧与美感》一文刊载于《天地人》第 2 期。

31 日　在上海。作诗歌《光明》，收入《借火集》，后收入《徐讦全集》第十一卷。

4 月

7 日　作《论办画报——一封想公开的信》一文，刊载于《人生画报》1936 年第 2 卷第 6 期。文中说："……中国现在的画报的确也比以前进步许多，有许多好的题材，如无锡大阿福之制造，绍兴酒之制造过程等……之种种摄影，也有人把一二种简单的如风筝之制造之类，做过了配好的摄影的游记，也有人在写了。但前者可惜并不多，后者做的也无系统。我觉得画报应当多多写实，游记之类尤其要切切实实如新闻家的报告，不应当如文艺家的抒写。其他没有做的工作可太多，乡村儿童的玩具是一片画报好的题材，过年时的神码也是好的题材，清明采茶与制茶种种，渔人们怎样去捉'乌贼'，其他如许多昆虫的研究，动物的生活，这些都是好的材料，还有一种方法可用的，是把社会上种种现象结构一下，或者把写实小说配以照相，我想许多都是画报的好题材。"

16 日 《□□□□以后的××××》一文刊载于《天地人》第4期。

同日 杂感《乞丐入狱》刊载于《天地人》第4期。文中说："读报敬悉最近'北平市在大捕乞丐'了,说是因为'美游历团'到北平的缘故。已捕到是七百名,三天可以释放。"

又说:"北平市已经捕过学生,捕过教授,乞丐比学生与教授为贱,捕杀并没有什么大了不得;不过话要说回来,学生们虽是爱国与救民族,但究竟是有点'越轨'的。越轨虽无定义,但要求弱小抬头,聚众示威,口号传单之举,不免有点赤化嫌疑,国法昭彰,理应被捕是实。至于乞丐,人虽弱小,但并不想抬头,只想苟生而已,既无犯法,又无越轨,但公然被捕,监禁三天,我不知国法何在了。"文章绵里藏针,颇具现实感。

22 日 在上海。小说《郭庆记》脱稿,刊载于《东方杂志》1936年6月1日第33卷第11号,收入短篇小说集《阿剌伯海的女神》,后收入《徐訏全集》第四卷。写郭庆夫妇的一片小小洗衣店从苦苦支撑到最终覆亡的过程。同时对平民教育、儿童教育却不能与实际需要相结合表达一种讽刺的意见。

5 月

1 日 《行为主义论》一文刊载于《天地人》第5期。作为一个哲学专业的毕业生,作为一个心理学的爱好者,徐訏对于各种心理学学说的进展一直有所关注,尝试着将相关的学说纳入到对人的理解当中。徐訏认为行为主义心理学既把人从上帝造物的虚幻感中解脱出来,但作为"承继着动物心理的研究而起的一个派别",它又把人类心理与动物心理不加区别地看作是刺激一反应的结果。徐訏指出行为主义论者的实验往往局限于实验室或人的婴儿阶段,对人的社会实践和社会意识重视不够。"如果行为主义们肯对马克思主义学说多下一番研究,而将他的实验放到实际社会的人上来的,那么他们会了解'意识'这个名词,在马克思主义所说的所用的与旧心理学所用的是不同的了。"

16日 杂论《谈万金油》刊载于《天地人》第6期,收入《蛇衣集》,后收入《徐讦全集》第十卷。文章谈及上海虎标牌万金油的广泛影响及其卓著的功效。

同日 诗歌《紫禁城》刊载于《天地人》第6期,收入《借火集》,后收入《徐讦全集》第十一卷。

19日 在上海。作诗歌《北海九龙壁》,收入《借火集》,后收入《徐讦全集》第十一卷。

6月

1日 开始创作中篇小说《鬼恋》。

同日 《谈人间苦》一文刊载于《天地人》第7期。文章所谈及的"人间苦",主要是人们在日常生活中遭遇的种种麻烦和烦心事。对于这种人间苦,作者认为既可能陷入其中纠缠不休,也可能跳出三界之外,达到无所系心的超脱。

同日 诗歌《病热》刊载于《天地人》第7期。

8日 在上海。作诗歌《心的跋涉》,刊载于《天地人》1936年7月1日第9期,收入《借火集》,后收入《徐讦全集》第十一卷。

同日 诗歌《供》《沙滩上面》刊载于《天地人》第8期。

21日 在上海。作诗歌《希奇的声音》,收入《借火集》,后收入《徐讦全集》第十一卷。

7 月

1 日 《谈人口的价值》一文刊载于《天地人》第 9 期。文章讨论了贩卖人口。

同日 《论语》第 91 期出版,连同 7 月 16 日第 92 期,分上下两期出版"鬼故事专号"。写作者阵容庞大,内容丰富驳杂,一定程度上体现出文坛的动向和文化思潮的症候。

10 日 《鬼恋》修改完成。

《鬼恋》完成于徐讦留学法国之前,由于它发表于 1937 年 6 月和 7 月的《宇宙风》杂志,导致坊间各种文学史和相关的研究往往误认为写作于法国留学时期。经过对原始材料的相关查证,锁定了更为具体的时间。"也就是说,作者自己标注的写作时间是 1936 年 6 月 1 日初稿、1936 年 7 月 10 日修改完成。由于许多研究者读到的不是初刊于《宇宙风》上的版本,而是后来出版的单行本,而各种单行本上删除了关于写作日期的标注,于是论者只注意到它发表的时间,不加细究,导致对于该作写作时间的误判。对写作时间的误判,又导致对于《鬼恋》写作地点的误判,即认为它写于法国,并以讹传讹。"①

徐讦《鬼恋》创作时间与地点的辨明可以洗去一直以来加在徐讦身上的有关"逃避抗战现实"责难,实际的情况是,战争爆发后,在法国留学的徐讦很快就赶回国内,以笔为枪投入抗战,写了《奠诗》《献旗》一类的诗作,写了《救济失学儿童》一类的杂感,发表了系列的民众戏剧研究的文章。

---

① 阎浩岗,张露:《徐讦〈鬼恋〉写作时间与地点辨正》,《新文学史料》2018 年第 4 期。

有研究者认为,徐讦的《鬼恋》应该与此一时期"论语派"谈狐说鬼的思潮联系起来,这应该是有见地的看法。"笔者翻阅《论语》,发现1936年7月出版的该刊第91和92期均为'鬼故事专号',8月1日出版的第93期虽不再是专号,却仍有五六篇与'鬼'有关的文章。这几期《论语》的组稿策划,应是在7月之前,恰与《鬼恋》写作时间重合。鉴于徐讦此时是'论语派'重要成员,可以推断,《鬼恋》的写作是'论语派'之'鬼文化讨论'的一部分,或是后者影响的产物。"①

　　15日　在上海。作诗歌《幻游》,收入《借火集》,后收入《徐讦全集》第十一卷。

8月

　　下旬　离开上海,乘坐康脱凡帝号客轮去往欧洲比利时。

　　《申报》1936年8月27日刊登了一篇题为《徐伯讦明日放洋》的启事:

　　　　徐伯讦君於民国十九年毕业于国立北京大学哲学系,后即一意致力于文艺,曾与林语堂、陶亢德合办《人间世》半月刊,旋复主编《天地人》半月刊,在新文学界卓著声誉。兹为更求深造,决意赴比留学。已定二十八日搭意轮康脱凡地号放洋,闻《天地人》半月刊亦因此于第十期停刊。

　　由此可知徐讦出国留学的具体时间。

　　31日　轮船到达香港,上岸购买相关物品,为当地警察所刁难。

　　本月　去国前后,作《改良个体与改良环境》一文。文章谈

---

　　① 同上。

及人类对于现实的不满和改变现实的路径，认为往往有两种方式，一者改良个体，一者为改良环境。而作者选择的是通过改良个体的方式来改变现实，这也是其出国留学的主要原因。

9 月

5 日　在同一条船上，徐訏遇到了钱歌川，在甲板上偶然相遇，真是喜出望外。钱歌川随身带着一个小册子，见到熟人就题上几句，作为日后回忆的账本。结果徐訏成了题写手册的第一个人。徐訏才思敏捷，提起笔来略加思索，便写出下面这样一首诗来：

> 我知道你聪明人什么都会晓得，
> 但终也难免有一点儿糊涂。
> 那是当你贪看岸边桃红与柳绿，
> 该小心别耽误了你光明的前途。
> 印度洋上构赠歌川先生。
> 徐訏，一九三六、九、五，于康铁佛田。

此前徐訏在上海编《论语》杂志的时候，钱氏也在上海编《新中华》杂志，两人在一些场合相遇算是认识，但真正的交往是从轮船上的亲密接触才开始。此后，徐訏留学期间到英国伦敦和剑桥观光，就是由钱氏作为向导。[①]

9 日　作杂感《外国人与狗》，刊载于《宇宙风》1936 年 11 月 16 日第 29 期。文章谈论西方文化与狗的关系，一方面对于民族间的歧视、压迫表达不满；另一方面，也认为民族间的交往需要文化上更深入的了解和理解。他说："西洋的文化离不开狗，狗

---

① 钱歌川：《追忆徐訏》，《新文学史料》1986 年第 2 期。

戏卖座比人厉害,电影中狗明星常充主角,而以人去配他;青年男女之结合以狗为媒介的不知多少;外国美女子常带大狗坐卧相伴,许多男子愿为其狗者不知多少。弗拉虚一书,就是以狗为主写伊利沙白勃朗宁之恋爱私逃等事的。所以狗在西洋文化上是与人有不能分的连系。所以即使这块'中国人与狗不能入内'的牌子,是'中国人不能入内,狗也不能入内'或更甚的是'狗不能入内,中国人也不能入内'的意义,则充其量也不过是中国人被你骂为'你是狗'而已。然而今天在这白色的船上,听白种人亲口同我说'狗是我的妻,我的子女,我的一切'的直认不讳的自招,我不禁对于上海的那群可怜的白种人起一种追认的冷笑了。"

本月　小说《阿剌伯海的女神》脱稿,①分上、下连载于《东方杂志》1937 年 3 月 1 日第 34 卷第 5 号、1937 年 3 月 16 日第 34 卷第 6 号,收入短篇小说集《阿剌伯海的女神》,后收入《徐訏全集》第四卷。这是一个以梦境方式展开的爱情故事。故事以"我"在阿剌伯海上的航行为背景,在船上遇到了两个女性,一个是巫女,一个是阿剌伯海的女神。先是"我"认识了巫女,她走南闯北见识颇广,与"我"谈起近代的哲学、命相学等,还与"我"聊起了当地的海神——一位女海神。"我"当然也盼着能见到那位美丽的女神,到第三夜的时候,她果然出现了。但女海神却告诉我一个不能两全的故事,民族宗教间的禁忌与爱情不能两立的冲突。……最后是冰凉的海水溅到脸上,使"我"从梦中惊醒过来。异国情调加上奇幻的想象,可以说这些标志性的元素已经清晰地呈现在作者的作品中。

---

①　小说原注 1936 年 8 月地中海上,时间不切。

秋　　经马赛港到达巴黎,听说比利时的鲁文小镇有鲁文大学并且有中国留学生,于是前往。很快发现自己对于鲁文的环境不太适应。依当时的理智的说法是当地的宗教空气太浓,还有就是对学校的学术思想环境的失望。于是离开鲁文,重新回到巴黎。

《鲁文之秋》一文中徐訏又吐露了另外一种文学性的原因,就是伤秋——为鲁文之秋气所伤。文中比较了北平之秋与鲁文之秋的差异:"北平的秋是极短的,因为其短,所以变化特别明显。当我第一年一个人住在会馆时,院中的一株大桃树给我一个很深的印象。记得头一晚我临睡时还是满树的叶子,一夜秋风,早晨起来一看,所有树叶都被秋掠尽了。秋以后它就以一个枯干过冬,春到时只要有一阵雨,满树都是花,花谢的时候,叶子就慢慢抽齐补足,于是长长的夏天是丰盛的绿叶,又预备那秋到时的秋风来劫掠了。第二年秋风起时,那一夜我一个人煮了一壶咖啡,吸一罐烟,全夜不睡地守着它,隔一两个钟头我开门到院中去看看,这情景实在太残酷了,像是冥顽的暴力恣意残杀无抵抗的妇孺,像是人间的地震,监狱的火灾,没有幸免,没有逃避,一阵风声一次崩裂,于是满地都是瓦砾了。我看它树干一点一点地光起来,地上的落叶一层一层厚起来,感到真是欧阳修所谓'杀'季了!我没有法子安慰自己。到天亮,我就搬到朋友家去。其实搬到朋友家有什么用,北平到处都是一样,除了中山公园松树以外,北海中南海早是满地扫不胜扫的落叶了。"

而鲁文的秋又是另外一派愁人的景象:"鲁文这个城,学校开学这样晚,是好像专门为来容纳秋天似的。黄昏在一天之中,原是秋在一年之中地位一样,所以秋天的黄昏,是有两重秋情的,这时候,路灯还没有亮起来,我一个人在死寂的'的而蒙'路树叶里走着,踏着深厚的树叶,望那凄苦的天色,暗淡的月影,我已感到我心灵是载不起这沉重的秋景了。可是还有风来,我打着寒颤,听那教堂阵阵的钟声,感到我已经不是一个人而只是一个灵魂,是一个悠悠无归宿的灵魂,要追那钟声消尽处,依那上帝的幻影里去了!

"钟声,是的,鲁文的钟声是鲁文的文化的表征,是整个鲁文的灵魂。但是我不爱,我甚至厌怕,它几乎是一天到晚闹着。像鲁文这样的小城何必大惊小怪用大钟?但是秋恐怕还不止一个,一刻钟就要闹一次,一个闹完了一个闹,报刻以外还要报时,早晨傍晚,教堂里还要悠深地冗长地敲着骇人的钟声。秋天已是够使人感到老,感到时光的匆匆了,而这钟声,则更是存着心时时刻刻要报告你人生在空虚中消磨着。……"

秋 在巴黎。结识到巴黎留学的盛澄华。盛澄华毕业于清华大学外文系,此时到法国研习欧洲文学,尤其集中于法国作家纪德的研究。两人在欧洲文学以及当时的社会主义革命等论题上多有切磋。不久,又碰到了北大的同学韩蕙连。北大读书的时候,韩蕙连低几级,并无交往,这时他乡相遇格外亲切。不久,盛澄华通过徐讦结识韩蕙连,并由恋情走向婚姻。

此一期间,纪德因访问苏联,带回有关苏联的消息而红极一时;盛澄华对纪德很感兴趣,先是不断地给纪德写信,后来又去拜访纪德。盛澄华对纪德的兴趣也影响了好友徐讦对于马克思主义的态度,由最先的理论热情进入一个现实的怀疑时期。(七十年代时徐讦再访欧洲时专门要去苏联看看,或许与这一时期的记忆相关。)与此同时,看到苏联有关清算托洛茨基等人的报告更引起了徐讦深深的思考,由此而远离了原来的马克思主义信仰,而对于现代哲学和心理学的兴趣却俞益增强。(《我的马

克思主义时代》）

秋　入巴黎大学。在此期间,徐讦对欧洲的社会、思想、艺术、风土人情等有了多方面的了解。正如他稍后的总结:"一九三六与一九三七年期间,我适在巴黎,这大概是法国物将反的时期,法兰西的自由与民主精神,在那个时期,的确已经发挥到了极点。我在那面看到人民个性的发达,看到各种思想的篷勃,各种主义的活动;街头叫卖着各党各派的报纸,到处有各地民族各种组织的集合;艺术上也有各派作风在那里竞斗,一切种别与国别在那里自由平等并存。欧洲是近代文明的中心,是繁复思想的策源地。又因伦敦是岛国,与大陆隔着海峡,纽约华盛顿远在美洲,柏林莫斯科都在独裁,于是巴黎成为这世界繁复思想的集中地,独裁国的思想犯政治犯,逃亡的犹太人,阿比西尼亚的国王,西班牙政府军的要人,都在巴黎活动。许多美国人、北欧人、东方人,都在那里游历观光,那时巴黎正忙于筑路,筹备世界博览会。新奇的建筑在塞纳河两岸巴黎铁塔周围建立起来,失业工人都有了工作。马路上散满了政治的传单与商店的广告。娱乐场、电影院、剧院都挤满了人,咖啡店亮着全夜的灯光,舞场响着通宵的音乐,千千万万的人从各地各国集拢来。那是最复杂时代的最复杂国家,最动荡时代的最动荡国家,这是一个最丰富国家的最丰富年代,最民主国家的最民主年代。同时这也是最自由国家最自由的都市,最热闹都市的最热闹时期。"(《漫话巴黎》)

同日　作《民族间的距离》一文,收入《西流集》,后收入《徐讦全集》第十卷。文章源于徐讦往欧洲留学途中的经验。赴欧途中,徐讦在印度孟买曾停留几日,在轮船上又接触了一些前往欧洲的印度留学生,由此而产生的民族之间相互交往的感觉。

其与《海外的情调》不同。《海外的情调》中诸篇什是以现实材料为蓝本而形成了一种想象性的表达;《西流集》则是在这种民族间的交往过程中形成的思考,是一种对于文化交往的反思和讨论。这篇短论中作者认为,民族间的隔阂往往由于语言文字或风俗习惯乃至积久的成见等等。徐讦认为中印之间实在没有基于隔阂彼此看轻对方的权力。

11 月

10 日　作《鲁文之秋》一文,刊载于《西风》1936 年第 6 期,收入《海外的鳞爪》(上海西风出版社 1939 年版),后收入《徐讦全集》第十卷。

14 日　作小品《鲁森堡的一宿》,刊载于《新中华》1937 年第 5 卷 第 6 期,收入《海外的情调》(上海西风出版社 1939 年版),后收入《徐讦全集》第七卷。作品与徐讦欧洲留学经验相联系。徐讦欧洲留学经验叙录于《海外的鳞爪》,与此同时还有《海外的情调》与《西流集》。前者偏向于经验的写实,后二者又分两类,一类偏向于意识与情绪的延伸,一类偏向于文化的阐说。《鲁森堡的一宿》属于前一类,作品写的是,半夜里钟和表的对话,人被时间催促的感觉。这种感觉在《鲁文之秋》中清晰可见,只不过在这里幻化成一种半真半假的戏剧性场景。

12 月

1 日　作杂感《威尼斯的月》,刊载于《西风》1937 年第 4 期至第 8 期。徐讦认为威尼斯之月确实很美,这不是简单的排外情绪就能否定的。"威尼斯的月儿之好处第一是因为威尼斯是水城,到处是水,河道就是街道,可是以水而论,中国有水的地方正多,固然不是水城,所以船在西湖水上走,与在威尼斯水上走,在水方面对月儿是到什么不同的。第二个好处是因为威尼斯的建筑。威尼斯有许多有名的建筑,这些建筑有些都是罗马建筑的代表,屋顶有许多的装饰,月儿升起落下,都有个陪衬。第三是他们到处有铜像与石像,这些铜像与石像是意大利专长的东西,高矗天际,好像是月的守卫。第四是这些伟大的建筑以及铜像与石像随处都映在水里,与月儿在水中作伴……

"有这些特殊的环境,威尼斯的月儿能够被大家记住,这不是偶然的。要说到中国,这样大的地方,也很难举出一个代表的地方来,不过以建筑论,中国的建筑也是欧洲所没有的,我们虽然及不了他们伟大与富丽,但像颐和园北海这种建筑,我想也许是比他们堂皇与大方。像三潭印月平湖秋月这种构造也许是比他们佳秀而幽美的。"

徐讦认为不同民族有不同的文化特点,同时也就有不同的美学追求。应该具体问题具体分析,既反对文化上的民族自大,也反对文化上的民族自卑。表达出一种"各美其美"的文化主张。

5 日 巴黎左岸蒙摆拿斯街区。与中国小姐 K 君一起听纪念莫扎特的音乐会。其后,在附近咖啡馆里结识了荷兰画家。后由此经历创作小说《蒙摆拿斯的画室》,刊载于《西风》1938 年第 28 期,收入《海外的情调》,后收入《徐讦全集》第七卷。作品是以现实经验为蓝本的散文化小说。作品采用了音乐的对位结构。

本月 《照相的美与真》一文刊载于《摄影画报》第 12 卷第 43 期 ,收入《蛇衣集》,后收入《徐讦全集》第十卷。文章讨论照相这门新兴艺术活动中"真"与"美"的相互关系，认为这两者之间是存在着矛盾的。

本年　作诗歌《冬夜归途》《孤女的话》，收入《借火集》，后收入《徐讦全集》第十一卷。

本年　创作戏剧《费宫人》（四幕剧），刊载于《东方杂志》1936年9月1日第33卷第17号，收入《灯尾集》。其为四幕历史剧：

第一幕：明思宗十七年，宫女们在花园里采花游玩，女官魏宫人非常严肃地走过来，打破了大家欢乐的气氛，说："皇帝大发脾气啦，他一下子把皇后推在地下。……"女官费贞娥劝说周后："皇上这一个月来脾气越来越坏，恐怕与国事有关。"宫女们问外部究竟是怎么回事？费宫人说："你们到宫里的时候早，所以不知道外面事情。我几个月前不就在自己的老家么？在那面我们天天听到这些消息，听到百姓的怨天怨地，听到流寇的猖獗，听到大家怪皇上糊涂不为百姓谋利益。一到宫里这些消息就什么也听不到了。"宫女们表示，既然世道乱了，也只好一死了之了。费宫人则说：死虽然免不了，但总要救个平常对我们好的人，杀过敌人才值得。

第二幕：费贞娥按皇后的旨意在寿宁宫陪伴长平公主。长平公主不谙世事，对宫外的情况一无所知，还在吟诗作对；费宫人说，"实在现在不是读书的时候了"，"近来听说流寇快迫京城了"。长平公主听后一片惊慌，痛哭流涕。不多时，外面传来隐约的炮声，宫中一片混乱。失去江山的崇祯皇帝绝望了，他赐死皇后，又欲杀太子，被守城提督王承恩劝止。费宫人从崇祯剑下救出长平公主，让她换上自己的衣服随太监出逃。

第三幕：煤山上王承恩和崇祯自尽殉明。李自成的大军唱着歌进殿寻"宫女美人儿"，魏宫人率宫女从殿上跳下御河。藏在枯井内的费贞娥被军士发现，她对军士说："我是大明公主，你们还是把我献给你们的大王吧。"李自成见她"容貌倒不错"，便有立她为后之意，但为了收服恃战功而索求费贞娥的韩虎将军，只得将"公主"赏给韩虎，自己再去另寻宫女。

第四幕：韩虎当晚举行婚礼，费贞娥在洞房哭泣。伺候她的两位老妪见状便教她："韩将军杀人杀得多，可待女人倒是漫好的。……等他回来，你再给他一瓶酒喝，他就呼呼地睡着。"李自成及诸头目先后进来看过新娘子后，韩虎拉费贞娥入睡，费贞娥说，"我是大明的公主，得按我们大明的规矩做"，"做新郎的要喝十新娘备好的酒"。待韩虎饮卜两樽酒，费贞娥又假意为其书写奏章。待韩虎熟睡后，费贞娥拔剑刺入韩虎咽喉，继而书一纸条，再用帛自缢。天明，李自成闻讯赶来，高兴地说："公主不喜欢他，喜欢我，所以把他刺死了。"随从告诉李自成，费贞娥在留下的纸条上说"她本来是想刺死陛下的"。李自成说："哈哈，韩虎倒霉！韩虎倒霉！"

1937年（丁丑，民国二十六年）　29岁

▲4月，中共中央发表《告全党同志书》，号召"为巩固国内和平，争取民主权利，实现对日抗战而斗争"。

▲7月7日，七七事变爆发。

▲8月13日，日军大举进攻上海，淞沪抗战爆发。

▲8月，中国工农红军改编为国民革命军第八路军，开赴山西抗日。

▲8月25日，中共中央在陕北举行扩大会议，通过了《抗日救国十大纲领》。

▲10月，上海战时文艺协会、上海戏剧界救亡协会相继成立。

1月

11日　在巴黎。作《印度的鼻叶与巴黎的小脚》（又名《巴黎的小脚》）一文，①刊载于《宇宙风》1937年4月1日第38期，收入《西流集》，后收入《徐訏全集》第十卷。文章从印度的鼻叶谈到巴黎的小脚，认为人体的装饰及人们对美的理解往往与不同的文化习俗、文化环境相联系。看待这些不同要有更开阔的比较文化学的眼光和更为宽容的文化心态，而不能从一隅的视野出发，轻率地对不同文化进行粗暴的攻击。

本月　散文《谈中西文化》刊载于《宇宙风》1937年1月1日第32期、1937年1月16日第33期。

3月

26日　在巴黎。作诗歌《悔》，收入《待绿集》，后收入《徐訏全集》第十二卷。

4月

13日　在巴黎。作《中西的电车轨道与文化》一文。对巴黎

---

① 　原注为1936年1月11日。从徐訏的行踪来看，应当是1937年。这种错误往往是民国纪年与公元纪年转换造成的。

和上海的地上和地下的交通状况进行比较，进而联系到相关的文化与文学现象。"关于中西的文化的不同，以前有许多人说过是精神文明与物质文明之差别。其实这是一句表面上的漂亮话而已，物质与精神表面上矛盾，实际上是统一的，因为物质的文明也可以提高精神的文明，因精神的文明也可以提高物质的文明，二者常常是并存的。历史的进展，我觉得是先有物质而后才有精神，狄卡儿说：'我思，故我在。'实际上，近代医学证明，在人垂死时思维已失去而生命还可存在的。所以这句话应当是'我在，故我思'才对。在社会中我们知道的事实同人体一样，因为物质文明的存在才有精神文明的，但话儿并不是这样机械，有时精神文明自然也推动物质的文明，可是中国的精神文明怎样没有推动物质文明呢？实在说，我们中国的精神文明，从整个来说，是并不能与西洋相比的，哲学文艺，固然是他们丰富，绘画音乐雕刻则更不能与他们并提。"

但是，作者认为并非有史以来就是如此，"这些不能并提的历史最多也还是二世纪以来的事情，在孔子时代与亚里斯多德时代比，我觉得当时学说界之自由与丰富西洋还不超中国的，以后他们中世纪还有悠久的黑暗时代，何以从此他们的进展就使我们不能望其项背呢？这不是我们聪明不及他们，或他们比我们优秀之谓。自然以后社会的物质的进展是他们的条件，但假如说推动这物质的进展，是还有他们精神文明的武器，那么这就是亚里斯多德所创设的论理学了。亚里斯多德创立论理学而孔子只是奠定了伦理学。亚里斯多德，以论理学打倒所有诡辩学派，作为西洋文化的基石。孔子的伦理学则是在实用上为当时社会所崇奉，为以后代代的帝皇所利用来维持人心与社会秩序的，于是形成了中国文化的中心。"

5 月

15 日　创作小说《犹太的彗星》,刊载于《东方杂志》1938 年 2 月 1 日第 35 卷第 3 号,收入小说集《烟圈》(上海怀正出版社 1948 年版),后收入《徐讦全集》第五卷。这是一篇现代文学中少见的写犹太人的反战小说。作品以"我"到欧洲学习考察为线索,在这前后所经历惊心动魄的故事。出游欧洲前夕,"我"认识了一个自称挪威人的犹太人舍尔可斯,在他家时碰到一个穿黄衣裳的女子。不久,与舍尔可斯熟悉一些之后,他请我到欧洲的时候能够假扮一下黄衣女子的丈夫,以便她能够顺利地继承姑母留下的遗产。半是友情,半是好奇,"我"答应了舍尔可斯的请求,一路上"我"对黄衣女子的感情也越来越清晰,"我"爱上了她。最后黄衣女子为反战事业献出了生命,"是的,她是光,是火,是星,是把自己的光与热散布给人类,而自身消灭在云海之中的星球。"这可以看作是后来的反战小说《风萧萧》等的一个雏形。

31 日　在巴黎。作诗歌《乡愁》,收入《待绿集》,后收入《徐讦全集》第十二卷。诗歌写道:"清晨天空里有云,/变幻的都是我家乡,/四月底有和暖的南风,/吹来的又是旧识的花香。"很容易让人联想到二十年代刘半农留学英国时的诗歌《叫我如何不想她》。

初夏　结识日本留法女作家朝吹登水子。由此徐讦坠入一段异国之恋。这段恋情在后来朝吹登水子的自传体长篇小说《爱的故事》(后被译为中文出版,湖南人民出版社 1987 年 7 月版)第三章"异国之恋"中做了较清晰的记载。作品中的男主人公名曰"俞",女主人公则为纪川纱良。"俞"即为徐讦。据香港作家鲍耀明在《徐訏早年的一段异国情缘》（《香港文学》1998年6月1日第162期）透露，朝吹登水子曾经告诉他："1978年，徐赴东京参加国际笔会时，曾与朝吹晤面，徐获悉对方有自传式小说之作，乃要求以'俞'字代表徐訏。"

6月

本月　小说《鬼恋》刊载于《宇宙风》1937年6月16日第43期、1937年7月1日第44期，上海夜窗书屋1938年初版，1947年3月出版单行本，列入"三思楼丛书"，后收入《徐訏全集》第二卷。《鬼恋》发表后引起了轰动，为徐訏的代表性作品之一。该书的出版使徐訏获得"鬼才"之誉。

《鬼恋》写"我"在一个寒冷的冬日之夜，在上海山西路口遇到一位神秘的黑衣女子。她自称为"鬼"，让"我"既感到神秘，又感到莫名的吸引。其后遂发生了一场人鬼之间的恋情。在几经交往后，"我"终于了解到她的一些情况：她曾经从事秘密的革命工作，经历过许多风险，自己的同道、爱人也被敌人杀害。在世上为什么不愿做人而愿意做鬼呢？——"一次次的失败，卖友的卖友，告密的告密，做官的做官，捕的捕，死的死，同侪中只我孤苦的一身！我历遍了这人世，尝遍了这人生，认识了这人心，我要做鬼。"奇特的行迹中正是包含着对于现实和世道的愤激。女鬼后来悄然离"我"而去，而"我"则在她的精神感召下，决心追求光明。作品显示出作者对于革命的同情立场，同时对于革命过程中的污泥浊水既抱有道德上的义愤却也缺乏深刻的辩证理解。

这部作品已经显示出徐訏创作上的一些重要特点。现代都市奇情与传统故事悬疑所构成的叙事动力从这部作品开始一直延伸在此后的徐訏创作中。传统人鬼恋的潜文本叙事为小说铺展了丰厚的具有文化底蕴的联想空间,确然的现代街市场景和人间际遇又赋予作品凌冽的现实风貌。这些构成了《鬼恋》特有的神秘而又浪漫的氛围。作品还特别注意色彩与气氛的运用,这部作品大胆使用黑色和冷色调,形成一种严冷的叙事格调。

《鬼恋》是徐訏的成名作。此后一直受到研究者的重视与反复解读,受到各种相关研究及文学史的批评与阐说。

1941年,根据徐訏小说改编的同名电影《鬼恋》播出,《中美日报》上发表了辛雪所撰的影评,认为:"《鬼恋》虽然并不像一般鬼片般向观众传播荒唐迷信的毒素,但是健全的启示即使有也是异常微弱勉强的,或甚至于趋向乎浪漫派的逃避消极路上去。它似乎只在着力叙述一则娓娓动听的罗曼蒂克的美丽故事和描写一个富有诗意的神秘女性——女'鬼'。这女子一度曾是前进的革命女'侠',曾经手刃过无数贪官污吏;可是在故事的开端迄末她已变为一个为黑暗所吓退的百分百的逃避现实者了。但剧作者对她却只有浓厚的同情,没有正确的批判。"①文章虽然针对的是影片,但正如文章末尾的按语所言,影片从题名到题材全部袭自徐訏的小说《鬼恋》,因此,对于影片的批评也可以看做是对小说的一种解读。

1944年,《微波》杂志上发表了程帆有关《鬼恋》的书评:《鬼恋与人恋——关于徐訏著〈鬼恋〉的题材与主题》。文章认为,描写男女感情纠葛的小说无可厚非,但是应该在男女之情的描写中灌输正确的恋爱观,通过"恋爱事件告诉读者另外一种真理",那么这样的作品是应该欢迎的。文章还认为,徐訏在解释自己的"三思楼月书"的时候,也是提倡真善美的,所以,对他的作品

---

① 辛雪:《鬼恋》,《中美日报》1941年10月22日。

提出这样的要求是合乎情理的。但是《鬼恋》中传达的除了今朝有酒今朝醉的享乐之外，还有什么呢？"我们所能看到的只是这些，是这么样的题材和这么样的主题。我们接着按作者的指示去追寻，我们离开他描绘的生殖器部分，离开里面的女性，可是离开这些东西后所能找到的是什么呢？是空无所有。"

又说："作者曾说：'可是有时我也会自卑地感到，我的东西会不会像一阵烟囱里所喷的煤烟，是自己燃烧尽了的废物，在空中迷漫，害别人的呼吸，污别人的衣着呢？'我不能不感觉作者的设想是对的，这确乎是作者自己燃烧尽了的废物，迷漫在空中，既污别人的衣着，又害别人的呼吸，且进而影响到读者的生理以及心理的健康。……"[①]

在徐訏作品的早期批评中始终存在着一种负面的基调。

本月 散论《民族性中的耐劳与耐苦》刊载于《新中华》1937年6月第15卷第12期，收入《西流集》，后收入《徐訏全集》第十卷。文章就人们通常印象中有关中国人耐苦耐劳的性格进行了辨析，认为这种印象过于笼统；细加辨析则发现中国人的性格主要是耐苦而非耐劳。文章具有一定的国民性批判的色彩，同时，分析的深入也有赖于这一时期徐訏比较文化学视野的逐步拓展。作者说："这民族性之所以这样的与西洋不同，我觉得可以有两种看法的：一种是说西洋的民族性是反映资本主义社会的，而中国则是反映封建的；一种是说西洋的民族尚在青年的时代，而中国则已经衰老了。假如我们觉得前说是对的，则我们在建设过程中，民族性的建设更是建设近代社会的要诀。假如说，我

---

① 程帆：《鬼恋与人恋——关于徐訏著〈鬼恋〉的题材与主题》，《微波》1944年第1期。

们认后说是对的,那么,我们总该相信我们万万的正在抽芽的儿童是具有与西洋儿童一样活泼积极的精神的,我们的教育是负这个重大的责任,不要让他们也很快的衰老了。其实,这两者正是并存的原因,而我们正在劫难中的民族,要在与敌人决战中把上面两层都振发起来的。"

8 月

6 日　在伦敦。作诗歌《旅遇》,收入《进香集》(上海怀正出版社 1948 年版),后收入《徐讦全集》第十二卷。

17 日　在伦敦。作诗歌《自画像》,刊载于《文汇报》1938 年11 月 15 日,改名《对自己的影子》收入《待绿集》,后收入《徐讦全集》第十二卷。

30 日　作诗歌《给新生的孩子》,收入《待绿集》,后收入《徐讦全集》第十二卷。

10 月

11 日　回到巴黎。作诗歌《冷巷的旅情》,收入《待绿集》,后收入《徐讦全集》第十二卷。

22 日　在巴黎大学。作诗歌《辜负的一个约》,收入《待绿集》,后收入《徐讦全集》第十二卷。

11 月

2 日　在巴黎。作诗歌《幻游》,收入《待绿集》,后收入《徐讦全集》第十二卷。

5 日　在巴黎大学。作诗歌《已锈的歌曲》,收入《待绿集》,

后收入《徐訏全集》第十二卷。

6 日 在巴黎。作诗歌《倦邮》,收入《进香集》,后收入《徐訏全集》第十二卷。

14 日 在巴黎。作诗歌《色的幻袭》,刊载于《舆论》1948 年 9 月 16 日第 1 卷第 2 期,收入《待绿集》,后收入《徐訏全集》第十一卷。

同日 在巴黎。作诗歌《忏悔》,刊载于《文汇报》1938 年 11 月 10 日,收入《待绿集》,后收入《徐訏全集》第十二卷。由于即将结束留学生活,同时又陷入一段新的恋情之中,徐訏近一时期的诗歌显示出内心世界的剧烈波动。这些诗作一方面吐露出诗人内心深处的隐秘,另一方面,诗人的情绪起伏波动较大,一忽儿充满希望,一忽儿颓然神伤。这些诗作大多没有及时发表,直到四十年代末才部分发表与结集。

16 日 在巴黎。作诗歌《火》,刊载于《舆论》1948 年 9 月 16 日第 1 卷第 2 期,收入《待绿集》,后收入《徐訏全集》第十二卷。

同日 晚到音乐厅欣赏世界著名音乐家瓦格纳音乐会。

此一时期,徐訏对于绘画也产生了很大的兴趣。他极力推崇的是一位名叫萧望奴的印象派鼎盛时期的画家,从后来徐訏的一些自画像中可以看到他对于印象派的会心。

20 日 在巴黎。作诗歌《晚祷》,刊载于《舆论》1948 年 9 月 16 日第 1 卷第 2 期,收入《待绿集》,后收入《徐訏全集》第十二卷。

27 日 在巴黎。作诗歌《梦呓》,刊载于《舆论》1948 年 9 月 16 日第 1 卷第 2 期,收入《待绿集》,后收入《徐訏全集》第十二卷。

12 月

15 日 在巴黎。作诗歌《偷望》,收入《待绿集》,后收入《徐讦全集》第十二卷。

27 日 在巴黎。作诗歌《漫感》,刊载于《舆论》1948 年 9 月 16 日第 1 卷第 2 期,收入《待绿集》,后收入《徐讦全集》第十二卷。从时间上推断,这首诗应该是徐讦临别前赠送给朝吹登水子的告别诗。

本年 在巴黎作有诗歌《昨宵》,收入《待绿集》,后收入《徐讦全集》第十二卷。

本年 散文《与子恺先生论房间艺术》(又名《房间艺术》)刊载于《谈风》第 12 期。

1938 年(戊寅,民国二十七年) 30 岁

▲1 月,中共中央长江局机关报《新华日报》在汉口创刊。

▲3 月 27 日,中华文艺界抗敌协会在武汉成立。

▲4 月,鲁迅艺术学校在延安成立,后改名鲁迅艺术学院。

▲5 月,毛泽东发表《论持久战》。

▲6 月,鲁迅先生纪念委员会编纂的 20 册《鲁迅全集》由复社正式出版发行。

▲10 月 27 日,武汉三镇失陷,武汉会战结束。

▲12 月 19 日,汪精卫、周佛海、陈璧君等自昆明飞往河内。29 日汪精卫发表"艳电",公开叛国投日。

1 月

2 日　由于抗战爆发,徐讦结束留学,提前回国。从巴黎坐车先到马赛,然后从马赛港登上轮船。

4 日　归国途经印度洋。作诗歌《忧郁》,收入《待绿集》,后收入《徐讦全集》第十二卷。

上旬　自欧洲归国途中。作诗歌《寄 T.S》,收入《待绿集》,后收入《徐讦全集》第十二卷。这是归国途中徐讦写的寄赠朝吹登水子的诗,曾被录入朝吹登水子的自传体小说中。

19 日　归国途经印度洋。作诗歌《海》,收入《待绿集》,后收入《徐讦全集》第十二卷。

20 日　归国船上。作诗歌《热带上的呻吟》,收入《待绿集》,后收入《徐讦全集》第十二卷。

下旬　轮船停靠新加坡。已经接近中国,遂产生一种亲切感;很多人上岸,徐讦也上岸略作停留,竟然碰到了上海的朋友。

下旬　轮船停靠西贡。由于要在西贡装货,所以要在当地停留几天;留在船上炎热难熬,容易生病。徐讦本打算到岸上旅馆里住几天,想到前线的同胞在战壕里奋战,决定作罢。夜里无法睡觉,索性上岸看戏,了解当地的风俗,发现一个叫作哨龙城的地方。中国传统文化在此地影响相当大,而且当地还通行中国广东、福建、宁波等地方话,交流起来相当方便。

1 月底 2 月初　回到上海。作《回国途中》一文,收入《海外的鳞爪》,后收入《徐讦全集》第十卷。文中记录了漫长的海上旅行生活:逼仄拥挤的船舱,海上的难眠之夜;处于复杂国际时事中不同民族间的爱恨纠结;轮船停靠码头时当地社会的风俗民情等。

本月　归国途中。作诗歌《寄 H 与 W》，收入《待绿集》，后收入《徐讦全集》第十二卷。

3 月

5 日　作散文《谈中西的人情》（又名《给西洋朋友的信》），收入《海外的鳞爪》，后收入《徐讦全集》第十卷。这是作者谈论西洋文化系列散文中的一篇。《鲁文之秋》《我在英国的房东》偏向于具体的纪实，这篇作品则是更为宏观的综合，更多地是向欧洲文化背景的人介绍当时的中国和中国文化。所以作品一开始讲到八一三松沪会战之后上海的情形："当上海在中日争夺的时候，租界中，难民的集中，已将超出原来的人口，几乎没有一间房子不住三四个人以至十几个人的，许多没有头脑的西洋人，以为这是中国人的紊乱无绪的地方，这实在是可笑的。"

同时认为，中国人热爱和平，爱温情的平和的生活实际上是很富于人性的，"假如人类的理想是世界大同，世界的理想是人类互相爱助，那么中国人所重的这种人性，将是世界大同的灵魂。历来中国将这可贵的民族性，表现在亲戚朋友耐劳刻苦上；所谓耐劳刻苦，就是在温情生活中他忘了物质上的需要。又因人民的无知，军阀的利用，帝国主义的压迫弄出内战连年，政治不入轨等等不好的现象。但如果把这人性用在整个的人类中，那可不就是世界大同的理想了？"体现了作者以笔为枪，积极投身抗战事业的姿态。

24 日　作《妹妹的胖病》一文，收入《春韭集》，后收入《徐讦全集》第七卷。

27 日　作《救济失学儿童》一文，刊载于《宇宙风乙刊》1939年 4 月 16 日第 4 期，收入《思与感》（台北酿出版 2019 年版）。

5 月

10 日　在上海。有诗歌《初夏在孤岛》,收入《待绿集》,后收入《徐訏全集》第十二卷。

本月　与冯宾符合办《读者》月刊,只出一期,旋即夭折。

8 月

1 日　与茅盾、柯可、郁达夫、罗洪、施蛰存等在《星岛日报》第 14 版谈抗战问题。

9 月

本月　杂文《谈种族上的优劣》刊载于《自由谭》创刊号。

10 月

4 日　作《旧瓶与新酒》一文,刊载于《自由谭》1938 年 12 月第 4 期。

6 日　作诗歌《寄旧友》,刊载于《文汇报》1938 年 10 月 26 日。

11 日　作诗歌《我是一个凡人》。

26 日　作诗歌《奠诗》,刊载于《文汇报》1938 年 11 月 5 日,改名《奠歌》收入《借火集》,后收入《徐訏全集》第十一卷。

27 日　作诗歌《相思》。

28 日　作诗歌《真话》。

31 日　作诗歌《人》。

本月　童话小说《骆驼与蠹马》刊载于《自由谭》第 2 期,收入《成人的童话》(上海夜窗书屋 1947 年版),后收入《徐讦全集》第七卷。与早期冰心、叶圣陶的童话小说有所不同,冰心、叶圣陶的童话小说以儿童的世界为主要对象,有一种对于儿童心理,儿童形象的想象;徐讦的这类小说带有一定的寓言色彩,虽然也带有一定的童话趣味,但并不完全以儿童的阅读为指归,所以,徐讦把它命名为"成人的童话"。

这些作品创作于徐讦从欧洲留学归来,与《海外的情调》《西流集》等在创作时间上大致相当;所以,在内容上它们也是彼此关联,相互渗透的,《成人的童话》中明显可以感受到比较文化学的视角与思路。《骆驼与蠢马》看上去似乎是一篇龟兔赛跑故事的翻版。马儿要跟骆驼比试谁的速度更快一些,一开始在有水有草的地方自然是马的速度快一些,因此,引起种种的骄傲与对于骆驼的嘲笑。并且,一只青蛙也加入了嘲笑骆驼的行列,但在它们进入沙漠以后事情发生了不可逆转的变化;小青蛙和蠢马先后缺水渴死,而骆驼仍然带着清脆的铃声慢慢地远去……在这种寓言类作品中,徐讦试图表达的是封闭的单一视角的愚蠢与狂妄,需要在互为视角,换位思考的情境下才能真正理解这个世界。

11 月

10 日　在上海。作诗歌《欧罗巴的童话》,刊载于《自由谭》1939 年 2 月第 6 期,收入《待绿集》,后收入《徐讦全集》第十二卷。

16 日　作诗歌《洋场的雁歌》。

22 日　《戏剧与技术》一文刊载于《中美日报》副刊《集纳》,收入《戏剧谈丛》,后收入《徐讦文集》第九卷。作者认为很多艺术都有一个技术的层面,要很好地掌握一门艺术,必要的技术步骤往往是至关重要的,比如书法是一门艺术,必要的握笔、临帖技术就必不可少,掌握了一定的技术之后才能熟能生巧,臻于妙境。作者认为戏剧作为一门艺术,其技术性显得尤其重要。作者从现代话剧从国外引进在磨合的过程中尚不十分成熟谈起,与传统的京剧艺术相比显得相对稚嫩,其中的一个重要原因就是技术上"打磨"得不够。

他认为至少有这样四个方面的原因:"第一,是他们技术的训练都有几十年的工夫,在他们范围以内,已经到了炉火纯青的境界。平戏不必说,白玉霜在简单粗糙的音乐之中,运用她鼻音来表演剧中淫荡的角色,是并不下于美一般色情影片之爵士歌曲的。白云鹏刘宝全之类,单以口齿明晰一点而论,中国电影界与话剧界的第一流明星是并不能与他比的。第二是他们一生埋头于他们分内的事,那就是说他们不作非分之想,只想做事,不想发财。固然不能说他们没有名利之心。但名利之心只从他们在技艺上面去求的。第三,他们不做他们外行的事情,不卖那无聊的新奇,不做言过其实的广告。他们不做他们能力以外的事情,不敢随便尝试他们一知半解没有训练过的道具与服装。第四,他们重视观众,他们不敢假言观众的无知,而忽略自己的技艺,他们不敢借广告的力量而掩去自己的轻忽,不敢卖弄新奇以讨外行观众的欢喜,而遭内行观众的讪笑。这些都是事实。铁一般的事实。"作者的分析显示出独到的眼光。

29 日 《戏剧作为抗战的宣传》一文刊载于《中美日报》副刊《集纳》,收入《戏剧谈丛》,后收入《徐讦文集》第九卷。文章讨论抗战时期如何发挥戏剧艺术作用的问题,作者既反对把戏剧艺术当做是纯粹的宣传,也反对以为艺术而艺术的态度强调戏剧艺术的纯粹性。作者认为戏剧艺术本身是一门综合的艺术,它的艺术性与宣传性往往有机地结合在一起。"因为戏剧的起源有这份情绪共享的成分,所以把新戏剧作为宣传,新的情绪,虽不是成熟的艺术,但是是新艺术的种子是毫无可异议的。尤其是向来没有受到新艺术洗礼的内地。在目前抗战进行之下,新戏剧早广泛地流到农村作为教育群众的工具,以一种情感共享的姿态在各地活泼了。"

又特别指出:"这些演出,有两派批评是需要我们谨慎地注意的。第一种以为这些演出不着戏剧的边际,完全是政治的宣传,用傲慢艺术家态度对这些运动鄙视,第二种是把它们看作了不得的革命戏剧,以为这是戏剧艺术上重大的收获。""这两派主张我们因此都不能同意。我们不讳言我们演出的简单与设备的简陋,可是以感情共享的姿态在撒新艺术的种子是无疑的。有这些种子,在抗战胜利以后,各地新艺术会如雨后春笋般的生长,则是我们所相信,但我们并不以为这些演出就是一种新结的果子或革命剧的成功。那群轻视这些艺术种子的人我们以为是拙手卖老的顽固;可是以这广义的播种认为是了不得的收获者,我们则以为是轻佻幼稚的狂妄。"

同日 作《西洋的宗教情感与文化》一文,刊载于《西风》1938年第29期,收入《西流集》,后收入《徐訏全集》第十卷。文章讨论了中国在吸收西方文明时所遭受的矛盾现象,一些人主张全盘接受西方的文明,另一些人则主张坚持传统文化的基础上来吸收西方文明。徐訏认为宗教情感在西方文明发展过程中起着重要的作用,对于西方文明的吸收不能忽略了这个层面的研究和关注。

30日 在上海。作诗歌《死》《虹影》,收入《待绿集》,后收入

《徐订全集》第十二卷。

本月　诗歌《一页》刊载于《自由谭》第 3 期，收入《待绿集》，后收入《徐订全集》第十二卷。

12 月

6 日　文论《争取话剧的观众》刊载于《中美日报》副刊《集纳》，收入《戏剧谈丛》，后收入《徐订文集》第九卷。作者认为话剧是一门综合性的接触性艺术，它要获得观众并不一定非要走低级趣味的路子，而是要更好的接近观众，了解观众，更好地使用现实的手段。在作者看来至少有这样几种有效的手段"第一、故事要是在观众的社会中的确可能有的事。第二、要人物是观众世界里会有的人物。第三、要动作是观众世界中常见的动作。第四、要用观众世界中常用的对白。第五、要用观众世界中常见的道具。"

8 日　在上海。作诗歌《肖像》，收入《待绿集》，后收入《徐订全集》第十二卷。

13 日　《从歌舞到歌舞剧》一文刊载于《中美日报》副刊《集纳》，收入《戏剧谈丛》，后收入《徐订文集》第九卷。作者提出由于中国与西洋在歌舞审美形态上的差异，所以在吸收西洋歌舞发展歌舞剧的时候应当注意这些审美上的差异，能够做到扬长避短。"据我个人所见到的，我以为西洋的舞是以人体线条为主体，而中国的舞一向是以衣裳与外物的线条为主。西洋的舞蹈我们可以在 Ballet 中见到，他们对于人体线条的运用，已到了极致。邓肯以后，大家也注意衣裳的线条。但邓肯的天才与努力之处就在发现东方的姿态与衣饰之可贵而采为舞蹈所用。中国作歌舞运动的人，不知道这个本质的差别，同时训练一个跳

Ballet 团体之不易也是他们所知道的,于是学了一点爵士的玩艺,爵士的玩艺而还要放到舞台上并融于歌剧之中,这就沦而为草裙舞来迎合那般看肉体的观众了。"可以说以传统的戏曲为参照表达了非常独到的审美眼光,而这是现代话剧、歌舞剧在发展过程中认知不够的地方。

16 日　在上海。作诗歌《低嘘》《自白》,收入《待绿集》,后收入《徐讦全集》第十二卷。

20 日　在上海。作诗歌《叫苦》《黑暗》,收入《待绿集》,后收入《徐讦全集》第十二卷。

同日　《主角与配角》一文刊载于《中美日报》副刊《集纳》,收入《戏剧谈丛》,后收入《徐讦文集》第九卷。作者指出戏剧是一门综合的艺术,不能割裂开来,所以,其中的主角与配角都是相对而言的。人应该根据剧情的需要融合在戏里,而不能为了突出主角而割裂了整个剧作。"主角与配角的不平等地看待,是明星制度的产物。这制度因资本主义的发达而更加尖锐。为商业的利益或者好的,为艺术的利益则是可笑的。""中国的戏剧运动,为主角的虚荣,各地引起了多少不良的结果。在好莱坞,不用说,甚至一个戏剧是为主角而存在,而不是主角为戏剧而存在了。"

27 日　《所谓国剧》一文刊载于《中美日报》副刊《集纳》,收入《戏剧谈丛》,后收入《徐讦文集》第九卷。文章提到由京剧到平剧,又由平剧而国剧的由来。"自从北京改称北平,京剧已改称平剧。以理而论,平剧应当与昆剧相对,但是北伐以前,北平原为国都,平剧自清朝以降,风行于都城,故大家以国剧视之,所以到现在还好像公认平剧为国剧一样,似乎与昆剧越剧等不能并看了。""国剧这个名称,这意义可以有两种解释,第一是当它是国有戏剧之一种,而公推之为代表国家精神的戏剧,因而名之为国剧,如梅花被推为国花一样。第二是当它是中国本有的戏剧,认为其他的戏剧是外来的。但是这两种解释都是欠通的。因为,关于第一,中国的精神早不是旧剧所能代表。关于第二,平剧的本身还是所谓花部,也是外来的东西。而且在艺术上这种外来与固有的分别是荒谬的。所以我想,国剧名称的成立恐怕还在它的普遍与流行。"同时,进一步谈到新的话剧与旧戏的关系。认为旧戏之所以实力强大在于它在艺术上的积累深厚,"说旧剧是落后的过去的艺术,我们可以承认,但说它不是艺术则是不对的。说旧剧意识与内容的落后,我们不反对;但因此就必须打倒,我以为倒不必。在落后的内容的艺术,我觉得社会上是不妨以保存历史文化一般的来保存。文化本是演进的,有进步的自然有落后,保存固定过去的文化,正是给现在一种关照。我们愿意保存过去的意识落后内容背时的画幅,为何一定不让旧剧存在?西洋古典主义的画都是耶稣的故事,但还要保存在陈列馆陈列着,宗教剧逢节逢时逢地还传统的演出着。这因为社会到底是多方面的,艺术除在纯美的鉴赏外,还有别种的如历史文化的意义。多种戏剧形式的存在,并不是社会所不能容。"

本年 小说《逃难》刊载于《读物》第 1 期,戏剧《风雨雷霆》刊载于《译报周刊》第 1 卷 第 6 期。

1939 年(己卯,民国二十八年) 31 岁

▲1 月 21 日至 30 日,国民党五届五中全会在重庆召开,通过《限制异党活动办法》,确立"溶共、防共、限共、反共"的反动

方针。

▲7月,中共中央发表对外时局宣言,提出"坚持抗战、反对投降,坚持团结、反对分裂,坚持进步、反对倒退"三大政治口号。

▲8月,国民政府修订《战时图书杂志原稿审查办法》,进一步钳制言论自由。

▲9月1日,德国入侵波兰。3日,英、法对德宣战。第二次世界大战正式爆发。

▲12月,蒋介石命胡宗南部进犯边区,掀起第一次反共高潮。

1 月

3 日 在上海。作诗歌《献旗》,收入《借火集》,后收入《徐讦全集》第十一卷。

同日 《戏剧对于观众的要求》一文刊载于《中美日报》副刊《集纳》,收入《戏剧谈丛》,后收入《徐讦文集》第九卷。文章指出,"把艺术当作一种娱乐,自然是可以。因为实在说,什么事情都可以算作娱乐的,吃饭该是最现实而必讲的事情了,但是偶尔到馆子吃一餐讲究的饭菜,也就是娱乐的一种。钓鱼是渔翁的工作,但我于工余之暇,星期日到河边钓钓鱼,也就成了娱乐。为送信邮走路或者骑脚踏车是邮差,整天为别人开车是汽车夫,他们都是以工作来看骑车与驾车的,但是我们在假日驾一辆,骑一辆车到乡间去远足,那就立刻成为娱乐,就是以读书而论,我们有时候是常常粗它当作娱乐。所以我不反对把艺术看作娱乐,但是我反对不把艺术看作工作。"

10 日 散文诗《林下星光》刊载于《文汇报》。全篇共分 23 小节,带有哲思的意味,其中:(四)青年们,不要学虎吧,中华民族应当是骆驼与白象；日本的崩溃就是老虎的必然命运。（七）思想家的话是头脑说的，诗人的话是心说的；只有政治家的话才是舌头说的。所以舌头没有骨头。（十五）最黑的是煤炭，但是可以烧红；最黑的是铁，也可以烧红；那么一个人良心显得黑时，也能够烧红么？——为什么成千成万战士沸热的血，烧不红那些汉奸，贪官污吏与投机自私商人们的良心呢？

同日　《演员隶属于戏剧的问题》一文刊载于《中美日报》副刊《集纳》，收入《戏剧谈丛》，后收入《徐讦文集》第九卷。文章再次谈到演员与戏剧的关系问题。认为中国戏剧出现戏剧隶属于演员的现象与其早期发展过程中的文明戏有关。"说到中国，话剧初兴的时候，就流落于文明戏，文明戏只靠一张幕表，由演员上台随意发挥，这就是将戏剧隶属于演员的事实。"

17 日　在上海。作诗歌《春寒漫感》，收入《待绿集》，后收入《徐讦全集》第十二卷。

同日　《木偶戏的提倡》一文刊载于《中美日报》副刊《集纳》，收入《戏剧谈丛》，后收入《徐讦文集》第九卷。文章从陶晶孙提倡木偶戏运动谈起，认为木偶戏在教育上固然有其特殊之处，就是从艺术上说，木偶戏也有其特别的价值。"其实这个运动。在民众教育上固然是有很大的意义，在艺术上也是一个特殊的独立的东西。在中国广大的农村中，民众的娱乐地方一是庙会，二是茶馆。庙会里的大概是社戏，社戏并不是经常的存在；茶馆里大概是说书与鼓词，所以木偶戏并不是很普遍的民众的娱乐。他流行在江南各省，普通在街头上演出的规模较小，在吾乡称之为'涨头孩'，由一个人主持，敲一面小锣，演了一半要钱，要了钱再演，到相当的时候就走了。也有在堂会中出演的则规模较大，幕后支持者由七八人到十几人，木偶也有三四尺高，布景道具也比较复杂,演出的剧也成一个故事,音乐也比较多几样乐器。"作者认为木偶戏提升有两条途径:"第一,我以为要把故事现代化,就是我们要木偶来穿近代的衣服。第二,要技术人员突破了旧有的形式如木偶的大小动作与位置等。至于木偶所用的道具,技术人员也应当有新的练习。"当然这都是服务于抗战的目的。"在这抗战的时期中,艺术诸形式都到偏僻的农村作为教育民众,组织民众心理的武器了。政治宣传部的戏剧组已经把戏剧带进民间;说书唱书,鼓词的材料与内容已经有许多作家如赵景深老先生所注意到,那么木偶戏这个形式我们自然开不应放弃他。"

18 日 在上海。作诗歌《风夜漫感》《勾销》,收入《待绿集》,后收入《徐讦全集》第十二卷。

24 日 作《论中西的线条美》一文,刊载于《西风》1939 年 第 31 期 ,收入《西流集》,后收入《徐讦全集》第十卷。由梅兰芳的演出在美国受到赞赏,谈及东西方对于线条美的不同理解。"但是二者所重的线条是有不同的。我个人觉得西洋似乎重静,而中国则重动;西洋似乎重具体,而中国则重抽象。这在线条之中我以为我们确也可感到有这两种的分别。"

同日 《戏剧美的根据》一文刊载于《中美日报》副刊《集纳》,收入《戏剧谈丛》,后收入《徐讦文集》第九卷。文章从亚里斯多德和柏拉图有关美感的说法谈起,认为美直接诉诸感官,也有诉诸意义。相对而言,戏剧是一门综合的艺术,既有诉诸感官的部分,也有诉诸意义的部分,并且还有一种"运动反应"。文章进一步认为,有关戏剧美的认识是需要相关的艺术教育的。

31 日 《戏剧与情感移入》一文刊载于《中美日报》副刊《集纳》,收入《戏剧谈丛》,后收入《徐讦文集》第九卷。文章指出在戏剧欣赏过程中有一种"运动反应"（内模仿），这种运动反应就是"艺术移情"的基础。作者指出应该加强对于戏剧这一特殊艺术样式的研究，"对于情感移入的注意是成功的戏剧家所必不忽略的；有许多戏剧的失败，常常在于这个原则的疏忽。而观众的反应是基于上次谈到的两个成分，一个是刺激的本身，一个就是观众预先的准备（包括过去的经验与修养），而这是每个成功的戏剧家所深知的。自然戏剧家的成功还有赖于别的许多元素，但对于这个原则的了解则是基本的一个"。

本月　在上海。作诗歌《会后》，收入《待绿集》，后收入《徐讦全集》第十二卷。

本月　小品《风中絮点》刊载于《小评论》第 1 期。作品共有九小节，其中：（一）我拥护"抗战"，但不拥护"八股"；所以对于"抗战八股"，我虽然不爱，但很尊重，（正如我对于把人看作表的医生一样。）至若"八股"而不"抗战"，则不但不爱，而且有点"痛恨"了。（二）骄傲地以背向人者，前形一定可憎；轻薄地以面向人者，后形常常可憎。真正可爱的人前后都可示人的。（三）一个铜币不会在袋里发响，所以人懂得拉人来捧场。

本月　《论文化的大众化》一文刊载于《自由谭》第 5 期。

2 月

7 日　系列文论之一《唤起观众的移情反应》刊载于《中美日报》副刊《集纳》，收入《戏剧谈丛》，后收入《徐讦文集》第九卷。文章进一步讨论戏剧艺术的移情问题。认为在戏剧欣赏过程中，角色代入是经常发生的移情现象，这就要求导演在挑选演员和安排角色上有充分的意识，要让演员发生正面的移情作用，而阻止其发生负面的移情作用。

同日　创作小说《赌窟里的花魂》，刊载于《人世间》1939年第3期，收入小说集《烟圈》，后收入《徐讦全集》第五卷。这是一个在泥淖里彼此营救对方的故事。"我"在赌场里快要难以自拔的时候认识了一个神秘的自称"花魂"的女子，是她让"我"免于在赌博的漩涡里越陷越深；另一方面，花魂女子为了"我"的爱，也开始振作起来，戒掉了鸦片烟瘾，努力过上正常人的生活。小说写出了都市女性的时尚感、神秘感，以及她们的内心情感世界。

14日　系列文论之一《移情反应的传导》（下）刊载于《中美日报》副刊《集纳》，收入《戏剧谈丛》，后收入《徐讦文集》第九卷。文章指出："舞台技巧与口音是两种唤起观众移情反应的事物。每个导演与演员都有他们的主张与着重的地方，但大多数舞台技巧的应用既会使观众分心，口音又不能正确地把握到，普遍的演员上场连演同样的戏，很难场场把口音放在恰到好处的地方，但是小动作与表情就比较容易正确地在场场运用，在电影艺术中，因为可以将不好的抛去，所以口音比较容易把握，但是电影艺术中的小动作表情以及其他舞台技巧是比对白为重的，因为它有近镜头可以运用。而且舞台技巧比较没有民族的间隔，口音则因观众言语的不同就不能起传递作用。"

23日　在上海。创作戏剧《军事利器》（四幕剧），刊载于《西风》1939年第33期，收入《海外的情调》，后收入《徐讦全集》第七卷，又收入《徐讦文集》。剧作以二次世界大战为背景，谈论对于战争的看法与思考。

第一幕：火车上，"我"与一个异国老婆婆谈论对世界各国青年的看法，由此引发对于武器和战争的讨论。

第二幕：在一个德国人的家庭里，一对德国夫妇要"我"说说

"我"对德国人的印象,他们抱怨德国人不懂人生,只知道国家。而"我"告诉他们中国人却在内战。

第三幕:德国人的三个儿子回来了。他们非常自信,认为自己国家的军事力量很强,将要取得胜利;"我"委婉地告诉他们,牺牲许多人命,去"换一个世界的霸权与光荣的虚名"是不值得的。

第四幕:"我"与军事专家讨论决定战争胜负的因素,认为有三种主要因素,也就是 3M(M1:munition;M2:money;M3:men)。

28 日 《有效的与有害的移情反应》一文刊载于《中美日报》副刊《集纳》,收入《戏剧谈丛》,后收入《徐讦文集》第九卷。作者认为,在戏剧欣赏中移情反应大致可以分为两大类,一类是有效的移情反应,"最容易唤起移情反应的莫如惊险的场面,惊险的场面在电影上赖摄影术之助,如机器自行车、汽车、马、火车的过速与相撞,如手枪、剑击等的运用,所以最容易成功的也是这些场面。而这些成功是基于伦理的知识的判断,戏剧不外是矛盾与相反的统一,电影上危险与困难的场面,最后就有一个合情或者合理的结束,这结束无论是悲是喜,因为是一份统一,所以能给观众以美感。这种唤起移情反应的惊险场面愈成功,这统一也愈成功"。当然,戏剧艺术在表达上也容易出现一些有妨碍作用的移情反应,比如一些不恰当的穿插,以及布景上细节的疏漏等。

同日 作《论中西的风景观》一文,刊载于《西风》1939 年第32 期,收入《西流集》,后收入《徐讦全集》第十卷。文章由年夜收到林语堂的风景明信片而展开,论及对东西方不同的风景观的看法。"风景这个东西,我觉得在中国是出世的,在西洋则是入世的;中国人对于风景爱想到无常,是逃避现实;西洋人对于风景联想到淫乐,是享受现实。所以中国风景画中的人物终是老僧,布衣,风尘三侠,仙女隐士,西洋风景画中的人物多是青年情侣。而且前者人物很小,好像离世颇远似的,后者则很大,风景不过是人物的点缀,因此互为因果;中国的风景山水间多寺院小庵,令人有另一世界之感,而西洋则多咖啡店饭馆与旅馆,还是诱人多作淫乐罢了。我爱中国寺院(固然我不喜欢它太富有)因为在世俗的人世间劳碌半生,偶尔到山水间宿一宵,钟声佛号,泉鸣树香之间,会使我们对于名利世事的争执发生可笑的念头,而彻悟到无常与永生,一切欲念因而完全消净,觉得心轻如燕,对于生不执迷,对于死不畏惧了。……"

3 月

7 日 系列文论之一《戏剧与美的距离》(上)(又名《美的距离与戏剧》)刊载于《中美日报》副刊《集纳》,收入《戏剧谈丛》,后收入《徐訏文集》第九卷。文章指出:"在近代舞台上,美的距离是非常讲究而且肯定的。舞台的高度并不只是为我们便于观看,而是让戏剧离开我们正如塑像在座基上离开我们一样;舞台的框子则正如画幅的镜框一样是作为与实际世界间隔一个界限的。一般的情形,演出时舞台常是亮的,而戏场则是黑的,而当剧景出现时,台口总是有幕可以拉上或旁开。这些物件无非是将演员所创造的效果集中而造成与观众中间有一个间隔。"

文章进一步指出:"自然,近代的剧场也不是理想的,还需要改革与改良,第一就是太商业化,有时候太卖弄布景的写实,有的地方还是太守传统,有时候时间太长,有时候太少人情感。但是剧场里可以使我们获得的切实与诚笃的态度在技术上总算是很进步了。真正的困难是观众与演员间的亲密要求还是存在着。每个人爱坐最前排去看半裸女的舞蹈,有许多歌舞团,如以前到上海的万花歌舞团,就利用这点从台上走下来以讨观众的好。观众对于演员要认识其本来的面目而与其交游,这是同样地会打破戏剧里美的距离的。"

同日 作《悼殊青》一文,刊载于《宇宙风乙刊》1939年4月1日第3期。文章通过追悼年轻朋友殊青的死亡,提出在抗战背景下要把生命贡献于有意义的事业。"把一己的生命赌民族的幸福固然是悲壮与伟大,值得我们颂扬。但把一己的生命赌自己的幸福,也比以别人的生命赌自己的幸福为可爱。而把一己的生命赌自己的幸福,这之中成功者我倒不觉得,失败者我终觉得可惜,尤其是年青的孩子。"

8日 在上海。作诗歌《我们的梦》,刊载于《时与潮文艺》1943年7月15日第1卷第3期,收入《进香集》,后收入《徐讦全集》第十二卷。

14日 《戏剧与美的距离》(下)一文刊载于《中美日报》副刊《集纳》,收入《戏剧谈丛》,后收入《徐讦文集》第九卷。

17日 在上海。作诗歌《东方的闺怨》,收入《待绿集》,后收入《徐讦全集》第十二卷。

21日 在上海。作诗歌《私事》,收入《待绿集》,后收入《徐讦全集》第十二卷。

同日 系列文论之一《台框与第四壁》刊载于《中美日报》副刊《集纳》,收入《戏剧谈丛》,后收入《徐讦文集》第九卷。文章从相当技术化的角度展开有关戏剧表演艺术的探讨,作者对于那种取消舞台的观点并不赞同,"雕刻自然有它的地位,座台式的舞台也有它的地位,这是存在于台框前面到脚灯的地方,让它存在的理由是使台框更加便当一点,让它可以有更多的效果,而加强了美的距离。在座台上不失去美的距离却有效地完成某几种戏剧仍旧是可能的,莎士比亚的戏是很适宜于这种技巧如他的大部分诗意的与符号的戏剧。可是值得我们记住的是历史上最大的座台式的舞台一雅典派悲剧的舞台一是置自己于滑稽之境,在它自己的时代是更为可笑的"。

28 日　系列文论之一《在舞台上的错觉》刊载于《中美日报》副刊《集纳》,收入《戏剧谈丛》,后收入《徐讦文集》第九卷。文章认为,戏剧表演艺术中对于艺术错觉的利用是常见现象,要适度。"艺术的错觉是想象的事件,在那里面虽有假装,但并无欺骗。当孩子说:'让我们假装新郎新娘玩吧。'这句话的意义就表示得很完全了。他并无骗任何人的意思,不仅不骗他自己。这只是游戏,没有一个人是被愚的,但在游戏情境中,一个人是将整个的心灵贯注在游我里,对于想象上的概念是不想有什么其他的干预。所以在舞台上,没有一样东西是真的,没有一样东西是假设为真的,事实上只是陶醉在假装之中。孩子们的假装也只是假装,但愈是忠诚地完全地去举行没有欺编的假装时候,他们从那里面得到的快乐也愈多。"

29 日　《晨星两三》一文刊载于《鲁迅风》第 11 期。文中有这样一些说法:"夸张你文章的数量等于夸张你精虫的数量一样,因为千千万万精虫只有一个可以成为人,而这还有赖于卵子的结合。"又说:"有耐心养花鸟的人常有耐心去伺候女子,所以小姐们很可以用花鸟去试探男子的爱情。"还说:"医生是把人看作一只表,看护是把人看作一只鸟;所以我不爱医生而爱看护。——不能把人看作一只表的不是好医生,不能把人看作一只鸟的不是好看护,这些我不但不爱,而且痛恨。"这种种似有弦外之音的说法引起了《鲁迅风》同仁的不满。

本月 作《从戏剧公演说到救济儿童》一文。文章说："为救济失学儿童,约翰剧社这几天在公演了。但据我目力所及,觉得他们最终的目的还在公演。他们是有历史的艺术团体,儿童不需要救济时,他们也公演;假如纯粹为救济儿童,那么一群大学生百忙中废时失眠辛辛苦苦排一个戏剧,实在远不如由慈善机关主持,来得事半而功倍。约翰剧社因为自己为非职业的团体,不依此而生活,而对于失学儿童有点同情,于是就把所入悉数捐与他们,所以公演还是有他们的目的的,而捐款救济儿童则是他们同情心的表露。我对于这份在校青年未忘失学的儿童的同情心,觉得有一个深味的意义。"

本月 《文学家的脸孔》一文刊载于《自由谭》第7期,收入《成人的童话》,后收入《徐讦全集》第七卷。其中《文学家的脸孔》对那种空头文学家又进行了讽刺:"有一位擅长体育的富家子弟,为爱一个爱读革命小说与"左"倾文艺刊物的小姐,忽然想做文学家起来。

"但是他不知道怎么样可以成文学家,更不必说他没有读过一本关于文学的著作。他不知道什么是文学家,但是他好像记起那位小姐同他说过,一位现存的作家的文学研究是从作家面孔着手的。

"他于是买了许多所谓文学家的照相,莎士比亚,岳飞,狄更斯,关羽,拜伦,高尔基,李白,诸葛亮,泰戈尔,王尔德,萧伯纳,章太炎,哈代与鲁迅,等等,挂在房间的四周,开始研究。房间的中间放着一面大镜子。

"他开始把自己同四周的文学家比拟,发现自己的年龄、体格、仪态与拜伦最像。于是他把头发烫得弯弯曲曲,搽了一脸雪花跑到照相馆照拜伦像中的姿势,照了一张十寸的照相,送给他所爱的小姐去。"

本月　戏剧《退租》(独幕剧)刊载于《文心》第 3 期。

4 月

4 日　有关戏剧表演的系列文论之一《错觉的建立与破坏》刊载于《中美日报》副刊《集纳》,收入《戏剧谈丛》,后收入《徐讦文集》第九卷。文章指出:"剧场里错觉之破坏,最大的来源是个别演员与其本人在观众的混看,当观众认识一个演员不是他所代表的角色,或者甚至不是演员而是演员本人的时候,这对于错觉是大有妨碍的但在某度上也可以利用,作为救济美的距离之成功,如果在事实上了大多错觉的时候。可是在近代商业化的剧院里,观众都太过分一点,使想象的概念都被其扰乱了。"……

"为免去严肃戏剧空气破坏之故,今日许多戏剧家在闭幕间已除去音乐的插穿。自然坏的乐队是对于戏剧美有害的,但好的音乐是可以给心理上或生理上一个补救,能将从太多太强的错觉中所失去之美的距离给以挽回,而且,愈严肃的戏剧,需要这个补救也愈大。在许多较低级的戏院里,小贩的叫喊,观众高声的谈话,与购买者的呼喊等等闹成一片,那么如果肯静听一点音乐,即使是最低级的音乐,也以这种把戏院点缀得像火车站一样为好。"

7 日　《从〈月亮〉产生谈起》一文刊载于《文汇报》。文章记叙了在抗战背景下都市的扰攘世相,以及由此而来的内心苦闷:"八一三事件爆发以后,寄寓在异国的侨胞再没有心按平时工读,每天从早到晚等晨报午报晚报,翻阅那些断烂而简单的朝报,听无线电上的一些报告,在中国地图上查暗晦的外国音译小地名,互相谈论,也组织一些抗日联合会一些团体,但自从国军退出上海以后,报上、无限电上的消息也少了起来……"

"一个人为种种苦闷所逼,而又不能有什么行动的时候,这种情绪常常是向内流的,因而影响到生理的神经的失常,起初是偶尔的失眠,后来几乎夜夜不能安睡起来。

"有人说,文学是苦闷的象征,我抽纸握笔想借此消磨一点难熬的时间与紊乱的心绪;谁知想出来会是《月亮》,所以,在产生上说,这部《月亮》是极偶然的东西。"

到上海以后,徐讦也没有马上将它发表,后来周黎庵先生主持《海风》,向其要稿,当时没有新作,于是想到这篇稿子。由此,又让徐讦回想起此前的戏剧经验:"九一八"冬天的游行示威,自己的戏剧作品《旗帜》的排演;……这次,剧本交给约翰剧社排演,相信是不会失败的。

12日 巴人在《鲁迅风》上发表《不必补充》的短文,文中专门提到徐讦的前述文章:"欲立异以为高,必超凡而出圣。例如本'风'的第十一期,我也读到了一节深而高的文章:看护是'得其所哉'了,横竖有人爱,只要把人看作一只鸟,但难乎其为医生,因为把人看作一只表,既然不被人爱;不能把人看作一只鸟,又遭人痛恨。这真是'如之何则可'——'如之何则可'了。"

除了调侃的口吻,还进行了尖锐、刻薄的归纳:"其实以苗埒与徐讦两位先生而论,文章本来是可以做得通的,一则一意想提高,以'洋八股'为标准;一则一意想炫奇,以'趣味'为归的,但'洋八股'需要融化趣味需有涵养,而归结一句,则在'做人功夫'。大可不必勉强,貌似学者,貌似哲人,但不过貌似而已,于实际何补。"

16日 巴人在楼适夷主编的《文艺阵地》第3卷第1期上发

表《展开文艺领域中反个人主义斗争》一文,对徐讦等人进行了进一步的批判。首先是针对徐讦发表于《文汇报》的文艺副刊《世纪风》上的一首诗《私事》:

> 我探问过生,
> 探问过死,
> 探问街头葫芦里卖的药,
> 探问流行文章里说的人事。
>
> 我从乡村走到都市,
> 没有带一个认识的字,
> 于是我问对门的油漆匠借个刷子,
> 向隔壁老婆婆讨一张手纸。
>
> 这样,我用这硬性的刷子,
> 涂着稀松的手纸,
> 跟人学一横一竖的字,
> 学读流行文章里的人事。
>
> 如今我虽然学会了写字,
> 学会了读读漂亮话里的论生谈死,
> 可是我知道街头葫芦里都没有药,
> 而流行文章里争的都是私事。

针对这首诗,巴人在文章中说:"我们的作者的艺术手腕确实再高妙不过了。他不但非常轻松的非常委婉而适切地表达了它的主题,而且它还具有刷清一切读者对这诗所可能引起的反感。然而,这却是非常有毒的足以消灭千千万万的革命者的斗志的瓦斯弹。'街头葫芦里都没有药','流行文章争的都是私事'。我们的作者对于这摆在我们眼前的伟大的现实非常透底地用一个'空虚'和'自私'给抹杀了。不但如此。由于抗战两年来社会上急剧的变动我们英勇的将士与民众,继续不断地作了不少牺牲,死与生的问题,震撼了我们的作者的心,——这不值一分钱的伪人道主义的心——于是,他开始要探问生,探问死,得到的结论是,'学会了漂亮话里论生谈死'。我们的作者对于坚决的主张抗战的人们的言论的诅咒,是达到了无比的尖刻的程度了。这露骨的虚无主义的私生子——个人主义的倾向,是从什么样的客观情形下发生的呢?而我们文艺爱好者,植杖耘耔地在这文艺园地里工作,应该用什么方法刈除这些毒草与荆棘呢?"

《东南风》第 2 期上发表了冒舒湮、朱雯、罗洪、海岑、旅冈、徐訏等六位作家的《对新阶段文艺界统一战线的意见》,冒舒湮的意见最直率,他"希望上海的文艺界加强团结,勿以私害公、意气用事,讲话须要负责任,不要轻率地给人戴帽子"。徐訏也因为屡遭巴人等的抨击并因为苗埒代他受过,于是言词激烈地谈了四点意见:一是扫除派别成见,停止组织宗派,二因私人嫌隙,向自己人侮辱造谣,应当停止。三为个人虚荣或权利,排斥别人,应当纠正,四容纳多数意见,停止谩骂攻击。

对于这次的论争,徐訏在六十年代末《从"金性尧的席上"说起》曾有过一些回顾:

> 金性尧,笔名文载道,是一个写散文杂感的作家。他是《鲁迅风》(半月刊)的一员,《鲁迅风》是在"孤岛时期"上海出版的一个刊物。所谓"孤岛时期"上海,现在年轻的朋友大概不会了解。那是当日本人已经占领了大上海,上海的

租界则还未被日本人接收的一段时期。因为租界上还是英法所谓工部局所管辖，所以在那里还能维持着一个抗日的爱国的气氛。《鲁迅风》是一本薄薄的刊物，可说是这七个朋友的同人杂志。这七个人，我现在还能想出六个人来，一是王任叔，他那时当已是共产党员，他是宁波人，很早就写过小说散文之类。解放后，一度出任驻印尼的大使，后来调回国内，因为主张文艺"人性论"的关系，受到严重的批判，以后不知下落，今年少说说也有六十五岁了。二是柯灵，柯灵姓高，是绍兴人，后来写了几个电影剧本，现在也被清算，说他的电影《不夜城》是资产阶级的立场。三是唐弢，唐弢是邮政局一个职员，他的文笔很简练，写杂感，学鲁迅，在《自由谈》发表时，有时确可乱真。在沦陷的上海，他帮助过上海寄后方的邮件，逃避受日人稽查工作。四是周黎庵，是宁波人，他在高中读书时就在《人间世》《论语》投稿，也谈明人小品，可见是早见才作的人；……五就是金性尧，金性尧是余姚人吧，他的太太也写散文小说，他的家里有钱，乡下有田，上海有房产，他住的房子是自己的。还有一个大概是周木斋，我不熟，所以印象较浅，另外一个我就怎么也想不起来了。……但不知怎么，我同他们论战起来。我现在再也找不出当时的材料，究竟我们所论争的是些什么问题。在我感觉上是我不喜欢这种"帮口"性结集，这种帮口性的团结，往往是互相捧场，党同伐异，一面孔是权威姿态，要包办革命也要包办抗战的样子。

我那时年轻，对金性尧这样富有财主，对周黎庵这样的才子手气的绅士，板起面孔附和无产阶级革命，我觉得像咸鱼商附弄风雅一样，不禁说了几句玩笑话，这就挖痛了他们的疮疤。引起了一阵论战。

18 日　有关戏剧表演的系列文论之一《剧本与导演》刊载于《中美日报》副刊《集纳》,收入《戏剧谈丛》,后收入《徐讦文集》第九卷。文章认为:"一个剧本有它特有的主旨、情调与 Tempo;如果导演不了解或不赞成某剧主旨,最好不导演它;想由增删而改变为导演自己的,那结果会弄得牛头不对马嘴;主旨靠理解,情调就靠把握,许多导演为了把握情调,结果使情调与主旨分离,使观众看了莫名其妙;Tempo 在一个剧本有它的变化,但是每个剧本又有它特殊的 Tempo,譬如闹剧一定比正剧快,喜剧常常比悲剧快,而各个剧本里就有它个别的恰好的 Tempo。这三点,主旨与导演思想的浅深有关,情调与导演的趣味有关,Tempo 与导演性格有关。伟大的导演有了不得的可塑性,他可以由理解体验把自己融化在剧本里,正如演员可以打破年龄与个性以及生活经验不同而入于角色的境界一样。"

21 日　小说《荒谬的英法海峡》完稿,刊载于《世界杰作精华》1940 年第 6 期,上海夜窗书屋 1940 年 2 月出版,列为"三思楼丛书"之一,后收入《徐讦全集》第二卷。小说以梦境的方式写"我"在英法海峡上的一场奇遇。从法国往英国轮渡的途中,船只突然遭到了劫持,来到了"世界以外的世界"。这是一个理想的小世界,在这里人们的教育、工作、爱情都能够安排得井井有条。虽然人们的感情、愿望上与现实有些矛盾,但人们也能够理性地对待和解决。小说在形式上和内涵上带有明显的乌托邦小说的意味,可以看作是晚清以来相关乌托邦书写的进一步延续。

有关《荒谬的英法海峡》很早就出现了相关评论,1944 年翼而在《时与潮》第 3 卷第 3 期刊文,除指出作品富于幻想和浪漫的异国情调之外,尤其对其中的乌托邦幻想提出批评:"至于就全书论,那种理想虽仍代表一种正义,然而毕竟有些过时,而且太天真,倘如不经过血与泪——也就是一些痛苦——是没法实现那理想的。"

5 月

1 日 童话小说《"专一"与"永久"》刊载于《宇宙风乙刊》第5 期,又载于《幽默风》1939 年第 1 卷第 1 期,收入《成人的童话》,后收入《徐讦全集》第七卷。

2 日 系列文论之一《构图课题中的"目的"或"主题"》刊载于《中美日报》副刊《集纳》,收入《戏剧谈丛》,后收入《徐讦文集》第九卷。文章强调了舞台艺术作为一种直观的艺术它在"构图"上的重要性,认为"在舞台艺术上,构图的课题是特别复杂的,因为它需要考虑而且安排艺术上复合的原质与多种的成分。黑白画家设计线条与块图,抽象画家设计线条、色彩与地位;以及音乐家之于和谐、韵律、与节奏;诗人之于字句与韵律,跳舞家之于体重与姿势。这些是舞台导演应当把它同时处理的。自然要一个人在许多部门的艺术上都有专家一样的专长,这是不可能的,也是不需要的。但是叫他理解各种艺术构图上的共通则是本质上所必需的,因为没有这种知识,他就很难完成有坚固的统一与上好效果的艺术"。

9 日 系列文论之一《构图课题中之材料》刊载于《中美日报》副刊《集纳》,收入《戏剧谈丛》,后收入《徐讦文集》第九卷。文章认为,戏剧作为一门舞台艺术,导演要在"主题"与"材料"之间应该取得平衡,不能顾此失彼。"真的艺术家,同真的手艺者一样,第一要知道他的目的;第二要顾到他所工作的媒介,也即是为其目的而选来的材料,最后他要顾到那媒介的可能性与限制。画家的颜色,不是雕刻家的石膏,画家要表现雕刻的艺术,那就是对于媒介的不忠实。所以电影不必模仿舞台剧,他有自己独到的能力,虽然他并不能有一切舞台所能表现的成分,但也有舞台所不及的成分。"

又指出:"舞台的或电影的导演,是综合艺术的工作者,因此常常失去重心,无区别的借用了别的艺术,一如用美丽的布景,美丽的服装,美丽的灯光效果,美丽的音乐,只为了它们是艺术,而忘去了一个戏剧的中心观念。因此,他要比别的艺术家更应当在原始艺术里知道在构图课题中,忠于材料的与自然的限制与上次所谈的忠于主题与目的两个基本原则。因为只有在这基础上建立的艺术才是健全的、诚实的艺术。"

16日 杂感《论〈空话与实干〉》刊载于《宇宙风乙刊》第6期,收入《思与感》。文章可以看作是"与抗战无关论"争论的继续。作者认为与抗战"有关"或"无关"并不容易说清楚,认为如果从"有利"或"有害"的角度来判断更为清晰。"所以在目前情形下,我觉得不'空话'与'实干'之分。只有'肯干'与'不肯干'之分,有钱出钱,有力出力,有技能出技能,有笔出笔是肯干。反之就是不肯干。但如果有钱者在租界里造洋房收'印子'租利,有力者在老百姓地方敲诈,有笔者只在迂回曲折指东说西,舞文弄墨。那么不怕说的话是多么漂亮,'古怪'与'高超',多么'有类天书',我终觉得有点欺人欺己的。还不如老老实实的尽自己的所能,在实验室里分析一点药品,在铁店里打打小钉与抗战为有利点。"

16日《结构上的统一》一文刊载于《中美日报》副刊《集纳》,收入《戏剧谈丛》,后收入《徐訏文集》第九卷。文章阐述了戏剧艺术的变化和统一之间的辩证关系,认为没有统一性剧作会显得杂乱、无头绪,而只有统一性,没有变化性则显得僵硬、呆板,所以,恰当地处理变化与统一的关系是戏剧结构要重视的问题。"希腊的美学以为一切的美感都基于寓变化于统一的发现上,而它是根据事实上统一的效果,我们享受艺术时有重要的作用,这与现代的说法,虽在伦理上有不同,然其结果则是一样的。统一律是一切艺术要注意的原则,而戏剧艺术则是艺术中最复杂者,唯其复杂,所以最容易不统一,无论在故事上在布置上在动作上,……以及在这些成分与成分的综合中,所以这是我们应当特别来注意的。"

28 日　创作童话小说《无刀之乡的"蛙刀"》,收入《成人的童话》,后收入《徐讦全集》第七卷。

初夏　在上海。作诗歌《初夏的夜曲》,收入《待绿集》,后收入《徐讦全集》第十二卷。

6 月

1 日　《关于〈成人的童话〉》一文刊载于《宇宙风乙刊》第 7 期。文章回应吉力(周黎庵)的指责,是与《鲁迅风》同人论战的继续。

文章说:"吉力先生在《世纪风》上涉及我在《宇宙风》上发表一篇'成人的童话',以为我是要把'童话'从'儿童'身上抢来,而且与我对于救济失学儿童的提倡有点自相矛盾。其实,对于失学儿童的救济是一个社会问题。童话固然是儿童的恩物,但不是失学儿童的恩物,失学儿童的救济第一步是在知识与技能上面。而且要读童话,非到高级小学不可。读文艺性童话则非要到小学毕业或者初中时代才行,所以假如儿童一直未学,或者学的太少,恒河沙的恩物与他也不相干。……

"高尔基是俄国文艺政策的推动最力的人,对于俄国儿童有许多恩赐。但是高尔基也写了一部给成人读的童话,难道吉力先生也说他是从儿童手中夺来的么?

"假如高尔基这部书吉力先生没有读过,那么读读鲁迅全集也是好的。因为那里有鲁迅先生的译文,想来鲁迅并不以为高尔基这些成人的童话是从儿童手中夺过来的,否则同情儿童如鲁迅先生,是否也有夺童话给成人的嫌疑了?"

同日 戏剧《契约》刊载于《宇宙风乙刊》第 7 期,收入戏剧集《契约》(成都东方书店 1942 年版),后收入《徐订全集》第八卷。剧作设置的场景:

时:春天。

地:乡下的别墅或都市的洋房;

人:一男一女。

剧作以招聘为场景展开男女关系的讨论。

16 日 创作童话小说《帽子的哀荣》,收入《成人的童话》,后收入《徐订全集》第七卷。

26 日 创作童话小说《胡髭》,刊载于《宇宙风乙刊》1939 年 7 月 16 日第 10 期,收入《成人的童话》,后收入《徐订全集》第七卷。这是一篇带有《皇帝的新装》意味的讽刺性的童话。作品以胡髭为主要道具,在男与女、皇帝与小丑、真与假、高贵与低贱中穿行,揭穿了种种伪崇高、伪庄严。

本月 以史大纲笔名在《小评论》创刊号上发表《鲁迅先生的业绩》一文,为前面与《鲁迅风》同人论争的继续,其中谈到:"我很希望有爱鲁迅先生的,了解鲁迅先生全部业绩的人,如吉力先生者来学鲁迅先生,但我希望他不要做《文学家的脸孔》里的主角。如此则不特鲁迅先生幸甚,而且也不失读者之一的我,写那篇《文学家的脸孔》者的厚望。"又说:"我的立场现在再申明一下。第一我拥护抗战,第二我拥护在抗战旗帜下一切的政党,第三我同样敬爱鲁迅先生,第四我重视鲁迅的业绩。第五我也不反对真正学习鲁迅先生埋头努力的青年。但是我认为表面上捧着鲁迅,实际上借着他的名义在文坛上争权夺利,而对于自己的行为不下一点反省与批判的败类,我们应当对他们有一个正确的批判与纠正。"[①]

7 月

11 日　作童话小说《画眉的故事》,收入《成人的童话》,后收入《徐訏全集》第七卷。写一个富贵人家小姐的故事,小姐长得美丽,但在眉毛上却落有残疾。

28 日　创作童话小说《猪肉的价值》,刊载于《人世间》1939年第 2 期,收入《成人的童话》,后收入《徐訏全集》第七卷。作品虚构了"看门狗"和"看门猪"两种艺术形象,但主要是让这两种形象产生现实的联想。"'你们不要吵嘴了。'说这话的是大少爷,'养狗倒不是为小偷与叫花子们,这里的巡捕与听差难道比狗还差吗?问题是在我们这样人家,是不是省得掉一只狗的点缀。'"看门狗的名字叫阿旺,看门猪的名字则取为"红茶花"。"这个名词没有人反对,因为这一家的人员,以年龄来分,不是年老,就是年轻,年老的爱'茶',年轻的爱'花';以思想来分,不是'左'倾,就是'右'倾,'左'倾的人赞成'红'字,'右'倾的人赞成'茶'字,据说'红'字是很革命的,而'茶'字则是很有闲的。"

①　参见杨烙:《徐訏与"鲁迅风"同人的论战——从徐訏的两篇集外文谈起》,《新文学史料》2023 年第 2 期。

8 月

与陶亢德创办《人世间》半月刊。形式风格均延续原来的《人间世》,逢五日、二十日出版,主要刊发小品文。发行人为丁君匋。徐、陶二人在第 2 期《关于本刊》中说:"《人世间》出版后,外面都以为《人间世》复刊了;其实这是有点关系的。有一次我们偶而谈起《人间世》,碰巧良友公司丁君匋先生有意来经营,并且征得良友公司方面同意,愿意将它让我们来复刊,但我们考虑结果,觉得人间世社原以林语堂、简又文两先生为首,今者这两位都不在上海,所以我们随便叫了一个《人世间》为名。"创刊号发行以后,徐讦、陶亢德即以事冗无暇兼顾为由辞去主编工作。一九三九年九月,《人世间》出至第 4 期后,因资金匮乏而停刊。一九四〇年三月复刊后改为月刊,内容以国际政治的译文为主,出至一九四一年十月第 2 卷 12 期,因出版社迁至桂林而再度停刊。一九四二年十月十五日,封凤子接编的桂林版《人世间》月刊出版第 1 期,第 6 期后换马国亮主编,至一九四四年桂林撤退第三次停刊。一九四七年三月二十日,封凤子在上海复刊《人世间》,至一九四八年终刊。[①]

本月 戏剧集《灯尾集》由上海宇宙风社出版,上海怀正文化社 1947 年 9 月再版,列为"怀正文艺丛书"之七。

《灯尾集》(宇宙风社版)内收剧本 24 篇:《费宫人》(四幕剧,1936 年作,刊载于《东方杂志》1936 年 9 月 1 日第 33 卷第 17 号)、《荒场》(五场话剧,1931 年 2 月 3 日作)、《北平风光》(独幕

---

① 参见刘波:《从新版〈鲁迅全集〉一条错误的注释说起》,《鲁迅研究月刊》2014年第 5 期。

喜剧,1931年初稿)、《多余的一夜》(独幕剧,1931年作)、《遗产》(独幕剧,1935年刊载于《申报月刊》)、《两重声音》(独幕剧,1931年9月作)、《水中的人们》(独幕剧,1935年10月31日作)、《野花》(独幕剧,1931年作)、《人类史》(三幕剧,1935年作)、《乱麻》(独幕剧,1931年作)、《青春》(独幕剧,1930年6月29日作)、《旗帜》(独幕剧,1931年9月30日作)、《单调》(独幕剧,1931年作)、《心底的一星》(独幕剧,1932年作)、《女性史》(四幕剧,1931年1月4日初稿)、《契约》(独幕剧,1939年4月作)、《漏水》(独幕剧,1934年作)、《男女》(两幕剧,1931年作)、《无业工会》(独幕剧,1931年初稿)、《跳着的东西》(独幕剧,1931年为某歌舞团作)、《鬼戏》(三幕剧,1935年作)、《忐忑》(独幕剧,1931年作)、《子谏盗跖》(独幕剧,1931年作)。

《灯尾集》的出版表明徐訏的戏剧创作出现了一个丰收期,也表明其戏剧探索达到了一个新的高度。

1947年,怀正文化社版稍加增删,收剧本22篇。删去《费宫人》《多余的一夜》《无业工会》和《跳着的东西》四篇,增收《租押顶卖》(独幕剧,1941年2月26日脱稿)、《男婚女嫁》(两幕剧,1941年3月17日脱稿)。其中《荒场》《女性史》《人类史》作者自题为"拟未来派剧"。

9 月

11 日　创作童话小说《老虎的"黑手"》,刊载于《中美周刊》1939年第1卷第4期,收入《成人的童话》,后收入《徐訏全集》第七卷。

10 月

8 日　在上海。作诗歌《化石》，收入《待绿集》，后收入《徐讦全集》第十二卷。

本月　在上海。作诗歌《你来你去》，收入《待绿集》，后收入《徐讦全集》第十二卷。

11 月

1 日　《夜》一文刊载于《宇宙风乙刊》第 16 期，收入《徐讦文集》第九卷。这是徐讦创作中较为少见的抒情散文，写了夜的寂静、黑暗与神秘，令人联想到鲁迅的《夜颂》。"假如说夜是藏着什么神秘的话，那么这神秘就藏在寂静与黑暗之中。所以如果要探问这个神秘，那末就应当穿过这寂静与漆黑。"又说："既然白天时我们享受着光明与热闹，那么为什么我们在夜里能享受这份漆黑与寂静中所蓄的神秘？但是这境界在近代的都市中是难得的，叫卖声、汽车声、赌博声、无线电的声音以及红绿的灯光都扰乱着这自然的夜。只有在乡村中，山林里，无风无雨无星无月的辰光，更深人静，鸟儿入睡，那时你最好躺下，把灯熄灭，于是灵魂束缚都解除了，与大自然合而为一，这样你就深入到夜的神秘怀里，享受到一个自由而空旷的世界。这是一种享受，这是种幸福，能享受这种幸福的人，在这忙碌的世界中是很少的。真正苦行的僧侣或者是一种，在青草上或者蒲团上打坐，从白天的世界跳入夜里，探求一些与世无争的幸福。此外田园诗人们也常有这样的获得。至于每日为名利忙碌的人群，他永远体验不到这一份享受，除非在他失败的时候，身败名裂，众叛亲离，那么也许会在夜里投身于这份茫茫的怀中获得了一些彻悟的安慰。"此篇散文曾收入香港中学课本。

25 日　在上海。作诗歌《有赠》("对那脚下滚滚的江水"），收入《待绿集》，后收入《徐讦全集》第十二卷。

12 月

2 日　创作童话小说《镜子的疯》，刊载于《大风》1940 年 3 月第 63 期，收入《成人的童话》，后收入《徐讦全集》第七卷。这篇小说多少化用了契诃夫《不平凡的镜子》的意思。契诃夫小说写镜子的神奇不凡，徐讦则主要写镜子的发疯，发疯后的荒唐。镜子本身作为现实的映射和镜像与现实本身总是有着恰当的距离，这是艺术家们愿意借助的视角；发疯同样也是对正常人的一个有趣的甚至是富有深度的观察。这两者聚合在一起对于现实可能会起到一种颠覆性的解读：小姐在发疯的镜子中看见了男人，小孩在镜子中看见了顽皮的猴子，老爷在镜子中看见了少女……

9 日　创作童话小说《一只美丽鸟儿的故事》，刊载于《宇宙风乙刊》1940 年 1 月 1 日第 20 期，收入《成人的童话》，后收入《徐讦全集》第七卷。作品描写了这样一只美丽的鸟儿："她身材是美丽的，大一分也许就会显得笨重，小一分也许就显得孱弱；多一分也许太胖，少一分也许太瘦；羽毛的色泽，更是难形容，在晴天里它显得鲜艳，在阴雨天里它会显得清淡；在太阳之下它有炫目娇媚，在月光之下它有醉心的幽雅冬天，她的尾巴像高贵女子晚礼服一般拽着无限的韵律，夏天时候就像一个轻衣短裙的姑娘，显得难比的敏捷与活泼。她的眼睛是圆的，疲倦时候蓄着神秘，兴奋时候发挥着清朗……"但这只鸟儿却不是一只本分的鸟儿,她要跟昆虫打交道,跟禽类打交道,跟兽类打交道,甚至跟人类打交道,但在这种非同类的爱与交往中却潜藏着种种危险……

23日 在上海。作诗歌《幻感》,收入《待绿集》,后收入《徐讦全集》第十二卷。

本年 小说《决斗》刊载于《西风》第 30 期,收入《海外的情调》,后收入《徐讦全集》第七卷。作品以徐讦巴黎生活为蓝本,具有一定的现实真实性,同时又进行了艺术化的处理,属于一种散文体的小说。作品围绕凯撒玲这一女主人公形成一场感情的纠葛,最后凯撒玲的表哥要求与"我"决斗,而作为"一个被认为衰老古国的人民,我必须有这个应战的决心"。然而,故事的情节出现了戏剧性的转折,预期中的决斗并没有发生,凯撒玲选择了"我",但同时表示这种空虚的荣誉观念只是旧时代的遗存。

本年 散文《我在英国的房东》刊载于《西风》36 期,收入"三思楼月书"之一《海外的鳞爪》,后收入《徐讦全集》第 10 卷。

本年 作散文《漫话巴黎》(又名《怀巴黎》),刊载于《西风》1940 年第 49 期,收入"三思楼月书"之一《海外的鳞爪》,后收入《徐讦全集》第 10 卷。文章记载了自己在巴黎生活时的状况,巴黎作为世界的繁华之都,它吸引了各色的人等,各种的物质财富,各种的思想和艺术:"一九三六与一九三七年期间,我适在巴黎,这大概是物极将反的时期,法兰西的自由与民主精神,在那个时期,的确已经发挥到了极点。我在那面看到人民个性的发达,看到各种思想的蓬勃,各种主义的活动;街头叫卖着各党各派的报纸,到处有各地民族各种组织的集合;艺术上也有各派作风在那里竞斗,一切种别与国别在那里自由平等并存。欧洲是近代文明的中心,是繁复思想的策源地。又因伦敦是岛国,与大陆隔着海峡，纽约华盛顿远在美洲，柏林莫斯科都在独裁，于是巴黎成为这世界繁复思想的集中地，独裁国的思想犯政治犯，逃亡的犹太人，阿比西尼亚的国王，西班牙政府军的要人，都在巴黎活动。许多美国人、北欧人、东方人都在那里游历观光，那时巴黎正忙于筑路，筹备世界博览会。新商的建筑在塞纳河两岸巴黎铁塔周围建立起来，失业工人都有了工作。马路上散满了政治的传单与商店的广告。娱乐场、电影院都挤满了人，咖啡店亮着全夜的灯光，舞场响着通宵的音乐，千千万万的人从各地各国集拢来。那是最复杂时代的最复杂国家，最动荡时代的最动荡国家，这是一个最丰富国家的最丰富年代，最民主国家的最民主年代。同时这也是最自由国家最自由的最热闹都市的最热闹时期。"

但在繁华的背后，也隐藏着动荡不安："那时，有远识的人已经看到在那繁华之中隐藏着的凄凉，与自由之中含蓄着的混乱。内阁非常不稳，工人时常罢工。人民享受得厉害，贡献得少。大家没有信仰，生活失去重心。妇女不想耽在家里，少年只想早点敷衍毕业，大学生忙于政治生活；大家爱看热闹，看各党各派的议论，拣自己喜爱的发表拥护与反对的意见；都不肯埋头去干，爱在咖啡店里闲坐，在马路上看热闹。绥朗所谓'巴黎在工作与装饰，创作与预料'。我们所见的已经只是表面，因为巴黎的空气已经不是诱导工作，它是令人懈怠；到处是玩意，到处是热闹，到处是钱与享受，到处是人，那么谁还能独自安心工作呢，除了为钱，为生活。个性的发达已到了没有纪律与秩序，一切的享受与生活，在自由的零乱思想之中，都可以寻到理论的支持。"

本年　作诗歌《晕船的幻歌》，收入《待绿集》，后收入《徐讦全集》第十二卷；诗歌《少女像》，刊载于《时与潮文艺》1943 年 3

月 15 日第 1 卷第 1 期，收入《待绿集》，后收入《徐讦全集》第十二卷。

本年 童话小说《光荣与死》刊载于《青年》第 3 期，收入《成人的童话》，后收入《徐讦全集》第七卷。作品以夸张的方式塑造了一个空头文学家的形象。此外，还创作童话小说《阿大阿二与阿三》。

本年 创作戏剧《生与死》(四幕剧)，上海西风出版社 1940 年出版，后收入《徐讦全集》第九卷。剧作设置了几个家庭之间感情间的纠葛。

本年 创作戏剧《黄浦江头的夜月》(三幕剧)，后改名《月亮》，上海珠林书店 1940 年出版，后收入《徐讦全集》第九卷。背景设置在太平洋战争爆发前夕，上海租界弥漫着苦闷的空气。一些人经受不住压力想要妥协，而底层工人们反对妥协，酿成了罢工的风潮。剧情围绕女主人公月亮展开，工厂资本家李勋位、李家公子李闻天，以及李家的司机张盛藻等都围绕着月亮想要拥有月亮。李勋位是想找一位姨太太，满足个人的欲望；李闻天主要是一种浪漫的幻想；张盛藻则是现实主义的爱情。剧作通过对比展示底层社会人性和理想的光辉。

该剧尚未演出之时，孟企就针对该剧以及对徐讦作品的印象发表了精辟的剧评。他褒赞以往徐讦作品都有他人难以企及的象征风格，认为他以其独特气质以及擅写场面与空气的手段，能深深地吸引观众与读者，他这种气质正与曹禺的相反。而徐讦的新剧《月亮》则因题材问题不太适合保留以往特色，该剧题材较为现实，而徐讦仍在各角色上注入了过多的自我气质与情调，尤其是人物对话略嫌书面，这导致人物个性难以彰显。因此，孟企建议徐讦在写现实剧时注意收敛自我，多注重表现人物的个性,但他认为《月亮》终究是"一九三九年文坛一个新鲜的收获"。该剧随后由约翰剧社在兰心大戏院作慈善公演,收获了众多好评:马央、谢闻玄、碧沙不约而同地赞美它对白优美,富有诗意和节奏感。碧沙尤其钟爱剧中诗意的情调、抒情的场面、缓慢的 Tempo,但也认为徐讦剧作以其"太美"难免会滋生"危险",因为一来容易曲高和寡,二来容易损害人物的逼真刻划与主题的明确表达,三来对导演演员等提出了更高要求,很难演好,容易吃力不讨好。①

其实,徐讦的戏剧放在中国现代戏剧发展的大背景下来看,是很有特点,也是很有意义的。这方面的研究相对匮乏,但也有少量研究者涉足了这一课题,例如,盘剑从"学者戏剧"的角度对徐讦的戏剧探索进行了归纳和剖析:

……与理论研究同步,徐讦的戏剧创作也时时处处、直接间接地从不同角度反映着调合人性与机械文明的理想。三、四十年代不少剧作家的作品都接触到了金钱腐蚀人们灵魂的社会问题,如陈白尘的《征婚》独幕喜剧、《恭喜发财》四幕喜剧,杨绛的《称心如意》四幕喜剧、《弄真成假》五幕喜剧,等等,但这些作品往往只是客观地揭露、抨击丑恶的社会现象,讽刺在金钱面前丑态毕露的人物而不像徐讦的作品那样是出于作者本人从哲学高度对一种社会理想的热切追求。可以这么说,陈白尘、杨绛等现代剧作家的关于金钱的作品都是从现实出发的而徐讦的同类题材的作品则是从他的哲学思想和学术理论出发的,尽管也有着现实的契机与对真实生活的刻画。只有这样理解,才能解释为

---

① 参见冯芳:《历史回声重话徐讦青壮年时——20 世纪上半叶徐讦评价史述评》,《华文文学》2015 年第 5 期。

什么陈、杨等现代剧作家以金钱为题材的作品基本上都是喜剧，而徐訏则不仅有喜剧，也有悲剧，他的讽刺与悲痛，实际上都表现着他的由于理论无法与现实结合、理想在现实社会中不断碰壁的愤怒与哀怨，表现着他对"爱的哲学"的竭力维护与对"人性与机械文明结合调合"的苦苦追求。

对于外国文艺思潮流派，徐訏不是盲目接受，也不是从中国社会现实出发来接受，而是从"爱的哲学"出发来接受。他有意识地选择分别包含着他"爱的哲学"某一方面内涵的"未来主义"和"表现主义"，吸取两种不同文艺观中符合他"爱的哲学"的"合理"部分，以"爱的哲学"将它们揉合起来巧妙地运用于他的戏剧创作中，为阐述他的"爱的哲学"服务。……

未来主义与徐訏的思想在很多方面是大相径庭的。然而徐訏写的《荒场》（五幕剧）、《女性史》（三幕剧）、《人类史》（三幕剧）等作品不仅注明是"拟未来派剧"，而且明显地体现出未来主义戏剧的基本艺术特征，篇幅短，都是"超短剧"；对话简洁，甚至没有对话运用象征手法和"幻象"的作用，如用"荒场"象征地球，用女性追求的对象的变化象征人类社会的发展；更为突出的是通过舞台灯光，用深黄色象征"悠远、悠远的过去"，用白色象征"刚刚、刚刚的现在"，用绿色象征"不久、不久的将来"。不可否认，艺术上的创新是未来主义吸引徐訏的主要因素之一，但促使徐訏接触未来主义并受其影响的更大契机，实际上还是拨动着他的心弦的对于"机械文明"或"现代精神"的肯定。

徐訏戏剧的"未来主义"特点不但表现在他的几个"拟未来派剧"中，也表现在别的一些剧本里，如《两重声音》《鬼戏》《潮来的时候》等。这些剧本之所以不再注明是"拟未来派剧"，因为它们不仅具有"未来派"戏剧的特点，又揉进了"表现主义戏剧的因素。表现主义是本世纪初至三十年代在欧美一些国家盛行的一种文艺流派。它的产生虽然与未来主义一样都是由于二十世纪工业和科技的迅速发展,但是它所看到的这种发展的结果却刚好与未来主义相反,它对现代资本主义高度发展的都市社会的情绪也与未来主义截然相反。表现主义者们承受了第一次世界大战带来的巨大灾难和痛苦,深深体会到现代工业社会使人异化,被人创造的力量已在反过来统治和奴役人,因而导致了人类自身价值和自己本质的丧失。他们大都比较悲观,看不到希望与光明,只看到社会的腐朽堕落,感到绝望、仿徨、痛苦、孤独。他们厌恶战争,痛恨现状,极力宣传人道主义和人类之爱。徐訏虽然没有一个剧本标明"拟表现主义戏剧",但与未来主义比起来,他的思想显然更加接近表现主义。

在指出徐訏剧作与未来派和表现派戏剧的关系后,盘剑进行了总结:"在中国现代文学史和戏剧史上,徐訏尽管不是唯一具有学者身份的剧作家,但却可以算是'学者之剧'的唯一创作者,尽管他所创作的'学者之剧'哲学味过重,过于抽象,难以上演,但终究是具有独特的美学风格和审美价值的艺术作品。"[1]

1940 年(庚辰,民国二十九年)　32 岁

▲1 月,毛泽东发表《新民主主义论》。

▲3 月 30 日,日本扶持汪精卫于南京组建国民政府,汪精卫

---

[1]　盘剑:《学者之剧——徐訏戏剧创作的独特风格》,《中国现代文学研究丛刊》1993 年第 2 期。

自任代理主席。

▲3月,陕甘宁边区文化协会在延安创办《中国文化》月刊。

▲8月20日,彭德怀指挥第十八集团军在华北发动"百团大战"。

▲8月,夏衍等在桂林创办《野草》月刊。

▲10月,蒋介石掀起第二次反共高潮。

▲11月,汪精卫在南京正式就任伪国民政府主席。

1月

16日 在上海。作诗歌《收集》,收入《待绿集》,后收入《徐訏全集》第十二卷。

2月

3日 在上海。诗剧《潮来的时候》脱稿,作《〈潮来的时候〉献辞》,收入《徐訏全集》第九卷。

9日 在上海。作诗歌《听到》《相信》,收入《进香集》,后收入《徐訏全集》第十二卷。两首诗都以"你—我"对话的方式展开,似乎是一种心灵的密语。

14日 在上海。小说《吉布赛的诱惑》脱稿。小说在《西风》1939年第35期开始连载。本年出版单行本《吉布赛的诱惑》(上海西风出版社1940年版),收入《徐訏全集》第二卷。小说写"我"归国之际,因为好奇想途经马赛一探究竟,结果遭遇了一场意外的离奇的爱情故事。经吉布赛姑娘罗拉介绍,"我"认识了美丽的潘蕊,初次见面,除了为潘蕊的美貌所震撼之外,还感受到潘蕊身上一种"尊贵高洁与光明"之美。结果出乎意外,却发现潘蕊原来是一个风尘女子,尽管潘蕊向"我"哭诉沦为妓女的惨痛经历,并表示也真心爱上了"我",但"我"无法信任她。经过一番曲折,"我"与潘蕊还是走到了一起,并把她带回中国;又因为她不习惯中国的生活,我们又重新回到马赛,潘蕊成为一名时装模特儿活跃在时尚领域。最后,"我"和潘蕊厌倦了都市的喧嚣,跟随吉布赛的队伍在美洲四处流浪,过上了随性自然无忧无虑的生活。作品意在表达爱之传奇性、爱之超越性,带有典型的徐讦式浪漫之风。

5 月

11 日　在上海。创作小说《英伦的雾》,收入《海外的情调》,后收入《徐讦全集》第七卷。作品是以徐讦在欧洲留学时的经历为蓝本拓展而成的散文化小说。作品写"我"与学习舞蹈的妻子在伦敦时的经历。在一次筹款的聚会上,妻子的舞蹈被一个西班牙记者兼画家的青年人所欣赏,在后来交往中渐渐产生了感情。尽管妻子一直克制着自己的感情,但最终还是走出了婚姻。与此同时,作品中的"我"与英国女孩萨芝的感情也越来越深,最后步入了婚姻的殿堂。虽然是一种人生的错综,但在"我"的眼里,妻子却是迷失在伦敦的雾中;而萨芝之所以是清醒的,因为她一直生活在这样的环境中。作品试图从男女感情的纠葛中表达出一种具有超越意味的哲学式感悟。

25 日　在上海。散文集《成人的童话》结集,作《后记》一篇,由成都东方书店出版。《后记》中说:"这里收集成人的童话十四篇,最先发表的是《骆驼与蠢马》,第二篇就是《文学家的脸孔》,署名史大纲,是我十几年前用过的一个笔名,当时得罪了一群作家,他们动员了不少的打手对我攻击,于是这笔名也成了罪状之一。现在时过境迁,再说我写那篇文章的动机与后来论战的经过大概是有趣的事吧。"……

"为这个原因,我写了一篇'文学家的脸孔',虽然是有点开玩笑的性质,但是我用意实在是良善的,我并不反对学习鲁迅,但如果真是学习的话,从基本的精神与修养去学习大概终比较为对吧。

"那么我为什么用这个久弃的笔名呢,这因为我反对文章里嵌满名人的名字来自荣的人,而那篇文章偏偏多名人的名字,所以我想用个笔名也许可以避免别人来骂我吧。但是羿矢先生就从我名字开刀,说是影射史大林,有不测的奸恶的存心。这篇名文题作《脸谱主义者》,版权所有,不敢转载。他在骂我影射之罪外,还从他从前校师的脸谱,骂我自己画出了洋场恶少的脸孔。最后是:老实说,我今天不要有这类'五色旗'的脸谱主义者,如果有,我们要扑灭他。"

6 月

1 日 童话小说《野熊与家熊》刊载于《宇宙风乙刊》第 25 期,收入《成人的童话》,后收入《徐讦全集》第七卷。作品创设了一个幻想的情境:两只差不多同时出生的小熊,其中一只被人类所捕获,一只继续留在荒野生活,由之而来出现了所谓的家熊和野熊。由于生活于不同的环境,最后导致了不同的命运。家熊流落到人类的杂耍班中,学到了很多表演的本领,而野熊则继续自在地生活在荒野之中。偶然的原因,这两只小熊不期而遇了。在野熊的劝说下,家熊从杂耍班偷逃出来,重新回到荒野的世界。回来之后,这只家熊发现这种"野蛮"的生活再也难以忍受了,决定要重回文明的世界之中,结果却是一场悲剧。作品体现了徐讦对于"文明""野蛮"这些文化概念的批判性反思。

17 日　在上海。中篇小说《一家》脱稿,成都东方书店1942年出版单行本,后收入《徐讦全集》第五卷。小说讲述的是抗战背景下一个传统的大家庭的逃难的故事。他们一家人从杭州乡下逃到上海谋生。小说着重塑造的是林家二少奶奶这一形象,她具有一定的现实感,也比较能干。看到传统家庭在混乱的现实面前毫无应对能力,她有一种危机感,也有一定的做事能力,不过她身上也显露出过多的残忍和伪善。与那些爱情故事的奇幻和异国情调相比,这种对传统大家庭的刻画更多了一份写实的色彩。

8 月

12 日　在上海。创作散文化小说《结婚的理由》,刊载于《西风副刊》1940 年 9 月 10 日第 25 期,收入《海外的情调》,后收入《徐讦全集》第七卷。写来自中国的沈沉与伦敦姑娘琴妮这对年轻人的婚姻爱情故事,同样也是放在东西方文化习俗冲突的背景下展开的。但我们可以看出其中的基本路径,当他们任由各自性情而做出人生选择和行为选择的时候,他们就产生了难以调和的冲突,而当他们的责任意识占主导地位的时候,他们就能够达到调和而走到一起。这说明习俗对于人的感情的孕育以及在这个过程中人的理智选择与判断的导向性与重要性。

17 日　在上海。作诗歌《赠友》,收入《待绿集》,后收入《徐讦全集》第十二卷。

27 日　在上海。作诗歌《不题》,收入《待绿集》,后收入《徐讦全集》第十二卷。

30 日　作《论近代舞台装置艺术之风尚》一文,刊载于 1940

年《作风》创刊号。文章指出近代舞台艺术在装置上面缺乏意识:"我说近代舞台装置艺术,有一个很不好的概念。就是没有把中国包括在里面;中国的话剧到最近方才渐渐抬头,舞台布景艺术落后是无可讳言的,除了一点模仿,抄袭以外,并没有一个独创的纯粹的作风。这作风的创造,固然需要物质的社会的条件,但是我们缺乏舞台装置艺术家则是事实,因为简陋的物质条件下也可以有新型的舞台艺术的。"文章探讨了九种近代舞台装置的风格:一、简单化的写实主义;二、象征主义;三、风格主义;四、形式主义;五、造型主义;六、表现主义;七、立体主义与未来主义;八、构造主义;九、其他。这显示了作者对于舞台艺术的兴趣和研究深度。文章最后认为,究竟采用什么舞台装置应该从剧本的实际情况出发:"我常以为舞台艺术是受剧本限制的。因为事实上极现实的剧本很难用表现主义的方法。象征的剧本用写实主义的方式也不讨好。所以我特别迎合舞台装置。要舞台装置,能够充分的收到。效果作为一种试验地,来写几个剧本。自然就是渺小的事儿。但多少年? 那据我所知,这些舞台装置是始终没有人多方面认真来做实验。这是话剧界很奇怪的事情。但是这我迟早还是我们要做的。工作在这个过渡期,我们是无法摆脱这个责任的。"

10 月

1 日 在上海。长篇小说《精神病患者的悲歌》在《西风》月刊结束连载,1941 年上海西风出版社出版单行本,后收入《徐讦全集》第二卷。小说写"我"在巴黎学习的时候对变态心理学产生了浓厚的兴趣,一天在杂志上看到心理学医师招募一名助手,于是"我"带着好奇的心理前去应聘,由此引发了"我"与梯司朗小姐及其女佣海兰之间的一场剪不断理还乱的爱情故事。小说有两个要点，一个是梯司朗小姐的精神疾病，在古堡别墅里，由于刻板的家庭环境，梯司朗小姐感到郁闷、压抑，但在外面的娱乐场所中，梯司朗小姐又变成了活泼、快乐的白蒂小姐。另一个是三人之间的感情纠葛，在共同救治白蒂的过程中，"我"与海兰产生了真挚的感情，但不久海兰发现"我"与白蒂之间的感情后，为了成全我们她选择了自杀；白蒂从海兰的行为中深深感动于爱的无私，自己走进了修道院，把自己的爱献给了上帝。除了传奇性的爱情题材外，这部作品还显示了作者早期心理学研究对于创作的渗透和影响。

11 月

5 日　作《作风·创刊后记》。文中表明了自己的办刊倾向："读者千万不要以为我们是用艺术至上的态度来编这个杂志。老实说，我们还不敢有武断的态度，我们只觉得我们的文坛艺坛还不够庞杂与丰富，在'文章差不多'的倾向中，我们感到多多提倡介绍不同的风格，则确是我们所需要的。"

12 月

16 日　散文《黄幻吾先生画集序》《蛇型舞及其创造者 Lole Fullor》《史前短史》刊载于《宇宙风乙刊》第 35 期。

20 日　在上海。作《〈鬼恋〉献辞》（也作为《海外的鳞爪》献辞）。诗歌写道："春天里我葬落花，/秋天里我再葬落叶，/我不留一字的墓碑，/只留一声叹息。//于是我悄悄的走开，/听凭日落月坠，/千万的星星陨灭。//若还有知音人走过，/骤听到我过去的喟叹,即使墓前的碑碣,/那他会对自己的灵魂诉说://'那红花绿叶虽早化作了泥尘,/但坟墓里终长留着青春的痕迹,/他会在黄土里永放射生的消息。'"诗作传达出创作者渴求理解的心声。

25 日　在上海。作《〈海外的鳞爪〉后记》。文中徐訏对过去一年进行了总结,也对未来的一年进行了展望:"《在海外的情调·后白》里,我说到'三思楼月书'以后一切都难预定,出一本算一本的话。但是我的努力还在月出一书。这本是 1940 年最后的一册。总计 1940 年出版的有九册,那是:《生与死》《西流集》《鬼恋》《荒谬的英法海峡》《吉卜赛的诱惑》《潮来的时候》《成人的童话》《海外的情调》《海外的鳞爪》。离预算的十本,尚缺一册,现在我加上'三思楼月书'定名以前所出的一本《春韭集》凑足十本的数目。

"……1941 年的计划,第一本《一家》,是一篇我用另外一种手法写的小说。第二本是《何洛甫之死》,这篇剧本曾在报上发表过一点,但是现在完全重新写过,因为这本是多年前写的存在箧筪中忘去了的东西,回国后才在故乡杂稿中寻出,不满意的地方太多,所以重新写过以后竟成完全不同的东西,也许反而使一部分的朋友不爱了,但这是无可奈何的,因为我先要忠于自己。第三本是《月光曲》,也是把我的旧作改作。改作旧作不是好翻新,而是我的进步。因为 1938 年以来,我彻底反省到我过去写作中的优点与劣质。把我旧作新做成了有兴趣的事情,我在这工作之中,发现我现在难有的情感,以及过去技术不够与态度草率的地方。此外计划还没有确定,但是大概可说的,还有一个剧本《母亲的肖像》可以出来。有许多朋友问到我过去的短篇小说,散文与诗,这大概一时不想出版,因为分册甚难,不分册则量太大,成本甚贵;将来出版时,当与《灯尾集》同样的版本。此后想出的月书想都是长篇,不是集子。有一篇长诗早想出版,但是诗的销路较为微小,现在运输不便,所以一直压着,我想1941年中当了此心愿,假如没有新的变化的话。但是谁能料得到没有新的变化呢?! 那么除了在人的范围中努力以外,一切只得听凭时运了。我们且少说话,多工作吧。"

本年 作散文《过去与未来》《上帝的弱点》《谈金钱》等。其中《过去与未来》刊载于《宇宙风乙刊》1940年11月16日第33期,《上帝的弱点》刊载于《宇宙风乙刊》1940年12月1日第34期,并收入《蛇衣集》,后收入《徐讦全集》第十卷。

本年 作诗歌《〈海外的情调〉献辞》《戏赠友人》,收入《待绿集》,后收入《徐讦全集》第十二卷。

1941年(辛巳,民国三十年) 33岁

▲1月6日,"皖南事变"发生。

▲4月,夏衍主编的《华商报》在香港创刊。

▲5月,中共中央机关报《解放日报》创刊。

▲6月,苏德战争爆发。

▲11月16日,郭沫若五十寿辰和创作生活二十五周年庆祝会在重庆举行。

▲12月8日,日本发动"太平洋战争"。

▲12月9日,国民政府对日、德、意宣战。

▲同日,侵沪日军占领了上海公共租界,上海"孤岛"局面结束,完全处于日军控制之中。

1 月

2 日　在上海。作《〈生与死〉再版后记》,刊载于《宇宙风乙刊》1941 年 3 月 1 日第 40 期。

27 日　在上海。作诗歌《蹉跎》,收入《进香集》,后收入《徐讦全集》第十二卷。

2 月

4 日　在上海。作诗歌《失魂之歌》《我在睡》《梦》等,收入《进香集》,后收入《徐讦全集》第十二卷。

13 日　在上海。作诗歌《今夕》《原谅》《尘世》《遁辞》《似闻箫声》《对窗吟》等,收入《进香集》,后收入《徐讦全集》第十二卷。

17 日　在上海。创作戏剧《何洛甫之死》,后改为《兄弟》,成都东方书店 1942 年出版单行本,后收入《徐讦全集》第八卷。剧作写地下党领袖何洛甫乔装潜入上海执行秘密任务,结果暴露、被捕,不巧正好落在其同胞哥哥何达堂的手上,由此展开了情亲与信仰间的剧烈冲突。改为《兄弟》后,剧情设置为北方某城市,冲突人物改为抗日便衣队的李晃和日本少将秋田之间的冲突。

20 日　在上海。作诗歌《凄风》《春愁》,收入《进香集》,后收入《徐讦全集》第十二卷。

21 日　在上海。作诗歌《山路》,收入《进香集》,后收入《徐讦全集》第十二卷。

23 日　在上海。作诗歌《茫茫夜》,收入《进香集》,后收入《徐讦全集》第十二卷。

26 日　在上海。作诗歌《低诉》,收入《徐讦全集》第十二卷。

同日 在上海。创作戏剧《租押顶卖》(独幕剧),收入《契约》,后收入《徐讦全集》第八卷。剧本以四十年代上海为背景。张太太因为赌博输了钱,抵押自己的房子,但在这个过程中女儿却拿着钱与情人私奔了。写出了乱世男女的七情六欲,爱恨情仇。

3 月

1 日 在上海。作《〈何洛甫之死〉后记》。

10 日 在上海。作诗歌《床上》,收入《进香集》,后收入《徐讦全集》第十二卷。

17 日 在上海。创作戏剧《男婚女嫁》(两幕剧),收入《契约》,收入《徐讦全集》第八卷。作品的场景和人物设置:

时:1941 年。

地:上海。

人:高百年、高太太、高小姐、张妈、鲍千里、鲍太太、鲍立伟、鲍小姐、赵光钧、沈菊亭。

剧作以四十年代上海高公馆为背景。高百年为得到赵家的巨额聘金,采用偷梁换柱的办法,把长工之女鲍端萝扮成自己的女儿嫁给赵家。结果作假成真——鲍小姐道出实情,赵少爷不嫌其贫贱,与她真诚相爱,结为夫妻。这是一个利用传统的戏剧情节装载现代都市内容的剧作。

22 日 作《我的〈孤岛的狂笑〉》一文,刊载于《中美日报》1941 年 3 月 26 日。《孤岛的狂笑》为现代戏剧集,收有《租押顶卖》《男婚女嫁》两部剧作,1941 年 6 月上海夜窗书屋出版。文中说:"《孤岛的狂笑》是一个笑剧,但是每个笑剧都有它的骨干;朋友也许会看到我里面冰冷的讽刺,但是我在里面却还隐藏着寂寞的哀愁,不瞒您说,因为我是在寂寞的哀愁中,才看到这些笑料的。那么就让我的冰冷的讽刺与寂寞的哀愁溶在这我的笑声里,或者让我的笑声把我冰冷的讽刺与寂寞的哀愁包藏着吧。"

3月底或4月初　　致友人书信:

□□兄足下:

你的上信收到,两诗我都不甚喜欢,因为太具体;有许多诗可以具体,抒情诗则不宜具体。西洋诗中,我现在很看不惯浪漫派之大声呼号,此类诗好在音韵铿锵,所以译成中文,变成一无所有。最近我写了许多诗,不时拿出来看看,正如我随时翻阅一二首中西诗词一样,看是否有些过份或太显之表露,是否有可省之字可易之字。我对于我的诗比对什么都"自大"(恕我厚脸),因为我觉得中国新诗非学英诗即学法诗,我则学"俳句",我则拟中国诗词,而我则自己在寻途径也。

《作风》不出,亦无所谓可惜,因我所以有时想办杂志,只是想寻一合式之地方,发表点文章。现在刊物,不是趣味低级,就是目的太大(什么改造社会呀,宣传主义呀)。我是一个文艺工人,只想忠于自己工作罢了。《作风》要出,随时可出,赔本大概还有限,赔力气则太多耳。

四月十日十四日有我喜剧《孤岛的狂笑》与《生与死》上演,这般剧团缠住我要演我戏,实在麻烦。原因是终不能照我理想。我很想将来自己有钱来办个理想的剧团。中篇小说事,并不是不回你信,实是要等写出之后给你,为时甚久,不是立刻可以寄你;不在本埠,也很难随写随发表,所以在考虑中。

闻香港出版之《□□□□》半月刊曾有署名"□□"者抄袭我诗,我记得我的原题是《女少画像》,他终算改了一个"塑像";"画像"之恋,乃取王摩诘"诗中有画"之诗。西洋论诗有两派,一以为诗应如画,一以为诗应如音乐,未闻诗应如雕塑也。此诗发表后,很有人叫我来画像,但我只写出一二首。"画像"之恋,或可挂诸室内,以代照相,但终不如画;更何能如雕塑。盖诗之艺术还在朗诵也。

　　徐讦上。

5 月

2 日　在上海。作《〈精神病患者的悲歌〉后记》。

5 日　在上海。作《〈孤岛的狂笑〉后记》。

7 月

23 日　在上海。创作戏剧《母亲的肖像》(四幕剧),收入《徐讦文集》第六卷。作品带有家庭伦理剧的意味。剧作围绕富商李莫卿一家展开,李莫卿和他的继室晓镜,以及李莫卿的三个儿子和一个女儿,此外还有一个号称舅舅的王朴羽。剧作从客厅悬挂母亲的肖像开始。这时,母亲已经去世,肖像中的母亲在孩子们的眼中"似乎是一个非常沉静聪慧纯洁的姑娘。但是,灵魂的深处好像有许多寂寞似的"。随着剧情的推进,人们才发现这四个孩子其实都是王朴羽的子女。同时,这四个孩子身上又展开了新的故事:晓镜本是李卓榆的女朋友,被李卓榆抛弃后一气之下嫁给他父亲以达泄愤报复之目的,而当李卓榆从法国回来之后他们之间又成了乱伦的关系。李卓梧被人欺骗说是已经怀上了他的孩子,想脱身。李卓梅被介绍地产公司老板沈可成,可李卓梅认为自己是学音乐的,与地产商的趣味不合,所以不想嫁人。剧作充满了讽刺意味。

从徐讦前期的剧作来看,大多只是一个梗概,搬上舞台的实际操作可能性不大。这一时期,徐讦除了积极创作,还更多地投入到舞台合作的过程中。对于这类艺术实践,人们注意不多,但也有研究者进行了探讨。例如,赵建新专门探讨了中国现代非主流戏剧艺术,并在这一研究视角下对徐讦的戏剧创作进行了讨论:

"徐讦的很多剧作可以说是一种哲思戏剧或者说玄思戏剧。这一点,在其一系列以情爱为题材的剧作中表现尤为突出。无论是在前期的《青春》《野花》《男女》《忐忑》等独幕剧,还是在后期的《月亮》《租押顶卖》和《男婚女嫁》等多幕剧中,徐讦总是试图表达一种人类情爱的基本模式,不管这种模式是常态的还是变态的,是受局限的还是相对自由的。在这种人类情爱的基本模式的表达中,人物和情节往往呈二元对立的状态来形象地传达作者的哲思和情绪,如《契约》《男女》等剧中的人物就是"男"和"女",《两重声音》中就是"兄"与"弟",《青春》中是"青年"和"老年"等,《生与死》中三个具有普遍意义的家庭,《母亲的肖像》中对有关"春天的生命""夏天的生命"和"秋天的生命"以及"音乐的生命"和"结婚的生命"的感叹等等。……

"徐讦剧作的哲理化倾向是其人性探索主题的自然延伸。由于受柏格森等西方近现代哲学家的影响,其剧作主题往往超越文本自身的表层现实题材,而向着个体生命的内部体验突进,即使在抗战的"孤岛"时期也不例外。例如,在五幕剧《兄弟》中,题材、人物以及故事情节虽都是关于抗战的,但与其说它的主题

145

是鼓舞抗战士气、歌颂爱国主义,不如说是借用何洛甫兄弟的冲突来表达人在战争环境和血缘亲情面前苦苦挣扎的精神状态和具有普遍意义的生存境遇。……

"徐訏的戏剧语言的论辩色彩也是其剧作哲理化的一个突出表现。徐訏剧作中的主人公和萧伯纳笔下的人物有些相似,能言善辩,纵横捭阖,从各自的生存环境和生命体验出发来阐发对现实问题的理解,然后通过戏剧冲突达到最后的"中和",彼此的片面性得到消解,从而在更高层次上达成生命的融合,而作者对冲突双方皆持中性客观态度,不作价值评判。这在徐訏的一系列悲剧作品中表现尤其明显,由此可见作者深受黑格尔悲剧美学观念的影响。

"内向化和心理化也是徐訏塑造人物的一个重要特点。在徐訏的众多剧作中,相对出色的总是那些外部冲突比较弱而心理冲突比较强的戏,在《月亮》《何洛甫之死》和《生与死》等作品中,人物内心的矛盾和冲突总是作者着力刻画之处,而诸如《母亲的肖像》这类剧作,更像是一曲舒缓的咏叹调,虽然李莫卿父子的矛盾穿插其中,但作者的着力点却是王朴羽面对情人肖像和亲生子女时的痛苦、焦灼的情感和心绪,在看似平淡的故事情节中,迷漫的是生活的隐忍与生命的缺憾。……内向化的人物塑造方式,必然要辅之以对人物内在心理世界的放大。聚焦人物的内部世界、侧重心理分析,是徐訏剧作的另一个特点,这也决定了独白成为徐訏惯常使用的人物塑造方式。走到极端的时候,徐訏甚至全剧都使用独白,通篇都是主人公一个人在洋洋洒洒地诉说,最明显的例子便是独幕剧《两重声音》《难填的缺憾》

和《男女》等。……"①

本月前后 致友人书信:

□□足下:

惠示收悉。生活改变,引以为慰。盖生活改变也即人生态度有所改变,舍旧迎新,当有新的见解与思想产生也。我天天想改变生活,而生活迄不能改变,经济条件,社会条件,限制殊凶;深夜倦坐,寂寞重重。上海天时不正,身体受累颇大,精神尤见疲乏,影响文思不少。三思楼月书,以后是否能按期出版,颇难说。最近拟将《母亲的肖像》(四幕剧)付印,如精神假我帮助,写计划中中篇小说三部;明年拟出三思楼小丛书,将现成之短篇小说诗歌集印,趁此时间,着手大规模小说一种,日来征求女速写员一人,但应征者多未学"中文速写",甚至连世上有此种技术,都不知道,因未成交。盖我手惠 Woite's Iposun 日剧,无速写员,恐难着手写长篇小说也。凡此种种,不过计划而已,殊难预料前景。我非常羡慕你没有家室之累,我则已如囚犯,工作、想像,都难如理想着手,甚想到香港一行,但经济情形似不允许。最近有人向我接洽将我的著作纸版运往内地出书,条件不能算坏,但许多事实上困难——如管理汇款印数,都无法解决,因未答应他们。很想自己到内地去一趟,把此事好好进行一番,但一限于资本,二限于心境,三限于环境,四限于精神,看来一时似不可能。你的情形,我常关念。领馆有事,固为好事;否则如有兴到内地走走,把我的书顺便经理一下

---

① 赵建新:《中国现代非主流戏剧研究》,中国戏剧出版社 2012 年 6 月版。第 133—135 页。

如何？那面还有一是刊物上关系，想辗转介绍，印刷纸张，总有办法；如专做此行事情，则西风社书籍，亦可经理，彼方亦正在物色相当书店，进行此事也。资本如合股进行，亦是道理。此事有营利计，固可乐观，而出版事业计，更是为作一种基础。详细磋商好好进行，实一可为之事。

亢德近状如何？憾庐想已到港，《宇宙风》近状如何？也常常想到。近来游兴更差，偌大洋场，竟无事可刺激此痹麻神经，良苦。魏友棐君游兴依然，唯患肺病，友侪中禁其夜舞。实则大家亦都无此兴矣。

你生活既有变动，则生利以外，最好专读一类书籍，多写有兴文章，写好纳诸箧中，隔几月拿出看看，亦为一乐。将来总有适宜地方，可供发表。我现在对各处文约，一律婉却。经济稍窘，尚可节省，精力虚耗，难求补偿也。匆匆难尽所言，多望珍重。

徐讦。

8 月

16 日　在上海。作诗歌《夜感》，刊载于《文学创作》1942 年 10 月 15 日第 1 卷第 2 期，收入《进香集》，后收入《徐讦全集》第十二卷。

19 日　在上海。作诗歌《天机》，收入《灯笼集》（上海怀正出版社 1948 年版），后收入《徐讦全集》第十二卷。

本月前后　与赵琏协议离婚。上海期间两人的感情生活并不十分融洽。

上世纪四十年代初的上海，徐讦一家和苏青一家，在辣斐德路比邻而居，两家不时走动。徐讦的妻子赵琏是苏青五姑母的学生,和苏青在宁波时就相识。苏青那时刚到上海,闲居无事开始学习写作,常到徐家去借小说。两个女人在一起难免编派各自丈夫的不是,赵琏更是找到了诉说对丈夫不满的发泄口。中间再夹杂进苏青的丈夫李钦后——一个有着浓重市侩气的前东吴大学法律系毕业生,徐讦婚变的契机由此种下。①

10 月

9 日 在上海。作诗歌《中秋漫感》,收入《进香集》,后收入《徐讦全集》第十一卷。

20 日 在上海。作诗歌《窗外》,收入《进香集》,后收入《徐讦全集》第十二卷。

21 日 在上海。作诗歌《夜醒》《秋雨》,收入《进香集》,后收入《徐讦全集》第十二卷。

11 月

2 日 在上海。作诗歌《回忆》,收入《进香集》,后收入《徐讦全集》第十二卷。

5 日 在上海。作诗歌《孤岛漫感》,收入《进香集》,后收入《徐讦全集》第十二卷。

8 日 在上海。作诗歌《乡感》《秋郊》,收入《进香集》,后收入《徐讦全集》第十二卷。

9 日 在上海。作诗歌《野曲》,收入《进香集》,后收入《徐讦全集》第十二卷。

---

① 参见苏青:《结婚十年》,漓江出版社 1987 年 10 月版;李伟:《乱世佳人:苏青传》,上海书店出版社 200 年 6 月版;赵柏田:《寂寞徐讦》,《书城》2008 年第 3 期。

23 日　在上海。作诗歌《重会》《复活》《深秋》，收入《进香集》，后收入《徐讦全集》第十二卷。

26 日　在上海。作诗歌《闲谈》，收入《进香集》，后收入《徐讦全集》第十二卷。

28 日　在上海。作诗歌《无限好》《淡淡歌》，收入《进香集》，后收入《徐讦全集》第十二卷。

29 日　在上海。作诗歌《山峰上的灯》《忧郁的诗篇》，收入《进香集》，后收入《徐讦全集》第十二卷。

30 日　在上海。作诗歌《小曲》《花草》，收入《进香集》，后收入《徐讦全集》第十二卷。

12 月

2 日　在上海。作诗歌《梦境》，收入《进香集》，后收入《徐讦全集》第十二卷。

3 日　在上海。作诗歌《蹊跷》，收入《进香集》，后收入《徐讦全集》第十二卷。

4 日　在上海。作诗歌《惆怅》，收入《进香集》，后收入《徐讦全集》第十二卷。

5 日　在上海。作诗歌《今夜的梦》《进香》，收入《进香集》，后收入《徐讦全集》第十二卷。

8 日　徐讦"从炮声中惊醒，……直觉地感到太平洋战争的爆发。"其后，上海亲日势力活动猖獗，汉奸们向文化界和新闻界迅速渗透。"我在十二月八号以后，已经不曾在报上杂志上发表一个字，几个戏剧团体来接头要演我剧本，我也已经拒绝。"(《从上海归来》)根据当时的情况，徐讦认为自己有两条路可以走，一条是回乡耕读躲避，一条是转移到当时的内地。到下一年的五

150

月,终于决定迁往内地。

12 日 在上海。作诗歌《孤独》,收入《进香集》,后收入《徐讦全集》第十二卷。

14 日 在上海。作诗歌《求恕》,收入《进香集》,后收入《徐讦全集》第十二卷。

15 日 在上海。作诗歌《夜尾》,收入《进香集》,后收入《徐讦全集》第十二卷。

17 日 在上海。作诗歌《心碎》《小桥》,收入《进香集》,后收入《徐讦全集》第十二卷。

23 日 在上海。作诗歌《小宇宙》《问》,收入《进香集》,后收入《徐讦全集》第十二卷。

26 日 在上海。作诗歌《江边》,收入《进香集》,后收入《徐讦全集》第十二卷。

27 日 在上海。作诗歌《想像》《寄友》,其中《想象》收入《进香集》,后收入《徐讦全集》第十二卷;《寄友》收入《待绿集》,后收入《徐讦全集》第十二卷。

29 日 在上海。作诗歌《浅蓝的星儿》《床铭》,收入《进香集》,后收入《徐讦全集》第十二卷。

30 日 在上海。作诗歌《颠沛》《萧索》,收入《进香集》,后收入《徐讦全集》第十二卷。

本年 作《〈一家〉后记》。

本年 作《孤岛零简》一文,收入《思与感》。文中论及对于新诗的看法,徐讦认为新诗要吸取域外诗歌的营养,但不能简单地以外来诗歌为模本,必须要以独创的精神来寻找诗歌发展的道路,并且觉得"我对于我的诗比对什么都'自大'。"显示出对于自己诗歌创作的强大信心。文中还谈及因时局动荡导致作者在编辑杂志和作品出版方面的种种困难。

本年 杂论《Ballet 与中国舞剧的前途》(署名思三)刊载于《作风》创刊号,收入《思与感》。

本年 何兆璋拍成电影《鬼恋》。何兆璋并未征得徐訏同意,以致后来闹出版权的纠纷。在版权上不尊重作者,在情节改编上更不尊重原著,影片拍摄以煽惑为能事,把作品的愤世转为艳情。在影片广告里挂上"人鬼接吻奥妙无穷""更深夜静女鬼出现"等字样,以奇情、艳俗作幌子。这既是徐訏作品中某些元素的无限放大,也是上海孤岛时期纷纭乱世的畸形世相的一个投影。但是,这种奇情艳俗的解读方式一旦打开,对于徐訏的作品形成了极其不利的定式化的解读思路。

1942 年(壬午,民国三十一年) 34 岁

▲1 月 1 日,中、美、英、苏四国领衔,26 个国家签名的《联合国家共同宣言》发表,世界反法西斯同盟正式形成。

▲4 月 3 日,中共中央宣传部发出关于讨论毛泽东整顿"三风"报告的决定,成为延安整风运动开始的标志。

▲5 月 2 日,中共中央宣传部在延安召开文艺座谈会,毛泽东两次到会讲话,后以《在延安文艺座谈会上的讲话》为题发表。

1 月

1 日 在上海。作诗歌《元旦初诗》,收入《进香集》,后收入《徐訏全集》第十二卷。

4 日 在上海。作诗歌《钟声》《梦》等,收入《进香集》,后收

入《徐讦全集》第十二卷。

7 日 在上海。作诗歌《消息》,收入《鞭痕集》(上海怀正出版社 1948 年版),后收入《徐讦全集》第十一卷。

10 日 在上海。修改旧诗作《夜鸟》,收入《鞭痕集》,后收入《徐讦全集》第十一卷。

同日 在上海。作诗歌《小歌》,刊载于《时与潮文艺》1943 年 7 月 15 日第 1 卷第 3 期,收入《鞭痕集》,后收入《徐讦全集》第十一卷。

同日 作诗歌《相思鸟》,收入《鞭痕集》,后收入《徐讦全集》第十一卷。

11 日 在上海。作诗歌《关念》《旧窠》,收入《鞭痕集》,后收入《徐讦全集》第十一卷。

12 日 在上海。作诗歌《担忧》《时间》,收入《鞭痕集》,后收入《徐讦全集》第十一卷。

2 月

1 日 在上海。作诗歌《夜别》,收入《鞭痕集》,后收入《徐讦全集》第十一卷。

4 日 在上海。作诗歌《残梦》,收入《鞭痕集》,后收入《徐讦全集》第十一卷。

5 日 在上海。作诗歌《残曲》,收入《鞭痕集》,后收入《徐讦全集》第十一卷。

9 日 在上海。作诗歌《感时》,收入《鞭痕集》,后收入《徐讦全集》第十一卷。

15 日 在上海。作诗歌《雪夜》《旧梦》,收入《鞭痕集》,后收入《徐讦全集》第十一卷。

24 日　在上海。作诗歌《天河》，收入《鞭痕集》，后收入《徐讦全集》第十一卷。

26 日　在上海。作诗歌《鸟语》，收入《鞭痕集》，后收入《徐讦全集》第十一卷。

3 月

11 日　在上海。作诗歌《自杀的心绪》，收入《鞭痕集》，后收入《徐讦全集》第十一卷。

21 日　在上海。作诗歌《焦热的幻想》，收入《鞭痕集》，后收入《徐讦全集》第十一卷。

22 日　在上海。修改旧诗作《良宵》《份内的酒》，收入《鞭痕集》，后收入《徐讦全集》第十一卷。

24 日　在上海。修改 1932 年旧诗作《悼》《送行》《倦旅》《寻失句》《爱情》《别情》等，作诗歌《人生》，收入《鞭痕集》，后收入《徐讦全集》第十一卷。

26 日　在上海。作诗歌《一颗心》，收入《鞭痕集》，后收入《徐讦全集》第十一卷。

同日　修改旧诗作《房中》，刊载于《时与潮文艺》1943 年 7 月 15 日第 1 卷第 3 期，收入《鞭痕集》，后收入《徐讦全集》第十一卷。

27 日　在上海。修改旧诗作《林中》《箫声》，收入《鞭痕集》，后收入《徐讦全集》第十一卷。

28 日　在上海。作诗歌《对月吟》，收入《鞭痕集》，后收入《徐讦全集》第十一卷。

29 日　在上海。修改十年前旧诗作《题幻吾画展》《海滩上面》，收入《鞭痕集》，后收入《徐讦全集》第十一卷。

4 月

4 日　在上海。作诗歌《露水》,收入《鞭痕集》,后收入《徐讦全集》第十一卷。

11 日　在上海。作诗歌《落寞》,收入《鞭痕集》,后收入《徐讦全集》第十一卷。

12 日　在上海。作诗歌《秋绿》《旧约》《野菊》《蝴蝶》,收入《鞭痕集》,后收入《徐讦全集》第十一卷。

15 日　在上海。作诗歌《缸鱼》,收入《鞭痕集》,后收入《徐讦全集》第十一卷。

21 日　作诗歌《笑》《记忆》,收入《鞭痕集》,后收入《徐讦全集》第十一卷。

5 月

3 日　离开上海。同行一起共六人,三个大学生,一个中学生,一个刚大学毕业不久的青年。

4 日　开始逃亡生涯。在萧山住了一夜之后,到达绍兴,又经水路到达诸暨、金华,一路经过各种关卡、盘查。

20 日　在浙西盘桓一段时间之后,进入江西鹰潭境内。到鹰潭后发现,"现在真是挤满了人,公路车登记者有两千多人,而车子则好几天才有一辆。据说宪兵司令部疏散人口,已经征发六辆货车,暂充公路车,先遣送已登记之旅客,但能遣送的恐怕还不能达到登记数十分之一,而未登记的则比已登记还多,所以这是一个非常大的问题。但是我很奇怪当局竟没有想到将所有商车统制起来。在这样紧急的时候,当局很可以将商车里可能的座位,强迫地安排给登记的旅客,规定一定票价,不许奸商捆客从中垄断,抬价操纵,同时发给疏散证明书,使一路上没有别种的麻烦;这麻烦我并不是指稽查或什么,而是在悠悠的旅途中,真是随时可以有机关与势力的叫你下车的麻烦。"

稍后,在金溪县有短暂的逗留,留下了深刻的印象。金溪原是宋儒陆九渊的故里,地方整洁、幽静,树木尤多,在野地闲坐,身心放松,似乎与此前动荡中的流亡判若两个世界。

29 日　离开茶陵到达耒阳。这里是诗人杜甫的去世之地。徐訏很想前往游览凭吊,但时间仓促,未能如愿。

6 月

1 日　徐訏一行到柴埠门。准备搭小汽轮,这船说是六点钟开,但经过两次关卡检查等,种种耽搁,到八点钟始开。在船上碰见一位游击学校毕业的在沦陷区做过特工的青年人,他说三数次被敌人捕去而又终于脱险。当时是陪岳母到衡山去,双方交谈甚多,这让徐訏知道许多浪漫色彩很浓的危险工作。这青年人还谈到湖南政治的黑暗,譬如衡阳商店捐税,大得惊人,而市政竟是如此;又譬如小轮上货物出口,必须先付两千元担保才准放行,税关上税则是另外的事情。言下不胜感慨。当时徐訏腹泻甚苦,精神尤差,未能与他多谈,引以为憾。

4 日　南岳途中。作诗歌《上山》(三思楼诗抄),刊载于《时与潮文艺》1943 年 3 月 15 日第 1 卷第 1 期,收入《灯笼集》,后收入《徐訏全集》第十一卷。

此一时期,徐訏的诗歌大多刊发于《时与潮文艺》上。《时与潮文艺》是双月刊,1943 年 3 月 15 日在重庆创刊,重庆时与潮社编辑兼发行。第 1 卷仅出三期,从同年 9 月 15 日第 2 卷第 2 期改为月刊。1944年5月15日第3卷第3期起改为孙晋三编辑，仍由时与潮社出版发行，发行人为齐世英。1946年5月15日出至第5卷第5期停刊，前后共出二十六期。该刊是时与潮社在编印政治文化综合性刊物《时与潮》和《时与潮副刊》之外，专门主办的大型文艺刊物。《发刊词》指出："《时与潮文艺》秉时与潮社向来的作风，将对中西文学艺术的各部门，作切实的绍介研究，并尽量刊载优秀的作品。它，一个通俗性的刊物，但却带有学术化的气息。"刊物偏重于外国文学的译介和研究，先后翻译介绍了欧洲、美洲、亚洲、非洲二十余个国家的文学，涉及不同流派、不同风格的作家近六十位。其中既有各国文学的综合介绍，又有代表作家或作品的分析研究，带有较强的知识性。与此同时，刊物也发表了不少我国现代不同思想艺术倾向的作家的作品，作品的体裁包括小说、诗歌、戏剧、散文等。刊物对国内现实文艺问题的评论较少，文学批评侧重于作家作品的评介。自1944年3月15日第3卷第1期起增辟《书评副刊》，由李长之主编，专门推荐和国内新作。国内文艺的主要撰稿者有臧克家、梅林、聂绀弩、朱自清、秦牧、姚雪垠、碧野、田涛、艾芜、洪深、李长之、丰村、公兰谷、徐讦、徐盈、袁俊、沈从文等。

21日　在桂林。作诗歌《叫化》，收入《灯笼集》，后收入《徐讦全集》第十一卷。

24日　在桂林。作诗歌《山居》，收入《灯笼集》，后收入《徐讦全集》第十一卷。

24日　在桂林。创作《峰顶》，刊载于《时与潮文艺》1943年3月15日第1卷第1期、5月15日第1卷第2期。

7 月

1 日　在桂林。作诗歌《寂寞》,收入《灯笼集》,后收入《徐讦全集》第十一卷。

11 日　在桂林。作诗歌《吐丝》,收入《灯笼集》,后收入《徐讦全集》第十一卷。

29 日　在桂林七星岩。作诗歌《少女像》,刊载于《文学创作》1942 年 10 月 15 日第 1 卷第 2 期,收入《灯笼集》,后收入《徐讦全集》第十一卷。

8 月

10 日　在阳朔。作诗歌《旅中夜醒》《旅程》,收入《灯笼集》,后收入《徐讦全集》第十一卷。

11 日　在阳朔。作诗歌《低梦》《灯笼》(三思楼诗抄),刊载于《时与潮文艺》1943 年 3 月 15 日第 1 卷第 1 期,收入《灯笼集》,后收入《徐讦全集》第十一卷。

12 日　在阳朔。作诗歌《你的世界》《月影》,收入《灯笼集》,后收入《徐讦全集》第十一卷。

14 日　阳朔—桂林途中。作诗歌《洞中》,刊载于《文学创作》1942 年 10 月 15 日第 1 卷第 2 期,收入《灯笼集》,后收入《徐讦全集》第十一卷。

同日　阳朔—桂林途中。作诗歌《淡淡的灯火》,刊载于《时与潮文艺》1943 年 5 月 15 日第 1 卷第 2 期,收入《灯笼集》,后收入《徐讦全集》第十一卷。

23 日　在桂林。作诗歌《夜誓》,收入《灯笼集》,后收入《徐讦全集》第十一卷。

25 日　在桂林。作诗歌《盆景》，收入《灯笼集》，后收入《徐讦全集》第十一卷。

27 日　在桂林。作诗歌《第一个秋夜》，刊载于《时与潮文艺》1943 年 5 月 15 日第 1 卷第 2 期，收入《灯笼集》，后收入《徐讦全集》第十一卷。

散文《从上海归来》完稿，刊载于《文学创作》1943 年 1 月 15 日第 4 期、1943 年 2 月 15 日第 1 卷第 5 期。同时也在重庆《时代生活》杂志刊出。

此外，"三思楼诗抄"中《自语》《公路》《长夜》三首诗刊载于《文学创作》1942 年 10 月 15 日第 1 卷第 2 期，未收入后来的诗集之中。稍后的《从上海归来》也刊载于《文学创作》。《文学创作》是左翼文学刊物，在《文学创作》上发表作品说明徐讦与当时左翼文化界仍然保持着一定的联系。

《文学创作》，文学月刊，1942 年 9 月 15 日创刊于桂林，熊佛西主编（前四期萧铁参与编辑），文学创作社发行，发行人为蒋本菁，桂林三户图书社总经售。1943 年 12 月 1 日第 2 卷第 5 期出版后因"调整内部"一度休刊。1944 年 5 月 15 日续出第 2 卷第 1 期。从这期起增设理事长，由聂守先担任，熊佛西仍任主编，改由桂林文人出版社总经售。同年 6 月 15 日第 3 卷第 3 期出版后停刊，共出十三期。该刊以文学创作为主，兼顾评论。编者在《发刊词》中要求作家把抗战时期发生的"许多可歌可泣、幸与不幸的事迹"在文学创作上表现出来，替这时代"留下光辉的一页"。刊物登载的作品以小说、戏剧为多，散文随笔、诗歌次之。刊物编辑采取比较开明的立场，较多地联系革命进步作家，发表他们的作品，同时也联系并发表了一些思想、创作倾向不同的作家的作品。理论批评方面,以戏剧运动和戏剧创作的评论最有特色。另外刊物从第1卷第3期起添设"卷头语",由编者撰写,实际是文艺短评;第1卷第3期以后改为"简评"栏,由刊物调整后成立的"社评委员会"负责撰述。"卷头语"或"简评"所表示的有关文艺问题的意见、态度,往往比较温和。刊物的主要撰稿者除编者外,有郭沫若、茅盾、胡风、老舍、柳亚子、端木蕻良、艾芜、骆宾基、司马文森、顾一樵、沈从文、苏雪林、丁伯骝、徐昌霖等。

30 日　在桂林。作诗歌《旅景》,刊载于《时与潮文艺》1943年5月15日第1卷第2期,收入《灯笼集》,后收入《徐讦全集》第十一卷。

9 月

1 日　在桂林。作诗歌《怪梦》,刊载于《时与潮文艺》1943年5月15日第1卷第2期,收入《灯笼集》,后收入《徐讦全集》第十一卷。

6 日　在桂林。作诗歌《黄昏》(三思楼诗抄),刊载于《时与潮文艺》1943年3月15日第1卷第1期,收入《灯笼集》,后收入《徐讦全集》第十一卷。

20 日至 25 日　在重庆。作诗歌《雨中漫感》《原野上》,刊载于《时与潮文艺》1943年3月15日第1卷第1期,收入《灯笼集》,后收入《徐讦全集》第十一卷。

28 日至 30 日　在重庆。作诗歌《戒烟辞》《关心》《画像》《客居》(三思楼诗抄),刊载于《时与潮文艺》1943年3月15日第1卷第1期,收入《灯笼集》,后收入《徐讦全集》第十一卷。

本月　到达重庆后,在一家金融机构担任研究员,住在川盐银行的宿舍里。住的地方是顶楼,面积很小,低低的屋梁上,用揿钉钉着两三张明信片。明信片上是他自己写的新诗。

本月 受中央大学师范学院国文系系主任伍叔傥邀请,加盟中央大学师范学院。由于徐订撤退时经费是金融机构提供,所以还必须在那个机关任职,不能成为专任教师。"只能每星期担任三个小时兼任教授,时间则是排在星期六下午。"

这一期间,经常与伍叔傥讨论有关中国新诗发展的看法。"因为是上下午的功课,中午就要吃一餐午饭。兼任教授待遇很微,更兼沙坪坝往返跋涉,如果再在外面吃午饭,那就必须赔本。伍先生似乎知道这点,中午总要请我吃饭,虽然有时我也抢着付,但总是他付的时候多。吃饭的时候,我们自然也谈东说西,我发觉他虽是很称赞我的散文与小说,但是他反对新诗,自然也看不起我的新诗。他的说法是中国诗就是中国诗。词不是诗,所以叫做词,曲不是诗,所以叫做曲,新诗并不是中国诗,大可以叫另一个名词,不必称它为诗。他又说,五言诗是最自由的一种诗歌形式,所以它的前途是无限的。这些意见,自然与我的意见并不相同,但我觉得这也是一种新鲜的看法,我们自然也有机会谈了许多别的零零碎碎的问题,虽然许多想法并不相同,但好像彼此都爱听对方的想法,所以一直很投机。"(《悼念诗人伍叔傥先生》)

10 月

3 日 在重庆。作《卖火篇》(三思楼诗抄)一诗,刊载于《时与潮文艺》1943 年 3 月 15 日第 1 卷第 1 期,收入《灯笼集》,后收入《徐订全集》第十一卷。

6 日 在重庆。作诗歌《即景》("东面有人唯唯")(三思楼诗抄),刊载于《时与潮文艺》1943 年 3 月 15 日第 1 卷第 1 期,收入

《灯笼集》，后收入《徐讦全集》第十一卷。

8日 在重庆。作诗歌《入梦》，收入《灯笼集》，后收入《徐讦全集》第十一卷。

9日 在重庆。作诗歌《憔悴》，收入《灯笼集》，后收入《徐讦全集》第十一卷。

10日 在重庆。作诗歌《寒梅》，收入《灯笼集》，后收入《徐讦全集》第十一卷。

11日 在重庆。作诗歌《早醒》《人影》《旅情》，收入《灯笼集》，后收入《徐讦全集》第十一卷。

13日 在重庆。作诗歌《你》，收入《灯笼集》，后收入《徐讦全集》第十一卷。

14日 在重庆。作诗歌《点化》《祷》，收入《灯笼集》，后收入《徐讦全集》第十一卷。

18日 在重庆。作诗歌《信》《深居》（三思楼诗抄），刊载于《时与潮文艺》1943年3月15日第1卷第1期，收入《灯笼集》，后收入《徐讦全集》第十一卷。

同日 作诗歌《密语》，收入《灯笼集》，后收入《徐讦全集》第十一卷。

19日 在重庆。作诗歌《青烟》《友人小像》，收入《灯笼集》，后收入《徐讦全集》第十一卷。

23日 在重庆。作诗歌《遗笑》《故乡》《期待》《意外的音讯》，收入《灯笼集》，后收入《徐讦全集》第十一卷。

25日 在重庆。作诗歌《归途》《蹉跎》《安详》，收入《灯笼集》，后收入《徐讦全集》第十一卷。

26日 在重庆。作诗歌《自己》，刊载于《时与潮文艺》1943年7月15日第1卷第3期，收入《灯笼集》，后收入《徐讦全集》第十一卷。

28 日　在重庆。作诗歌《天国音讯》《等候》,收入《灯笼集》,后收入《徐讦全集》第十一卷。

11 月

1 日　在重庆。作诗歌《留情》,刊载于《东方与西方》1947年 4 月第 1 卷第 1 期,收入《灯笼集》,后收入《徐讦全集》第十一卷。

同日　作诗歌《永久的谎话》《铁树》《哀诉》等,收入《灯笼集》,后收入《徐讦全集》第十　卷。

2 日　在重庆。作诗歌《追悔》《未归》,收入《灯笼集》,后收入《徐讦全集》第十一卷。

3 日　在重庆。作诗歌《偶像》,收入《灯笼集》,后收入《徐讦全集》第十一卷。

6 日　在重庆。作诗歌《恒久的懊悔》,收入《灯笼集》,后收入《徐讦全集》第十一卷。

8 日　在重庆。作诗歌《街游》《睡》《否则》,收入《灯笼集》,后收入《徐讦全集》第十一卷。

10 日　在重庆。作诗歌《夸口》《这一角街头》,收入《灯笼集》,后收入《徐讦全集》第十一卷。

12 日　在重庆。作诗歌《间隔》《借》,收入《灯笼集》,后收入《徐讦全集》第十一卷。

13 日　在重庆。作诗歌《天堂地狱间》,收入《灯笼集》,后收入《徐讦全集》第十一卷。

14 日　在重庆。作诗歌《送别》,刊载于《东方与西方》1947年 4 月第 1 卷第 1 期,收入《灯笼集》,后收入《徐讦全集》第十一卷。

19 日　在重庆。作诗歌《忘记》,收入《灯笼集》,后收入《徐讦全集》第十一卷。

21 日　在重庆。作诗歌《愿》《慰》《痴情》《古怪的故事》《吃愿》,收入《灯笼集》,后收入《徐讦全集》第十一卷。

12 月

2 日　在重庆。作诗歌《住处》《心灯》《讲》《寄》《爱》《歌》等,收入《灯笼集》,后收入《徐讦全集》第十一卷。

3 日　在重庆。作诗歌《野感》,刊载于《时与潮文艺》1943年 5 月 15 日第 1 卷第 2 期,收入《灯笼集》,后收入《徐讦全集》第十一卷。

同日　作诗歌《记忆中的微喟》《乡愁》,收入《灯笼集》,后收入《徐讦全集》第十一卷。

4 日　在重庆。作诗歌《怀念》《惨淡的日子》,收入《灯笼集》,后收入《徐讦全集》第十一卷。

7 日　在重庆。作诗歌《想念》《西南的风光》,收入《灯笼集》,后收入《徐讦全集》第十一卷。

16 日　在重庆。作诗歌《吻之歌》《泪之歌》《笑之歌》《给》,收入《灯笼集》,后收入《徐讦全集》第十一卷。其中《吻之歌》《笑之歌》刊载于《时与潮文艺》1943 年 7 月 15 日第 1 卷第 3 期。

24 日　在重庆。修改十年前旧诗作《自我之歌》,收入《鞭痕集》,后收入《徐讦全集》第十一卷。

1943 年(癸未,民国三十二年)　35 岁

▲3 月,《新华日报》以"中共中央召开文艺工作者会议"为题,首次在国统区报道了毛泽东《在延安文艺座谈会上的讲话》消息。

▲5 月 15 日,共产国际执行委员会主席团作出《关于提议解散共产国际的决定》。5 月 26 日,中共中央发表决定,完全同意解散共产国际。至此,共产国际走完了它 24 年的历程。

▲6 月,蒋介石发动第三次反共高潮。

▲10 月 19 日,《解放日报》全文发表毛泽东的《在延安文艺座谈会上的讲话》。

▲11 月 22 日至 26 日,罗斯福、丘吉尔、蒋介石三国首脑举行开罗会议,讨论对日作战及战后大计。12 月 1 日,中、美、英发表经斯大林同意的《开罗宣言》,宣称三国必战到日本无条件投降为止。

1 月

4 日　在重庆。作诗歌《飘荡》《误入》等,收入《灯笼集》,后收入《徐讦全集》第十一卷。

11 日　在重庆。作诗歌《过河》《来》,收入《灯笼集》,后收入《徐讦全集》第十一卷。

15 日　在重庆。作诗歌《浑圆的宇宙》《醒来》,收入《灯笼集》,后收入《徐讦全集》第十一卷。

同日　长篇纪实散文《从上海归来》刊载于《文学创作》第 1 卷第 4 期。

20 日　在重庆。作诗歌《卖》，收入《灯笼集》，后收入《徐訏全集》第十一卷。

22 日　在重庆。作诗歌《床上漫感》《致死者》，收入《灯笼集》，后收入《徐訏全集》第十一卷。

2 月

3 日　在重庆。作诗歌《独宿》，收入《灯笼集》，后收入《徐訏全集》第十一卷。

15 日　《〈从上海归来〉后记》刊载于《文学创作》第 1 卷第 5 期。《从上海归来》同时也在重庆《时代生活》杂志刊出，前者署名贰鬃，后者署名徐訏。文中谈到战时辗转流徙的不易，谈到经济的困窘和苦苦支撑，谈到"三思楼月书"出版的困难。

对于此种情形下还被戴上"风派"帽子的宗派作风表示不满。他说："指'派'呼'别'，文人相轻的过去，似乎常常听到，但是抗战以来，文化界团结一致，此种强调分裂，显有别种用意；作者用假名，消息无署名，大概不愿文责自负之流，亦无需去计较。但是深夜自思，我从上海归来，完全应祖国呼唤，万流同源，异叶同根，过去既无成派，现在亦无有别，何以忽然有人称我'风派'。既名为'风'，当然与'风'有关，我过去曾编杂志，但刊名很少称'风'，若说在有'风'的刊物写文章，那可太多，什么宇宙风、鲁迅风、世纪风、西风、大风，我想我都曾写过，但更多的是不叫"风"字的杂志，申报月刊，东方杂志，新中华，文学，论语，集纳，自由谈……一时也说不出许多。后来有人告诉我，这'风'字是指西风说的，西风不是我办，也非我编，投了几篇稿子，就说我是'风'派，大概还不可能，那么想来是因为我借了西风一笔钱的缘故了。从上海归来的人，沿途间人借钱，大概不只我一个人，在桂

166

林,我认识的人,都是穷作家,小公务人员,大家裤带束在腰下,当然无法可以借我,书店都少交往,盗印我小说的文献出版社,连应给我的钱都不给,借钱的事当然免开尊口。西风社罗允希先生,我过去并不认识,但是因为年纪轻,比较有热情,所以我就冒昧开口,真想不到这一下就注定了'风'派。"

徐订介绍了当时上海的写作环境,他说上海的写作者都很苦。有职业者也还勉强可以过去,没有职业者就连勉强都不容易。他说自己以写作为业,又要养四口之家,所以只好多在杂志上写点文章,出几本书。还介绍说:"孤岛的上海,杂志可分三类:一种是以英美外商为招牌的,可以发表抗战的文章;一种是华人自办,不敢也不能发表抗战的文章;第三种是有不清白的背景者。我的文章,属于抗战的,当然都发表在外商的报章杂志上;不属于抗战的,大半发表于华人自办的,但这类杂志,都是私人资本,那时情形,是除非历史较久,销路可观外,很难支持,《西风》就是这一种的较好者;第三种,稿费虽大,但没有写过只字。"

又说:"各种杂志有各种杂志的个性,西风既是介绍西洋知识社会人生的刊物,我在那面发表的文章可以分为两类:一类是论中国文化与人的散文,这收集在《海外的鳞爪》与《西流集》里;还有一类是以故事的体裁,介绍一点情调与空气的,这收集在《海外的情调》里,可笑的是批评者只提后者。"

23 日　在重庆。作诗歌《残酒》,收入《灯笼集》,后收入《徐订全集》第十一卷。①

---

①　《过河》至《残酒》共九首诗作在诗集中标示为 1942 年,疑有误。从行程来看,这时徐订已经到达重庆。徐订自 1942 年 5 月向内地转移,1942 年 2 月前后仍在上海。从诗集中诗歌排列顺序来看,这时应该是 1943 年。在年末岁初之时把年份仍然标注为旧年是容易发生的习惯性错误。

3 月

1 日 在重庆。动笔创作长篇小说《风萧萧》。

到达重庆后,徐訏与一些老朋友、新朋友又建立了联系。

钱歌川:我和徐訏在重庆又碰头了。他正写一个长篇小说《风萧萧》,在报纸上连载。我在英国新闻处编一个宣传抗日的杂志,同事杨彦歧,后改名去当电影导演,可惜早逝,也是徐訏的朋友。我问杨君徐訏为什么要和他太太离婚,杨君的回答是因为他的诗人气质所使然吧。(钱歌川《追忆徐訏》)

刘以鬯:我和徐訏是在重庆认识的,但此前就有渊源。……太平洋战争爆发后,我离开上海去重庆,先是抵达龙泉,拿了父亲的信去见浙江地方银行董事长徐圣禅(桴)先生。圣禅先生介绍另一位徐先生与我相识,说他也是到内地去的,要我跟他同乘一辆便车(运载货物的木炭车),路上可以得到照应。他对康德有研究,也懂得一点治病的方法。在前往赣县的途中,我背部生疮,他亲自为我敷药。这位徐先生,就是徐訏的父亲(按:即徐荷君,又名徐曼略、徐韬,清光绪三十年举人)。

到了重庆,杨彦歧介绍我与徐訏相识。我说出这件事之后,徐訏与我一下子就熟得像多年老友了。从那时起,我与徐訏就常常见面。徐訏那时在重庆一家银行担任研究员,住在川盐银行的宿舍里。他住的地方,是顶楼,面积很小,低低的屋梁上,用揿钉钉着两三张明信片。明信片上是他自己写的新诗。在战时的重庆,当我为《国民公报》编副刊时,徐訏不但常有稿件交给我发表,还常常介绍中央大学学生的稿件给我。我进入重庆《扫荡报》时,徐訏的《风萧萧》就在《扫荡副刊》连载。(陈志明《刘以鬯先生访问记》)

5 月

3 日　在重庆北温泉数帆楼。作诗歌《轻信》,收入《灯笼集》,后收入《徐讦全集》第十一卷。

4 日　在重庆北温泉数帆楼。作诗歌《声音》,收入《灯笼集》,后收入《徐讦全集》第十一卷。

28 日　在重庆。作诗歌《怀乡》,收入《灯笼集》,后收入《徐讦全集》第十一卷。

6 月

4 日　在重庆。作诗歌《沉重》,收入《灯笼集》,后收入《徐讦全集》第十一卷。

9 日　在重庆。作诗歌《最爱的》《十只狗》,刊载于《时与潮文艺》1943 年 7 月 15 日第 1 卷第 3 期,收入《灯笼集》,后收入《徐讦全集》第十一卷。

同日　作诗歌《斑痕》,收入《灯笼集》,后收入《徐讦全集》第十一卷。

19 日　在重庆。作诗歌《哀怨的旧情》,收入《灯笼集》,后收入《徐讦全集》第十一卷。

21 日　在重庆。作诗歌《修行》《弃曲》,刊载于《东方与西方》1947 年 4 月第 1 卷第 1 期,收入《灯笼集》,后收入《徐讦全集》第十一卷。

21 日　在重庆。作诗歌《谛听》,收入《灯笼集》,后收入《徐讦全集》第十一卷。

24 日　在重庆。作诗歌《幻想》,收入《灯笼集》,后收入《徐讦全集》第十一卷。

同日 作诗歌《睡之歌》，刊载于《时与潮文艺》1944 年 4 月 15 日第 3 卷第 2 期，收入《灯笼集》，后收入《徐讦全集》第十一卷。

25 日 在重庆。作诗歌《园中》，收入《灯笼集》，后收入《徐讦全集》第十一卷。

30 日 在重庆。作诗歌《对话》，收入《灯笼集》，后收入《徐讦全集》第十一卷。

7 月

2 日 在重庆。作诗歌《毁谤》《笑》《教》，收入《灯笼集》，后收入《徐讦全集》第十一卷。

16 日 在重庆。作诗歌《那时》，收入《灯笼集》，后收入《徐讦全集》第十一卷。

23 日 在重庆。作诗歌《赞美》，收入《灯笼集》，后收入《徐讦全集》第十一卷。

8 月

23 日 在重庆。作诗歌《生命的容量》，收入《灯笼集》，后收入《徐讦全集》第十一卷。

25 日 在重庆。作诗歌《挽留》，收入《灯笼集》，后收入《徐讦全集》第十一卷。

28 日 在重庆。作诗歌《云山云海》，收入《灯笼集》，后收入《徐讦全集》第十一卷。

9 月

20 日　在重庆。作诗歌《题》,收入《灯笼集》,后收入《徐讦全集》第十一卷。

10 月

7 日　在重庆。作诗歌《家》,收入《灯笼集》,后收入《徐讦全集》第十一卷。

28 日　在重庆。作诗歌《大笑》,收入《灯笼集》,后收入《徐讦全集》第十一卷。

11 月

6 日　在重庆。作诗歌《天意》《问题》,收入《灯笼集》,后收入《徐讦全集》第十一卷。

本月　作诗歌《迎》,收入《灯笼集》,后收入《徐讦全集》第十一卷。

12 月

29 日　在重庆。作诗歌《怀》,收入《灯笼集》,后收入《徐讦全集》第十一卷。

本年　因徐讦的长篇小说《风萧萧》登上畅销书榜首,以至本年被出版家称为"徐讦年"。

《风萧萧》发表后引起很大反响。徐讦很受青年学生的崇拜,出现过中央大学女学生吴良凤单恋徐讦而不能自拔的状况。

1947 年,殷孟湖在《生活》创刊号上发表《与徐讦谈〈风萧萧〉》一文,回忆《风萧萧》当时的创作场景:"我们同住在那家叫'湖北旅馆'的小客栈里,一张破旧的八仙桌上,我看你在一本朱红色精装的'新生日记'簿上写下《风萧萧》的第一章。……可是,你那段时期在重庆的生活太不安定了。我看你天天带着《风萧萧》原稿,那红色封面的'新生日记'簿,白天到一家银行去签到,喝茶,谈天,看报,而早退。《风萧萧》开始于湖北旅馆的斗室。不久,搬进纯阳洞山上的泥屋了,而你又为出国护照的事忙了。……看你从北温泉回来,提着一只大皮包,里面装了三本红色封面的'新生日记',都写满了的,你终于得意地笑了。"

文章还分析了徐讦的心理特征,一种理智与情绪相混合,既自卑又自傲的心态,由此又延伸出徐讦特点鲜明的创作心态,"对于所有的人,你都用幻想的眼光来看;对于你自己创造出来的人物,自然更是毫不保留地尽情地幻想了。《风萧萧》中没有一个人不是十足的幻想,没有一个人不是完整的美丽"。文章还进一步分析了作品中的人物,"在凸出的人物中最凸出的,自然是梅瀛子了。……你不仅创造了一个典型,一个个性,甚且还给她创造了一套身世来衬托"。

1944年(甲申,民国三十三年) 36岁

▲2月,戏剧界在桂林举行第一届戏剧展览会,是全面抗战时期进步戏剧界第一次大规模的集会,历时90天,有33个戏剧团参加。

▲9月5日,国民参政会三届三次会议在重庆开幕。15日,林伯渠代表中共中央提出建立联合统帅部和成立联合政府的

建议。

▲11月10日,汪精卫在日本名古屋病逝。12日,伪中央政治委员会召开临时紧急会议,决定由陈公博代理伪政府主席并兼行政院院长。

▲11月,中共中央派周恩来赴重庆,与国民党商讨建立民主联合政府,被蒋介石拒绝。

▲本年,上海物价上涨速度为战后七年来最快,是上海市民抗战中灾难最深重的一年。

2 月

29 日　在重庆。作诗歌《忆语》,收入《灯笼集》,后收入《徐讦全集》第十一卷。

3 月

1 日　小说《风萧萧》开始动笔,写到二十几万字时在《扫荡报》上连载,1944 年 3 月 10 日脱稿于重庆新开寺。

2 日　作诗歌《阅读》。

10 日　在重庆新开寺。小说《风萧萧》脱稿。

11 日　在重庆。作诗歌《采药篇》,收入《灯笼集》,后收入《徐讦全集》第十一卷。

19 日　在重庆。作诗歌《睡前》,收入《灯笼集》,后收入《徐讦全集》第十一卷。

8 月

31 日　在纽约。作诗歌《现世的宫殿》《自责》《忆愿》《新塚》

《怀乡》等，收入《鞭痕集》，后收入《徐訏全集》第十一卷。

9 月

1 日 在纽约。作诗歌《新歌》，刊载于《舆论》1948 年 10 月 1 日第 1 卷第 3 期，收入《鞭痕集》，后收入《徐訏全集》第十一卷。

15 日 在纽约。作诗歌《幻觉》，刊载于《舆论》1948 年 10 月 1 日第 1 卷第 3 期，收入《鞭痕集》，后收入《徐訏全集》第十一卷。

本月前后 以重庆《扫荡报》特派员的身份联络、晤见赛珍珠。赛珍珠当时是 East and West Association 的组织者。这次晤面本是 East and West Association 发出的邀请，结果见面之后赛珍珠却不知道《扫荡报》这份报纸。面谈中，赛珍珠的中文水平之低，以及编导的戏剧中对中国人形象的刻画，都给徐訏留下了不太好的印象。"赛珍珠给我的印象，不但是一个假中国通的美国人，而且是一个必须摆出同情中国的面孔而内心里正是最看不起中国人的作家。"(《赛珍珠》)

12 月

2 日 在纽约。作诗歌《良辰遥念》，刊载于《舆论》1948 年 9 月 16 日第 1 卷第 2 期，收入《鞭痕集》，后收入《徐訏全集》第十一卷。

本年 徐訏在纽约碰到汪敬熙。据徐訏回忆："我在纽约碰见了汪敬熙，谈到我是他的学生，他记起来了，同我谈的很亲热。"后来，他们一起坐火车去看望在哈佛做研究的张香桐。(《汪敬熙先生》)

在此前后,还碰到了胡适。据徐讦回忆:胡适之后来在哥伦比亚大学,也开"中国思想史",许多北大老同学去捧场,那时恰巧我在纽约,也去凑热闹。那天课室中大概有二十几个人,除了七八个北大同学外,听讲的多是上了年纪的女性。(《胡适之先生》)

1945 年(乙酉,民国三十四年) 37 岁

▲4 月,中国共产党第 7 次全国代表大会在延安举行,毛泽东作《论联合政府》的报告。

▲4 月,联合国成立大会在美国旧金山举行。

▲8 月 15 日,日本天皇发表《终战诏书》,宣布无条件投降。

▲8 月 28 日,毛泽东、周恩来、王若飞抵重庆,与蒋介石会谈。

▲10 月 10 日,国共双十协定签字。

▲12 月 1 日,昆明西南联合大学、云南大学等学生集会,反对内战,反对美国干涉中国内政,国民党当局派大批军警特务镇压,造成"一二·一"惨案。

1 月

20 日 在纽约。作诗歌《隐藏》,收入《鞭痕集》,后收入《徐讦全集》第十一卷。

30 日 在纽约。作诗歌《天堂》,刊载于《舆论》1948 年 10 月 1 日第 1 卷第 3 期,收入《鞭痕集》,后收入《徐讦全集》第十一卷。

8月

24日　在纽约。作诗歌《祝辞》,收入《轮回集》,后收入《徐訏全集》第十二卷。

11月

1日　在纽约。作诗歌《遥寄》,收入《鞭痕集》,后收入《徐訏全集》第十一卷。

18日　在纽约。作诗歌《说尽》《自供》《别》,刊载于《舆论》1948年10月1日第1卷第3期,收入《鞭痕集》,后收入《徐訏全集》第十一卷。

12月

18日　在纽约。小说《旧神》脱稿,上海夜窗书屋1946年1月出版,为"三思楼丛书"之一,收入《徐訏全集》第五卷。小说写女性复仇的故事。王微珠从乡下来到城里表姐家寄住,想在城里上学。她也能写点新诗,也爱好钢琴,但这些都不足以使她立足。比较便捷的法子还是找人出嫁、结婚,边上的朋友都很热心,帮她张罗,介绍刘伯群给她认识。结果是刘伯群很热心,而王微珠似乎没有感觉。不意之间,微珠爱上了到访的朋友程协旦,并迅速坠入热恋。可是程协旦去美国的路上就移情别恋了,这让微珠痛不欲生,并决心报复。此后,她与刘伯群的恋爱,以及离开刘伯群去往美国,并最后杀死程协旦,都是对于受到"侮弃"的复仇。问题是,刑期三年归国,在另嫁他人之后又堕入了相似的情境,在感到要被抛弃时候又杀死了丈夫。作为该案的推事审理此案的恰恰是当年的恋人刘伯群。刘伯群早已成为一个"恨女主义者",认为女人不可信。与前期作品的异国情调和奇幻色彩相比,这个时期作品写实色彩有所增强。但徐讦式的心灵探险的底色没有改变,这便是徐讦的哲学,有关人类心理的哲学。那种对于人的心灵郁结,心理畸变的深入细微的体察和分析在作品中表现得淋漓尽致。

23 日 在纽约。小说《春》脱稿,收入小说集《幻觉》(上海怀正出版社 1948 年版),后收入《徐讦全集》第四卷。小说以一种独特的视角写出了抗战背景下后方一隅的生活。作品取名为"春",既有两个年轻人的感情生活,也有人们盼望战争早日过去的意思。但从其底蕴而言,作品无关春,也无关色,而是写出了中国社会普通民众对于战争的巨大承担,以及面对苦难所呈现的坚韧的生活意志。

29 日 在纽约。作诗歌《苦待》,收入《鞭痕集》,后收入《徐讦全集》第十一卷。

本年 作杂文《中国与世界和平》。

1946 年(丙戌,民国三十五年) 38 岁

▲1 月,政治协商会议在重庆开幕,国共双方正式签署《停战协定》。

▲2 月 10 日,重庆进步人士和群众于校场口集会,庆祝政治协商会议召开。大会遭到国民党特务破坏,出席会议的郭沫若、李公朴等被殴伤。此即"校场口事件"。

▲2 月 23 日,中国人民救国会领导人沈钧儒等联名发表时

局主张,呼吁和平,制止内战。

▲6月26日,蒋介石悍然撕毁停战协定,大举进攻中原解放区。

▲7月,民盟中央委员李公朴、闻一多在昆明被国民党特务暗杀。

1 月

14 日　在纽约。作诗歌《还未衰》《湖山的寂寞》,收入《鞭痕集》,后收入《徐讦全集》第十一卷。

16 日　在纽约。作诗歌《明天的天气》,收入《鞭痕集》,后收入《徐讦全集》第十一卷。

2 月

10 日　因患失眠症,到威斯康星麦迪逊乡下小住。作诗歌《归来》《小窗》,收入《鞭痕集》,后收入《徐讦全集》第十一卷。

11 日　在麦迪逊乡下。作诗歌《村居》,收入《鞭痕集》,后收入《徐讦全集》第十一卷。

12 日　在麦迪逊乡下。作诗歌《赠》,收入《鞭痕集》,后收入《徐讦全集》第十一卷。

17 日　在麦迪逊乡下。作诗歌《期约》,收入《鞭痕集》,后收入《徐讦全集》第十一卷。

本月　致信刘同缜、刘同绎两兄弟:

同缜、同绎:

到华盛顿回见周而勋,收到你带我之书两本及一本油印稿,谢谢。周君福建人,态度冷淡,似很难成熟友,我问他可否带点书给你,他说绝不可能,我也就算了。

上次所译的《犹太的彗星》是否译好?

托绎弟找的《烟圈》(《申报月刊》民念三、四、五年)及《阿拉伯海的女神》(《东方杂志》民念五、六、七年)有否找到?

此三文务恳先将中文尽快的用航空挂号寄我。专恳绎弟为我一抄寄来。叩头,叩头。寄费请先垫,以后当用稿费拨还。

最近(三月后)或有便人可带:一、书,我将选一两本,交老曾,我希望一本给晶清,一本给《国民公报》。给晶清的万望同绎亲自送给她去。希望同绎,肯埋头翻译一本。二、书用完后,谨赠绎弟。

缜兄所约丛书事,一时实在无法,容徐图之,我下半年工作计划极紧张,如身体吃得消,一定可以过过很充实的生活。我预备至少一年里停止写作,这当然是指创作而言,不知二位以为如何?

……

3 月

11 日　患失眠症,威斯康星麦迪逊乡下小住。作诗歌《村景》,刊载于《东方与西方》1947 年 4 月第 1 卷第 1 期,收入《鞭痕集》,后收入《徐讦全集》第十一卷。

同日　作诗歌《梦内梦外》,收入《鞭痕集》,后收入《徐讦全集》第十一卷。

16 日　在麦迪逊乡下。作诗歌《冬日村居》,收入《鞭痕集》,后收入《徐讦全集》第十一卷。

3、4 月间　老舍、曹禺等赴美访问。访谈期间,受到各方欢迎、接待。作为过去的老朋友,一些座谈会和宴会也邀请徐讦参加,但此时徐讦困于失眠症,呆在威斯康星麦迪逊乡下疗养,未曾参会。(《舒舍予先生》)

夏　刘以鬯与其兄刘同缜决定在上海创办出版社,后得到从美国返沪的好友徐讦的支持。刘以鬯在《忆徐讦》中叙述:"胜利后,我从重庆回到上海,先在报馆做事,后来决定创办出版社。这时候,徐讦从美国回到上海了。我将计划告诉他,请他将《风萧萧》交给我出版,他一口答应。他还建议将'怀正出版社'改为'怀正文化社',使业务范围广大些。"刘以鬯还请徐讦搬到出版社二楼职员宿舍住过一段时间。上封信札末尾所给的收稿地址即为怀正文化社地址,说明写信时徐讦正寄居在怀正文化社宿舍。

夏天徐讦从美国回国。先是住在二姐家,因人来人往,过分嘈杂,影响写作;搬到刘以鬯的怀正文化社。回到上海后,埋头写作。经常与刘以鬯、杨复东、沈寂等人在国际饭店二楼以喝咖啡的形式小聚。(《残月孤星》序言之一)

由于《风萧萧》所取得的成功,既包括当时在《扫荡报》上连载时风行一时而洛阳纸贵的情形,也包括刘以鬯兄弟的怀正文化社为《风萧萧》出单行本而不停再版的情形。巨大的影响使当时的电影界试图把小说改编成电影。徐讦开始接触电影界的朋友,这也为他打开了新的创作的思路。他要朋友们给他介绍些戏剧演员,有京剧也有越剧。朋友们以为他要找个女人恋爱,却不知道他是为写长篇小说《江湖行》里的人物作准备。

8 月

15 日　在杭州西子湖畔。作诗歌《徘徊》，收入《鞭痕集》，后收入《徐讦全集》第十一卷。

16 日　在杭州西泠印社。作诗歌《湖色》，刊载于《东方与西方》1947 年 4 月第 1 卷第 1 期，收入《鞭痕集》，后收入《徐讦全集》第十一卷。

23 日　在上海。作诗歌《落日的温存》，收入《鞭痕集》，后收入《徐讦全集》第十一卷。

9 月

1 日　在上海。作诗歌《青蛙绿蛇》，收入《鞭痕集》，后收入《徐讦全集》第十一卷。

13 日　在上海。作《〈风萧萧〉后记》，刊载于《上海文化》1946 年第 9 期，收入"三边文学"之《门边文学》（南天书业 1972 年 6 月版），后收入《徐讦文集》第十卷。文章比较详细地记载了《风萧萧》创作的经过，"这书的第一个字是去年三月一日在渝市内一个小旅馆写的"，也就是小说的开篇是在 1942 年 3 月 1 日重庆市内的"湖北旅馆"，而最后的六万字是 1943 年 3 月 6 日到 10 日在新开寺里完成的。小说写到二十几万字的时候开始在《扫荡报》上连载。

对于作品的真实性与作者生活的关系，其中谈到："在许多谈到这书的人中，似乎都喜欢问我这故事是否事实，或者部分的事实，再或者是事实的影子，我想这恐是人类共有的理智的欲求，而我对此并不能予人满足；长夜独自搜索我经验中生活中的事实，几乎没有一件可以与这里的故事调和，更不用说是吻合。还有许多朋友爱在我现在生活的周围寻找这书里人物的模特儿，这是很使我奇怪的事情。我想我或许可能将生活中经验中的一些思想与情感在书中人物里出现，但实际上，在我写作过程里，似乎只有完全不想到我见过或听过的实在人物，我书中的人物方才可以在我脑中出现；如果我一想到我所认得或认识的人，书中的人物就马上隐去，必须用很多时间与努力排除我记忆或回忆中的人物，才能唤出想象中的人物。我觉得许多人的理论没有错，文学不是记忆或回忆而是想象。但是最可爱的与可怕的还是人们爱从这书里第一人称的思想见解与情感，来批评我的思想见解与情感；这虽不是把我当作书里的第一人称，但至少以为我自己在第一人称里在表现自己的思想见解与情感。我想，在这里，我用 Robert Stevenson 的话来回答最好，他大意是说，'作者几乎毫无权力来支配人物的思想与行动，人物在某一阶段，他自己走自己的路，想自己所想，再不听作者的支配了。'"

有关小说内容与人物故事等，其中有云："这本书的故事是虚构的，人物更是想象的，历史的事件与地理的事实的吻合只是每部小说上普通的要求。如果有人把他所知道的事或认识的人，附会于这书里的故事与人物，那完全是神经过敏。书中所表现的其实只是几个你我一样灵魂在不同环境挣扎奋斗—为理想、为梦、为信仰、为爱，以及为大我与小我的自由与生存而已。"

对于这部小说的版本，徐訏说："这本书出版匆匆，校对上难免有疏忽之处。主要原因是排印这本书，所根据的是上海和平日报的剪报，上海和平日报是根据南京和平日报的剪报而来，南京和平日报是根据重庆扫荡报的剪报而来。我远在国外，转载时，我没有知道，也无法校对，所以校对时很费气力，而印刷所又不将你所校对的好好改正，同时书店方面急于要出书，所以不允许我多校一二次。因此我要向读者致歉，并希望再版时可以校净一切的错误。"

22 日　在上海。作诗歌《未了的心事》，收入《鞭痕集》，后收入《徐讦全集》第十一卷。

10 月

6 日　在上海。作诗歌《秋夜的心情》，收入《鞭痕集》，后收入《徐讦全集》第十一卷。

13 日　在上海。作诗歌《伤悲》，收入《鞭痕集》，后收入《徐讦全集》第十一卷。

11 月

27 日　在上海。作诗歌《晚安》，收入《鞭痕集》，后收入《徐讦全集》第十一卷。

12 月

6 日　在上海。作诗歌《旧恨新愁》，收入《鞭痕集》，后收入《徐讦全集》第十一卷。

7 日　在上海。作诗歌《旧识的夕阳》，收入《鞭痕集》，后收入《徐讦全集》第十一卷。

20 日　在上海。作诗歌《悠悠的长恨》，收入《鞭痕集》，后收入《徐讦全集》第十一卷。

22 日　在上海。作诗歌《人间本无常》，收入《鞭痕集》，后收入《徐讦全集》第十一卷。

本年 作《教师节谈尊师》一文。

1947年(丁亥,民国三十六年) 39岁

▲1月,国共再次谈判,彻底破裂。

▲4月18日,蒋介石宣布改组"国民政府",并任国民政府主席。

▲5月起,"反饥饿、反内战、反迫害"的民主爱国运动遍及全国60多个大中城市。

▲10月10日,中国人民解放军总部发表《中国人民解放军宣言》,发出"打倒蒋介石,解放全中国"的号召。中共中央公布《中国土地法大纲》,解放区掀起土改运动。

1月

31日 致信陆丹林为编辑的《墨屑》副刊约稿。

丹林兄:

久未晤面,近状为念。日前在同绎兄处见近代人物志,睹文思人,关念万分。兹者,予现在金融日报编副刊,盼兄能每日写千字左右,能分段成一系统(但不是连载)亦好,稿费千元而万元。金融日报初创,经济情形尚好,当不至欠赖,务恳费神按日赐掷。第一批稿最好能有三段,盼能于八日前寄送亿定盘路559弄99号A怀正文化社交弟,望勿使失望,幸甚幸甚。

祝新年快乐。

弟徐讦启,卅一日。

此信显然是徐訏给陆丹林的约稿信,其中提到《金融日报》初创,徐訏拟为该报编辑副刊,特向陆氏约求稿件。《金融日报》于1947年2月15日在上海创办,日刊,发行人何伊仁。本报原名《金融导报》,馆址在重庆,后迁往上海,由三日刊改为日刊,并更名为《金融日报》。《金融日报》所办副刊名为《墨屑》,位于第八版,亦创刊于1947年2月15日,出至12月底停刊,未署刊号。《墨屑》创刊号曾刊有一篇署名何夕的《谈副刊》,文中写道:"一张新的报纸出版,有一部分读者都关心着它的副刊。徐訏兄主编金融日报的《墨屑》,拉稿拉得很紧张,我问他,这是一个什么性质怎样形式的副刊,他说趣味性,可是态度严肃。我问他要那类稿子,他则说:'随便什么样的,只希望不要太长,随笔杂感就好。'"从这一段话中可以得知,《墨屑》副刊的编者正是徐訏,而他的编刊思路则是既要"趣味性",又不失"态度严肃"。同年3月15日,《墨屑》副刊载有一则《徐訏启事》:"鄙人即日起已辞去墨屑编务,以后关于惠寄本刊稿件,请勿书私人姓名,以免延误。"据此可见,徐訏实际主编《墨屑》的时间仅为一个月,即1947年2月15日至3月15日,其中2月20日至3月23日期间,陆丹林署名"老丹"的《枫园随笔》曾在该刊连载,应该正是徐訏拉来的稿件。因《墨屑》创办于1947年2月15日,陆丹林文章20日开始刊发,据此可知徐訏"卅一日"的书札写于1947年1月31日。此日系农历正月初十,正与信末祝福"新年快乐"相符。

　　此封书信收入《作家书简》,其征集者平襟亚(秋翁)与徐訏本为熟人,谈到书信征集时,也谈到有关徐訏的流言:"独有天天晤见的《风萧萧》作者徐訏兄,他懒得作书,催了他好多次,依然一字无成。前天忽见本报某先生说她[他]写给言慧珠二千字长的情书,我便脑筋动到这上面,假如言慧珠肯借给我摄□,放在

《作家书简》里，定是有生意眼的；可惜这个报道并不确实，我知道徐訏兄决没有此种闲情逸致，若说真有这一封情书，我早就抄下来派用场了。因为他甚么都不瞒我，我正在打算替他做媒咧。"[1]

2 月

25 日　在上海。小说《旧地》脱稿，收入小说集《幻觉》，后收入《徐訏全集》第四卷。作品描写江南农村生活的风俗，其中的风景、人事作者再熟悉不过了："村后面是一条小河，村前面不远是山，山上树木虽不大，但不少。大部分种的是竹子同杨梅树，杨梅在夏天可以敞开儿吃，主人绝不同你计较，但不许你带走，可是我们从枫木村去的人，他们大都认识，临走时总还要送你一握一筐的。村口有两株大枫木，大的一株至少有五六围，小的一株也有三四围，不到秋深时，它永远是满树绿叶，很容易爬到上面去玩，所以孩子们特别觉得它们可爱。走过那两株枫木就可以看见谷场，谷场上一到割了稻，就晒满了谷，晒完谷就叠起草蓬。谷场前面是石板路，这是枫木村第二个出口，路口有好几株柳树。稻场的那一端弯过去是枫木村第三个出路，不远的路边有一所矮小的瓦亭，是厕所，下面埋着粪缸。由这条路一直进去，那就是枫木村的直路，两旁都是住家，也夹着一二家小店。"

其中的人物，诸如阿陀、大森叔、美珍等都是再熟悉不过的。"这一角世界在我的记忆中是最美的、最安详的、最温暖的世界，我长大了以后，无论是求学做事，每当我疲倦烦恼的时候，我总

---

① 参见金传胜、陆凤仙：《〈作家书简〉所收四通书信考》，《名作欣赏》2019 年第 9 期。

186

是想到那温暖的一角,它好像同我母亲的怀抱一样,永远为我留着温情与安慰。而每次我可以去访留的时候,我总是要去躲玩些时,而一到那面,我就会年轻许多似的,我会去玩一切我童年玩过的玩。"但这样的乡村在日寇的炮火下已经变得面目全非。

本月 在上海。小说《幻觉》脱稿,刊载于《生活》创刊号,收入小说集《幻觉》,后收入《徐讦全集》第 4 卷。

小说写"我"在南岳观日台小住的时候碰到一位别号墨龙的年轻僧人,由观日出而太阳没有出来引出谈话的机锋。由谈话了解到他的过去,作为画家对美的追求,他的人生际遇,以及对于佛法的感悟。可以看到一直专注于人的心理世界探寻的作者,此一时期转向对艺术和人生超越性理解的一些变化。

3 月

18 日 在上海。作诗歌《春》,刊载于《东方与西方》1947 年 4 月第 1 卷第 1 期,收入《鞭痕集》,后收入《徐讦全集》第十一卷。

4 月

1 日 散文诗《小礼物》刊载于《论语》第 126 期。《小礼物》体现了徐讦新的艺术尝试,也显示了多方面的艺术才能。诗作是片段的警句:"'生'是祈祷他长存,而存在着又是麻烦的事,死是诅咒他来,而来时偏是安适的事。""好梦醒时是幻灭的悲哀,坏梦醒时是参与的痛苦,人生不外是好梦与坏梦。""不谢的花是纸花,不老的人事橱窗的模型,二者我都不喜爱。""瞎子:'要是我不瞎就好了,即使变成聋子。'聋子:'要是我不聋就好了,即使变成瞎子。'——这就是人间苦!"

8 日　在上海。作诗歌《悔》,收入《鞭痕集》,后收入《徐讦全集》第十一卷。

夏　据徐讦朋友邵洵美的女儿邵绡红回忆:"转眼到了1947年,我十五岁,初中快毕业了。假日的一天,家里来了位男客。爸爸一见他就扔下手里的笔,连声请他坐,妈妈也笑着招呼他。原来他就是八年前曾在我家小住,跟在我们后面跑出弄堂去看提灯会,而眼睛被篱笆刺伤的作家徐讦。他告诉爸爸,自从上海沦陷他就去了重庆,一度在中央大学任教。1944年他去了美国,是《扫荡报》的驻美特派员。他这时刚从美国回来不久。……

"每次他来,坐不久就告辞。一天,我在楼梯口遇见他上来,跟往常一样,我喊他一声'徐叔叔',意外地,他递给我一包书。我没有跟他进爸爸房间,返身回到自己房里,急急打开纸包,那是他的作品:《鬼恋》《精神病患者的悲歌》和那部家喻户晓的《风萧萧》。我快活极了,这可是作者赠书啊! 每本书的扉页上端都有他的签名,还写着:'赠绡红'。这些书我不敢带到学校去看,怕同学们争相借阅。三个周末我就读完了他那三部小说,当然是囫囵吞枣式的。但是,三部小说读下来,我不由得对作者产生好感,产生崇拜。……

"而后,每个星期总有一封信寄到中西,挺秀的字迹整齐地落在精致淡雅粉蓝色信笺上。信中委婉地抒吐心声,将我比作纯净未绽的小荷,句句情挚,署名'小藕'。无需问,我知道一定是他。情窦未开的我,每次接到信,拆开,慌乱地读上一遍就匆匆藏了起来,里面诗一般的散文,美丽的词藻,烫人的语句,我不敢再读第二遍。我不知道他为什么要给我寄上这些诗,是因为他在我的眼睛里看到有诗,有梦,有触发他写诗的冲动? 没料到他对我会有情! 我害怕,紧张,但不免有一丝骄傲。第四封信中，他约我会面：星期五放学，他在校门外等候（那时教会学校就是周末双休）。我们两人低头无语，走到愚园路，上公共汽车，坐了两站下车。他问我：'饿吗？去吃点点心好吗？'我不置可否。他领我走进兆丰花园对马路一间不起眼的点心铺吃了包子，把我带进了公园。我俩并肩走着，穿过树丛，顺着环绕花坛的曲径漫步。他随意地讲着，讲他在国外的生活。我瞥见他眼镜后射出的深情的目光和口角隐露的微笑，这是他跟爸爸谈话时所没有的。我不知道他带我来什么用意，只是紧张得什么也没有听进去，低头望着小路边的草。说着说着，他突然搂住我……要吻。我吓得直推。……

"第二天，玉姊看出我神色异常，追问之下，我把昨天在公园里那段事讲了出来，又把那些信给她看了。玉姊虽只比我长一岁，她却很有见地。她认为徐讦不会像我想的那么坏，他不敢对邵洵美的女儿随便的。她认为他是真的想追求我。'只是，'玉姊说，'他不想想自己年纪这么大，他比你大二十四岁呢！真是不自量力！'怎么办呢？姊姊说：'告诉爸爸，不许他继续追求你！'她拿了那几封'情书'就上了楼。爸爸没有叫我上去。我听到一向温文尔雅、轻言细语的爸爸在楼上大声打电话。不一刻，徐讦来了。我闪在客厅里不跟他照面，他上楼去了。我忐忑不安，躲在楼梯脚下听。只听得爸爸高声斥责之声，听不到徐讦半句回答。他能如何应对呢？那时候，他年近不惑，我还是个稚女。他如此出格之举如何向老友解释？他默默离去。那些'罪证'后来如何处理的，我也没问。莫怪爸爸不顾老友的面子发火，爸爸不是出于传统观念才进行干涉的；他实是珍惜我的幸福，不容这朵小荷由伊人催开而过早凋零。

"数年后，有一天，我正在花园里低声唱歌，徐讦来了，走过我身旁,他未敢抬眼,匆匆上楼。他跟爸爸没谈一刻就辞别了,留下一纸请柬,上印:'徐讦先生与×××女士举行结婚典礼……'听说新娘是位教师。"①

邵绡红的叙述比较可信,理由有四:一、这是邵绡红对父亲邵洵美的回忆,总体格调比较写实,该书不是邵绡红情感生活的记录与书写,写到徐讦部分只是其中的一个插曲,想象性或夸张地叙述自己感情经历的可能很小;二、徐讦与邵洵美关系密切经常出入邵家这是无可置疑的;三、邵绡红当时已经十五岁,初中即将毕业,这样的年龄段和时间点使得记忆不容易模糊;四、在邵绡红的叙述中涉及到她的大姐玉姊,也就是说有第三方的存在。

7 月

4 日　在上海。作诗歌《山影的寥落》,收入《轮回集》,后收入《徐讦全集》第十二卷。

12 日　在上海。作诗歌《幽冷的躯壳》《梦里的呜咽》,收入《鞭痕集》,后收入《徐讦全集》第十一卷。

10 月

30 日　在上海。作诗歌《我的家》,收入《轮回集》,后收入《徐讦全集》第十二卷。

---

①　邵绡红:《我的爸爸邵洵美》,上海书店 2005 年 6 月版,第 243—246 页。

11 月

3 日　在上海。作诗歌《春雾秋雨》,收入《鞭痕集》,后收入《徐讦全集》第十一卷。

5 日　在上海。作诗歌《秋郊遥望》《原始的清澈》,收入《鞭痕集》,后收入《徐讦全集》第十一卷。

9 日　在宁波。作诗歌《真空》,收入《鞭痕集》,后收入《徐讦全集》第十一卷。

20 日　在宁波。作诗歌《轮回》,收入《鞭痕集》,后收入《徐讦全集》第十一卷。

22 日　在宁波。作诗歌《鲜花》,收入《鞭痕集》,后收入《徐讦全集》第十一卷。

30 日　作《〈论语〉周年话白卷》一文,刊载于《论语》1948 年 12 月 1 日第 142 期复刊周年特大号。文中徐讦谈到自己对于《论语》文风的体会和理解:"我觉得《论语》这个杂志与别的杂志是不同的。他既非学术刊物,又非文艺刊物,也不是时事刊物。然开口微中,长及学术,涉笔见俏,亦带文心,引证觅据,不出时事。有趣而不肉麻,乐而不淫,讽刺而敦厚,笑人亦笑己,凡此种种都是论语特色,也成为论语空气,在这个空气里,学者投稿都脱去了学究大衣,文人为文,也没有艺术冠冕。大官来稿,暂时你得放弃官僚架子。所以他就令人可亲,使人人敢于说话,使人人敢于写文,而说话的人不会想由此做国大代表,写文的人也不会以此流芳百世,因此《论语》就成为最自由的园地,我就是这样变成《论语》经常写稿的人的。"

又谈到由于心境的改变,一时之间创作变得相对零落,"胜利以后《论语》复刊。我碰巧还在异地流浪,回来后就接到论语编者来的约稿子的信。我当时就想到这些年来在痛苦与挣扎中所经历的事件里,很有许多矛盾,可笑的材料可以随便同朋友谈谈的,何妨写出来让大家听听。还有许多滑稽动人的面孔,表面上都像是严肃、高贵、紧张,而内骨子里都是嬉皮笑脸,似乎也可以画一点出来,让大家看看,可是我的心境竟不像以前。这一切可笑的我不但不爱写出,也怕于想起。因为实际上这些事件与面孔细看起来,还是多年前我们在《论语》里所谈、所话、所听的种种,没有改变,没有进步。'文言文的好处'还不断的见于官例,嬉皮笑脸的流氓还得挂着可敬可畏的虎皮。好像我们在马路见了一个鬼,我们觉得很有趣,见了朋友爱谈这件事,但等我们天天都碰见这样的鬼,我们就不爱谈了,即使碰到没有听见过的朋友。我大概也就是这样,变成了不是《论语》中的。"

12 月

13 日　在宁波。作诗歌《黯淡的旅途》,收入《鞭痕集》,后收入《徐讦全集》第十一卷。

本年　作散文类文章《尊重理性》《如何挽救学龄儿童之失学》《艰苦奋斗十五年》《学术独立与留学政策》《〈春韭集〉再版后记》。

1948 年(戊子,民国三十七年)　40 岁

▲6 月,北平各大学教授数百人联名发表声明,抗议美国扶植日本,表示宁愿饿死,也拒绝领取"美援"面粉。

▲7 月 15 日,国民党军警包围昆明云南大学等学校,并向学

生开枪射击,造成死伤 150 余人的大血案。

▲9 月,辽沈战役打响;11 月结束,东北解放。

▲11 月,淮海战役打响;次年 1 月结束,淮海地区解放。

▲12 月,平津战役爆发;次年 1 月结束,平津及华北解放。

1 月

27 日　老白在《大公报》发表《论洋场才子的"唯美恋爱观"——评徐订的〈风萧萧〉》一文,认为徐订的《风萧萧》是写沦陷时期上海租界中的故事,其背景是从太平洋战争爆发之前到战争爆发之后这样激烈的时事,但"徐订所写的是全虚的心境,奇怪的女间谍,'美好的'矫揉造作,以及徐订先生自己的'企慕'、'热情'、'理想与梦'。"徐订曾说,这一期间,看到的是达官富商谄媚的笑容,看到的是出卖者伪善的面孔。老白由此延伸就说:"徐订的作品就是在这样的阶层里生长出来的,就是这样远离了现实,放纵自己的幻想,不负责任地,无目的也无思想地显示小聪明的东西。因为生活在荒淫的虚伪的阶层里,当然永不会看到'无奇的疲乏的'面孔下面的真实的心,而且尽管他摆出一幅悲天悯人的神奇和看不起'庸俗'的高尚心胸,也绝不能遮蔽他从自己阶层里获到的虚伪庸俗和堕落。"

2 月

3 日　老白在《大公报》再度发文讨论徐订的作品,题为《雪花膏下面的污秽——再评徐订的作品》。显然,这是当年与"鲁迅风"等人论争的继续发酵。因为"雪花膏"这个词下面有一个典故,当时徐订写了一篇《文学家的脸孔》,在文章中就描绘了

"文学家"如何在脸上搽了雪花膏的样子。这里可以说是"以其人之道还治其人之身",或者说是明人不说暗话,透露一点说话人的线索。文中说:"徐訏的作品,在价值上说,是不值得用多少篇幅来批评的,他根本没有系统,也不负责任,根本与他辩不出什么道理来。但以他作品目前流行的程度,尤其是在各学校流行的程度而言,却是很可怕的。他那抹了一脸雪花膏的伪装的唯美,和那满口油滑的信口欺骗,都使青年在不知不觉间接受了毒素。"

23日 作《关于马歇尔·普鲁斯特》一文,刊载于《中流》1948年第1期。文章介绍了法国作家普鲁斯特所创造的心理世界的特质,以及与传统的现实主义的区别。"马歇尔·普鲁斯特的作品在中国介绍的很少,实际它是近代文学史上很特殊的一个作家。他的作品是沉重的,读他的书不能说是娱乐,像许多人所说的,这是一种职业。在法国当时以读作家的新著为时髦,所以在社交之中,许多书即使没有读过的人也要伪装着读过。普鲁斯特的声名就在这个社会中传播,而说读过他作品的人实际上还是很少深入他的著作的。"

文章显示出徐訏对于现代艺术的敏感,尤其是对于其中的心理世界的关注。"普鲁斯特的作品中有许多极乏味的成分,但他也有极有兴趣的部分。他似乎并不活在当时,而是活在过去,他的想象力总是在记忆的过去中活跃,他的人物如生,刻画细腻亲切,实具有无比的才能,然皆是记忆中的过去人物,他似乎只有在记忆之中可以寻到实在。一种从时间的暴君中解放出来的实在,他住在木板铺成的墙壁之斗室之中,唤起了埋在记忆里过去敏感的印象,而一句一句的构成一个永久的世界,他从智慧的好奇心中收集了无数的材料,于是从新组织一过,使年月淹没了世界复活。所以一切在空间上消失的东西,似乎都会在普鲁斯特的书中存在。通过他缓慢的章句,发挥他的讽刺,他的怜悯,他的精细的刻画,以及他特有的戏剧性,普鲁斯特的作品将永久活在世上。"

此一时期前后,葛福灿在徐訏二姐家作家庭教师,因性格温和,做事谦谨,颇得长辈喜爱。徐訏二姐从中极力撮合,徐訏与葛福灿彼此也很认同,很快坠入爱河。

5 月

19 口　在上海。作诗歌《认识》,收入《鞭痕集》,后收入《徐訏全集》第十一卷。

6 月

15 日　在宁波。作诗歌《学飞》《自醉》,收入《鞭痕集》,后收入《徐訏全集》第十一卷。

16 日　在宁波。作诗歌《一朵花》,收入《鞭痕集》,后收入《徐訏全集》第十一卷。

7 月

8 日　在上海。作诗歌《野踱》,收入《鞭痕集》,后收入《徐訏全集》第十一卷。

2 日　在上海。作诗歌《回来》,收入《鞭痕集》,后收入《徐訏全集》第十一卷。

19 日　在上海。作诗歌《美丽的吩咐》,收入《鞭痕集》,后收入《徐訏全集》第十一卷。

9 月

1 日　《蛇形舞(serpentine dance)及其创造者》一文刊载于《舆论》第 1 卷第 1 期。

10 月

1 日　诗歌《乡怀》刊载于《舆论》第 1 卷第 3 期。

12 日　作《〈四十诗综〉后记》,收入《徐讦文集》第九卷。其中有云:"把这些诗收集在一起,校读一次的时候,我有无限的感怀,觉得我对这些诗篇有比对一切我其他的作品更特别的情感。它忠实地记录我整整二十年颠簸的生命,坦白地揭露我前后二十年演变的胸怀,没有剪断,没有隐藏。所有过去我无依的爱与无凭的恨,低低的梦与淡淡的哀怨,以及我原始的清澈的灵魂之希望与怀疑,追求与幻灭,使我像在镜子里看到自己的面目一样的清楚。我看到使我现在脸红的缺点,看到使我永远忏悔的过错,还使我看到我生命中伤痕的来源与被误会的因素。我有带狂的勇敢,带羞的懦怯,不宁的自卑与永挂着寂寞的自尊,但是我有一颗忠实的心。我相信这些诗就是凭我忠实的心与我原始的清澈的灵魂写下来的。因此它可以成为我自己的镜子。假如这也反映了一点时代中许多人的爱与恨,梦与哀怨,希望与怀疑,追求与幻灭,那么这些诗之出版,在我自己以外,总算也有点别的意义了。"

又说:"这些诗篇,前后发表的很少,曾经有过几次的整理修改与誊抄,也有许多次要出版而搁下,也有许多次编好而废置。……关于这五个集子的命名,我是只从目录上采用一个或半个的诗题,这也是偶然的事,没有什么深的含义。原来的意思是想分为五册出版,后来因为出版上的计划的变动,就成为现在的式样,这也是一个机缘。"

23 日　《谈娱乐》一文刊载于《万象》1948 年第 3 期。

12 月

12 日　在宁波。作诗歌《遥远的梦》,收入《鞭痕集》,后收入《徐訏全集》第十一卷。

17 日　左翼作家孟超、徐角、杨光明、范启新、王季等召开座谈会讨论徐訏创作,而后在大公报上联名发表《蝴蝶·梦·徐訏》一文。他们历数了徐訏创作的发展,进行了逐篇的点评:"《鬼恋》使人消失生命的热情,减少革命的情绪,流于厌世、玩世,或颓废甚至使人神经衰弱。""《荒谬的英法海峡》使人误解理想国原来不过如此! 使人对理想发生冷漠,使人们无心进取。""其他的散文、小品想用低级趣味来获得一般社会的欢迎(他的长篇《风萧萧》如何,尚未读过),那是林语堂式的市侩作风,虽然有些地方表现的比林语堂要好一点。"然后是一个总体性的评价:"还有贯穿着他一切的作品,有一种无可奈何的'空虚'和怅惘,这所谓'怅惘'或'空虚',也正是中国现阶段的某些青年所同有的,徐訏用他自己的加强了他们的,又描绘出一无是处的社会来助长他们的,然后替他们造出没有的梦中境界,跟大家手牵手的去逃避现实,这就是作为一个'作家'的徐訏所赐予他可爱读者的东西。"基本的意思就是徐訏的作品是空虚的,有害的。

20 日　在宁波。作诗歌《手携手》,收入《鞭痕集》,后收入《徐訏全集》第十一卷。

本年　作《纪念"五四"与青年应有的认识》《〈蛇衣集〉后记》

等文。

本年 戏剧《初秋》(小独幕剧)分四次刊载于《舆论》1948 年第 1 卷第 4 期(10 月 16 日)、第 5 期(11 月 1 日)、第 7 期(12 月 1 日)、第 8 期(12 月 16 日)。

未知具体时间的小说有《气氛艺术的天才》。这是一篇带有哲理意味的小说。"我"在旅途中碰到一位清癯的老者,交谈之下发现他有着惊人的经历。他有着超常的嗅觉,能够分辨出气味的细微差别,由此他想创造出一门嗅觉的艺术,气味的交响乐。经过深入的研究,可以把气味分辨成各种不同的种类,并根据需要加以使用。但在演奏的时候还是失败了,因为观众并不能"理解"他的艺术。这说明艺术及其对象之间存在着辩证的关系。

1949 年(己丑,民国三十八年)　41 岁

▲1 月 31 日,北平宣布和平解放。

▲3 月 23 日,南京解放。中共中央迁入北平。

▲6 月 30 日,毛泽东发表《论人民民主专政》。

▲7 月 2 日至 19 日,中华全国文学艺术工作者第一次代表大会在北平举行。

▲9 月,中国人民政治协商会议第一届全体会议在北平举行。

▲9 月,全国文联机关刊物《文艺报》正式创刊。

▲10 月 1 日,中华人民共和国成立,北京 30 万人在天安门集会,隆重举行开国大典。

2 月

28 日　在宁波。作诗歌《原始的森林》，收入《轮回集》，后收入《徐讦全集》第十二卷。

春　与葛福灿一起到嘉定拜见葛福灿的母亲。

夏　在上海与葛福灿结婚，证婚人是书法家沙孟海。结婚之后，徐讦与葛福灿回到宁波乡下宴请家乡亲友。

徐讦的再婚妻子葛福灿出身于嘉定一个望族，徐讦与葛福灿的女儿葛原回忆说："母亲学习成绩优异，曾考取省立上海中学。由于战火不断，加上七岁丧父，家境衰落，作为长女的她不得不多次辍学。以后考取教会办的女子师范学校，为了担负起家庭重担，帮助弟妹完成大学学业，自己却放弃大学的理想。十八岁起，除了在学校教书外，曾在我二姑母家担任过家教。我父亲从美国回来，姑母们便介绍我母亲同他认识。一九四九年，在宁波结婚。"（葛原《残月孤星》）

10 月

10 日　在宁波。作诗歌《话儿曲》，收入《轮回集》，后收入《徐讦全集》第十二卷。

11 日　在宁波。作诗歌《怨艾》《秋声》《五彩的衣饰》，收入《轮回集》，后收入《徐讦全集》第十二卷。

11 月

4 日　在宁波。作诗歌《可数的冬天》，收入《轮回集》，后收入《徐讦全集》第十二卷。这一时期，徐讦较少活动，也较少创

作,但从诗歌《可数的冬天》中可以体会到他此一时期的心境:

　　清净清净的夜,

　　寂寞寂寞的天,

　　疏落的树林中,

　　透露了星星两三点。

　　悠长悠长的雁声,

　　哀怨哀怨的蛩鸣,

　　带着疲倦了的风,

　　投入了旅人的枕边。

　　层层的落叶在泥上喘息,

　　吐尽了缠绵,

　　在禽兽与人类的蹂躏下,

　　颤栗着死的挣扎与生的留恋。

　　如许困难的日子,

　　消磨了如水的流年,

　　但还须用剩余疲乏的心情,

　　去忍耐那可数的冬天。

12 月

23 日　在宁波。作诗歌《莫说》,收入《轮回集》,后收入《徐讦全集》第十二卷。

本年　作散文《纵横谈》《为民主自由而奋斗!——九一记者节献辞》。

1950 年（庚寅）　42 岁

▲2 月 16 日，毛泽东抵莫斯科会见斯大林。

▲2 月，香港《文汇报》副刊《新文艺》创刊。

▲3 月，中共中央发出《严厉镇压反革命分子的指示》。

▲5 月，中共中央发出《关于在全党开展整风运动的指示》。

▲6 月 25 日，朝鲜战争爆发。

▲10 月 5 日，香港《新晚报》创刊。

▲10 月 25 日，中国人民志愿军赴朝，参加抗美援朝战争。

3 月

本月　女儿葛原出生。

5 月

17 日　作诗歌《苦果》，收入《轮回集》，后收入《徐讦全集》第十二卷。

21 日　在香港。作诗歌《情诗》，收入《轮回集》，后收入《徐讦全集》第十二卷。

本月　徐讦只身去往香港。

葛原回忆说："1950 年，那年春夏之际，父亲匆匆告别母亲和我，去了香港，鲁迅先生所赠的墨宝和其他字画，包括父亲本人的一部份手稿，均留在上海家中。当时都以为一家人很快便能团圆，可谁料到父亲这一去再也没能回来，亦再也没能见到他所宝爱的鲁迅先生相赠的真迹。"①

6 月

8 日 在香港。小说《炉火》脱稿,香港夜窗书屋 1951 年出版,收入《徐讦全集》第六卷。小说主要写艺术与现实的冲突。这种冲突在小说的开始用一种野兽派的绘画场景加以呈现:"他的脑子是空的,眼前看见的是一个平面,法庭中旁听的人群是一副野兽派模糊的图画,法官、律师、庭丁、法警都像数学上的符号,像他画板上一块一块的颜色,像乐器上一个一个的声音。他看他跳跃、闪动、晃摇……时时使他头晕。"小说选取画家叶卧佛自焚前焚烧画稿的片段,由焚烧画稿引起有关画作来源相关人事的回忆。主要由五段相关的人事片段。其一,模特女孩沈其苹。"这是一幅正面坐着的少女,头部微倾,面上浮着妍媚怠倦的笑容,两手握着垂在衣襟前面,黄色是他的主色,深绿淡绿是她的副色。这少女闪着跳跃的青春的光芒,嘴角似乎在微颤,头发很长,垂直两肩。"这本来是一个羞涩的青春的少女,但在与叶卧佛结婚后变得庸俗不堪,甚至与他人有了奸情。其二,是一幅有关"天宫之火"的旧作。与这幅画作相联系的是叶卧佛曾经在大火中救出的戏曲演员白玉珠。虽然白玉珠嫁给了叶卧佛,但她所需要的虚荣和物质享受叶卧佛并不能提供。其三,"一幅人像,是一个华贵庄丽的女子。戴着耳环,束着头发端坐在那里",这是叶卧佛的另一位妻子李舜言。这位李舜言看上去端庄娴雅,内敛自持,但实际上充满心机,自私自利。其四,"一幅光芒四射灿烂无比的女子的画像",一个火热的欧洲女子卫勒,她的

---

① 葛原:《鲁迅赠徐讦墨宝的辗转和归宿》,《鲁迅研究月刊》1996 年第 5 期。

爱来得猛去得也疾。其五，美儿的画像和美儿女友韵丁的画像。叶卧佛希望儿子继承自己的艺术事业，因此要送他出国去深造，但在美儿看来这是父亲要把持自己的女友韵丁而使的伎俩，他宁愿为了爱情抛弃艺术。艺术家对于美的追求与沉重的现实之间产生了持久深刻的矛盾，并最后导致了艺术家精神世界的崩溃。最后的一场大火既是艺术品的焚毁，也是这种矛盾的彻底消融。与此前创作相比，作品在艺术探索上的实验性一如既往，刻画人物精神世界、内在心理的矛盾持续不辍。在艺术格调上有所变化的是，作品的写实性进一步增强。

9 日 小说《期待曲》开始在《星岛晚报》连载，至 1950 年 7 月 11 日结束，香港幸福书屋 1950 年出版，收入《徐訏全集》第十四卷。表面看来，这也可以算是一部留学生题材的小说。作品写一个在艺术上颇有天赋的钢琴家许行霓在美留学的故事。留学期间先是学钢琴，接着无师自通地学起了作曲，并且在作曲上也显示了独到的天赋，而他转向作曲最重要的原因就是要为远在故乡的等待着的姑娘写一首钢琴曲——期待曲。然而，因为在美国滞留的时间过长，等待着的姑娘已经移情别恋了，这带给许行霓致命一击。在美国的时候，学音乐的王其娜对许行霓很有好感，"我"作为朋友也劝许行霓不要一意孤行执迷不悟，可在许行霓看来他的感情是宗教般的圣洁，不能有丝毫的动摇和怀疑。匆忙赶回国内之后，也联系上了过去的女友，但许行霓已经不是要极力挽回，而是一意责备对方把他们圣洁的爱情毁灭了。就像他妹妹分析的那样，许行霓的爱不是简单的感性的爱，它是一种抽象的完美的爱，它来自于人物的一种精神强迫症。这部小说虽然也有异国背景，但已经不像前期作品那样追求一种异国情调；主人公惨然离世，留下老母弱妹难免让人有惨伤之感，放在抗战前后的背景下,增强了作品的现实感,但总体来看还是沿着作者固有的创作线路,就是对人物心理世界,尤其是变态的心理世界的纵深开掘。

13 日 在香港。小说《太太》脱稿,收入《徐訏全集》第十四卷。火车本来应该是最平稳的交通工具,但也会出现遭人抱怨的戏剧性场面。当"我"从上海往杭州去的路上碰到李敬梅夫妇,又不巧在嘉兴碰到老友陶至明并一起聊天的时候,说到一位太太曾经跟画家白大常约好私奔到欧洲,结果中途变卦。谁知道那位太太就在眼前。由此与作品开头的描写形成了剧烈的反差:"在李敬梅认识的人当中,大家都羡慕李敬梅同他太太的爱情。太太们都夸赞李敬梅,先生们都夸赞李太太,好像每一个女人嫁给李敬梅都可以做好太太,而每一个男人娶李太太都可以做好丈夫似的。在我们男朋友当中,总觉得李敬梅很俗气,有时候简直很愚蠢,他有这样一个太太,而且还这样敬他爱他,真是一种福气,但在太太们中间,可都觉得李太太没有什么了不得,面貌虽然好看,可是比她好看的人也很多,算不了什么;虽然喜欢多看看书,但论学问,并没有专长;又不会游泳;舞也跳得平常;理家,东西常让佣人浪费;……总之,没有什么了不得,而偏偏有那么一个丈夫,又健康,又温柔,又会赚钱,又会玩……"

21 日 小说《百灵树》开始在《星岛日报》连载,至 1950 年 7 月 10 日结束,香港亚洲出版社 1954 年出版,收入《徐訏全集》第十四卷。据说百灵树是有预兆功能的。作品中,亲友团一行到嘉义阿里山游玩,年轻的先晟本当是愉快、活泼的,但总显得有些落落寡合。到了阿里山,她感到很吃惊,说是好像曾经到过的场景。游玩途中,先晟还不经意地折了一枝百灵树的树枝送"我"。这是此类灵异叙事中经常采用的手法,制造出身临其境触及"法力"的感觉。到了深夜,先晟忽然听到外面百灵树的哭喊声。过不多久就传来先晟男友去世,而先晟也跟着殉情的消息。与《鬼恋》《离魂记》《痴心井》相类似,《百灵树》也是利用传统的神幻元素制造一种奇异的叙事氛围,熔铸时事变化的内容。

31 日 在香港。作诗歌《止水》《驻歇》《悬崖绝壁间》,收入《轮回集》,后收入《徐讦全集》第十二卷。

7 月

3 日 在香港。作诗歌《为谁》,收入《轮回集》,后收入《徐讦全集》第十二卷。

7 日 在香港。作诗歌《书眉篇》,收入《轮回集》,后收入《徐讦全集》第十二卷。

14 日 小说《炉火》开始在《新岛晚报》连载,至 1950 年 10 月 7 日结束。

15 日 在香港。小说《彼岸》脱稿,香港夜窗书屋 1951 年出版,收入《徐讦全集》第六卷。

这部作品充满了文体实验色彩,作为一部小说出版,但很难说是一部传统意义上的小说。可以说是作者心灵的肖像,是心灵的自我对话,并且是关于彼岸世界的对话。作品的开头就以诗的方式表达了自我认识的困难,接着作品谈到了理解的困难,感情上的接受和"爱"并不等于认识上的"信"与"真","当我们可以寻求了解之时,我们先要我们自己谦逊,而更多的谦逊也就是更多了解的路径;当我们爱在一起的时候,我们竟无法寻求了解,爱情与了解竟是不同的途径。我发现了我的父母不能对我有所了解的时候,我仍知道他们还是最爱我的。不能使爱你的人了解是多么痛苦呢?我开始想探究这两条路径的焦点"。这并不是王国维的"可爱者不可信,可信者不可爱"的近代命题的延伸,而是一直以来徐訏的心理学与哲学探索的在特殊时期里的蜕变与裂变。当这种呼告无路的时候,会感到世界的虚妄,希望在倏然而变的世界中寻找某些恒常的事物。"一个人在这样的时候,人就很容易接近哲学与宗教。我不难得到一切的存在都是虚妄而真正的存在只是灵魂的说法,正像那盆水在急湍的溪流当中,虽然里面的内容早不是当初的内容,可是这个盆子是没有变的,一切流入于盆内的都属于你,而流出盆外的都不是你的。"人们在这样的情境下会接近神的世界,会想到超然物外的僧人,会想到睡眠一样的死亡等。然而,这些仍然不能让"我"满足,那么,男女之情,清纯的男女间的爱情又如何呢?它能救渡人的生命从而安抵彼岸吗?这当然是作者愿意探索的。作品中一个如莲亦如露的女孩出现了。露莲在作品中是作为"我"的拯救者而出现的,"我"想到大海上去了结,但被细心的露莲发现,回来后,"当船搁上沙滩的时候,我才见到露莲的脸庞,在她带露莲花般的笑容中,有骄傲的神情,而在她明洁的眼睛里,竟流出了晶莹的泪珠"。无论是现实中,还是艺术的旅途上,作者见识了也创造了各色的女子,但她们都不如露莲那样清纯。然而,这样的清纯自然也很难长久地见容于红尘世俗之中。作者曾说:"《彼岸》是我一种新尝试,我相信没有人那样写过,以后我也写不出来了的。"①

21 日　在香港。作诗歌《慰病》,收入《轮回集》,后收入《徐訏全集》第十二卷。

---

① 心岱:《台北过客》,见陈乃欣、隐地编选《徐訏二三事》,台北尔雅出版社1980 年 11 月版。

29 日　在香港。作诗歌《唯一的伴侣》，收入《轮回集》，后收入《徐讦全集》第十二卷。

同日　在香港。小说《丈夫》脱稿，收入《徐讦全集》第十四卷。作品中的丈夫"我"是学美学的，在这样一个商业的时代，这是一个无用的行业，是一个危险的行业。用妻子素茵的话说，"学美学就整天说哪个小姐长得好看，哪个太太风度不错"。谁能够满足女性的需要呢？就是沙大煌之类的人物，他们不但有钱，而且豪爽、大方，能够拯救女性于水火，从而使她们心甘情愿地追随在左右，宁愿做外室也比做妻子强。"我"的妻子素茵做了沙大煌的外室，"我"心仪的表妹也做了沙大煌的外室。"我"不能给她们带来身的安顿，也不能给她们带来心的安宁，可在"我"眼里的畏畏葸葸的沙大煌却是可以。"沙大煌是一个又短又胖的人，肚子大大的突出着，两只肩胛很宽，脚很小，站在那里实在不像样。说到他的脸，上小下大，两腮胖胖的都是肉，鼻梁本来低，这一来显得鼻子奇小；发脚本来长得很高，我看见他时候已经有点秃顶，发亮的前额与后顶打成一片，倒比较可以同下面胖胖的两腮有个对称。但是他眼睛灼灼有光，对人一看，洞见心腑，看相的人都说他这副眼睛是财神眼，看到什么，什么都会变钱的。"看来，商业社会唯一合格的"丈夫"就是金钱。

本月　综合杂志《幸福》在香港复刊，由沈寂主编，刘以鬯、徐讦为主要作者。

9 月

3 日　在香港。小说《笔名》脱稿，收入《鸟语》集（香港夜窗书屋 1951 年版）。这是一部探讨文学与现实关系的小说。作品设置了三个主要人物，作为编者的"我"，作为小说家的 P. C. ，作为诗人的邝映秀。小说中"我"编辑一本叫做《作风》的杂志,金鑫和越亮都是"我"的作者,P.C.在杂志上以笔名金鑫发表小说,邝映秀则以越亮的笔名发表诗歌和评论。有意味的是由于发表了越亮的这些诗作和评论,社会上传出了"我"和越亮之间有男女关系的传闻,而实际的情况是,越亮越来越爱上了发表小说的金鑫而打算与 P.C. 离婚。文学与生活之间存在着戏剧般的互动关系。

10 月

8 日 小说《笔名》开始在《星岛晚报》连载,至 1950 年 10 月 28 日结束。

27 日 "中英学会"举办讲座,由徐讦讲《中国小说的传统及趋势》。

11 月

6 日 小说《鸟语》开始在《新岛晚报》连载,至 1950 年 11 月 29 日结束。

同日 作《〈炉火〉后记》。

9 日 作《打肿了的猫》一文。

30 日 小说《结局》开始在《新岛晚报》连载,至 1950 年 12 月 22 日结束,收入小说集《结局》(香港夜窗书屋 1951 年版),后收入《徐讦全集》第十四卷。这是一篇探讨小说写法的小说。作品以"我"的一段中学生活、一段留学生活,一段逃难生活为原始材料进行小说艺术表达的探讨。

作品设置了两个写小说的人物,一个是"我",一个是中学的女同学启文。启文写的小说明显受到其人生经历的框范,过去的男朋友成为她的小说的主角,而最能体现其想象力的恰恰是与过去生活没有关系的虚构的叙事作品。"我"则以逃难路上的经验作为叙事的蓝本进行小说创作,对于故事的发展和未来的结局"我"想象了多种可能性。"这个故事我只想到这里,下面我有许多想法,我想可能女的大哭一场,暗地里叫老板收买这部稿子,隐苦终身,不愿她的爱人知道她的下落;也可能终日郁郁,茶饭不进,最后那书店老板知道她的心事,他觉得对她已有点厌倦,乐得做个好人,把她拨还给那本书的作者。一但是,以后呢?以后可能男的对女的不能见谅,痛哭一场,不顾而去;女的呢?自杀?安心做书店老板的太太?可能男的要对环境报复,他要杀害这书店老板。一以后,可能女的劝男的,没有弄出命案,也可能出了命案。还有如果男的女的一见不能分,又不能合,觉得被环境侮辱得太厉害,羞愧愤恨,无法自外双双投河,以了此生。当然小说还可浪漫化,说男的舍女的而走,他投军抗敌,建了奇功;还可把桂林改为别的已沦陷的城市,说敌人攻打进来,书店老板做了维持会会长,男的做地下工作,女的杀了书店老板,同男的双双逃走,成为很幸福的夫妇。为了善有善报,恶有恶报,里面也可插入两个曾占有女的司机也死在日本人的手里。"非常具有戏剧性的是,小说写完之后请书店老板出版,他却把书稿烧了,因为他认为这小说是诽谤他。作品中设想的故事情节居然与现实中书店老板的行为非常偶然地"巧合"上了。从这里,我们可以看到作者对于小说与现实关系的一种理解。

同日　《鸟语》脱稿,收入《鸟语》集,后收入《徐讦全集》第十四卷,《台港文学选刊》1988年6月第3期曾予刊载。作品写的是一个爱情故事,体现出诗意化和哲理化的倾向,诗意化处理上带有对于故乡的怀念。芸芊看上去有些痴傻,但实际上秉有大自然的灵性。"我"在外边奔忙,失去了与芸芊的感情机缘。"以后,我一直在都市里流落,我迷恋在酒绿灯红的交际社会中,我困顿于病贫无依的斗室里,我谈过庸俗的恋爱,我讲着盲目的是非,我从一个职业换另一个职业,我流浪各地,我结了婚,离了婚,养了孩子;我到了美洲欧洲与非洲,我一个人卖唱,卖文,卖我的衣履与劳力……如今我流落在香港。""我忘了芸芊,我很早就忘了芸芊,但每到我旅行到乡下,望见青山绿水与青翠的树林,一声低微的鸟语,芸芊的影子就淡淡地在我脑际掠过……"

本月 创作小说《婚事》,香港夜窗书屋 1950 年出版,收入《徐訏全集》第五卷。作品开头的一段文字,说的是人们与往事的纠葛,以及这种纠葛中的心理习性。作品由"我"姐姐的女儿阿密的婚事而引发的两段有关心理疾患的故事。一段是为外甥女治病的俞大夫所讲的有关外甥女男朋友杨秀常的故事。杨秀常曾在半幻梦状态中杀死了自己的妻子,他甚至也不能明确意识到自己的行为。俞大夫用催眠疗法诱导其暴露自己的内心世界,慢慢明白了事情的真相,原来是嫉妒和害怕妻子爱上自己的死去的弟弟。由此逐步明白了杨秀常杀妻的原始诱因。另一段则是杨秀常的妹妹杨秀桢给我讲的有关俞大夫的故事。俞大夫在为杨秀常治疗的过程中爱上了妹妹杨秀桢,但是俞大夫那种"尾随与注视"的强势态度让杨秀桢感到压力和恐惧。这同样是另一重的心理问题。作品显示作者对于心理问题,尤其是变态心理问题的浓厚兴趣和持续热情。

本月 小说《太太与丈夫》出版。

12 月

21 日　香港"金钱牌"热水瓶公司主办"外面漂亮里面热"征文比赛,徐訏为评判者之一。

24 日　小说《一九四○级》开始在《新岛晚报》连载,至1951年1月4日结束,收入小说集《结局》(香港夜窗书屋1951年版),后收入《徐訏全集》第十四卷。这是一篇用小说的方式探讨小说写法的小说。"我"在重庆的时候曾认识研究哲学又转而打算写小说的江上云,到香港后又碰到他。一直以来,江上云总是想与"我"交流小说的写法,但我们对于小说的看法往往相去甚远。江上云的小说喜欢在作品中寄托他的哲理,谈论他的理想和信仰,他的小说太理智,太科学。而"我"认为小说要有小说的趣味,"我们读到许多毫无意义毫无价值的小说,浅薄的甚至无聊的小说,但总是小说,是不是? 能在小说里面表达深刻的哲理与崇高的理想,当然高于普通的小说,但成功还在要是小说,如不成为小说,则不必用小说的形式,是不是? 这等于酒,任何药酒,必须是酒,否则不妨叫做药"。这多少可以看作是作者对于小说的一种理解。

本年　在香港。小说《期待曲》《婚事》《旧神》出版。

本年　作诗歌《岁尾》,收入《轮回集》,后收入《徐訏全集》第十二卷。

本年　由李铁执导,吴楚帆、白燕、姚萍等主演的《愿郎重吻妾朱唇》在香港上演。本片由徐訏小说《吉布赛的诱惑》改编而来。影片为了让当地观众有更强的参与感,把本来发生在法国马赛的故事重置为香港,神秘的吉布赛女郎则代之以香港灵仙,吉布赛群落的流浪生活则演化为香港灵仙四处表演的剧团。

"文化矛盾、文明与爱欲冲突、创造异托邦的哲思置之不顾。编剧自己也并不喜欢此电影,他说:'我对于故事中的男女们底生活态度取了否定的立场。'可见当时香港恶俗的电影市场使人身不由己,徐讦对此也身不由己。"(冯芳《徐讦居港期间的社会活动》)

1951 年(辛卯)　43 岁

▲1 月 8 日,由文化部领导、全国文联协办的中央文学研究所举行开学典礼。后改名为"文学讲习所",为现今鲁迅文学院前身。

▲2 月,中央人民政府公布《中华人民共和国惩治反革命条例》。

▲5 月,西藏和平解放。

▲5 月 20 日,毛泽东为《人民日报》写社论《应当重视电影〈武训传〉的讨论》,全国开始批评《武训传》。

▲12 月 1 日,中共中央作出《关于实行精兵简政,增产节约,反对贪污、反对浪费和反对官僚主义的决定》。

▲12 月,香港小说杂志《天地人》出版。

1 月

5 日　在香港。作诗歌《月下》《羁绊》《日子》,收入《轮回集》,后收入《徐讦全集》第十二卷。

7 日　在香港。作诗歌《私语》《末日》《旅途上》《真伪》等,收入《轮回集》,后收入《徐讦全集》第十二卷。

9 日　作《交友的年龄》一文,收入《传薪集》(香港创垦出版社 1953 年版,台北长风出版社 1954 年版),又收入《思与感》,后收入《徐訏全集》第十卷。文中谈及人们之间友情的交往总是存在着年龄选择的现象,不同的年龄在交友选择上往往存在着不同的年龄范围。文章既表现对于人的生命现象的感慨,也对自己生命旅程中的一些经历表现出困惑。"我在旧式教有里生长,从小没有艺术教育的环境,在我大学的时代,我忽然爱上绘画,那时也许还不太晚,但是我觉得来不及了,我终于忍痛割爱。以后在欧洲,我又喜欢上音乐,而我知道这是不可能了,假如时间可能,我是否有更大的成就呢? 但是这问题是多么愚蠢呀!"

15 日　在香港。作诗歌《遐想》,收入《轮回集》,后收入《徐訏全集》第十二卷。

19 日　小说《彼岸》开始在《新岛晚报》连载,至 1951 年 3 月 28 日结束。

28 日　在香港。作诗歌《向哪里去》,收入《轮回集》,后收入《徐訏全集》第十二卷。

本月　作《某先生暨夫人七秩双庆》。

2 月

10 日　在香港。作诗歌《长号短咒》,收入《轮回集》,后收入《徐訏全集》第十二卷。

18 日　在香港。作诗歌《已晚的悔悟》,收入《轮回集》,后收入《徐訏全集》第十二卷。

3 月

11 日　在香港。作诗歌《月光》,收入《轮回集》,后收入《徐讦全集》第十二卷。

12 日　作诗歌《微光》《救生仙术》，收入《轮回集》，后收入《徐讦全集》第十二卷。

17 日　作《〈彼岸〉后记》。

20 日　在香港。小说《星期日》脱稿，收入小说集《私奔》（香港夜窗书屋 1951 年版），后收入《徐讦全集》第十三卷。小说采用第二人称的叙事，以一种往事不堪回首的方式来回望过去，表现了一个失去韶华的大龄女青年对过去的懊悔，对现实的不甘心。在这种人生的起伏中，又夹杂着个人无法左右的时代巨变。

22 日　在香港。作诗歌《荒漠的夜》，收入《轮回集》，后收入《徐讦全集》第十二卷。

23 日　在香港。作诗歌《梦境》，收入《轮回集》，后收入《徐讦全集》第十二卷。

25 日　在香港。作诗歌《天谴》，收入《轮回集》，后收入《徐讦全集》第十二卷。

30 日　小说《劫贼》开始在《新岛晚报》连载，至 1951 年 4 月 11 日结束，收入小说集《结局》（香港夜窗书屋 1951 年版），后收入《徐讦全集》第十四卷。小说写"我"与柳家一家人都很熟悉，他们很开朗，但有一天"我"去他们家的时候碰到了一个劫贼，不巧的是，这个劫贼竟是"我"中学的同学，并且是"我"的情敌。他曾经是学生会的会长，打篮球的中锋，有很好的口才，为什么沦落到今天的这个地步呢？这是小说一开始所设置的叙事悬念。小说以"我"到劫贼家核实情况来揭开这个谜团，最重要的是时事的起伏，造成生活的动荡，比如问到昔日的女友家中情形，"你们家中经济情形不是很好吗？""抗战中早就完了。"作品用这样戏剧的奇特经历来折射一个时代的变迁。

4 月

5 日　在香港。小说《私奔》脱稿，收入小说集《私奔》，曾在《七艺》1976 年 12 月 1 日第 2 期、1977 年 1 月 1 日第 3 期分两期连载，后收入《徐讦全集》第十三卷。作品以儿童视角回忆了枫杨村的故乡。这里面有翠玲姐与季明哥私奔的故事，更有难忘的场景："乡下有一种柏树，树很高很大，但结着很小的果子，这果子不能吃，但很好玩，我们把它塞在小小的竹管口，用竹棒一捅，发出'啪'的一声，我们当它是枪，这些果子的硬度与大小似乎非常配我们手头的竹管，一时风行，小孩子大家都抢柏树果。但是这柏树很高，我们爬到树上用棒鞭击，但掉下来总是有限。有一次我们正在打柏树果的时候，季明哥刚刚走过，我们就求他帮忙，他放下扁担，像猴子一般的很快地爬上树去，折了几只树枝给我们。我们摘了每人满满一口袋，我们真羡慕他的本领。"

12 日　小说《私奔》开始在《新岛晚报》连载，至 1951 年 4 月 27 日结束。

16 日　在香港。作诗歌《热闹的人世》，收入《轮回集》，后收入《徐讦全集》第十二卷。

17 日　在香港。作诗歌《静夜》，收入《轮回集》，后收入《徐讦全集》第十二卷。

22 日　在香港。作诗歌《我的朋友》，收入《轮回集》，后收入《徐讦全集》第十二卷。

24 日　在香港。作诗歌《在我降生时》，收入《轮回集》，后收入《徐讦全集》第十二卷。

28 日　小说《星期日》开始在《星岛晚报》连载，至 1951 年 5 月 7 日结束。

29 日　在香港。作诗歌《凡人》,收入《轮回集》,后收入《徐讦全集》第十二卷。

本月　小说《鸟语》出版。

5 月

9 日　小说《爸爸》开始在《星岛晚报》连载,至 1951 年 5 月 17 日结束,收入小说集《私奔》,后收入《徐讦全集》第十三卷。小说用委婉的入笔方式,叙述了一个沉重的故事。女儿小银籁放学回来之后很不高兴,因为与要好的同学史济光闹了矛盾,引起矛盾的地方是史济光的爸爸究竟是不是好人。随着"我"的进一步了解,竟发现史济光的父亲是"我"的老熟人,我们小学时曾经同过学,在北京还继续交往,以后他从事电影行业,曾颇为风光。但世事翻覆,抗战后流落到香港,弄到难以聊生的地步。小说借儿童纠纷这样小小的情由来观照社会的沧桑巨变,以及这种巨变在人间亲情之间造成的难以抹平的伤害。

18 日　小说《秘密》开始在《星岛晚报》连载,至 1951 年 5 月 30 日结束,收入小说集《私奔》,后收入《徐讦全集》第十三卷。小说写了一种偷窃癖的形成与戒除,是一种性格心理分析小说。骆家禾童年的时候,父亲娶了小妾,为了讨小妾的欢心,父亲常常买些东西送给她。而骆家禾为了让母亲开心,常常把这些小玩意偷给母亲,受到母亲的夸赞,久而久之,形成了偷窃的怪癖。在"我"的帮助下,骆家禾逐步戒除了怪癖。

小说于 1954 年改编为电影,由陶秦、茅芦导演,尤敏、赵雷、马力、蒋光超等主演,香港邵氏电影制片厂出品。

28 日　在香港。作诗歌《晓感》,收入《轮回集》,后收入《徐讦全集》第十二卷。

31 日　小说《杀妻者》开始在《星岛晚报》连载，至 1951 年 6 月 11 日结束，收入小说集《传统》（香港夜窗书屋 1952 年版），后收入《徐讦全集》第十三卷。小说写抗战期间逃亡路上的一个令人恐怖的故事。逃亡路上，"我"遇到一个寡言少语略显怪僻的中年人，结果聊起来之后他倒很愿意把他自己的故事告诉"我"，他听说"我"是一个写小说的。原来他是一个杀死自己妻子的人，年轻的时候，因为家中富裕父亲的疼爱，中途放弃了学业就和一个叫蓓华的女孩子结婚了。婚后他们彼此相爱，过着幸福的小日子。后来因为蓓华的父亲生病，她不想自己的丈夫为之烦恼偷偷出去照料，结果为小人所乘。吴笙英在中间造谣离间，骗取了感情，并且又在背后养情人。在他发现这些事情后，一怒之下，开枪打死了吴笙英和她的情人。

6 月

13 日　小说《传统》开始在《新岛晚报》连载，至 1951 年 7 月 5 日结束，收入小说集《传统》，后收入《徐讦全集》第十三卷。小说题名"传统"，具体说的是一种江湖上的传统，一个水陆帮会的传统。这个传统的形成有它的土壤，有它的价值追求，有它的行事规范，有它的带头大哥，有它的精神感召。但在现代社会的冲击下变得岌岌可危，作品中刀疤项成极力想要维持义父传下来的传统，但师娘、曹小姐等从上海回来后却是想另起炉灶，打破传统搜刮金钱来满足个人的欲望，这之间发生了致命的冲突。刀疤项成虽然也感到传统难以维持，但最后兄弟们被出卖，哪怕是自己人，他还是要按照传统的"铁则"来行事，因为这是没有还价余地的。

7 月

3 日   创作小说《舞女》，收入小说集《父仇》（香港夜窗书屋
1953 年版），收入《徐讦全集》第十三卷。"我"在牛奶公司门口不
意碰到老于，他跟我谈起他在澳门的一些经历。小说反映出一
个物质社会中人们心理上日趋功利化的现象。

7 日   小说《舞女》开始在《新岛晚报》连载，至 1951 年 7 月
24 日结束。

27 日   小说《痴心井》开始在《星岛晚报》连载，至 1951 年 9
月 8 日结束，香港夜窗书屋 1952 年出版，收入《徐讦全集》第
五卷。

与《鬼恋》《离魂记》类似，这部作品也是嫁接在传统神幻元
素上的故事。"离魂"与"人鬼恋"情结都不是个体心理的产物，
而是一种集体心理的原型，"痴心井"也是这类心理原型的表达。
略有不同的是，"人鬼恋"也好，"离魂"也好，艺术上要处理的对
象更缥缈朦胧一些，而"痴心井"作为一个现实的物象则更为具
体真切一些。

小说在故事的叙述上是颇具匠心的，先是抗战期间"我"与
余道文住在重庆余子坝的时候，上班等车的路上常常会聊天，有
一次聊起他杭州老家的情况，说到这么一个"痴心井"的故事。
故事中表姑与其堂叔从小在一起，非常要好，后来堂叔出门经
商，在外面结了婚。表姑慢慢就有了精神病，经常拿着祖传的珊
瑚心问别人："你看见过这东西没有？ 你有这东西没有？"最后年
纪轻轻三十来岁，怀揣珊瑚心掉入井中而亡，其死后阴魂不散，
在天阴下雨的晚上不时可以听到隐约的哭声，余道文的父亲因
此被吓死了。作品开头的悬念似乎为他人而设，但事情常常有

出人意表之处。其后，"我"因为写作上的需要住到余道文杭州的老宅，就这样听故事的人走进了故事里面。在这里，"我"遇到了余道文的妹妹银妮，而没想到的是，银妮因爱上"我"，加上造化弄人造成误会而重蹈了表姑的悲剧，投进痴心井自杀了。而这时，"我"才发现原来"我"在内心也是爱着银妮的，事情就是这样阴差阳错。富有意味的是，不仅作者走进故事中，而且还以此故事创作了剧本，并投入了拍摄，成功完成后还取得了轰动性的效果。可见，作者有着清醒的文本意识，并基于文本与现实、过去与现在相互关系的理解上制造了多重文本的映照、互动。作品注重氛围的酿造，着意于传统意象的深度拓展，写得缠绵悱恻、凄婉动人。

8 月

本月 小说《父仇》出版，收入小说集《父仇》，后收入《徐訏全集》第十三卷。作品中陶铿申本是要为母亲报仇，去杀死把他们母子抛弃的父亲，结果在他父亲那里又听到了完全不同的另一种有关他们家庭关系的叙事。父亲让他用自己的亲身经历作判断，这时他才发现这个社会物质和金钱的诱惑才是真正的凶手。

9 月

10 日 小说《有后》开始在《星岛晚报》连载，至 1951 年 10 月 5 日结束，收入短篇小说集《有后》（香港夜窗书屋 1953 年版），后收入《徐訏全集》卷四。小说写浙东某地方家家业颇兴，但人丁不旺。偌大的家族企业眼看着后继乏人，所以方家的父母都很着急,想着各种办法。求神拜佛、吃药进补,眼看着都不管用。方太太对儿媳掌珠越来越失去耐心,旁敲侧击、指桑骂槐,掌珠也渐渐明白了事情的真实原因。作品的结局是掌珠"借来"种子怀上了孩子,让方家续上了香火,后继有人。作品充满了喜剧的讽刺意味。略加深入还可发现,这部作品还包含着作者对于中国文化的一些思考。这是一个新旧交替的时代,老方子已经无法敷用,从西方传来的新方子又是些虎狼之药。如何面对现实,还有有些仓皇滑稽之感。

本月 小说《传统》出版。

10 月

6 日 小说《坏事》开始在《星岛晚报》连载,至 1951 年 10 月 17 日结束,收入小说集《父仇》(香港夜窗书屋 1953 年版)。这是一篇讽刺小说。小说写一个自以为是的英国人金卫德太太,她表面上热爱中国,实际上瞧不起中国。她给自己取了中国的名字,却给自己的佣人取上英国的名字。她经常去教堂跟牧师们打交道过着谨严的生活,但这导致了她身心不调和,总是冲着男佣人彼得发脾气。

18 日 作《无题》小说一篇。

19 日 小说《无题》开始在《星岛晚报》连载,至 1951 年 11 月 10 日结束。

24 日 在香港。作诗歌《已逝的青春》《一切的存在》,收入《时间的去处》(香港亚洲出版社 1958 年版),后收入《徐讦全集》第十二卷。

11 月

5 日 在香港。作诗歌《宁静的落寞》,收入《时间的去处》,后收入《徐讦全集》第十二卷。

6 日 在香港。作诗歌《泪痕》,刊载于《星岛周报》1951 年创刊号。这本杂志是综合性杂志,并不以文学内容为主,编辑委员虽阵容强大,如曹聚仁、叶灵凤、易君左、徐讦、李辉英等,都是文艺大家,却不能刊登水准较高的文学作品。

同日 作诗歌《夜醒》,收入《时间的去处》,后收入《徐讦全集》第十二卷。

17 日 在香港。作诗歌《旧日的青春》,收入《时间的去处》,后收入《徐讦全集》第十二卷。

20 日 在香港。作诗歌《记忆里的过去》,收入《时间的去处》,后收入《徐讦全集》第十二卷。

26 日 小说《凶讯》开始在《星岛晚报》连载,至 1951 年 12 月 7 日结束。

27 日 在香港。作诗歌《海滨》《莫问》,收入《时间的去处》,后收入《徐讦全集》第十二卷。

30 日 在香港。作诗歌《宫墙》,收入《时间的去处》,后收入《徐讦全集》第十二卷。

本月前后 新加坡刘益之到香港招兵买马,组建新加坡《益世报》采编班底。徐讦和刘以鬯都在邀请之列。徐讦比刘以鬯早些到达新加坡,但等到刘以鬯来新加坡的时候,徐讦已经回到香港。《益世报》(新加坡)1952 年 6 月 7 日创刊的时候,徐讦仍在香港,没有参加《益世报》的编辑工作。此时徐讦在香港筹办自己的创垦出版社。①

12 月

本年　小说《私奔》《彼岸》《结局》《轮回》《炉火》《百灵树》出版；戏剧《月亮》出版。

本年　创作小说《初秋》，收入小说集《百灵树》（香港夜窗书屋1951年版），后收入《徐讦全集》第十四卷。小说叙述的是一个"圆满"而又"幸福"的故事："这故事总算是功德圆满，因为我们这几位人物都可以快乐地生活，连李太太在内，因为虽然夜饭的桌上并没有晓光同他美丽的媳妇，李先生再也不感到空虚与寂寞，不但不感到，而且还随时随地特别体恤李太太的空虚与寂寞。""其他一切都没有改变，大家还是很幸福的。"但在这样圆满与幸福的表象下是无耻的乱伦的故事。儿子晓光不愿读书，还要娶一个舞女史玲玲成家，这在作为银行家的父亲看来是很没有远见的。李先生要说服儿子，还要说服史小姐，结果反被史小姐诱惑了。据作者说，"这不是一篇短篇小说，而是一个长篇小说的纲要，我曾经把这个长篇写了十几万字，不知怎么，一搁下就迄今未拿起，看来现在不会有写这篇东西的机会。因此把这个纲要收集在这里，作为以后如果要重写的线索"。

本年　略微修改此前的小说《禁果》，收入小说集《百灵树》，后收入《徐讦全集》第十四卷。这是一个诗人与寡妇之间带有寓言色彩的故事。有一次，诗人写了一首诗，大骂亚当、夏娃，说他们为了自己的快乐偷吃禁果，结果造成人类永远吃不尽的苦处。有钱的寡妇看到这首诗感到了很大的兴趣，要求报馆联系上了

---

①　刘以鬯：《忆徐讦》，《明报月刊》1980年11月号第15卷第11期。

这位诗人,并跟他打起了赌。有钱的寡妇可以满足诗人的任何要求,但诗人不能向有钱的寡妇求爱,而一旦向有钱寡妇求爱,诗人则必须接受死亡。为了使这份合约得到保障,他们还请律师进行了公证。

1952 年(壬辰)　44 岁

▲1 月 26 日,中共中央发出"在城市限期开展大规模的坚决彻底的'五反'斗争的指示"。

▲7 月 25 日,香港《中学生周报》创刊。

▲9 月,毛泽东发表题词"百花齐放,推陈出新"。

▲12 月,全国文协召开"胡风文艺思想讨论会"。

1 月

10 日　在新加坡。作诗歌《远行》,收入《时间的去处》,后收入《徐讦全集》第十二卷。

11 日　在新加坡。作诗歌《鬓影》,收入《时间的去处》,后收入《徐讦全集》第十二卷。

14 日　在新加坡。作诗歌《灿烂的生命》,收入《时间的去处》,后收入《徐讦全集》第十二卷。

15 日　在新加坡。作诗歌《伴》,收入《时间的去处》,后收入《徐讦全集》第十二卷。

19 日　在新加坡。作诗歌《夜祈》《题》,收入《时间的去处》,后收入《徐讦全集》第十二卷。

27 日　在新加坡。作诗歌《记取》,收入《时间的去处》,后收入《徐讦全集》第十二卷。

2 月

1 日 在新加坡。作诗歌《南国的风光》,收入《时间的去处》,后收入《徐讦全集》第十二卷。

同日 作诗歌《原谅》,收入《时间的去处》,后收入《徐讦全集》第十二卷。

3 日 在新加坡。作诗歌《春光》《浮霞》,收入《时间的去处》,后收入《徐讦全集》第十二卷。

10 日 在新加坡。作诗歌《苍苍的暮色》,收入《时间的去处》,后收入《徐讦全集》第十二卷。

11 日 在新加坡。作诗歌《日暮黄昏》,刊载于《热风》1954年 1 月 16 日第 9 期,收入《时间的去处》,后收入《徐讦全集》第十二卷。

15 日 在新加坡。作诗歌《长记》,收入《时间的去处》,后收入《徐讦全集》第十二卷。

19 日 在新加坡。作《马来亚的天气》一文,收入《传杯集》(1954 年 7 月台北长风出版社版),后收入《徐讦全集》第七卷。在此前后,徐讦曾到马来亚新加坡考察,似乎还有一些想到此谋生的打算,但很快就返回香港了。《马来亚的天气》多少反映了徐讦在当地的感受和不适。作品所写的马来亚天气既有溽热、多雨的自然界的气候,但更主要指马来亚作为一个殖民地而形成的政治经济的和历史文化的气候,而这种气候对于一个读书人,一个作家是相当难以适应的。

同日 作《驯兽的哲学》(署名丽明)一文,收入《传杯集》,后收入《徐訏全集》第七卷。① 这篇作品从报上一则驯兽的新闻谈起,回想起当年驯兽家所谈的驯兽哲学,由此而联想到人与人之间日常的相处之道,乃至国家与国家之间的相互关系等。

3 月

25 日 作小品《打赌》,收入《传杯集》,后收入《徐訏全集》第七卷。作品写妻子与其好友之间嗜赌成瘾的故事。这同样是一个或真或假的故事,它未必全是虚的,没有一点现实的根源,但显然也进行了艺术化的改造,以此融括更大的现实感悟。因此,这种打赌既可以看作真实的现实过程,也可以看作一种对于婚姻爱情的哲理概括,就像人们常说的婚姻是一场赌博一样。

5 月

4 日 作《镜子的来源》一文。

15 日 文艺杂志《幽默》半月刊创刊,徐訏任主编,主要撰稿人有徐訏、曹聚仁,至 1952 年 10 月 1 日停刊。

同日 作《等待》一文,收入《传薪集》,又收入《思与感》,后收入《徐訏全集》第十卷。文章从日常生活中所习见的"等待"现象说起,最终达到对于人的某种生命状态的刻画,显示出作为一个具有哲理意识的作家透视生活现象的能力。

---

① 《驯兽的哲学》《当心恶犬》《妻的化钱》《讨债》《礼尚往来》《表》等几篇作品发表时署的并不是徐訏的名字,收入《传杯集》的时候署的也是发表时的名字。这说明它们可能是由别人所作。但这些作品也仍然被收入 1968 年台北出版的《徐訏全集》,而《徐訏全集》是由徐訏本人审订过的。这说明在某种意义上,徐訏是把这些散文看作是自己的作品。2008 年上海三联书店出版的《徐訏文集》就没有再标注这些作品发表时的署名。

20 日　作《当心恶犬》(署名丽明)一文,收入《传杯集》,后收入《徐訏全集》第七卷。写作者离港几个月后从外地回来寻访故友,上门碰到恶犬而虚惊一场的故事。

21 日　在香港九龙。作诗歌《感觉的模糊》,收入《时间的去处》,后收入《徐訏全集》第十二卷。

24 日　在香港。作诗歌《羡慕》,收入《时间的去处》,后收入《徐訏全集》第十二卷。

26 日　作《谈约会》一文,收入《传薪集》,又收入《思与感》,后收入《徐訏全集》第十卷。文章从日常生活中约会的两个基本要素,即时间与地点的约定谈及人生的确定性与不确定性。人们能够见及近处的确定性,而对远处的不确定性缺乏明确的意思。这显示出徐訏作为一个具有哲理意识的作家对于日常事物的深刻洞察。

29 日　作《谈情书》一文,收入《传薪集》,又收入《思与感》,后收入《徐訏全集》第十卷。情书当然是男女情感的表达,作者由这种情感表达方式的不同,把情书分成了六大类型。有趣的是作者以此六种情书的艺术表达方式来观照现代文学史上各类作家其它作品的创作,从而形成多种有趣的联系与看法。

7 月

14 日　作散文《谈艺术与娱乐》(署名西衣),刊载于《幽默》半月刊第 6 期,收入《传薪集》,又收入《思与感》,后收入《徐訏全集》第十卷。此文作者由艺术的起源问题谈起,认为在此问题上虽然存在着两派,即功利派和娱乐派。由此又形成了所谓为人生的艺术和为艺术的艺术,为艺术的艺术长期以来被看做是脱离人生的娱乐派。作者对此进行了辨析:"高级的娱乐,就臻于艺术的境界,艺术正是一种精神的娱乐。世上有为艺术而艺术与为人生而艺术的争执,其实这是多余的,以我个人想法,艺术当然脱离不了人生,艺术家本人就是人生,如何可使艺术脱离人生?但艺术在创作时候,只专力于艺术,则自可有为艺术而艺术的心境。娱乐也是一样,娱乐既是人生的自然的需要,当其娱乐时是可以专心于娱乐。唯其有专心于娱乐的人,方才有艺术产生,方才有艺术家产生,方才有独立的艺术,方才有文化。"

此外,文章谈及娱乐与文艺形式的起伏消长也是颇具个人体验,这是与作者的越剧知识相联系的。"当越剧还是草台戏的时代,她们坐着木船,几十个人挤在船舱中,一个农村一个农村地去演出,她们并不是以艺术家明星自居。后来一到上海,几个女角,由达官富商一捧,经济上宽裕了,演员们开始有艺术家明星的派头。你说她们不是从大众生活中出来的么?她们的家庭都是破产了的农户,子女过剩的贫民,她们没有读什么书,十岁以前完全帮家庭生产、劳动,以后就是流浪各地唱戏。大众喜欢看她们的戏,只是娱乐而已,并没有当她们是什么。等她们到上海,所谓成名以后,她们也俨然以文化领导自居,可是在观众的眼光中,她们只是给观众以娱乐而已。"作者对于越剧艺术的理解不难与此后的长篇小说《江湖行》联系起来看。

26 日　作《表》(署名姜城北)一文,收入《传杯集》,后收入《徐訏全集》第七卷。

8 月

10 日　作《文艺的永久性与普遍性》一文。

31 日　作小品《太太的嗓子》,刊载于《幽默》半月刊第 9 期,收入《传杯集》,后收入《徐訏全集》第七卷。这也是一个似真似假的故事。我因为爱太太的嗓子而失去了太太梦齐,而我的老同学张医生却有意地破坏了梦齐的嗓子最终得到了梦齐。

9 月

20 日　作《序皇甫光〈无声的钢琴〉》一文,收入《传杯集》,后收入《徐訏全集》第七卷。这是一篇非常幽默有趣的序文。文中写了徐訏自己到香港后准备改行的情况,也写了香港文坛的情况,还写了自己与皇甫光之间奇特的交往经历。最后用与皇甫光太太对谈的诙谐方式对皇甫光的作品进行了评价,同时也对当时香港的散文创作进行了概观式总结:"我觉得香港写这类小品的有两种,一种是传奇小品,这是靠巧合与奇遇,来引人入胜的,可说是浪漫派;一种是幽默讽刺小品,这是靠人情世故行为心理的揣摩来使人读来有亲切之感的,可说是写实派。他的小品则似乎常常会融汇了这两种特点,所以就又能引人入胜,又使人觉得有亲切之感了。"更有意思的是,徐訏的这类小品是在真假之间有一些奇遇和巧合,可以说,并非纯粹写实的;另外又常常有一种对于世情深刻洞见的幽默与嘲讽。所以,徐訏的序言,更像是对于自己作品的夫子自道。事实证明,皇甫光或有其人,但"《无声的钢琴》等等据考证都是子虚乌有"①。

26 日　作《新个性主义文艺与大众文艺》一文。

10 月

8 日　在香港九龙。作诗歌《关心》,刊载于《热风》1953 年 9

---

① 吴义勤,王素霞:《我心彷徨——徐訏传》,上海三联书店 2012 年 8 月版,第 234 页。

月 16 日第 1 期，收入《时间的去处》，后收入《徐讦全集》第十二卷。

28 日　在香港九龙。作诗歌《糊涂》，刊载于《热风》1953 年 9 月 16 日第 1 期，收入《时间的去处》，后收入《徐讦全集》第十二卷。

同日　作诗歌《残更》《幻寄》，收入《时间的去处》，后收入《徐讦全集》第十二卷。

11 月

14 日　在香港九龙。作诗歌《酝酿》，收入《时间的去处》，后收入《徐讦全集》第十二卷。

12 月

1 日　在香港九龙。作诗歌《灿烂的际遇》，收入《时间的去处》，后收入《徐讦全集》第十二卷。

20 日　在香港九龙。作诗歌《岁月的哀怨》《故居》，刊载于《文艺新潮》1956 年 4 月 18 日第 1 卷第 2 期，收入《时间的去处》，后收入《徐讦全集》第十二卷。

21 日　在香港。作诗歌《佳节》，收入《时间的去处》，后收入《徐讦全集》第十二卷。

26 日　作《给〈人生杂志〉》一文。

本年　创作小说《花束》《凶讯》《手枪》，收入小说集《花束》（香港夜窗书屋 1952 年版），后收入《徐讦全集》第四卷。

《花束》写金家的女儿金薇死了，而且是自杀。父亲百思不得其解，经过细心勘查，才发现原来自己的女儿与殷灵为有超乎常规的男女私情。殷灵为是金先生留法时的朋友，他们发展起这种关系是金先生无法接受的，过程中缺乏很好的处理，最终导致了无法面对的悲剧。

《凶讯》写"我"到杨家去报告杨大原游泳溺水的事情，因为与大原的妹妹谈起过去，所以始终无法启齿。小说用意识流的方式写了一种高度压抑的令人难堪人生场景。

《手枪》写沈家光和小音从内地流落到香港，因为找不到合适的工作，弄得生计无着。沈家光感到很对不起小音，产生了很大的精神压力，于是起了铤而走险用玩具手枪打劫的念头。但在一次得手后，变得一发而不可收。

本年　作散文《妻的化钱》《讨债》（署名丽明），收入《传杯集》，后收入《徐讦全集》第七卷。又有散文《人性与爱》《幽默课题》《人类的尾巴》《介绍幽默小启》《巫女文学里的爱》《文艺大众化与大众化的文艺》等。

本年左右　作散文《礼尚往来》《无题的纠纷》《妹妹的归化》等，收入《传杯集》，后收入《徐讦全集》第七卷。其中《礼尚往来》（署名金光沐）写香港社会人情交往中的"穿帮"现象，情节上颇具戏剧性。《无题的纠纷》同样写了香港社会人们交往中的戏剧性场景。《妹妹的归化》写妹妹到美国留学后迅速归化，融入西方化生活的情形。作品一方面表达对于妹妹这种随遇而安的通情式理解，另一方面又从女人是水做的，而男人是泥做的，"中国的泥土永远是中国的泥土"，表达出坚定的爱国之情。

1953 年（癸巳） 45 岁

▲5 月 1 日,香港综合杂志《亚洲画报》创刊。

▲6 月,毛泽东在中共中央政治局会议上提出党在过渡时期的总路线和总任务。

▲7 月 27 日,朝鲜停战协定在板门店签字。

▲9 月 23 日,中国文学艺术工作者第二次代表大会在北京开幕。

▲12 月,中共中央通过《关于发展农业生产合作社的决议》。

3 月

10 日 小说《盲恋》脱稿,1953 年 3 月 15 日至 1953 年 9 月 15 日在《今日世界》第 25 期至第 37 期连载,香港新生出版社 1954 年出版,后收入《徐讦全集》第六卷。这是一部带有哲理意味的小说。两个有残缺的人能够相互爱恋,但他们要面对真实的时候却无法再继续相爱下去,这会给人一种启示:难道爱一定是有所残缺的吗? 作者采用文本嵌套的方法,造成一种表达上的层次性,让读者意识到作品与现实之间既捕风捉影,又相互独立的关系;或许,在作者看来正是这样一种关系才适合对人生、爱情之类进行一种哲学式的提炼。徐讦在《从写实主义谈起》一文中曾谈到《盲恋》的寓旨:在我脱稿以后,我发觉我没有从微翠的角度来写是一个很大的缺点。原因是我意图把梦放象征"真",世发象征"善",微翠象征"美"的。所以整个的故事,只是"真"与"善"冲突的故事。真与善本不该冲突,但"真"无绝对的

"真"，只是凭不全的理智而信仰的"真"。"善"无绝对的善，只是凭良心的直觉所感的"善"。美是艺术，它要接近"真"，也要接近"善"，但当它内心的直觉觉醒的时候（微翠重明），发现所信仰的"真"竟是如此丑恶，一切能凭良心直觉体验的"善"竟完全不在它所信仰的真理中。于是美就不知所从，因而再无法有所表现而自杀了。

4 月

10 日　在香港九龙。作诗歌《安详地睡》，收入《时间的去处》，后收入《徐讦全集》第十二卷。

12 日　在香港。作诗歌《中年的心境》，刊载于《文艺新潮》1956 年 4 月 18 日第 1 卷第 2 期，收入《时间的去处》，后收入《徐讦全集》第十二卷。

13 日　在香港九龙。作诗歌《原野的理想》《老树》，收入《时间的去处》，后收入《徐讦全集》第十二卷。

14 日　在香港九龙。作诗歌《平静的夜晚》，收入《时间的去处》，后收入《徐讦全集》第十二卷。

15 日　在香港九龙。作诗歌《赋归》，收入《时间的去处》，后收入《徐讦全集》第十二卷。

27 日　作杂感《从我的语录谈起》。

5 月

19 日　作《〈之子于归〉后记》。

22 日　在香港九龙。作诗歌《无情的鸟叫》《时间的去处》，收入《时间的去处》，后收入《徐讦全集》第十二卷。

23 日　在香港。作诗歌《夜曲》，刊载于《明报月刊》1970 年 10 月号，收入《时间的去处》，后收入《徐訏全集》第十二卷。

6 月

26 日　在香港九龙。作诗歌《雨》，刊载于《文艺新潮》1956 年 4 月 18 日第 1 卷第 2 期，收入《时间的去处》，后收入《徐訏全集》第十二卷。

27 日　在香港九龙。作诗歌《轻轻雨》《祝福》，收入《时间的去处》，后收入《徐訏全集》第十二卷。

29 日　作诗歌《不是情诗》，收入"三边文学"之《街边文学》（香港上海印书馆 1972 年 7 月版），后收入《徐訏文集》第十五卷。

8 月

1 日　参加台湾"中国青年写作协会"成立大会。当天下午，受邀到陈纪滢的中和乡竹林路寓所做客，其间有郭良蕙、郭晋秀、魏子云等作陪。（魏子云《读徐訏〈炉火〉》）

9 月

2 日　作诗歌《有赠》（"你说人说你文才如流水"）。

16 日　综合杂志《热风》创刊，徐訏、曹聚仁等为主要撰稿人。同期，徐訏办创垦出版社，从 1953 年 9 月 16 日至 1957 年 10 月 16 日，出版文史半月刊《热风》总共九十九期。《热风》实行徐訏"百花齐放，百家争鸣"的办刊理念，在当时造成相当大的影响力，后来因经济的压力而关闭。

10 日　在香港。作诗歌《催行》,收入《时间的去处》,后收入《徐讦全集》第十二卷。

13 日　作诗歌《善意的批评》,收入《街边文学》,后收入《徐讦文集》第十五卷。

15 日　作《传杯集·序》,刊载于《热风》1953 年 10 月 16 日第 3 期,收入《门边文学》,后收入《徐讦文集》第十卷。

17 日　作《论冯友兰的思想转变》一文,收入"三边文学"之《场边文学》(香港上海印书馆 1971 年 12 月版)。这是一篇由曹聚仁发表在《热风》上的文章而引发的讨论。

22 日　拟旧作《无底的哀怨》,收入重版《进香集》,后收入《徐讦全集》第十二卷。

30 日　作《给〈星岛周报〉》一文。

10 月

1 日　作诗歌《小龟》,收入《街边文学》,后收入《徐讦文集》第十五卷。

同日　《戏赠友人》一文刊载于《热风》第 2 期。

3 日　作诗歌《寄语》,收入《街边文学》,后收入《徐讦文集》第十五卷。

23 日　作诗歌《有赠》("有人写文章像女人打绒线")。

30 日　来港文化工作者组团到台湾观光。团长丁文渊,团员卜少夫、黄震遐、徐讦、张国兴等。

11 月

1 日　诗歌《哀怨》《姻缘》刊载于《热风》第 4 期。

16 日 《遣暑絮语》一文刊载于《热风》第 5 期。

文章写作者自己到香港后对于夏天的感受。因为不适应当地的天气,弄成了昼寝的习惯,最后形成了不知晨昏黑白颠倒的生活。

12 月

3 日 作《在舞台前》一文,刊载于《热风》1953 年 12 月 16 日第 7 期。

16 日 曹聚仁《徐讦论》一文刊载于《热风》第 7 期。文中说:"徐兄的小说,有如茶楼里的说话人,喝一口茶,慢吞吞地把人物交待明白;他也知道语言文字虽是传达我们的意思的,却也是障碍意思的表达的;他就尽了他的交待清楚的本职。其余就让你慢慢去想了。我欢喜《鸟语》,就因为在故事以外,还有耐得想的东西;或许正惟耐得想,所以有人以为没有意思。那耐得想的部分,是不是能用语言文字传达出来呢? 所可能的,他已经说过了,所不能说的,就让我们去想。那位女主角芸芊对他说:'鸟语? 是的,他们也想说话一样,但不是说话。我懂得,但是我说不出。它说的不是我们的意思。它们同我们不一样,不像我们这样的,我怎么说?'这就是诗的境界,艺术的境界。徐兄是走出了诗的境界来写小说的。"……

"有人就问我:'是不是他的作品中那些人物的意识形态,只是借了他的笔勾画出来,而并不包含着徐先生自己的意识形态呢?'我以为正相反,徐先生作品中的人物,带着很浓重的徐先生自己的意识状态;他的小说,也可以说是他的灵魂的独白,不管男的女的,都有着徐先生的灵魂;这不是徐先生所摄的照片,而是他自己所作的速写。徐先生的小说,不是写实的,包含着很多的浪漫主义的气息。"……

不仅分析了徐讦小说的诗性品格，也分析了徐讦小说与创作者之间的心理联系。

冬 到台湾访问。回到香港后创作短篇小说《马伦克夫太太》，刊载于台湾报刊，收入小说集《马伦克夫太太》（香港大公书局1953年版）。小说以"我"的视角，写了记忆中的"马伦克夫太太"，原名叫做晓风的远房亲戚。在作品貌似平静的回忆中，晓风从一个淳朴的乡间少女变化为臃肿的俗不可耐的势利妇女，不仅寓含着"我"的青春记忆的破产，同时也昭示着这一历史时期中国社会和文化所遭受的挤压和扭曲。

这篇作品因为没有反共方面的内容，不符合当时台港文坛的期待，所以引起了围攻。台湾作家应凤凰在《人性的悲剧》一书中，谈到当时的情况："当时刊登报章的骂徐文章，没有一篇是针对《马伦克夫太太》讨论其内容或文艺技巧的，只是说这篇小说不是反共小说，不写反共小说的作家就不是'爱国'作家，写传奇小说的作家就是黄色作家。如葛令的《〈租界作品〉说到〈马伦克夫太太〉》（《文坛月刊》第二卷第九期）说：'我们不能不说是失望了，徐大作家的第一次礼物，别说对反共抗俄没有丝毫关系，而且连"时代"的意义也没有。这一篇大作如果于民国二十五年左右，在上海发表的话，也许可以说是含有某一些启示，说明租界时代的外国瘪三或罗宋人，如何藉租界的恶势力而引诱乡间女人女孩子堕落。然而，今日何日？这篇东西搬到台湾来炒冷饭，请问有什么价值？老实说，帝国主义的殖民地，固然庇护了"马伦克夫"，但他不是一样的庇护了我们的徐大作家，当年在那里写些《荒谬……悲歌……》等等荒谬可悲的麻醉人的东西？……'"

这种带有人身攻击色彩的所谓批评其杀伤效果还是很大的,使得徐訏在当时的政治文化气氛下显得相当另类,使得本来喜爱徐訏作品的读者不敢再自称是"徐訏迷",更不敢公开讨论徐訏。

已收入《隐地看小说》一书中的《徐訏的〈离婚〉》(《自由青年》1966 年 6 月号)一文里,有这样一段,可以看出徐訏与读者、文艺界三者间存在着的距离:"我当然也知道目前在台湾有很多写作的朋友卑视徐訏。他们说他只是一个说故事者。人云亦云的结果是,使一些内心原本颇为崇拜徐訏的读者竟不敢提徐訏的名字,怕徐訏的名字玷辱了他,怕别人讥笑他欣赏能力的低落……

"我曾经也沉迷于徐訏。年轻的时候谁不爱读故事性浓厚的小说?徐訏又是全才作家,小说、散文、新诗、戏剧、评论皆有专集出版,然而,却并不敢向朋友扬言自己喜爱徐訏的作品,可能这也是所谓文艺青年肤浅的通病吧!"

本年 小说集《马伦克夫太太》(后改名《杀机》)由香港大公书局出版,后收入《徐訏全集》第五卷。

本年 作小说《杀机》,收入小说集《杀机》(香港大公书局1953 年版),后收入《徐訏全集》卷五。

小说讲述了"我"——穿灰色长袍的人——故事讲述人,与朋友遥敏及妻子晓印三人间相爱相仇的故事,由此探索了所谓人性中的兽性和神性问题。小说带有很强的心理分析意味,是沿着人物心理的发展展开叙述的,写了两性关系中人物心理上的压抑、掩饰和突破。比如,晓印、遥敏是彼此相爱的,但他们碍于"我"的友情,刻意回避;当内心的欲望无法压抑的时候,事情就变得不可收拾了。火灾中,晓印不顾一切(没有意识到女儿的存在)地要去救遥敏,而"我"与遥敏之间都彼此产生了"杀机",想置对方于死地。

作品把人物的故事置于北平、重庆和宁静的乡下这样广阔的时空流转中来展开,一面写时事倥偬,另一面写人心之顽固。可以说,也是一篇深度的心灵探险之作。

本年 创作小说《责罚》,收入小说集《杀机》,后收入《徐訏全集》卷五。作品以"我"的乡村教育经历为蓝本,回忆了张军这么一个颇有侠义精神的人物。那是一个私塾教育还很普遍,现代学校教育还没有普及的时候。张军到我们小学来的时候年龄偏大,甚至看上去和老师差不多,所以很快成了同学的领袖。他不仅多才多艺,还很具有担当精神,他喜欢给我们讲七侠十三剑和三侠五义之类的故事。作品重点写了张军在同学踩倒篱笆和毛老师金表失窃几件事上的表现。从张军身上还可以看见中国传统底层社会在教育上重信义、讲公平等的一些特点。《〈责罚〉的背景》中作者在回答记者提问时,谈及作品中的描写既有基于童年经历的真实的一面,也有作为小说创作虚构的一面。

本年 《传薪集》出版,其中《家》《奇怪的东西》《谈吃》《我所知道的〈西风〉》等文章未知具体写作时间,或许在时间上或许在内容上比较接近。此后又补充了《书籍与我》《谈懒惰》《我的消遣》《小说的浓度与密度》《恶活与好死》《性美》等文章,收入《思与感》,后收入《徐訏全集》第十卷。

本年 作诗歌《你说》,收入《原野的呼声》,后收入《徐訏文集》第十五卷。

本年 散文集《传薪集》《传杯集》出版。

1954年(甲午)　46岁

▲2月,中国共产党召开七届四中全会,批判高岗、饶漱石。

▲5月,中国人民对外文化协会在京成立。

▲9月15日,第一届全国人民代表大会第一次会议在北京开幕。20日,通过中华人民共和国宪法。毛泽东当选国家主席,朱德为副主席,刘少奇为全国人大常委会委员长。大会任命周恩来为国务院总理。

▲9月,《文史哲》发表李希凡、蓝翎《关于〈红楼梦简论〉及其他》,批评俞平伯在《红楼梦》研究中的唯心主义观点。

1 月

10 日　作《传杯集·序》,收入《传杯集》,后收入《徐訏全集》第七卷。文章的开头部分引录了两段小泉八云有关散文与小说未来发展的议论。在徐訏看来,小泉有关小说将会衰落的预判看来并没有实现,但有关小说与散文的一些认识却发生了真实的改变。徐訏无疑是同意小泉八云对于速写式小品文的推崇的。因为在徐訏看来,小说作为一种文体样式本来是相当自由的,原来的故事、杂记等等也都是可以称作"小说"的,小说作为一种现代的文体样式是在现代审美进程中逐步确立的。在此过程中,散文与小说逐步分化,相对而言,散文,尤其是那种速写或素描式的小品文,它们继续保持了表达上的某些灵活性。这种表达上的灵活性则正是徐訏在文学表达上所中意的地方。

这里可以看到徐訏心目中小说与散文的界限。"小说的题材如果是人生的一个过程,那么小品的题材就只是生活中的一面剖面。"就是说,在徐訏心目中小说与散文的界限不在于虚构与写实,而在于完整性与否。正是出于这样的理解,他认为契诃夫、莫泊桑的一些短篇小说是散文小品而不是小说。沿此线索,或许可以说,在徐訏笔下散文同样是可以虚构的,或者说用一种特别的方式加以虚构。

同时,从其三十年代到五十年代散文创作的衍化中,还可以获得对于徐訏小说的进一步的认识。在这篇序言中,徐訏也提起他自己三十年代后期的一些作品。《春韭集》《海外的鳞爪》《海外的情调》等散文集之中的作品我们看到有清晰的现实线索与过程,同时,也不难感到有某些虚构的人物与场景。可以说,这种情形在五十年代初又一次重现。在《传杯集》和《传薪集》中,既有一些清晰的现实过程的作品,也有包含着相当虚构成分的作品。有些研究者把《传杯集》中的一些作品直接归入到小说的范畴,因为这些作品确实具有戏剧性的情节,未必不是虚构的人物等。但在徐訏自己而言,这些作品的虚构成分不妨碍他把它们归入小品系列,归入散文系列。但这些虚构元素的增长,不也正暗示甚至提示着徐訏小说的某些艺术特征?

3月

1日 《〈山城之梦〉序》刊载于《热风》第 12 期,收入《传薪集》(台北长风出版社 1954 年版),又收入《思与感》,后收入《徐訏全集》第十卷。《山城之梦》作者彭成慧,三十年代有散文集《怀旧》和一些翻译作品问世,在大陆时与曹聚仁、曾今可、崔万秋等人有交往,到香港后主要以教学和经商为主。

同日 《谈李微尘》一文刊载于《热风》第 12 期。

同日　《关于〈风萧萧〉的电影》一文刊载于《自由中国》1954年 3 月 1 日。文章说："我卖《风萧萧》的电影摄制权,虽也是为生活,但也并不是卖给人切碎了去炒肉丝的。那是在上海,同我接洽的人是中电的厂长徐苏灵先生,以中电的人力物力,当然不会只想宰割《风萧萧》去炒肉丝而已。而且他还对我保证将如何如何的认真去摄制。但卖了以后,有人告诉我买这个摄制权的人不是中电,是周克先生,他因为认真,所以迟迟没有开拍。以后时局激变,关于《风萧萧》的消息也就没有了。到香港以后,许多人同我谈到想把《风萧萧》摄制电影的事,我终告诉他们同周克去接洽。于是屠光启先生出现了。

　　"屠光启先生虽是很客气的说话,但是一谈到正题,真使我吃惊了,他对于文艺的体会与了解,竟不如一个小学生!……周克先生曾经请屠光启不要用'风萧萧'这个名字,听他抄取《风萧萧》的场面去拍摄,但是屠光启不肯。他要用《风萧萧》的名字,无非是想标明这碟三角牌酱油所炒的肉丝是从《风萧萧》割下去的而已。不过我相信,电影的观众,如果读过《风萧萧》的,马上会发现他是怎么回事,没有读过《风萧萧》的,倘肯因此去读《风萧萧》,也一定会发现这个电影与原书根本是没有发生关系的。世上正多同名同姓的人,你不会把现在叫做杜子美的人同以前的诗人杜甫混淆,那么你是无须认真要叫杜子美的人都变成诗人的。"

4 月

　　4 日　作诗歌《寂寞的夜》,收入《原野的呼声》(台北黎明文化事业公司 1977 年版),后收入《徐訏文集》第十五卷。

　　16 日　小说《无题》刊载于《热风》第 15 期,收入小说集《有后》，后收入《徐訏全集》第四卷。作品刻画了一个玩世不恭的诗人普莎的形象。普莎者，普希金加上莎士比亚也。他玩世不恭，看透一切。尤其是对于女性，他态度偏激，认为她们表面清纯，内里功利，最后竟然拿自己的妻子做一个荒唐的实验。可以看到这个诗人形象的两面性，一方面他显得尖酸刻薄，另一面他又确实刺中了社会的一些病象。

22 日　梁寒操由港赴台，徐訏等送行。

25 日　作诗歌《即景》（"一个人是猎艳"），刊载于《新生晚报·新趣》1962 年 12 月 26 日，收入《街边文学》，后收入《徐訏文集》第十五卷。

5 月

1 日　作诗歌《五一节有感》，收入《街边文学》，后收入《徐訏文集》第十五卷。

16 日　《象征及其它》（与周弃子合写）一文刊载于《热风》第 17 期。

18 日　作《原子的和平》一文，刊载于《热风》1954 年 6 月 1 日第 18 期，收入《街边文学》，后收入《徐訏文集》第十五卷。

6 月

2 日　作《包袱》一文，收入《街边文学》。

16 日　《〈风萧萧〉电影及其他》一文刊载于《热风》第 19 期。文章表达了与此前的《关于〈风萧萧〉的电影》一文相类似的意见："导演屠光启先生，他的舅父我是认识的，在摄制以前，曾经同我谈过一次，我发觉他所想的与我所想的距离太远，使我无法贡献他意见。"此后,徐訏写信给屠光启,希望他找一个好的编剧,能够先写出好的剧本来。并且说,如果让自己推荐,就会毫不犹豫地推荐姚克先生。这是因为姚克先生曾经打算拍《风萧萧》的电影,并且下过一番功夫研究《风萧萧》的故事。徐訏去拍摄现场的时候,才发现屠光启其实根本没有像样的剧本,而且把《风萧萧》中故事发生的背景也改变了。这让徐訏感到很是遗憾,觉得小说《风萧萧》原有的意味完全没有传达出来。

此一时期前后,在《热风》中刊载的作品还有《夜窗随笔》《送友赴美求学书》《文艺趣味与背景》《我的中学生活》《我小学生活里的人物》《遣暑絮语》等。

7 月

1 日 作诗歌《势成》,收入《街边文学》。

9 日 作诗歌《送别》,刊载于《新生晚报·新趣》1962 年 12 月 22 日,收入《原野的呼声》(台北黎明文化事业公司 1977 年版),后收入《徐訏文集》第十五卷。

11 日 作《难产的时代》一文,收入《门边文学》,后收入《徐訏文集》第十卷。文章从宏观的角度总结了二十世纪与十九世纪文艺气质上的差异,认为十九世纪是"信"的艺术,而二十世纪则是"怀疑"的世纪,也是难产的时代。作者期待新的综合的时代的到来。

22 日 作小诗《虱子》,收入《街边文学》,后收入《徐訏文集》第十五卷。

29 日 作《天才的容纳——偶谈劳伦斯》一文,收入《门边文学》,后收入《徐訏文集》第十卷。文章谈到劳伦斯特有的天才,但认为这种才能仍然显得偏狭,认为作家应该具有更广阔的包容性。

8 月

7 日 作诗歌《错误》,收入《街边文学》。

10 日 作《我的睡眠》一文。

21 日 作《"费宾"的信徒们》一文,收入《街边文学》。

9 月

3 日 作《关关雎鸠》一文,收入《街边文学》。

17 日 由徐讦小说《秘密》改编的电影《诱惑》开始拍摄。

秋 长篇小说《江湖行》开始动笔。

11 月

22 日 作《文化自由协会与文化自由》(又名《文化自由协会与文化自由运动》)一文。

12 月

16 日 《又一年》一文刊载于《热风》第 31 期,收入《街边文学》,后收入《徐讦文集》第十五卷。

23 日 葛福灿听从组织劝告,与徐讦离婚。

本年 作杂感《红黑曲》《三个总统》《赠》("多年前你用不少钱买进了阿拉司卡")等,收入《街边文学》;《老鸨的感慨》,收入《门边文学》,其所述故事与《马伦克夫太太》相同。此外,还作《从写实主义谈起》一文。

本年 论著《在文艺思想与文化政策中》(署名东方既白)由

香港友联出版社出版。

本年　小说集《盲恋》出版。

本年　小说《陷阱》脱稿，收入《徐訏文集》第七卷。小说以"我"有了女朋友需要一点零花钱，引出祖父讲述他自己当年的爱情故事。通过不同时代恋爱交往方式的差异，揭示现代社会人们的感情生活往往为金钱所毒害的主题。小说的结尾感叹道："如今，悠长的岁月已经过去，祖父母都先后过世，我学会如何花钱讨女人欢喜，但始终没有女人知道用爱情叫我为她牺牲一切，为她舍身。结果是我到现在没有结婚。我不知道这是祖父的教育耽误了我，还是我辜负了我祖父给我的教育。"

本年　小说《风萧萧》再次被改编为电影。由屠光启编剧，屠光启、梅心波执导，李丽华、严俊、刘琦、杨志卿等主演，香港邵氏电影制片厂出品。

本年　在台湾与张选倩女士结婚。徐訏不太愿意让妻子一起出现在公众视线里。据徐訏的朋友布海歌回忆，与徐訏相识十几年之后，直到七十年代后期才见到张选倩："77 年，尹白回港度假，我接到徐訏的电话，邀我与他们一起吃午饭。我抵达的时候，他们已就座，出乎我意料的，徐訏的妻子也在座。这是我第一次看见徐訏的妻子。她是个颇高、样子漂亮动人、沉默而爽朗的女人。后来我告诉徐訏，为什么他把这么好的一个人收藏起来，但他只是重复地说，丈夫和妻子各有自己的生活圈子，应该各自生活。"[1]但徐訏与张选倩夫妇还是给身边的朋友留下了一些美好的记忆。"大概在 50 年代中期，我们几个那时常相往来

---

　　① 布海歌：《我所认识的徐訏》，见《徐訏纪念文集》，香港浸会学院 1981 年 5 月版，第 120 页。

的朋友,曾去银矿湾小游,遇风,便在梅窝一家小旅舍中住了一夜,那时徐讦携他后来的夫人张选倩和她妹同来。看到徐讦跟着张氏姐妹,说说笑笑,想到徐讦南来之后,那是一段'欢乐时光',值得一记。"

"那次银矿湾之游,徐讦他们三个经常离群他去,多数是在海边看海。远望可以见到徐讦指手画脚在向张选倩说什么。有时两位女士走在前面,徐讦跟在后面,一面走,一面用脚踢着沙石。那样子颇似结伴在海滩上嬉戏的少年朋侣。有时,徐讦一个人走在前面,那姐妹俩携着手在后面,似乎在唱歌,也可能是在谈论前面的人。徐讦放慢了脚步,低着头,也许在寻找诗句。那神情,不再轻松。或者说,又回到一时不甚如意的心情。"①

1955 年(乙未)　47 岁

▲1 月 10 日　《香港时报》副刊《诗圃》创刊。

▲1 月,中共中央批转中宣部《关于开展批判胡风思想的报告》,《人民日报》《光明日报》开始刊载批判胡风的文章。

▲4 月,在印度尼西亚万隆举行的亚非会议开幕前夕,印度航空公司客机"克什米尔公主"号在香港飞往雅加达的途中突然爆炸起火,除三名机组人员外,机上其余人员全部遇难。

▲10 月 9 日,张爱玲赴美。

▲11 月 1 日,香港文艺杂志《海澜》创刊。

---

①　阿五:《徐讦在银矿湾》,见《徐讦作品评论集》,香港文学出版社 2009 年 2 月版,第 352 页。

1 月

1 日　《新年十愿》(农历"岁尾"写)刊载于《热风》第 32 期。

24 日　作诗歌《新春》,收入《原野的呼声》,后收入《徐訏文集》第十五卷。

3 月

16 日　作《恋歌》一首,刊载于《新生晚报·新趣》1962 年 12 月 28 日,收入《原野的呼声》,后收入《徐訏文集》第十五卷。

24 日　据《联合报》本日报道,邵氏公司让导演陶秦拍摄改编自徐訏小说的电影《痴心井》,由尤敏、张扬、杨志乡、陈芸等主演。该小说是灵异小说,仍是重在心理,而徐訏表示信任导演。电影拍竣后,在台湾、香港等地区放映,影评反应并不一致。有认为影片不甚成功,认为心理分析色彩在电影中表现不够,如能细心处理,不难成为蕴藉之作,但从目前来看,导演尚欠此种功力,而演员也缺乏艺术家气质。也有认为表现出了"神秘与伤感的气氛",颇有"红楼新梦"之意。

25 日　作诗歌《痴情》,刊载于《新生晚报·新趣》1962 年 12 月 23 日,收入《原野的呼声》,后收入《徐訏文集》第十五卷。

26 日　国际笔会香港中国笔会成立。参加成立大会的文坛知名人士有燕云、黄天石、罗吟圃、左舜生、易君左、水建彤、徐速、力匡等二十余人,第一任会长是香港早期新文学推动者之一、小说家、资深报人黄天石。"大会邀请许多知名作家参加,当然也邀请徐訏;他答应了,但没有出席成立大会。后来左舜生先生再征求他的意思,他才正式参加,可是仍很少来开会。"①

又据慕容羽军的说法,"五十年代后期,友联出版社的燕云(以燕归来作笔名,本名是邱然)女士,受'国际笔会'的委托回香港组织写作人成立香港笔会。起初,约会了徐訏共同筹组,彼此都有默契,由徐訏担任主席。后来,在筹组过程中,为了广泛联系在港粤的写作人,发觉徐訏对相关文化界人士关系很狭窄,而与港粤都有联系的黄天石是最佳人选,所以改变了主意,由黄氏出任主席,燕云曾特别为此向徐氏解释。徐訏也因此而不高兴,拒绝参加这个'国际笔会香港中国笔会',而自组一个'香港笔会',特别注明是以英文写作的组织,自任主席。参加这个笔会的有港大教授黄康显博士等及《南华早报》的部分编辑人。徐訏想来对组织群众(包括搞出版事务)都存在着一种文人特有的'疏懒',当他的英文写作'香港笔会'成立之后,过了不久,便不再理会了,他把会务全部交给黄康显博士处理,直到他去世,这个笔会便把'香港大学黄康显博士'连在一起,似乎这个笔会是与香港大学有关:当然,这只是一般的直觉。"②

4 月

15 日　作诗歌《降临》,刊载于《新生晚报·新趣》1962 年 12 月 17 日,收入《原野的呼声》,后收入《徐訏文集》第十五卷。

17 日　林语堂来港。

24 日　作诗歌《原始的和谐》,刊载于《新生晚报·新趣》

---

①　徐东滨:《徐訏与笔会》,《中报》1980 年 11 月 22 日。
②　慕容羽军:《徐訏——作家中的明星》,见《徐訏作品评论集》,香港文学出版社 2009 年 2 月版,第 21 页。

1962 年 12 月 29 日，收入《原野的呼声》，后收入《徐訏文集》第十五卷。

5 月

3 日　作诗歌《有叶的地方》，收入《原野的呼声》，后收入《徐訏文集》第十五卷。

28 日　作诗歌《感逝》，刊载于《新生晚报·新趣》1962 年 12 月 15 日，收入《原野的呼声》，后收入《徐訏文集》第十五卷。

本月　曹聚仁评论集《文坛五十年》出版。其对徐訏几乎只字不提，只略一提及《风萧萧》。

6 月

11 日　作诗歌《死去》，刊载于《新生晚报·新趣》1963 年 1 月 11 日，收入《原野的呼声》，后收入《徐訏文集》第十五卷。

同日　作诗歌《难恕的罪》，刊载于《新生晚报·新趣》1963 年 1 月 9 日，收入《原野的呼声》，后收入《徐訏文集》第十五卷。

9 月

25 日　《悼胡风》，收入《街边文学》。

12 月

28 日　作《待诱发的天才》一文，收入《门边文学》，后收入《徐訏文集》第十卷。文章谈到参加文学征文比赛的一些感受。

29 日　作《心理战》一文，收入《街边文学》。

本月　作《原猴篇》（"岁尾"写）一文，刊载于《热风》1956 年

1月1日第56期,收入《街边文学》,后收入《徐訏文集》第十五卷。

本年　女儿尹白出生。

本年　作诗歌《沉默》,收入《街边文学》,曾刊载于《香港笔荟》1996年10月1日,后收入《徐訏文集》第十五卷。

本年　长篇小说《江湖行》开始连载。

本年　作杂感小品《介绍张佛泉著〈自由与人权〉》《〈痴心井〉后记》等。

1956年(丙申)　48岁

▲1月14日至20日,中共中央召开关于知识分子问题会议,周恩来作《关于知识分子问题的报告》。

▲2月18日,香港文艺杂志《文艺新潮》创刊。

▲3月2日,香港《文汇报》副刊《文艺》创刊。

▲5月5日,《晶报》创刊。

▲4月28日,毛泽东在中共中央政治局扩大会议上讲话,正式提出把"百花齐放、百家争鸣"作为繁荣和发展当代中国文化、科学事业的一项基本方针。

▲5月,香港文艺杂志《文学世界》复刊。

▲8月24日,毛泽东与部分音乐工作者谈话,涉及古为今用、洋为中用、推陈出新等问题。

▲10月10日,香港发生"双十暴动",造成60人死亡,300人受伤,上千人被捕。

▲本年,《中外画报》创刊。

1 月

31 日　作《王植波标准钢笔真行书帖序》。

2 月

1 日　诗歌《橱窗》刊载于《热风》第 58 期。

18 日　小说《心病》刊载于《文艺新潮》第 1 卷第 1 期,收入小说集《灯》(香港友联出版社 1957 年版),收入《徐讦全集》第十三卷。小说写丁道森和太太移居香港后,丁道森太太做护士替人打针,收入渐渐好转,最近又买马票赚了　万多元。她以为时来运转,应该过上好日子了。所以,当丁道森说起有点事情要告诉她的时候,她猜想要么是失业,要么是身体(心脏)不好,似乎已经没有排除不了的困难。可哪知道是丁道森已经病重,时日无多,丁道森的病不是心脏不好的心病,而是这么多年一直没有孩子的心病。知道情况后,丁太太马上答应丁道森,同意去做手术,尽快要上孩子。小说写乱离世道中,社会底层苦苦挣扎、相濡以沫的故事。

3 月

8 日　作《个人主义与个人的尊严》一文。

4 月

29 日　作《佛洛伊德学说的背景与其影响》一文。

5 月

16 日 作《个人主义与自我主义》一文。

本月 根据徐訏同名小说《盲恋》拍摄的影片搬上银幕。影片由香港新华影业公司 1954 年底开始拍摄,徐訏亲自改编,张善琨、易文导演,李丽华、罗维等主演。该片在审美取向上带有悲剧苦情的特征,打出的广告词包括"最伤心的故事,最可怜的生命,最悲惨的命运"等。影片曾参加次年的东南亚影展与法国的国际影展,号称"第一部参加国际影展国产巨片",这自然也是一种营销手段。不过,该片上映之后,众多影评人的确为之兴奋不已,嘉赏它"为国语片开一新纪元",是"国片提高素质的代表作",已步上了国际水准境界,甚至认为它以其"风格之高,情调之美,意境之深,剧力之强,不仅是国片罕见,且高于一般国际水平"。有的人"看了两遍小说一遍电影",十分痴迷。影评人老沙认为影片已收到了感人的效果,灵光称该片摄影极佳;也有人指出影片存有瑕疵,即有的地方处理得不够细腻。而徐訏以作者身份在影片中现身说法的小插曲也为人们热评,有的人称"作家初上银幕,风度儒雅,从容不迫",有的人称徐訏上电影就俨然是"小说明星"了。徐訏还发挥了诗人的特长,为电影插曲《良夜悄悄》作词。

6 月

16 日 《谣言时代的〈热风〉》一文刊载于《热风》第 69 期。

7 月

17 日　作诗歌《眼睛》,刊载于《文艺新潮》1956 年 9 月 10 日第 1 卷第 5 期。

本月　曹聚仁受邀回内地参访,给徐讦来信介绍所见所闻。

伯讦兄:

　　我已经到了北京,忽然想起该写信给您了。那天百乐门的下午茶叙之约,我因为要到荃湾去探亲,无法赶回来;那天上午,我就打电话给您的夫人,托她代致歉意。想不到这件小事,却引起了陈君的误会,以为我故意弄玄虚;而那位《气象台》观察家又未免太聪明了,乱造一些车站上我和朋友的谈话。那样"客里空"式的新闻,我兄也一定觉得十分可笑吧。我是七月一日早晨离开香港的,因为早一天才决定了行期,所以许多朋友都来不及通知了,并非对兄等故作神秘。我在香港一直和文人圈中人很少往来,这是您所知道的;因为生存圈子太狭小了,这一群豪猪是容易彼此碰伤的,你会明白像我这样与世无争的人,有时也会成为某种人的绊脚石的,因此,连我的入京采访也会成为新闻了。这儿是生存圈很广大的新世界,诚所谓鸢飞鱼跃,各自舒展各自的才能,不会彼此碰伤,用不着把朋友踹在自己的脚下。而最使我觉得"扬眉吐气"的,(当然替别人觉得如此。)就是在今日新中国,只有文艺作家才有成为"暴发户"的可能,有如中了马票头奖似的暴发。本来不劳而获,平白得了一注大钱财,未必是件好事。但在以往,只有文人是穷酸的,林语堂当然是例外,他是赚了美国人的钱;而今却是在东方,我们自己国度里,也有像萧伯纳、丘吉尔那样的稿费丰收

者。虽说丰收者并不是我，而是隔邻的朋友，我也觉得有些扬眉吐气了。……①

8 月

22 日 作《个人主义的观点与自由的限度》一文。

9 月

8 日 作《诺贝尔奖金》一文，收入《街边文学》，后收入《徐讦文集》第十卷。文章表达了作者自己对于诺贝尔文学奖的看法："其实真正对于诺贝尔奖金稍有认识的人，都知道诺贝尔奖金的和平奖与文学奖是最无价值的。不用说大众都知道得奖的作家与所奖的作品往往是有文艺以外的原因的。"并且进一步分析了对于诺贝尔奖的心态："在未得诺贝尔奖时的自卑，也可以产生得诺贝尔奖时的自人。人家都知道赛珍珠之得奖是与当时中国问题有关，帕斯德纳克之得奖是与政治压迫有关，我们不难想象，在局势慢慢变化以后，诺贝尔文学奖很容易落到中国大陆的一个作家身上。"

10 月

1 日 小说《灯》开始在《星岛日报》连载，至 1956 年 11 月 3 日结束，收入小说集《灯》，收入《徐讦全集》第十三卷。小说写"我"作杂志主编的时候因为接触到抗日人士而被日军带走刑讯

---

① 曹聚仁:寄徐伯讦先生——北国的作家生活，见《北行小语》，生活·读书·新知三联书店 2002 年 7 月版，第 22 页。

的故事。作品中的"灯"是日本人刑讯逼供时的一个道具,也意味着威严的内心逼问。但在这个现实故事的另一面是人物内心的自我探索与审问。在这个探索过程中,显示出个人欲望与社会伦理的冲突。"我"偶然地为罗形累传递了情报,发现他居然夺走了"我"女友丁媚卷时,"我"是很想供出罗形累的。但在日本人面前"我"却无法供出罗形累来,这源于社会道义的抑制作用。

8 日 作《个人主义与英雄主义》一文。

20 日 小说《选择》刊载于《文艺新潮》第 1 卷第 6 期,收入小说集《灯》,后收入《徐讦全集》第十三卷。小说写其锦、其秀两姐妹人生命运的起伏,她俩因为城隍庙看相先生的一番话而改变了人生命运的轨迹。问题是,从更高的层面来看,这究竟是人自主地改变,还是命运假借人的手的自我实现?作品开始提到"我"跟乔教授学康德哲学和伦理学史,当然,也就是要从哲学上探讨人生和命运,而"我"第一次遇到乔太太的时候,她就很奇怪地注视着"我",据她最后说只是因为偶然的机缘才改变了她的婚姻,嫁到了乔家。这样看来,在命运与掌握命运,看透命运和理解命运之间其实是很难有一个清晰的界限的。究竟是人选择了命运,还是命运选择了人是很难说清楚的。

12 月

6 日 作《自由主义的衰微与再兴》一文。

10 日 作《人的认识与个人主义的基础》一文。

16 日 《讨债与借债》一文刊载于《热风》第 76 期。

21 日 作《自由主义与文艺的自由》一文。

本月 由徐讦小说《星期日》改编的电影《春色恼人》本月上

演。电影由香港国际公司筹划拍摄,易文导演,李湄主演。影片取名《春色恼人》(后更名为《春去也》),广告是"中国第一部大胆描写女性心里苦闷最深刻动人巨片"。《联合报》(1962年12月10日)称该电影为本年度"一部极有分量的文艺片",将进行台、港、新三地联演,这是近年来罕见的盛举。当时影评反应相对平淡,几年之后,有人高度评价该片,认为"原著笔触细腻、导演手法洒脱、演员表演精湛",是一部上乘的国产片。

本年 作小说《黄昏》,收入小说集《小人物的上进》(香港东南印务出版社1964年版),收入《徐訏全集》第十五卷。小说从侧面写时事巨变给普通人命运带来的巨大影响。吴觉逊本来有四个孩子,如今只有嘉壬一个女儿留在身边。本来父女两人相依为命,差勘告慰这日趋逼近的老境,可是女儿正一天天地长大,眼看羽毛渐丰就要独自飞翔。"一不注意,小院里的阳光已经照在四株雏菊身上了。吴觉逊从窗口望去,忽然有一种感想,觉得那四株雏菊像四个小孩,而阳光正像是一个高人的教师在分给他们一些什么。他这样一想,就把雏菊当他的女儿。可是他并没有把阳光当作自己,他想到他们的母亲韵仪。他们的母亲,是的,她曾像阳光一样照着四个女儿。"老父盼女早归,把心情洒抹在雏菊之上,与其说是舐犊情深,不如说是一种自我哀怜,也就是作品中人物意识到的"黄昏感"或黄昏心境。

本年 小说《江湖行》(上)出版。

本年 与日本作家鹿岛在香港相聚。

1957年（丁酉）　49岁

▲1月1日，香港综合杂志《乡土》创刊。

▲2月27日，毛泽东在最高国务会议上作《关于正确处理人民内部矛盾的问题》的报告。

▲3月6日至13日，中共中央在北京召开有关党外人士参加的全国宣传工作会议，会上毛泽东作了重要讲话，强调贯彻"百花齐放，百家争鸣"的方针。

▲自3月起，中国作协召开多次党组扩大会议，批判丁玲、陈企霞、冯雪峰、艾青。

▲4月27日，中共中央发布《关于整风运动的指示》。

▲4月，香港综合杂志《新青年》复刊。

▲6月1日，香港文艺杂志《文艺世纪》创刊。

▲6月8日，中共中央发出《组织力量反击右派分子的猖狂进攻的指示》，全国"反右"运动开始。

1月

16日　作文论《道德要求与道德标准》。

文章是作者对于自己在混乱时事中自我思想的一次整理，既包含着政治立场的确立，又包含着道德立场的确立。更准确地说，是以道德立场的确立来守住政治立场的底线，那就是徐訏对于一个自由主义知识分子道德立场的自觉。在当时的环境中就是拒绝无端、无绪以反共为正确的政治要求和舆论要求。文中说，"像我这样年龄的人，在动乱的中国长大，所遭遇的时代的风波,恐怕是以前任何中国人都没有经验过的。我们经历了两次中国的大革命。两次世界大战,六个朝代。这短短几十年功夫各种的变动,我们的生活没有一个定型,而各种思潮也使我们的思想没有一个信赖。"又说:"在我幼年的时候,我有短短的时期,还受着中国旧传统的教育。老师一部孝经要建立我们儿童的道德,可是这与时代已经完全不合。在儿童的意识中,经常有一种想实行先王之道而办不到的痛苦。等到我发现父兄师长都没有照着这个标准做人的时候,我就开始有根本的怀疑而全盘的否定了。"

正是经历了痛苦的摸索,作者慢慢感悟到,"那以后知道把道德标准放在无法实行的角度与高度,所引起的一定是根本的怀疑与全盘的否定。可是我以后从所受育而来的一切道德观念都是与实际生活完全不合的教条,因此始终没有使我的人生能在一种可靠的标准上发展,一切就教导我的长辈,他们的行为与所教的内容也完全不符。如果一个人要坚守这些教条,那么这个人也就势必走到变态的迷津"。

2 月

7 日　在香港。作诗歌《注定的路径》,刊载于《新生晚报·新趣》1962 年 12 月 17 日,收入《原野的呼声》,后收入《徐讦文集》第十五卷。

3 月

21 日　作诗歌《谈》,刊载于《热风》1957 年 4 月 1 日第 86期,收入《街边文学》,后收入《徐讦文集》第十五卷。

4 月

6 日　主编的综合杂志《论语》半月刊创刊。

16 日　作小说《失恋》,收入小说集《神偷与大盗》(香港亚洲出版社 1958 年版),后收入《徐讦全集》第十五卷。作品写的是一次奇遇,"我"在芝华尼的轮船上遇到一位姓屠的先生,这位先生非常健谈,很愿意与人交流自己的人生经历。一路上他讲起自己过去结识的朋友,可是在轮船抵达新加坡要靠岸时他突然发现"我"的箱盖上插着的一张照片,问"我"为何有他们的照片,而出人意外的是那张照片是"我"父亲的照片。

29 日　作小说《失眠》,刊载于《大众文摘》1957 年 10 月 15 日,收入小说集《神偷与大盗》,后收入《徐讦全集》第十五卷。小说写"我"与张证龙在治疗失眠症的诊所里相遇、相识的交往过程,由失眠这一现象展开对于现代社会人们心理失调,尤其是男女交往中心理疾病诸问题的探讨。

5 月

12 日　作诗歌《冷战中的小热门》,收入《街边文学》,后收入《徐讦文集》第十五卷。

6 月

9 日至 13 日　香港文化界访台,成员有黄震遐、李秋生、马彬、徐速、徐讦等。

中旬　访问团顺道参观台中东海大学,校方设宴招待,徐复观、张佛泉等名教授前来陪同。

7 月

15 日　创作小说《后门》，收入小说集《女人与事》（香港亚洲出版社 1958 年版），后收入《徐讦全集》第十五卷。作品设置的故事场景是上海的弄堂，"许多城市居住区的建筑，都是一列一列大小相同的房子，整整齐齐地排在一起。这种设计，大概就是地产商最经济的一种经营方式。上海的弄堂房子，也就是这样的一种格局，那里每一列就叫作'弄'，于是有多少列就是多少弄，从第一弄开始可以随意到一百几十弄，而每弄的门牌都是一样，因此前一弄的任何号的后门，一定对着后一弄同号的前门"。在这样的空间里就可能有着邻里之间的熟稔关系，有着儿童玩耍的乐园，当然，也因此形成人们之间特有的情感方式。就是这样的环境中，我们领养了邻居的一个女儿"阿琳"。阿琳当时有六七岁左右，漂亮又敏感。因为父亲和继母有了新的孩子，他们同意把阿琳过继给我们。阿琳似乎也很懂事，但是遇到自己的母亲之后，她还是迫切要求回到母亲身边。这让"我"和妻子很是失落和惆怅。

8 月

5 日　作小说《笑容》，收入小说集《神偷与大盗》，后收入《徐讦全集》第十五卷。作品主要写现代社会女性在婚姻恋爱中的情感处境。小说把巧明与钱令真的交往处理成两种笑容的较量：钱令真的微笑是一种成功者的笑，每当他在社会上取得各种成功的时候，他就会露出这种微笑，并且与自己的妻子分享，但在这个分享过程中，他并不关心妻子巧明的内心所思所想，妻子在某种程度上只是他与社会交往时的一个重要的道具而已。久而久之,巧明对这种生活感到厌憎,尤其厌憎令真时不时露出的成功者微笑,最后忍无可忍离开了钱令真。而"我"作为一个旁观者在巧明身上又发现了另一种笑容,一种超脱的带有讽刺意味的冷笑。这种冷笑可以看作是对于那种无视女性独立人格的社会交往方式的一种无声反抗。

15 日　小说《神偷与大盗》完稿,收入小说集《神偷与大盗》,后收入《徐讦全集》第十五卷。小说写的是一个江湖的世界,主要写了"神手李七"以及矮黑和夜来白等几个"道上"的朋友。李七由于在偷窃行当从没失过手颇受周围人的敬重,但一次失手不仅让他坐了牢,也让他心理颇受打击。在牢里他认识了强盗海怪,海怪轻视李七的这种小偷小摸行为,认为这不是好汉的所作所为;尤其嘲笑李七自作多情同情女人而被擒,把"神手李七"改成"佛手李七"。出狱后,李七不想再做小偷小摸的事情,而要像海怪们一样叱咤江湖。他首先是到雪照寺找和尚与妇人复仇,本打算像海怪所说的那样,把那不义的妇人羞辱一番,但他最终还是无法做到。作品虽然写的是江湖世界,但主要并不是写江湖世界的快意恩仇,而是融进了一些心理分析的色彩,写人物的自卑以及对于自卑的克服,体现出"江山易改,本性难移"的心理逻辑。

9 月

19 日　在香港。作诗歌《梦中的创伤》《悠悠的寂寞》,刊载于《新生晚报·新趣》1962 年 12 月 20 日。其中《梦中的创伤》收入《原野的呼声》,后收入《徐讦文集》第十五卷。

11 月

8 日　创作小说《过客》(又名《客》),收入小说集《神偷与大盗》,后收入《徐訏全集》第十五卷。小说写世事巨变之中人情的冷暖和人性的蜕变。在上海的时候,周企正夫妇曾受到王逸心的厚待。如今,周企正、史妙华夫妇在香港已经安顿下来,工作走上了正轨,经济条件也大为改善,他们准备好好接待和帮助前来香港的老朋友王逸心。但在老朋友见面之后,他们才发现王逸心完全变了。过去热情幽默,颇具音乐天赋的王逸心已经变得少言寡语,落落寡合了。如今的王逸心似乎滞留在自我的世界里。深夜里,王逸心开着灯在房间里反复地踱着步,"缓慢而拖延的脚步声,像是动物园铁栏里的熊,走过去又走过来,似乎不是为了饥饿,不是为伴侣,而是为一种说不出的不安";白日里,王逸心除了对吃感兴趣之外,对任何东西都不感兴趣,不过,说是兴趣,还不如说是一种机械的动作。周企正夫妇想尽了各种办法想把王逸心拉回到正常世界里来,但王逸心似乎深深地沉入到另一个世界之中。这样,久而久之,王逸心在周家似乎成了一个幽灵一样的存在。史妙华渐渐感到焦躁、不满,甚至感到恐惧。而在大家快要失去耐心的时候,王逸心纵酒自杀身亡。

本年　作诗歌《观二虫争雄记》,收入《街边文学》,后收入《徐訏文集》第十五卷。

本年　作小说《女人与事》,收入小说集《女人与事》,后收入《徐訏全集》第十五卷。小说以倒叙的方式从一家总部设在伦敦的湾寰公司旗下香港各分公司的人事变动写起,抽丝剥茧地写出了总公司老总妻子的去世,如何到香港短期驻留,如何在分公司视察的时候,看上了李晓丁。小说较充分地铺垫了李晓丁与刘则伟之间的感情交往,进一步写了在情感与利益冲突时李晓丁冷静的理智选择。由李晓丁的职位变动导致整个公司人事架构的变动,颇具意味的是刘则伟也在这场人事变动中得到了一个副经理的职位。作品写了现代职业女性在社会奋斗中的无奈,以及不得不利用"自身优势"的困窘。作品还写出了香港这样华洋杂处的殖民地社会各种复杂的社会关系和人际关系。

本年　论著《回到个人主义与自由主义》(署名东方既白)由香港亚洲出版社出版。

1958年(戊戌)　50岁

▲5月,中央提出"鼓足干劲、力争上游、多快好省地建设社会主义"总路线。

▲7月,台湾当局利用美国进攻黎巴嫩的时机提出"反攻大陆",毛泽东作出"炮击金门"的指示。

▲9月至10月,各地报刊刊文,对革命现实主义和革命浪漫主义相结合的创作方法展开热烈讨论。

▲10月31日至12月26日,《文艺报》编辑部连续召开了七次座谈会,进一步讨论革命现实主义与革命浪漫主义相结合的问题。

▲11月,中共八届六中全会召开,通过了《关于人民公社若干问题的决议》。

1月

2日　作小说《离婚》,收入小说集《女人与事》,后收入《徐订全集》第十五卷。小说以抗战前后的重庆、上海、香港为背景,写叶叔寅、朱宛心一对年轻夫妇由结婚到离婚的过程。抗战时期,叶叔寅为了与朱宛心结婚放弃了去美国留学的机会。尽管世道艰难,但他们还能过着清贫而平静的日子,但看到当年出去留学的同学回来后有了不错的发展机会,叶叔寅的心理渐渐失去了平衡,认为朱宛心拖累了自己。回到上海后,他就用拼命挣钱来挽回这种心理的失衡,同时,过上了放荡不羁的生活。夫妻之间常常因各种事情发生冲突,朱宛心为了孩子,一直恬退隐忍,希望叶叔寅能够回到重庆的生活方式。最后,叶叔寅的生意破产,他们流落到香港。这时,叶叔寅倒希望与朱宛心重新回到重庆的生活状态,但朱宛心早已心理麻木,离开了叶叔寅。作品一方面写世道的纷乱终使有情人变成陌路,另一方面也深刻透视了人心所固有的一些运动规律。人心并不是简单地伴随着外部现实而起伏变化,在人心对于社会的反应中往往产生一种症结,而症结一旦产生它义反过来支配人的心埋、行为。

9日 作纪念散文《我认识的丁文渊先生》,刊载于《展望》半月刊1958年4月1日创刊号,辑录于《念人忆事》,后收入《徐訏文集》第十一卷。丁文渊(1897—1957),字月波,江苏泰兴黄桥人,地质学家丁文江之弟。1920年,丁文渊毕业于同济医学院。后留学德国,获法兰克福大学医学博士学位。回国后,任国民政府行政院参议、考试院参事。1938年,随陈介大使出使德国,任中国驻德国大使馆参赞、法兰克福大学中国学院副院长。1942年,在四川李庄任同济大学校长,1944年离任后任外交部专门委员。1947年至1948年,再次担任同济大学校长。1957年,在香港去世。徐訏与丁文渊相识于香港时期,徐訏妻子与丁文渊是世家之亲,其后多有往返。徐訏笔下,丁文渊是一个严谨的学者，精通德国文化。

据司马璐《徐讦先生与〈展望〉杂志》："《展望》杂志的出版虽在 1958 年 4 月 1 日，但在筹备期间丁文渊先生给了我们很大的鼓励和支持。徐讦先生给《展望》写的第一篇文章是：《我认识的丁文渊先生》，在文章的结尾，徐讦先生说：'在许多方面丁先生的主张并不与我相同，他对于人的认识与对于事判断，我们也并非能一致。'事实上我们当年常常相聚的几个人，所见相同之处固然不少，各持己见的亦多，但彼此对于异见都能互相尊重。"

2 月

4 日　作《红楼梦的艺术价值与小说里的对白》一文，1958 年 2 月 16 日、3 月 1 日、3 月 16 日分三期刊载于《自由中国》，收入《怀璧集》（香港正文出版社 1963 年 10 月版），后收入《徐讦文集》第十一卷。

文章是对此前劳干《中国的社会与文学》（台湾《文学杂志》第 3 卷第 2 期）和石堂（刘守宜）《〈红楼梦〉的对话》（台湾《文学杂志》第 3 卷第 3 期）的商榷。徐讦这篇文章写作的具体起因可能是石堂在其文章中拿徐讦作品中的对话与《红楼梦》中的人物对话进行比较，并且作为负面典型的示范。石堂说："徐讦先生在中国现代小说家中，是最受读者欢迎的作家之一。他的作品有独特的风格，成熟的机巧，都不必说，但他小说中的人物，尤其是人物的对话，常常带有浓重的洋味儿；尽管对话中现露出的洋聪明，很能吸引一般的读者，尽管数年前小说家'学徐讦'几乎成了风尚，究竟这不是个宽阔平坦的路道。这里且抄一段《风萧萧》中的对话：

'我说今天有一个出色的男子还没有请我跳舞呢，原来

是你。'

'是我？'我低声的说。

'我倒以为今夜你要矜持到最后都不来请我跳舞了。'

'但是我终于来请你了。'我说。

'是别人警告你不许同我接近么？'

'为什么别人要这样警告我呢？'

'好像别人说过接近我的男人都免不了成为我的卫星的。'

'似乎没有人怕我做你的卫星。'

'那么，你可曾同谁打赌，'她用一种金声微笑，'不请我跳舞就是你的胜利么？'

'也许，'我说，'同我自己打赌。'

'是情感与理智打赌么？'她柔和得像撒娇般说。

'不，'我说，'我情感与意志打赌。'

'但是你情感胜利了。'

'胜利的是我意志。'

'是你的情感不想同我跳舞么？'她带着疑问的问。

'我情感往往停顿在美感的距离上。'

'我倒觉得没有法子解释了。'

'在我，'我说，'当我喜欢一只橘子的色彩时，我不想吃它，这是我的情感。'（《风萧萧》）"

这场论争从具体的导火索来看，只是上面石堂在论说过程中拿徐訏的作品作为例子而引发，实际上可以放到更深广的背景下来考察。

大体而言，这些讨论包括学界对于中国社会与文学之关系的各方探讨，学界与文化界因《红楼梦》而引发的对话，以及为了借理论'诱导出更好的文学创作'，学者援用西方文学批评方法评论台湾当代作家作品等。其中关乎中国社会与文学之关系的讨论，系由第 2 卷第 3 期居浩然《说爱情》一文首开端绪，之后，夏志清针对居文而发的《爱情·社会·小说》刊载于第 2 卷第 5 期，第 2 卷第 6 期又有劳干的《中国的社会与文学》，都就此多所延伸发挥。而第 3 卷第 1 期夏济安《旧文化与新小说》一文，则可视为此一系列讨论的初步总结："'我们的新小说，在这个意义上说来，必然是中西文化激荡后的产物。'因而，除了重新认识'旧文化'，参酌儒家思想之外，他对小说家的建议是'所需要培养的，是小说艺术'；而乔治·艾略特、亨利·詹姆斯、康拉德、珍·奥斯汀、D. H. 劳伦斯、托尔斯泰和杜斯妥也夫斯基等人，正是所以取法的对象。如此，'旧文化'与'新小说'，遂不仅不再对立，反而相辅相成，成为构成现代文学创作不可或缺的一体两面。"

此外，第 3 卷第 3 期刊出的刘守宜以"石堂"为笔名所写《红楼梦的对话》则意外引发学界与文学界的另一重对话。石堂文章的重点，原在论析《红楼梦》，但因文章以徐訏小说为例，引申出若干讨论，徐訏不以为然，故随即撰写《红楼梦的艺术价值与小说里的对白》，在《自由中国》1958 年 2 月 16 日刊出。该文引起夏志清注意，夏据此再撰写《文学·思想·智慧》一文予以回应。（参见梅家玲《夏济安、〈文学杂志〉与台湾大学——兼论台湾"学院派"文学杂志及其与"文化场域"和"教育空间"的互涉》对这一争端发生背景的梳理）

徐訏之所以撰写长文予以回应，显然不单单因为被作为一个负面的例证而引起的不快。我们看到在上述学术脉络里所涉及到的，不仅仅是就事论事地人物对话好坏的问题，它涉及到文学与社会的关系问题，涉及到当下文学与外国文学及古代文学的关系问题，涉及到文学创作自身形式探索的问题。这些问题不只是台湾文坛的问题，也是中国文学发展过程中的重大命题，徐讦作为一个有着深厚理论修养和思维能力的作家显然很敏锐地感知到这一点。所以，在文章中对于相关的思路都有相当深入的触及与展开。

在论证文学的艺术属性时，显示出徐讦精湛的艺术修养："现在谈艺术的创作，要有生活体验，广义地讲，这句话是不错。但这不是说每样生活都要作者去亲身经历。老实说，我们有亲身经历的人而毫无感受的很多，可是一个有天才的艺术家他可以凭观察想象与同情，有广泛深刻的感受。一个雕刻家他雕塑希腊神话中被毒蛇咬死的女性，他表现出人与死神搏斗的生的意志，就成了伟大的艺术品。这因为他象征着人生，他广泛地表现出人在生死边缘的感受。作者并没有被毒蛇咬死过，但是凭他的想象，他可以有亲切的感受。

"这生与死的题材，我们在文学作品中是熟见的，在绘画中，在音乐中，在舞蹈中，更是常见的一个主题。为什么这样一个主题，可以为古今中外艺术家屡次采用，而我们欣赏者会百看不厌，这很简单，这因为他们所感受的固然各人不同，他们所表现的也各人不同。不但如此，同一个舞蹈，如也是以对死亡挣扎为主题的芭蕾舞——"垂死的天鹅"来说，它的音乐也永远是一样的，可是由不同的乐队与不同舞蹈家来表现，就有不同的味道，这因为舞蹈家各个人的想象与感受不同，表现也就不同了。"

而对于具体作品的分析，则又显示徐讦作为一个作家的敏锐与细腻，比如文章中对刘姥姥进大观园的分析。不止于此，在接下来进一步的论争与申说中（如《关于艺术的表达及其他》《论文艺创作中个人的与民族的特性》《从文艺的表达与传达说起》等文)，徐讦的相关思路还有进一步的发展。

并且,还可以进一步看到这种思维的碰撞对于徐訏创作的影响。在此前后,徐訏创作了中后期代表性的长篇小说《江湖行》。与此前的作品相比,《江湖行》在徐訏的创作历程上体现出一定的转向,作品的现实感明显增强。

2 月

13 日　作小说《字纸篓里的故事》,收入小说集《女人与事》,后收入《徐訏全集》第十五卷。从来源上说,这篇小说带有寓言的性质,"我"走在一座浅蓝色洋房边上的时候,房子边上的字纸篓突然开门对"我"说话,让"我"帮它写一篇小说,当然,它提供了一些原始的素材。从小说的结构来看,这篇小说带有拼贴的意味,虽然有一些原始的材料,但它们之间的关系并不明朗,人物之间究竟是怎样的关系也不清楚。经过拼贴形成了小说的结构框架,但这种框架并不完整,需要读者的积极参与。从拼贴起来的框架形成的叙事轮廓我们大致上知道:这是一个重新组合的家庭,由一个父亲带着一个学音乐的儿子,以及一个母亲带着姐弟三人,大姐在音乐方面也是颇具禀赋。在这个拼贴的图画的缝隙间我们还获得了更多的信息,父亲非常反对儿子与女儿之间的感情,尽管他俩之间没有血缘关系,但他觉得这有碍于他的面子。我们还看到菁儿与老师之间的感情;看到"父亲"因炒金失败带来情绪上的低沉,试图去台湾发展;还看到"母亲"并不安分在外面结交一些不明身份的人。总之,可以感受到现代社会人际的错综与生命的律动。

21 日　《谈女作家》一文刊载于《论语》半月刊。文章谈及现代以来女作家写作的情况,并且谈到在北大读书期间对于当时《京报副刊》上石评梅文章的倾慕之感。

4 月

4 日 作诗歌《不宁》,刊载于《新生晚报·新趣》1963 年 1 月 12 日,收入《原野的呼声》,后收入《徐讦文集》第十五卷。

15 日 作诗歌《原野的呼声》,收入《原野的呼声》,后收入《徐讦文集》第十五卷。

18 日 《亚洲画报》第四届短篇小说奖揭晓,徐讦担任评委。

5 月

14 日 作诗歌《我的爱人》,刊载于《新生晚报·新趣》1962 年 12 月 14 日,收入《原野的呼声》,后收入《徐讦文集》第十五卷。

8 月

6 日 小说《神偷与大盗》出版。

本月 小说《女人与事》出版。

本年 诗集《时间的去处》出版。

1959 年(己亥) 51 岁

▲4 月至 7 月,周扬、林默涵、钱俊瑞、邵荃麟、刘白羽、陈荒煤、何其芳、张光年等在北戴河召开会议,提出改进文艺工作中的十个问题(即"文艺十条")。

▲4 月,郭沫若、周扬编选的《红旗歌谣》出版。

▲5 月 1 日,香港文化杂志《新思潮》创刊。

▲5 月 4 日,首都举行"五四运动"40 周年纪念大会。

▲7 月至 8 月,中共中央在庐山先后举行政治局扩大会议和八届八中全会。会后在全党开展"反右倾"斗争。

▲10 月 5 日,《新报》创刊。

4 月

3 日 作《在台湾的青年人》一文,收入《街边文学》,后收入《徐讦文集》第十卷。

15 日 《亚洲画报》第四届短篇小说奖揭晓,徐讦担任评委。

本月 赴印度参加"亚洲西藏研究会"会议。

5 月

27 日 作《曹操的改造》一文。

7 月

2 日 致信日本女作家纪川纱良(信为英文)。

8 月

本月 作《〈江湖行〉中部后记》。

本月 小说《江湖行》(中)出版。

10 月

25 日 小说《江湖行》脱稿。

11 月

6 日　主编的《论语》半月刊停刊。

15 日　作诗歌《在夜里》,刊载于《新生晚报·新趣》1962 年 12 月 16 日,收入《原野的呼声》,后收入《徐訏文集》第十五卷。

本年　作《小学生的负担》一文,收入《街边文学》,后收入《徐訏文集》第十卷。文章认为小学教育应该站在儿童的立场上考虑问题,这样才能有利于儿童的身心健康。

本年　作《民族间的了解》一文,收入《街边文学》,后收入《徐訏文集》第十卷。这是作者看了电影《六福客栈》之后的感想,认为影片的背景是抗战前几年,而其中的场景则像是满清时代,认为对于现实中国的了解非常不够。

本年　作《人物与神话》一文,收入《街边文学》,后收入《徐訏文集》第十卷。于斌到台湾后,出现了相关的报道,这些报道一味夸赞引起了作者的不满。作者认为其根源还是民族的心理:"中国论人的文章不是把人说得一文不值,就是把人说得天花乱坠。不是把人说成恶魔,就是把人说成神仙。这也就是画脸谱的方法,不是正派的十全十美的人物就是反派的万恶祸根。能够把人了解成一个人,一个有血有肉有个性人格的人,那只有在一些伟大的作家,和司马迁曹雪芹一类人的笔下才能见到。"

本年　作《台湾侨生的感想》一文,收入《街边文学》,后收入《徐訏文集》第十卷。

本年　作《尼赫鲁与余定的辩论》一文,收入《街边文学》。

1960年(庚子) 52岁

▲1月,《文艺报》《文学评论》等报刊开始对巴人、钱谷融等关于"人道主义""人性论"的批判。

▲3月,台湾大学外文系一批青年学生白先勇、陈若曦、王文兴、欧阳子、叶维廉、刘绍铭等共同组织创办了《现代文学》杂志,标志着现代主义在台湾小说领域的崛起。

▲7月22日至8月13日,第三次全国文学艺术界代表大会在北京举行,周扬作《我国社会主义文学艺术的道路》的报告。

▲11月,周扬召开历史剧座谈会,号召历史学家编写历史题材的戏剧。

1月

1日 小说《舞蹈家的拐杖》开始在《星岛晚报》连载,至1960年4月23日结束。

2月

本月 作《看大陆民间艺术的表演》一文,收入《街边文学》,后收入《徐讦文集》第十卷。文章是由作者在大会堂观看大陆民间艺术团的表演所引发的议论。

3月

4日 作小说《下乡》。

4 月

20 日　《亚洲画报》第六届短篇小说奖揭晓,徐讦担任评委。

27 日　作小说《不曾修饰的故事》,收入小说集《小人物的上进》,后收入《徐讦全集》第十五卷。小说写了两对男女之间奇特的感情纠葛,张志文与俞维兰两人相爱六年,分别了三年,在张志文从英国留学回来后结婚,结果却是婚后五个月就离婚了。因为这之间出现另外两个人物,一个是张志文在回国途中认识的莫帼英,一个是不久前从南洋回国的俞维兰的表哥汤尼丁。表面上,张志文和俞维兰都忠于他们的感情,他们的婚期没有受到什么影响,但从内里来看,他们的感情受到了深深的冲击。漫长的等待之后,当汤尼丁回来的时候,其实俞维兰的心情已经改变,她是通过极力帮助汤尼丁来寄托和表达这份情感。同样,张志文碰到莫帼英之后内心也是另有归属,所以,俞维兰说什么、做什么都让他感到不愉快。除了这种感情上错综和错位之外,文本在叙事上的呈现也值得注意。与《字纸篓里的故事》相类似,小说也带有很强的叙事形式探索的色彩,《字纸篓里的故事》设想了一个从纸篓里获得的原始材料,然后略加编排成为小说文本;这里也设想了从张志文那里得到了有关他过去感情的经历为"不曾修饰"的原始材料,然后是作为小说家的"我"对这些材料进行了想象性的加工。

5 月

15 日　创作小说《康悌同志的婚姻》,收入小说集《小人物的上进》,后收入《徐讦全集》第十五卷。这是作者创作中较少的涉及到建国后大陆生活题材的作品之一。小说写一对年轻人康悌与林正豪虽然相爱，但因为家庭成分上的差异却不得不分道扬镳的故事。

6月

27日 创作小说《逃亡》，收入小说集《小人物的上进》，后收入《徐讦全集》第十五卷。

7月

7日 创作小说《离魂》，收入小说集《小人物的上进》，后收入《徐讦全集》第十五卷。这是一篇嫁接在传统志怪情节上的现代小说。小说以抗战前后为背景，写阴阳两界既相睽隔而又恍然梦回的景象。作品中普渡山庄这样的墓地场景和七星婆这类怪异人物难免让人有森然之感。作品这样描写墓地："当年种的矮小的树木现在已经高大，而原来的树有的已被砍去，只剩下了无法搬动的树根，路径已经无法认出，到处都是荆丛杂草，本来很整齐的坟墓，现在像是非常凌乱，许多束着烂草的棺木放在墓隙间，有的就放在别的坟上，大部分的坟身已被荆丛杂草掩埋，只露出歪斜不齐的墓碑。"七星婆身上也同样透着一股神秘的气息。坟前的女人让"我"琢磨不透，"我再细想当时各种细节，越来越觉得她可能是一个平常的女人。于是我想到七星婆，这个老太婆一个人住在那里，又是什么人呢？为什么一直没有点灯。不知怎么，像闪光一样的突然使我想到了七星婆对她说的一句话，好像是说'好好的为什么又要去做人？'"

22日 作《〈江湖行〉后记》。

本月 小说《江湖行》（下一）出版。

《江湖行》是徐訏后期创作的代表性作品，小说长达 60 万字。从情节展开来看既有其复杂性也有其单纯性：从单纯性的一面来看，主要以野壮子（周也壮）的经历为中心，似乎是一种传记类的小说；从复杂性的一面来看，小说并不局限于野壮子身边的世界，而是以其为圆心，不断地扩展开去，容纳、裹入更广阔的社会现实。

因此，小说叙事上与作者以前的创作仍然保持着一定程度的类似性，那就是以作者某些现实经验为支撑拓展出一个想象的艺术世界。这部作品中，野壮子从乡下到上海，再从上海到重庆的过程，无疑熔铸着作家本人的人生经历和现实体验。与过去那些在现实的脉络下开拓出奇情的、异域的想象世界不同，这部作品所开拓的想象世界还努力追求其现实品格，努力卷入更多社会历史的内涵。

更具体地看，作品的情节大致是这样的：

野壮子出身于农村小康之家，父亲勤苦耐劳，母亲随和贤惠，一家过着和乐的乡村生活。野壮子从小就学习农活，十岁进小学读书，十四岁跟父亲学种田，到十六岁快成人的时候已经从家庭环境中锻炼出勤苦耐劳的品格和强健的身躯。

可是，天有不测风云，这一年因为邻居家一个叫白福的孩子偷摘未成熟的金橘摔死导致了父亲神经错乱。不久，父母双双离世。正是野壮子一筹莫展的时候，村子里来了一个乡村演戏的剧团，带队的是一个叫舵伯的人。舵伯原本是父亲的朋友，了解了家里的情况后，问"我"有何打算，"我"急于离开这伤心之地。于是，野壮子便跟随舵伯开始闯荡江湖。

在这个乡村剧团中，野壮子认识了后来影响了他一生的女人葛衣情，一个"闪着酒一般眼光，浮着花一般笑容，披着雾一般头发"的女孩子。乡村的演戏经历中，野壮子觉得能娶上葛衣情这样的女子在乡下生活也很不错，请舵伯说媒订下亲事。可是小剧团在进了N城之后，演出业务颇受欢迎，葛衣情也迅速蹿红成了当地的"明星"。这种情况下，它们母女变了心，"我"只好跟随舵伯来到上海。

到上海之后，野壮子进入了另一个世界，一个现代的文明世界。他接受了现代的教育，进了大学，并且一度为政治生活所吸引，组织读书会想成为群众领袖，结果为身边的"高人"点醒。在感到身边的关系过于纷乱而难于驾驭的时候，野壮子又抽身离去重新投入江湖世界。这一次进的是一个乡村杂耍团。与老江湖、穆胡子等一干人等乡村流浪期间，又收留了何家祖孙二人，爷爷何老，孙女紫裳。紫裳很快成了小团体的灵魂，并且在N城演出的时候被观众叫作"活观音"。进入上海发展，紫裳越来越红，野壮子也越来越难以自持。就在野壮子决定要与紫裳出国离开的时候，又为意外的事情打断，终于与紫裳失之交臂。

在一系列的波折之后，野壮子第三次再入江湖，这次是加入到唐凌云的游击队之中，经历比前两次更为凶险，很快队伍就被打散了。流浪回来的路上被周泰成夫妇收留，认识了阿清，并订下婚约。同样回程的路上结识了野凤凰和小凤凰，她们原来是紫裳的母亲和妹妹。

小说以上海为中心，野壮子人生视野不断拓展的过程，也是人物关系不断打开的过程。随着时局的变化，舵伯等人退休转入四川内地，同时也是作品人物关系进入收缩阶段，并走向结局的过程。

一直以来，对于徐訏《江湖行》的评价存在较大的分歧。萧辉楷在做了细致的解读后进行了这样的总结："《江湖行》的一切史诗场面都是一些不但没有血肉甚至没有景深的远景场面,几几于连'蜻蜓点水'都谈不到——读者既不能真以心灵律动生活其间,当然也就无从真正地感动投入,因此,这些情节,遂都不外只是奇情故事中的一片片背景或一段段过场而已。"[1]

10 月

13 日 作诗歌《白色的墙上》,刊载于《新生晚报·新趣》1962 年 12 月 15 日,收入《原野的呼声》,后收入《徐訏文集》第十五卷。

14 日 作诗歌《我失眠》《垂死的毒汁》,分别刊载于《新生晚报·新趣》1962 年 12 月 11 日、21 日,收入《原野的呼声》,后收入《徐訏文集》第十五卷。

21 日 作诗歌《你走了》,刊载于《新生晚报·新趣》1962 年 12 月 10 日,收入《原野的呼声》,后收入《徐訏文集》第十五卷。

本年 作文章《水泥缝里的小草》《印度的不能接触阶级》《作品、作者及其他》。其中《水泥缝里的小草》一文收入《门边文学》,后收入《徐訏文集》第十卷,文章显示作者对于苏联文艺的关注。

本年 自 1959 年底邵氏公司开始筹拍《后门》,至 1960 年 4 月拍摄完毕。影片由李翰祥导演,胡蝶、王引、李香君等主演。作为一部伦理片,它改变了以前徐訏小说改编电影时的那种"奇情"的路数,着力挖掘一种超越血缘的亲情之爱。这与导演李翰

---

① 萧辉楷:《天孙云锦不容针》,见《徐訏纪念文集》,香港浸会学院 1981 年 5 月版,第 278 页。

祥的见识和追求分不开。《南国电影》1960 年 4 月第 26 期的评论中说:"导演李翰祥的'够胆'之处,即在不去理会目下流行国片界的甚么'tempo 快'、'tempo 慢'之类的胡说,甘冒'沉闷'之险,不夸张,不卖弄,不求急功速效,细水长流般细腻温婉的朴素的说出这一故事。"记者"怒潮"就电影《后门》而采访徐讦,对于小说搬上银幕,徐讦表示高兴和兴奋,他说故事中的"人"和"事"是基于自己对于生活的发现,搬上银幕可以启示更多的人,希望其中的问题能引起社会更广泛的注意。李翰祥导演与编剧也竭力地维持徐讦原著的格调,并将原作止于"亲亲"的家庭伦理升华至"仁人"的社会伦理,他们因嫌短篇小说素材少而增补了素材。最后,影片的诞生竟使影评人公认为比原著更优,认为电影以朴素细腻之真情道出了隽永之人伦。该影片以情动人的力量不可小觑,可以说感动了整个香港社会。

与此同时,电影上映后,也获得影评界专业人士的好评和推崇,号称邵氏的"王牌"。其后,《后门》在日本东京举办的第七届亚洲影展上大获全胜,荣膺了包括"最佳影片奖"在内的十二个金禾奖杯。影评认为:"《后门》是香港影坛近十年来所罕见的新风格影片。"

1961 年(辛丑)　53 岁

▲1 月 1 日,香港文艺杂志《南洋文艺》创刊。

▲1 月 14 至 18 日,中共八届九中全会北京召开,正式通过"调整、巩固、充实、提高"八字方针,并决定在农村深入贯彻《十二条》,进行整风整社。

▲3 月,中共中央在广州举行工作会议,制定《农村人民公社工作条例(草案)》。

▲4 月 1 日,香港文艺杂志《新语》半月刊创刊。

▲6 月 16 日,香港综合杂志《学生时代》半月刊创刊。

▲10 月,吴南星(吴晗、邓拓、廖沫沙)的杂文随笔开始在《前线》杂志的"三家村札记"专栏发表。

1 月

12 日　作诗歌《大气里的哀怨》,刊载于《新生晚报·新趣》1962 年 12 月 13 日,收入《原野的呼声》,后收入《徐訏文集》第十五卷。

同日　作诗歌《无光的音符》。

4 月

22 日　作《给白秀水先生一封公开信》一文。

6 月

23 日　司明在《新生晚报·新趣》发表《从徐訏事件想起》一文。

10 月

10 月前后　徐訏赴新加坡任南洋大学中文系教授,大约一年后返回香港。由于 1950 年代徐訏作品已风靡新加坡,因此听闻徐訏到任,全校各系学生纷纷选修徐訏课程,一时间他的课成为热门。起初,同学们为徐訏的文名所吸引,但正式上课时感觉没有那么精彩。他的"讲课慢条斯理,显得有气无力的样子"。此时,新加坡校园中正在搞左翼大团结运动,徐讦在校园里显得形单影只。后来成为马华作协领导人的孟沙以及成为新加坡作家的石君当时就在南洋大学就读,他们回忆起当时徐讦在南洋大学教学时的一些情况。孟沙的回忆中,徐讦的课程上给同学们布置了较多的作业,要让同学在一个学期里写五篇书评,同学们都感到繁重,难以完成,最后双方"讨价还价",五篇改为三篇。除了《新文学》课程外,徐讦还担任高年级的《小说》《戏剧》等课程。①

10月至11月前后 根据徐讦同名小说改编的电影《手枪》由邵氏公司推出,新导演高力执导,土引、李丽华、邓小宇、石英、赵雷等众多明星联袂出演。该片具有一定的社会意义,宣传力度颇大,但据后续的影评反应来看,可以说,既有成功的一面,也有不足的地方。制片人欲强化影片的社会引导功能,树立清新风格,以扭转香港媚俗风习,导演"颇有雄心写出辗转于饥饿中的香港木屋居民区的众生相"。或许因为电影《手枪》超越了市场机制而以公益为先,所以,其得失也是参半:一方面人物众多增强了社会表现力;另一方面"繁复转接之间,细节错失也多"。尽管如此,徐讦对于作品的表现表示积极的肯定,并说他自己偏爱这部电影,这或许是过去影片改编过于偏向娱乐让他有所不满。

---

① 徐讦在《从〈语堂文集〉谈起》一文中曾提到在南洋大学执教的时间是 1960 年,但学生对自己的求学时间的记忆可能更准确一些。

11 月

本月 小说《江湖行》(下二)出版。

1962 年(壬寅) 54 岁

▲4 月 23 日,毛泽东《在延安文艺座谈会上的讲话》发表二十周年,各地举行纪念会、报告会或座谈会,全国各主要报刊都发表了社论。

▲5 月,爆发了逃港风潮。由于"大跃进"和三年自然灾害,全国大批群众流向深圳。5 月达到高潮,其中 5 月 13 日一天沙湾就有逃港群众 4000 余人。5 月 22 日至 7 月 8 日,共有数十万人涌入深圳,其中 51395 名外逃未遂人员被收容遣返。

▲8 月 2 日至 16 日,中国作协在大连召开农村题材短篇小说创作座谈会(又称"大连会议"),由邵荃麟主持,茅盾、周扬、邵荃麟、赵树理等参加。邵荃麟在会上发表"矛盾往往集中在中间人物身上"的讲话。

▲9 月,毛泽东在中共八届十中全会上提出"千万不要忘记阶级斗争"的号召。

1 月

12 日 作诗歌《假定》,刊载于《新生晚报·新趣》1962 年 12 月 4 日,收入《原野的呼声》,后收入《徐訏文集》第十五卷。

本月 作诗歌《某先生与夫人七秩双庆》。

2 月

9 日 作诗歌《呼唤》,刊载于《新生晚报·新趣》1962 年 12 月 5 日。

14 日 作《对白》一文,刊载于《新生晚报·新趣》1962 年 12 月 18 日,收入《街边文学》,后收入《徐讦文集》第十五卷。

27 日 在新加坡。作《胡适之的时代与胡适之——悼胡适之先生》一文,收入《场边文学》。文章抓住胡适学术的重要特点,由此评述胡适学术的贡献与不足。"我并没有读过胡适之的全部著作,但其重要的作品也算都已涉略。我觉得在学术上贡献而论,胡氏的成就还是在他的考证工作。他的《中国哲学史》上卷始终不失为一部有价值的著作,后来改为《中国思想史》,中卷早已脱稿,我虽听到他零碎地谈到过,但没有读到他的全稿(我找不到他当时发送的油印本)。下卷是否已动手写作,也不得而知。他的《白话文学史》也只有上卷,当时序上说预备十年,大概后来也没有续写过,而二十几年时间就过去了。此所以林语堂先生说胡适之先生专写上卷书也。"

"林语堂先生曾经在《人间世》半月刊上写过《今人志——胡适之》,这是一篇极见传记文学才华的小文,因为传记文学就是要把人的个性活跃表现出来,这点林氏在一二千字就做到了。这使我想到被送到候选诺贝尔文学奖的胡氏所著的《丁文江传》。那本传记虽是一本很可爱的书,处处透露胡先生的考证癖与考证天才,在丁文江的事业与工作的时日等等有精确的介绍,但独独缺少传记文学的要求——要活生生地写出一个有血有肉呼之欲出的人物。这可见人的气质的殊异是天生的。胡适之在文学创作上始终没有天才的显露。这点,胡适之大概也有自知之明,他很早就放弃文艺写作的工作了。"

3 月

24 日　作《〈胡适之的时代与胡适之〉后记》,收入《场边文学》。这是对于《胡适之的时代与胡适之》的一点补充。"胡适之虽是常常标榜他的科学方法,我觉得这只是一种治学态度。这种治学态度与其说是方法,不如说是一个人的性格。伍叔傥先生所谓'神明映澈,毫无呆气',可说是对他的性格很好的一种描写:他有一个有条理的头脑与考据的癖好,这是他的优点也是他的缺点。他之不能成为一个哲学家、科学家或文学家,也就在他缺乏'呆气',也可说是'太聪明'。太聪明的人不太吃亏的事儿,这也正是所谓'X 之时者也'一个特色。我常觉得学人、诗人中有智有慧,智太张者往往少慧。像胡适之这样神明映澈者,大都富于逻辑感而缺乏神秘感,而神秘感则正是哲学家与诗人所不可缺少的东西。"

4 月

3 日　美国作家赛珍珠来港。

10 日　作《台湾诗坛的气候与反写实主义》一文,收入《怀璧集》,后收入《徐訏文集》第十一卷。文章谈及台湾文坛上五六十年代之交有关新诗发展方向的一场论争。当时的新诗人主张向西方现代派艺术学习,因此诗歌创作显得有些晦涩朦胧,苏雪林、胡适等人从新诗发展的历史经验出发对此提出了批评的意见,于是形成了相关的论争。徐訏认为,自新文学运动发生以来,新诗已经立定了根基,向各个方向的探索也是新诗发展中的正常现象,而新诗创作中的普遍的反写实的倾向除了有现代社会普遍的哲学思潮之外,也有台湾社会和文坛不愿正视现实,不愿真切表达对于现实的喜怒哀乐的自身原因。

18 日　作《论战的文章与骂人的文章》一文,收入《思与感》,后收入《徐訏全集》第十卷。五六十年代之际,台湾文坛颇多论争,有刊物的朋友希望徐訏也发表一点意见。徐訏在三十年代后期曾卷入过《鲁迅风》的论争,五十年代初在台湾也引起过论争,所以对于文坛上有争执的地方,需要表达意见的地方比较谨慎,他认为争论中要表达自己的意见,但要尽量避免形成意气之争。

5 月

13 日　作《论艺文创作中之个人与民族的特性》一文,刊载于《文星》1962 年 9 月号,收入《怀璧集》,后收入《徐訏文集》第十一卷。文章认为文学艺术的创作既有个性的要求,也有普遍性的要求;普遍性是寓于个性之中的,没有普遍性的个性是狭隘的个性,没有个性的普遍性则是枯萎的、抽象的普遍性。作者认为真诚地表达出自己对于艺术的真实感受,而不是风吹墙头草似地表现自己的审美趣味,是难能可贵的。他对日本作家永井荷风所表现出的艺术态度就很为欣赏,对海明威、萨特的文学风格则颇有微词。

此外,文章特别强调语言文字与民族特性之间互为表里的关系:一个民族的言语文字,大概正是民族的灵魂。与一种言语文字结合的人,即使他学会了另一种言语文字,他也很难与根本的言语文字分离。而这种言语文字,所代表的实际上是一种生命的韵律。它几乎与我们的感情及思考都不能够分割。我们不妨说,每个人都有自己生命的韵律,但属于民族特性的则正是一种无法摆脱的色泽。这就是说,生命的韵律是属于每一个生命,民族的特性则是与生俱来而附丽在生命里的,但因为这个民族的言语文字是随着民族的进化演变而发展,所以它正是代表了这个民族生命的韵律。事实上,所谓生命的韵律是反映在人生日常生活之中,正是事事都可以见到。一个人生活中的每一种动作表情见解与趣味,似乎都有民族的特性在里面,我们不但无法否认,而且应该重视这个特性,每一个人对于他个人的自尊就包括了他对于民族的自尊。这也正是艺术的生命所必有的民族特色。

16 日　作《音乐的欣赏与艺术的享受——序林声翕的歌曲集》一文,收入《思与感》,后收入《徐讦全集》第十卷。

6 月

5 日　小说《仇恨》完稿,连载于《今日世界》1963 年 7 月 1 日至 16 日,收入小说集《小人物的上进》,后收入《徐讦全集》第十五卷。小说写发生在香港这样一个特殊社会背景中的仇恨以及复仇的故事。十余年后史云峰回到香港,尽管他还记着当年父亲临死时"要报仇"的叮嘱,但他发现很多事情都已经改变。尤其是当年孤苦的姐姐已经成为阔太太,并且对当前的生活相当满意,并且劝他把目光放远一点,想办法在香港立足,能够成家立业。而回到父亲的墓地,史云峰发现他们也一直在祭奠。这让史云峰感到相当踌躇,他想,这或许是另一种报仇。

26 日　作诗歌《偶感》,刊载于《新生晚报·新趣》1962 年 12 月 12 日,收入《原野的呼声》,后收入《徐讦文集》第十五卷。

9 月

2 日　作诗歌《悼晋三》,收入《原野的呼声》,后收入《徐讦文集》第十五卷。

10 月

9 日　作《从文艺的表达与传达谈起——谨献给台湾文艺作家与诗人们》一文。

20 日　作诗歌《小岛》。

11 月

8 日　作诗歌《见面》,收入《原野的呼声》,后收入《徐讦文集》第十五卷。

9 日　诗歌《有赠》("请不要再掀起古旧的笑话"),刊载于《新生晚报·新趣》1962 年 12 月 7 日,收入《原野的呼声》,后收入《徐讦文集》第十五卷。

同日　董千里《再谈徐讦》一文刊载于《新生晚报·新趣》。

11 日　作诗歌《过客》,收入《原野的呼声》,后收入《徐讦文集》第十五卷。

22 日　诗歌《夜的圆寂》刊载于《新生晚报·新趣》。

12 月

5 日　作诗歌《赠饶宗颐兄》,刊载于《新生晚报·新趣》1962 年 12 月 8 日。

9 日　在香港。作诗歌《叮咛》《读报杂感》,刊载于《新生晚

报·新趣》1962 年 12 月 19 日。其中《叮咛》收入《原野的呼声》，
后收入《徐讦文集》第十五卷。

同日 诗歌《这世界》刊载于《新生晚报·新趣》。

14 日 在香港。作诗歌《岁暮》《买花归来》，分别刊载于《新
生晚报·新趣》1962 年 12 月 30 日、31 日，收入《原野的呼声》，
后收入《徐讦文集》第十五卷。

21 日 作诗歌《历史的奔腾》，刊载于《新生晚报·新趣》
1963 年 1 月 1 日，收入《原野的呼声》，后收入《徐讦文集》第十
五卷。

26 日 十三妹《李长之蒲松龄徐讦》一文刊载于《新生晚
报·新趣》。

31 日 作诗歌《莫笑》，刊载于《新生晚报·新趣》1963 年 1
月 2 日，收入《原野的呼声》，后收入《徐讦文集》第十五卷。

1963 年(癸卯)　55 岁

▲3 月，中共中央发布关于在全国开展新"五反"运动的
指示。

▲4 月，全国文联在北京召开第三届全国委员会第二次扩大
会议，周扬作《加强文艺战线，反对修正主义》的报告。

▲7 月，香港文艺杂志《文艺沙龙》月刊创刊。

▲8 月，香港文艺杂志《文艺线》创刊。

▲10 月 10 日，香港《新民报》创刊。

▲11 月 22 日，美国第 35 任总统约翰·肯尼迪在德克萨斯
州遇刺。

▲12 月 1 日,香港文艺杂志《黄河文艺》创刊。

▲12 月 12 日,毛泽东在中宣部文艺处编印的关于上海举行故事会活动的材料上作出批示:"各种艺术形式——戏剧、曲艺、音乐、美术、舞蹈、电影、诗和文学等等,问题不少,人数很多,社会主义改造在许多部门中,至今收效甚微。许多部门至今还是'死人'统治着。不能低估电影、新诗、民歌、美术、小说的成绩,但其中的问题也不少。至于戏剧等部门,问题就更大了。社会经济基础已经改变了,为这个基础服务的上层建筑之一的艺术部门,至今还是大问题。这需要从调查研究着手,认真地抓起来。许多共产党人热心提倡封建主义和资本主义的艺术,却不热心提倡社会主义的艺术,岂非咄咄怪事。"

1 月

1 日 作诗歌《海浮孤山》,刊载于《新生晚报·新趣》1963年 5 月 26 日。

8 日 在香港。作诗歌《苦酒》,刊载于《新生晚报·新趣》1963 年 5 月 23 日,收入《原野的呼声》,后收入《徐讦文集》第十五卷。

9 日 在香港。作诗歌《静待》,刊载于《新生晚报·新趣》1963 年 6 月 7 日,收入《原野的呼声》,后收入《徐讦文集》第十五卷。

10 日 作诗歌《高卧》《挨饿》,刊载于《新生晚报·新趣》1963 年 1 月 20 日,收入《原野的呼声》,后收入《徐讦文集》第十五卷。

16 日 诗歌《墓铭》刊载于《新生晚报·新趣》。

2 月

3 日　作诗歌《哀吴越》,后刊载于《香港笔荟》1996 年 10 月 1 日,收入《街边文学》,后收入《徐訏文集》第十五卷。

7 日　作《从苏联雕刻家的作品谈起》一文,收入《街边文学》。文章谈到在政治体制下创作自由的问题。

本月　作《苏联的农村小说〈躲逃者〉》一文,收入《街边文学》,后收入《徐訏文集》第十卷。文章显示作者对于苏联社会现实的关注,"歌颂"和"暴露"问题一直是社会主义文学创作中的老问题,文章从相关报道中的不同声音谈到他自己的看法。

3 月

11 日　作诗歌《谜》,收入《原野的呼声》,后收入《徐訏文集》第十五卷。

4 月

28 日　《谈小说的一些偏见——於梨华〈梦回青河〉序》刊载于《新生晚报·新趣》,收入《怀璧集》,后收入《徐訏文集》第十一卷。在此期间,徐訏往返于港台两地,结识了台湾的一些青年作家,於梨华则是其中的一位。徐訏对《梦回青河》的评价,既指出作为一个青年女性作家在家族小说上的开拓性的一面,以及这部作品在反映敌伪时期"人民生活的悲喜的面貌,社会行进中动荡的情形"所具有的积极贡献;同时也指出,可能因为当时年纪太小,作者对当时的生活还缺乏非常真切的体验,某些情节显得生硬。可以说是"好处说好,坏处说坏",体现了徐訏在为文和为人上真诚的个性。

5 月

30 日　周作人在回鲍耀明的信中提及徐訏："录示港报文人诸语，徐訏君前时在上海曾经见过，唯陶君虽同在北大，却未识荆。"①由此可知，周作人对于徐訏是认识的。但我们也可以看到徐訏与周作人的交往是有限的，周作人与陶亢德有多次书信往来，但与徐訏却未见有直接的书信往来。

6 月

14 日　作诗歌《傲慢》，收入《原野的呼声》，后收入《徐訏文集》第十五卷。

29 日　《谈现代传记文学的素质》一文分三期连载于《新生晚报·新趣》，其后又刊登于《传记文学》1963 年 7 月第 5 卷第 1 期，收入《怀璧集》，后收入《徐訏文集》第十一卷。徐訏 1962 年到台湾的时候，《传记文学》的编者让他写点稿子，其后徐訏陆陆续续写了一些回忆文坛旧事和过往人物的相关传记作品，如《追念余又荪》《悼念诗人伍叔傥先生》《汪敬熙先生》《陆小曼先生》《舒舍予先生》《张道藩先生》《胡适之先生》等，其中大部分发表于《传记文学》。这是一篇有关传记文学的理论探讨，文中主要就传记的属性究竟是史学还是文学进行了探究。

夏　作诗歌《摸索》，收入《原野的呼声》，后收入《徐訏文集》第十五卷。

---

①　鲍耀明：《周作人晚年书信》，香港真文化出版公司 1997 年 10 月版，第 310 页。

7 月

9 日　作《中国的悲剧》(署名村雨大)一文,刊载于《展望》半月刊,收入《场边文学》。

23 日　作《两性问题与文学》一文。

28 日　作诗歌《老》,收入《原野的呼声》,后收入《徐讦文集》第十五卷。

8 月

22 日　创作小说《小人物的上进》,收入小说集《小人物的上进》,后收入《徐讦全集》第十五卷。作品写郭克强与梁居美之间貌合神离的故事。郭克强固然可鄙,为了一点利益极尽逢迎之能事,甚至为了一个出国考察的名额,不惜让自己的太太去以身试险。尤其是在听到太太说被侮辱后,他并没有太多的羞辱感,首先考虑的是不能让外界知道,接着考虑的是如何再去讹一笔钱出来。而梁居美前前后后的所作所为、所思所想也同样让人思量。见到陈山庭后,她就觉得郭克强鄙俗不堪。她一方面与陈山庭虚与周旋,探听虚实,另一方面,又虚构与却利(陈山庭)的事情来试探郭克强。在梁居美身上,我们既看到现代女性身上的独立意识,同时也看到生活的揉搓所形成的心灵的铠甲。

9 月

4 日　作《蔡石门"十三城之旅"序诗》,收入《原野的呼声》,后收入《徐讦文集》第十五卷。

26 日　在香港。作《怀璧集·序》。文章谈了这本集子的缘起:"本书集我近年来所写的关于文艺思想一类的文章,这些意见,都是面对着当代的一些文艺上的思题而写的,有些是对文坛现象有感而写,有些是应杂志或个人的要求而写,有些是应帮口批评家的挑战而写,有些只是对某些问题发表一己的私见而已。"同时也对那种"帮口"式的批评表达不满:"这些文章,因我所写的都是个人的老实的意见,似难免与某些团体自认为权威的意见不合,而在面对着帮口批评家的伪善口吻时,尤不免揭穿他们西崽型打手的嘴脸。在把它收集成书之时,我发现自己无形之中也真得罪了不少英雄。生而为人,竟有思想。匹夫无罪,怀璧其罪,既有思想,罪在难免。"

10 月

16 日 作《稿费问题》一文,收入《街边文学》,后收入《徐訏文集》第十卷。文章从劳思光《苦语》一文谈到稿费问题展开的联想,提及自己相关的稿费记忆:"民国以来,稿费大概从未有过什么标准,商务印书馆的稿费,据我所知,往往不是根据文章,而是根据地位。凡是达官豪贵,一送往往千元一文,或者送一套二十四史。这些文章,多数是出于秘书或资料室之手,谈不到有什么佳作,稿费赠送,乃是书店当局联络官场之法。普通稿费,自然也有一个标准,从梁启超日记中看到的,则非常特殊,我想是梁任公堪称空前绝后的一个有最大稿费的作家。

"自从我长大以后,一般朋友在《东方杂志》《小说月报》写稿的,大概是四元五元六元一千字。《申报月刊》的稿费,据我领到的来说,记得是十元一千字。一般普通报刊,三元二元一元不等。应该说明的是那时的米价是二元五角到三元五角一担。以后米价大涨,稿费不涨;我的文章虽有进步,而报酬则反而小了。"

　　本月　《新民报》副刊《文海》创刊,由徐订主编,至1964年2月9日停刊。

　　本月　作《生命》一文,收入《街边文学》,后收入《徐订文集》第十卷。文章感慨生命的神奇,而当它融入社会历史的内涵时不免有一点自我伤悼的感觉:"当我细细地揣摩生命的神奇时,深感一只蚊蚋的神秘实际上远超过进入月球的火箭,而在二次大战后,看到英雄与强人一个个老去与死亡,觉得虽是善于杀人的人,善于'挤'人'害'人或'剥削'人的也竟逃不了'细胞'的萎谢与'细菌'的'挤'、'害',这生命的意义也许就在这里了。

　　"像我们这样被'挤'被'害'被'剥削'的芸芸众生,苟延残喘所看到的也正是这些'挤'人'害'人的英雄们在微小的细菌前战栗与崩溃了。"

　　本月　作《死》一文,收入《街边文学》,后收入《徐订文集》第十卷。"前几天参加翁凌宇先生的追悼会,今天又听到董作宾先生去世了,这两位是熟识的好友。"文章由人类的死亡现象引发对于生命的思考。

　　本月　作《缄默》一文,收入《街边文学》,后收入《徐订文集》第十卷。文章说:"辩才是属于聪明机智与学养,缄默则是属于涵养。"文章又说:"在我的一生中,常常遇到聪明活泼的朋友,他们口若悬河,谈笑风生,无论在宴会或集会之中,他们总是站在令人注目的地位,但会散席终,当我重新想到会上席间的人时,印象最深的往往不是他们,而是一直缄默着的人士。"

　　本月　评论集《怀璧集》出版。

　　本月　《一朵〈小白花〉序》刊载于《文星》1963年9月号,收入《门边文学》,后收入《徐订文集》第十卷。徐订1953年第二次去台湾的时候,结识聂华苓。聂华苓不仅是一个作家,而且也是一个编辑,此后两人多有书信往还。聂华苓的小说集出版后,请徐讦作序。这篇序言中徐讦既对聂华苓有力的暗示、灵活的描写、技巧的圆熟等艺术能力表示赞赏,同时也对作品写得"太满"、有时显得"散乱"进行了提醒。

11 月

8 日 作《死亡》一文,收入《街边文学》,后收入《徐讦文集》第十卷。

9 日 作《大陆诗人的欢呼》一文,收入《街边文学》。文章由艾青的诗歌引发一些议论。

12 日 作诗歌《默坐》,刊载于《新声》1965 年 12 月 16 日,收入《原野的呼声》,后收入《徐讦文集》第十五卷。

14 日 作《人情味》一文,收入《街边文学》,后收入《徐讦文集》第十卷。文章谈到日常生活中的人情味与政治生活中的人情味之不同。

17 日 作诗歌《彼岸——悼友》,收入《原野的呼声》,后收入《徐讦文集》第十五卷。

18 日 作诗歌《人老珠黄》,收入《原野的呼声》,后收入《徐讦文集》第十五卷。

19 日 作诗歌《薄雾》《天涯》,收入《原野的呼声》,后收入《徐讦文集》第十五卷。

本月 作《不说话的自由》一文,收入《街边文学》,后收入《徐讦文集》第十卷。

本月 作《笔墨官司》一文,收入《街边文学》,后收入《徐讦文集》第十卷。文章从张君劢在崇基学院的演讲提及三十年前的"科玄之争"展开,谈及新文化运动以来的几次大的论争。认为这些论争渐渐由"理"而转到"人",成为意气之争。

12月

10日　作诗歌《梦何在》,收入《原野的呼声》,后收入《徐訏文集》第十五卷。

23日　作诗歌《原始岑寂》,收入《原野的呼声》,后收入《徐訏文集》第十五卷。

本年　兼任新亚书院中文系讲师。主讲的课程有"现代文艺创作"等。

本时期前后作有《关于艺术的表达及其他》一文,收入《怀璧集》,后收入《徐訏文集》第十一卷。此文副题为"答《文学杂志》石堂先生",是前述有关《红楼梦》争论的进一步延续。

1964年(甲辰)　56岁

▲1月1日,《毛主席诗词》由人民文学出版社和文物出版社同时出版。

▲1月,《文艺报》发表社论《努力反映伟大的社会主义时代》。

▲4月5日,综合杂志《亚洲周刊》创刊。

▲6月27日,毛泽东在《中央宣传部关于全国文联和所属各协会整风情况报告》的草稿上作批示,指出大多数协会和刊物"十五年来,基本上(不是一切人)不执行党的政策,做官当老爷,不去接近工农兵,不去反映社会主义的革命和建设。最近几年,

竟然跌到了修正主义的边缘。如不认真改造,势必在将来的某一天,要变成匈牙利裴多菲俱乐部那样的团体。"该批示于 7 月 11 日作为正式文件下发。

▲9 月 4 日,香港文艺杂志《小说世界》创刊。

▲10 月 10 日,香港文艺杂志《水星》月刊创刊。

1 月

8 日　作《美国短篇小说新辑·序》。"今日世界丛书"出版方希望作者根据当时港台出版的美国短篇小说,如聂华苓翻译的《美国短篇小说集》、黄淑慎翻译的《美国现代短篇小说精选集》等加以挑选,汇集成一本美国短篇小说新辑。作者进行筛选之后,谈到对于杰克·伦敦、欧·亨利等作家的印象。值得注意的是,作者谈到没有选择爱伦坡小说的原因:"此外,我没有选用的作家则是 EDGAR·A. POE,坡是美国短篇小说创始人之一,他有惊人的奇才,又是侦探小说的鼻祖,谈美国小说史是不能忽略他的。我这里没有选他的作品的原因,则是他的作品缺少文学的意味,而其所开创的技巧上以及心理上的趣味,以后的作家承继而发展的也早已闪耀着更多的光辉。他的小说原是以故事取胜,但缺乏气氛的创造,因此他的恐怖小说,只带我衡量他推理之正确与否,并没有使我走进他恐怖的陷阱。"

9 日　作诗歌《纯洁》,收入《原野的呼声》,后收入《徐讦文集》第十五卷。

4 月

21 日　作《〈童年与同情〉自序》。

5 月

5 日　十三妹《读徐讦谈〈红楼梦〉》一文刊载于《新生晚报·新趣》。

8 月

11 日　小说《台风》开始在《香港时报》连载,至 1964 年 9 月 15 日结束。

9 月

1 日　长篇小说《时与光》脱稿。

10 月

1 日　小说《时与光》开始在《香港时报》连载,至 1965 年 3 月 19 日结束。

12 月

9 日　作《〈个人的觉醒与民主自由〉序》与英文文章《百花齐放》(改写并编译为中文文章《"鸣放"到"下放"》)。

本年　小说《小人物的上进》《童年与同情》出版。

1965 年(乙巳)　57 岁

▲2 月 16 日,香港综合月刊《现代杂志》创刊。

▲3月1日,东深供水工程向香港供水,从此香港告别了限制用水的历史。

▲4月1日,香港综合杂志《读者文摘》创刊。

▲6月,香港文艺杂志《蓝马记》创刊。

▲7月,香港文艺杂志《小说文艺》创刊。

▲11月10日,姚文元的《评新编历史剧〈海瑞罢官〉》在《文汇报》发表。

▲12月1日　香港文艺月刊《当代文艺》创刊。

2 月

19 日　小说《时与光》开始在《香港时报》连载,至1965年3月19日结束。

小说的基本观念和基本情节是这样的:人们在时间与空间中是渺小的,一切悲剧不过是偶然的综错。

"故事的序幕是一个刚把痛苦的肉体遗留在尘世,而在虚空里飘荡的灵魂,他正向上帝诉说他在时与光中度过的偶然的一生。因此,这个故事纯粹是他的回忆,他的自白。

"这个人的名字叫郑乃顿,他是一个偶然主义者,他认为人是世界上偶然的客人。他没有宗教信仰,没有哲学信念,他只相信偶然。

"为什么他有这种人生观呢? 原来他曾经爱上了一个女子,那个女子也很爱她。可是他要往欧洲读书,于是他们约好了盟誓,然后他便到了欧洲。在那段日子,生活的一切都是为着那允诺。但是就在他回国的前夕,那女的变了心,这个打击使他的人生观彻底改变,他变得相信'人生中有多少计划,严密而详尽,谨慎而小心,以为一定可以实现的,而突然变了;又有多少像今天

一样的预料不到的事情会突然出现，那么人生也许只好随其摆布推动……。'

"在故事开始，郑刚从欧洲回来到香港，一个偶然的电话，带来了许多机遇。他再度爱上了一个女子林明默，可是她早已有了对象。在失恋的痛苦日子，他反爱上了罗素蕾，但两次恋爱的挫折使他怀疑与罗的爱情。这时，林也因爱人变心而失恋，郑变得难以取舍。一个偶然的机缘，林答应和郑结婚。可是这时，郑才明白他真正爱的是罗，于是他和罗相爱，但是在这时，他却意外的被一个痴恋罗的男子用枪打死。这便是故事的概括，而情节的曲折变化，波诡云谲正是徐讦小说的典型特征。"[1]

此外，作品还塑造了一系列相联系的人物，如萨第美娜，小说对她的描写是这样的："已经是六十多岁的人了，中等身材，背微屈，胸部低陷，腰肚凸起着，两腿很细，头发花白，面孔上挂满了皱纹。"但作为房东，由于她的别墅的外租使"我"与林明默、罗素蕾有了产生联系的可能；又由于她对青春的眷恋，让"我"来给她写传记，因搬上银幕的需要又认识了导演与演员等，从而又打开了一个更广阔的现实世界。同样是由于对于青春的眷恋，她又为"我"打开了神秘世界的大门。从作品的构架来看，小说不失其内在的紧凑之处。

如果说，三四十年代，徐讦小说以鲜明的异域风格为其突出的特点；那么，到香港之后，徐讦小说的心理学和哲学内涵日益增强。他的小说所呈现的新的美学风貌与作者独特的心理学和哲学的理解是分不开的，像《百灵树》《期待曲》《疯狂的巫兰》等

---

[1]　周国良：《时与光的旅程》，见《徐讦纪念文集》，香港浸会学院1981年5月版，第241页。

着重于对于人物心理的独特理解,而《彼岸》《时与光》这类小说似乎更偏向于哲学意蕴的表达。但这方面的解读和研究还相对薄弱,而且意见比较分歧。

有些论者认为:"与上海时期小说一样,香港时期的小说也不是篇篇都能在艺术上经得起分析推敲。像《彼岸》《时与光》《悲惨的世纪》等哲理小说,没了以前这类小说的故事,代之以大量的心理描写、分析、抒情,也许表现了徐讦在小说艺术上的实验,但我认为,这实验是失败的。"①

也有些论者表达了不同的看法:"徐讦是从1948年开始创作长篇小说《时与光》的,这部小说尽管脱稿于1964年的香港时期,其故事框架和人生背景有着显明的香港色彩,但其所表达的存在荒诞性主题无疑寄寓了徐讦40年代后期的个体生命体验。'时间'在《时与光》中有着特别重要的地位,从小说的题目也可明显看出。《时与光》的哲学是一种存在主义的时间哲学,透过生命的偶然性境遇,徐讦看到的是一个孤独的个体如何置身于时间的必然性之中去面对存在的荒诞和虚无。在《时与光》里,时间不再表现为古典式的深永的哀伤,也不是柏格森式的绵延生命之流,而是与本然性的死亡相联系的生命实存状态。由此,徐讦40年代的时间观念达到一种源于时代又超越时代的哲学深度。"②

"不难发现,《时与光》着力探讨着这样一个重大的人生哲学问题,即整个人生从根本上是荒诞、盲目与偶然的,这也正是存

① 王璞:《一个孤独的讲故事人:徐讦小说研究》,华东师范大学2003年博士论文,第61页。

② 陈旋波:《时与光——20世纪中国文学史格局中的徐讦》,山东大学2003年博士论文,第68页。

在主义最基本的实存状态观。海德格尔认为,此在的存在即烦,人本身是以烦为根基存在于这个世界上的,人处于'被抛状态',因而是偶在的,不可理喻的。《时与光》里的主人公郑乃顿正是一个体验着人生的虚无与存在的荒诞的偶然主义者。他被抛入一座光怪陆离的城市,'预备在一个陌生的世界上投奔一个陌生的归宿,而一切出现的则都不是我预先所能够想到的'。郑乃顿自称是'一个偶然主义者','因为入生本来是偶然的,偶然的生,偶然的死'。他本来是城市的一个偶然的过客,由于一个偶然的电话,他开始经历着命运盲目的爱情悲欢离合。"①

本月 小说《康悌同志的婚姻》重刊于《展望》半月刊。编者的介绍中说:"我们希望推荐徐訏先生的这篇小说。对于热心从事写作的青年朋友们能有所帮助。"

4 月

18 日 诗歌《月夜漫感》(又名《旅印杂诗》)刊载于《当代文艺》创刊号。《当代文艺》由香港作家徐速主编。徐速说:"我在筹办《当代文艺》,第一个想到请他写稿,而且将他的稿子放在创刊号的第一篇。"又说:"本来我打算每期都登他的稿子,但第二期我就接到了南洋发行商的警告信。因为新加坡正在展开'反徐訏运动',有些学校将他的书堆在操场上点火。焚烧罪名是黄色加反动,黄色是指他的作品里美丽的女人,反动是他在美星主办的刊物上写稿,这个时候国内正在闹文化大革命,南洋大概也不少'四人帮'。想不到徐訏首当其冲。"(徐速《忆念徐訏》)

19 日 在印度 Pachmarli。作诗歌《荒凉的野地》《僻野穷

---

① 同上,第 74 页。

乡》,收入《原野的呼声》,后收入《徐讦文集》第十五卷。

本月　文论《在退潮的文艺沙滩上》刊载于马来西亚《蕉风》月刊。

5 月

本月　在印度 Pachmarli。作诗歌《斗室如囚》,收入《原野的呼声》,后收入《徐讦文集》第十五卷。

6 月

24 口　作诗歌《虚无》(署名徐丁),刊载丁《笔端》1968 年 4 月 1 日第 7 期。

7 月

16 日　《展望》半月刊以徐讦为封面人物,称其为"当代中国卓越的小说家和诗人"。

8 月

3 日　创作歌剧《鹊桥的想象》,1965 年 8 月 18 日至 31 日在《香港时报》连载,收入诗集《无题的问句——徐讦先生新诗·歌剧补遗》(香港夜窗出版社 1993 年版,下文简称《无题的问句》),后收入《徐讦文集》第十五卷。

歌剧共分为三幕,外加序幕和尾幕。牛郎织女的聚散故事是诗作的情节构架,诗作仍具有悲剧色彩,但辞藻华丽,整个气氛营造得相当华美。如序幕尾声的合唱:"层红叠翠,云淡霞静,玉衡西逝,北斗东隐,水星初照,木星复明,天河无波,仙境永宁,大千庄严,三界圣净,叹时间无限,空间无垠。"又如第二幕尾声的合唱:"众合唱:水光潋滟,山色青翠,阳光如蜜,春风如酒,到处是稻香。沿途红花盛开,遍野柳絮飘扬,百鸟欢唱,蝴蝶飞翔,逢此丰收佳节,满村谷仓满,家家笑声响。"

16 日　诗歌《今夕》(署名徐于)刊载于《笔端》第 6 期。

9 月

1 日　小说《父亲》开始在《香港时报》连载,至 1965 年 9 月 16 日结束,收入小说集《花神》(台北黎明文化事业公司 1977 年版),后收入《徐讦文集》第八卷。这是一篇具有象征意味的小说。小说写"我"在香港某学院教书时租住在附近,因此而结识同租在一起的一家三代母女。先进入我们视野的是这样一个女性形象,"一个白白胖胖像快化了的雪和尚一样的女人",一个叫做鲁茜的女人。小说由此又引出她的女儿莉莲,孙女苏珊娜。作品从几个方面刻画这样一个群体,一是她们的外貌是混血儿;二是她们语言上的含混性,什么都会一点,又好像没有母语;三是父亲缺位现象,父亲要么去世,要么在别处。从根本上说就是一种文化身份的不确定状况。

17 日　作《种族与阶级》一文,收入《街边文学》,后收入《徐讦文集》第十卷。

19 日　作《阿尔发城》一文,收入《街边文学》,后收入《徐讦文集》第十卷。这是由法国导演高达的影片《阿尔发城》引出的思考,电影里讨论了现代国家与国民的关系,认为人民是可以任意塑造和改造的东西。徐讦认为《阿尔发城》是一部充满深刻讽刺意味的作品。

21 日　作《东欧的戏剧思想》一文,收于《街边文学》,后收入

《徐讦文集》第十卷。文章谈到在严酷的政治气候下,东西方文化界希望通过艺术积极沟通的意愿。"奥国的文艺社会,常常以为奥国有责任充作欧洲两集团文化的桥梁。在今年五月里,他们邀请了当代二十五位著名的戏剧界人士,包括导演、戏剧批评家、剧作家等来讨论铁幕的东西两方的现代戏剧问题。"

22 日 作《天才》一文,收入《街边文学》,后收入《徐讦文集》第十卷。这一时期,作者从不同的角度多次谈到天才问题,但一直强调天赋的潜能必须与后天的努力结合起来,体现出作者在心理学和哲学方面的修养。"天才也许同美貌是同一类的,无论这是上天所赐的,或是偶然的存在,总之是一生下来就具有的特质。但天才则必须还要有学习磨炼的机会,有音乐天才的儿童如果终生无缘接触音乐,他就永不会成音乐家,……这样说来,美貌似乎比天才还更属于天赋。但另一方面说,天才因为需要训练教育等后天的努力,所以正有不少的天才是被埋没的,自然也还有不少天才是被糟蹋的。"

23 日 作《歌与诗》一文,收入《街边文学》,后收入《徐讦文集》第十卷。

24 日 作《宗教信仰》一文,收入《街边文学》,后收入《徐讦文集》第十卷。文章认为人们的宗教信仰源于某种特别的心灵感受和智慧,它往往与理智不相兼容,从理由和根据上来追寻信仰往往不免失望。他说:"我自己寻不到信仰,但我从来不轻视别人的信仰。我觉得宗教总是人类所需要的。它的存在演变与发展,正是千千万万人在信奉宗教的一个有力的根据。我之不信,或者正是为我少了某种智慧。"

25 日 作《编辑之道》一文,收入《街边文学》,后收入《徐讦文集》第十卷。此时徐讦已有三十多年编辑经验,他总结了作为编辑之道的七条经验:首先,认真看稿是做好编辑的基本条件之一。其次,要有退稿的本领。此外:"第三,勤于写信,收到稿子,马上回信,用否都能很快告诉作者,同时马上鼓励作者再继续为他写稿。第四,在编辑工夫上,会使不出色的文章不让读者注意,而有时还会用按语或编辑后记等办法,为不出色文章的作者遮丑。第五,能不断地鼓励老作家写新文章,还不断地提拔新作家。第六,能经常与读者联系。读者来信,有问必答,读者意见,尽量吸收。第七,作家中往往因意见不同而发生论战,编辑必须公正不偏,使他们把文章给你,但同时仍能把刊物编成有个性的刊物。"

26 日 作《幸运儿》一文,收入《街边文学》,后收入《徐讦文集》第十卷。文章从林海峰获得中日围棋擂台赛的冠军引发感想,认为中国作为一个人口大国其间正不知牺牲和埋没了多少不曾开花、结果的天才。这自然与经历过动荡年月的心理相关。

27 日 作《画展与艺术的提倡》一文,收入《街边文学》,后收入《徐讦文集》第十卷。文章是由国泰航空公司举办亚洲现代美术展览会而引发的议论,希望社会资金能够促进文学、绘画等艺术事业的发展:"就以香港的马会来说,他们每年在慈善事业上确也尽了不少力量,但很少想到在提倡艺术上有什么贡献。只要他们愿意,我想他们轻而易举地可做的事情很多,如设立一二个文学奖,资助一些进步的新的戏剧的演出,每年收购一些年青艺术家的绘画……凡此种种,只要用马会每年收入的九牛一毛都可以随便实现的事情。这对香港社会的贡献与青年艺术家的鼓励是多么大呢?"

28 日 小说《鸟叫》开始在《香港时报》连载,至 1965 年 10 月 31 日结束,收入小说集《花神》,后收入《徐讦文集》第八卷。

小说主人公李予沛在香港经商失败之后准备到台湾自杀,到台湾后由于种种机缘慢慢走出了这种消沉的心境。首先是听到了一种记忆中的鸟鸣,唤起了他的亲切、美好的回忆,让他从创伤心理中逐渐平缓下来;再者,到台湾后遇到的朋友故旧也让他感到生活并不那么可怕,完全可以重新振作起来。作品虽然主要写李予沛人生的沉浮,但也从侧面折射出香港、台湾的世道人心。

10 月

1 日 作《青春》一文,收入《街边文学》,后收入《徐讦文集》第十卷。文章说:"当我年轻时,社会奖励少年老成,中学教育严格,到大学里又忙'读书'与'救国',刚过二十岁,就装模作样地自负是'学者'或'革命志士',可以说一直没有过青春生活。因此我特别羡慕青春,我也特别希望年轻人好好珍贵青春,享受青春。"

2 日 作《聪明人》一文,收入《街边文学》。

3 日 作《革命不如反革命》一文,收入《街边文学》。

4 日 作《苏加诺自传》一文,收入《街边文学》,后收入《徐讦文集》第十卷。苏加诺的自传在美国出版,书中的自夸让徐讦感到不满。

5 日 《陈腔滥调》一文刊载于《新生晚报》,收入《街边文学》,后收入《徐讦文集》第十卷。文章认为创新在中国是非常困难的,因为其土壤更适合陈腔滥调的生长。

6 日 《"棒子"问题》一文刊载于《新生晚报》,收入《街边文学》,后收入《徐讦文集》第十卷。文章是由李璜在《展望》半月刊上发表的《谈交出棒子》而引发的议论,谈到学术思想的传承与文学艺术的传承问题。

7 日 作《时代感与时髦感》一文，收入《街边文学》，后收入《徐讦文集》第十卷。文章认为，时代感有别于时髦感，时代感是深入时代社会生活内部的，而时髦感则是浮在生活表面的东西。从文学的角度来观察，"中国的现代主义者，多数都不是出于'时代感'，而是出于'时髦感'"。

8 日 《文学批评》一文刊载于《新生晚报》，收入《街边文学》，后收入《徐讦文集》第十卷。文章说："新文学运动以来，最失败及最无成就的则是文学批评。"在徐讦看来，"批评家是清算过去开创未来，他的话不一定对，但他必有他在美学社会学以及哲学上有所立，据此而清算过去，他一定会大刀阔斧的发掘前人所未看到的，可能否定了一个一直被视作偶像的诗人，可能肯定一个从未被人注意的作家，据此而开创未来。他一定会注意到尚未被人注意的新作家，一定会发现别人没有发现的新作品"。

9 日 《文学教育》一文刊载于《新生晚报》，收入《街边文学》，后收入《徐讦文集》第十卷。文章谈及文学教育与文学创作的差异，"艺术方面只有启发，不可能传授。因此文学系所能教的或者也只是些修辞学、小说作法、编剧术一类的功课而已"。

10 日 《天才的沙漠》一文刊载于《新生晚报》，收入《街边文学》，后收入《徐讦文集》第十卷。

11 日 作《新的美国青年热》一文，收入《街边文学》，后收入《徐讦文集》第十卷。

12 日 作《写作的幸运》一文，收入《街边文学》，后收入《徐讦文集》第十卷。

13 日 《特务片的公式》一文刊载于《新生晚报》，收入《街边文学》，后收入《徐讦文集》第十卷。文章谈到美国特务片的公式化问题,由于受市场的影响,导致趣味的恶化,"美国的玩意儿,说穿了不外'惊险'与'香艳'。可是惊险到了'一定不死',也就没有"惊险";'香艳'到了'一杯水',也就没有'香艳'。特务片进步到失去了'惊险'与'香艳',所剩的只是'恶形'。'恶形'是一句不容易翻译的上海话,或者可说是把'肉麻当有趣'的一种极端的形式吧"。

14 日 作《自杀》一文,收入《街边文学》,后收入《徐讦文集》第十卷。

15 日 作《文章与年龄》一文,收入《街边文学》,后收入《徐讦文集》第十卷。文章认为:"有人相信文学总是年轻人有生气活力,有人相信文章到老年才能炉火纯青。这两种说法都有道理。其实文章与年龄还是成正比例的东西。生物的规律是萌芽——生长——成熟——死亡。每个人文章的行程也还是这一条路。不过,有的成熟过早,还未长成,已经成熟,年纪轻轻,文章已经非常老练,以后竟不再进步,到老还是一样;有的则成熟较晚,在生长过程中似乎占时间较长,往往变化繁杂,多姿多彩;也有的很早就天才横溢,突然江郎才尽;还有是本来就不写文章,年老时才动写作之兴,竟能成绩斐然。这些不同与变化,外面因素与内心因素都很复杂,很难一一分析。"

16 日 作《"杀错了人"与"看错了人"——寄曹聚仁》一文,收入《街边文学》。

17 日 作《阶级的钦定》一文,收入《街边文学》。

18 日 作《敏感症》一文,收入《街边文学》,后收入《徐讦文集》第十卷。文章认为,所谓敏感症有生理的敏感,有心理的敏感,而心理的敏感又可以分为性心理敏感,金钱性敏感,政治性敏感。其中政治性敏感,它把一切都与政治关联起来:"譬如你爱一个女人,在他看来可能是政治上的一种勾结;譬如你同一个美国朋友谈几句话,他就说你是谋做美帝的走狗;譬如说你有妹妹在一家与大陆有来往的商行做事,他就会猜疑到你已经向中共靠拢;如果你今天请客,座中有一个香港时报的编辑,他就想到你正在走台湾路线。"

19 日 作《电影的艺术挣扎》一文,收入《街边文学》,后收入《徐订文集》第十卷。文章借亚斯托鲁的话揭示了电影艺术在现代社会中的境况:"电影……逐渐地已成为一种语言。所谓语言,我的意思是说可作为一个艺术家表现他思想(无论是如何抽象的思想),与表达他内心蕴积,正同一篇散文与一篇小说一样。"

20 日 作《生命》一文,收入《街边文学》,后收入《徐订文集》第十卷。文章对生物与非生物的区别感到好奇,对于生命的发生感到好奇,由此谈到相关的各种或真或假的"科学发现"。

31 日 小说《来高升路的一个女人》开始在《香港时报》连载,至 1965 年 11 月 9 日结束,收入小说集《花神》,后收入《徐订文集》第八卷。高升路是香港的富人小区,来高升路的女人名叫阿香,她在富商史家做女佣。通往高升路的路口有几个小铺子,小铺子里有阿香的穷朋友。因为都来自社会底层,阿香和穷朋友们很说得来,而且人很直爽,相互帮衬,但说到要嫁给其中的哪个,阿香则明确表示不愿意,因为她要和史家太太一样嫁一个富人。小说的最后是史家太太跟足球运动员私奔,而阿香则顺利"晋升"为史家太太。小说让人们看到的是,社会塑造了女性,同样女性也塑造着社会。

11 月

10 日 小说《茶与咖啡》(又名《深棕与淡绿》)开始在《香港时报》连载,至 1965 年 12 月 10 日结束。

16 日 作《今年的诺贝尔文学奖》一文,收入《街边文学》,后收入《徐讦文集》第十卷。肖洛霍夫以《静静的顿河》《未开垦的处女地》获得 1965 年诺贝尔文学奖。肖洛霍夫与上一年得奖的萨特形成了有趣的对比,"沙特从未批评过瑞典文艺学院,但是他用拒绝来讽刺诺贝尔文学奖。现在萧洛霍夫,虽是抗议地攻击瑞典文艺学院,可是当文艺奖颁给他时,他则感激地接受了。我们不敢在这里面有作风高下之别,但倒可以让我们看出理想主义与现实主义态度的不同了"。

17 日 作《博士与读书》一文,收入《街边文学》,后收入《徐讦文集》第十卷。文章由林海音《四个灶口与女博士》的短文而引发的联想和议论,从反面指出中国的官场文化对于学术的毒害:"我们中国几十年来,在官场中在文化界里用博士硕士的头衔来鬼混的千千万万,他们不但对'社会'没有什么贡献,反而搞些不少祸国殃民的勾当。以这些人来比较,则那些仍能在四个灶口忙来忙去而生男育女的女士们的贡献又是多么伟大呢?"

18 日 作《"留学生"的安居乐业》一文,收入《街边文学》,后收入《徐讦文集》第十卷。

19 日 作《同性爱》一文,收入《街边文学》,后收入《徐讦文集》第十卷。文章说,英国上议院通过法案允许同性之爱,这让他感到颇不舒服。并且说:"照我想,现在心理病态的治疗既然有很大的进步,同性爱实在应该当作吸毒犯一样的,由国家供应,强制而免费地让他到心理病院去受医疗,这应该是最理想的处置吧。"作者虽然是一个个性主义提倡者，但根子上还是受到中国传统伦理道德的影响。

20日 作《"我"的问题》一文，收入《街边文学》，后收入《徐訏文集》第十卷。"我"是什么？一直以来是人们努力探索而无法得到答案的带有哲学意味的问题，德国作家佛立虚以小说的方式加以探讨，《叫我甘丁朋》的艺术思路引起作者的兴趣。

同日 下午，参加《香港影画》举办的"每月电影座谈会"，地点在香港九龙总统酒店三国厅，出席者有徐訏、姚克、宋淇等人。会上，徐訏就"文艺片"这一概念谈了自己的看法，他说："有一个问题，却是非先分清楚不可的，本来电影就是电影，文艺就是文艺，两者的关系其实很少。电影原是独立的艺术，最好不要搞到文艺上面去。由文艺小说改编的电影，不一定就是好电影。电影也不一定比小说好。别将电影和文艺拉得太密，那将是电影一个大包袱。"

21日 作《方块文章》一文，收入《街边文学》，后收入《徐訏文集》第十卷。

22日 作《和平的途径》一文，收入《街边文学》，后收入《徐訏文集》第十卷。

23日 作《节日与贺卡》一文，收入《街边文学》，后收入《徐訏文集》第十卷。

24日 作《从"鸟叫"谈起》一文，收入《街边文学》，后收入《徐訏文集》第十卷。这篇文章是由于作者的小说《鸟叫》在报上连载引发议论，作者在文章中给予回应，相当于一篇创作谈。"也有人问我自己喜欢哪一部作品，我的答案是：'我想我现在写的总比过去要进步。'事实上，我的小说的变化，也正是我对人生体验的变化，也是我对于人生态度的变化。我以前只是用一个角度去看人生，现在我则知道用各种不同的角度去看人生。我决没有或打算在小说里骂什么人，也没有想骂什么社会。我只是想用解剖的方法把某种人物与某种社会现象切开来看看，我甚至只给自己看看而已。"

"有一个朋友看了我的《小人物的上进》，从美国写信给我，他说：'你真是把我们小资产阶级挖苦得太厉害了。'我回信里有这样的话：'我也是小资产阶级一分子，挖苦自己究竟还是比挖苦别人容易些。'"

"还有朋友同我说：'你的小说里的女性似乎越来越不可爱了。以前你小说里所描写的那些可爱的女性到哪里去了？'我想了很久，仍不知他所指的是我哪几篇小说。后来那位朋友告诉我，是他看了《女人与事》的感觉。我开始想到，女人对于恋爱观、婚姻观的态度，正是我在好几篇小说中写的，如《来高升路的一个女人》里的女主角也是一个抱另一种态度的女性，而她不是一个知识阶级，仅仅靠她的女主人的指点，她已经知道如何是自己认为幸福与合理的路。我觉得她还是一个了不起的女性。"

25 日　作《文学的堕落》一文，收入《街边文学》，后收入《徐讦文集》第十卷。文章提到无论是商业社会还是政治社会，文学都容易失去独立性而沦为婢仆的现象，体现出作者对于文学状况的愤懑情绪。

26 日　作《"自由"与"祖国"》一文，收入《街边文学》。

27 日　作《苏联的艺术自由》一文，收入《街边文学》，后收入《徐讦文集》第十卷。

28 日　作《赖奥登的故事》一文，收入《街边文学》。

29 日　作《蒋碧薇自传》一文，收入《街边文学》，后收入《徐讦文集》第十卷。文章谈到自己与蒋碧薇在重庆时的一面之缘，主要谈及传记文学的写法，以及对于文学的一种理解。"蒋碧薇在艺术上的修养我不知道，但她一直没有在写作上努力过，则是事实，而这本书竟使我看到超过许多以作家自居的浮浅的著作。这也可见文艺作品是从心里呕出来的，而不是从脊髓里反射出来的。"

12 月

1 日　《悲凉话与风凉话》一文刊载于《展望》半月刊，收入《街边文学》。

11 日　小说《自杀》开始在《香港时报》连载，至 1965 年 12 月 19 日结束，收入小说集《花神》，后收入《徐讦文集》第八卷。作品写一个年轻的逃港者王三多，因为没有谋生的技能沦落为窃贼。浪迹过程中，过去生活的记忆还始终跟随着他。其中有两双特殊的眼睛，一双是被他斗死的地主郭恩代的眼睛，一双是被他气死的父亲的眼睛。如今在行窃的时候忽然发现被窃的施先生已经死了，没有闭上的眼睛很像是郭恩代。这让他感到恐惧，于是干脆吃了施先生的药也自杀了事。小说写过去的记忆对于人物现实行为的纠缠。

20 日　小说《私奔》开始在《香港时报》连载，至 1966 年 1 月 7 日结束。

本年　曾到印度短期教学。

本年　创作小说《花神》，收入小说集《花神》，后收入《徐讦文集》第八卷。小说所写到的花神名叫阿福，阿福是一个"高高瘦瘦的人"，阿福养花入了迷，并有一种艺术的气质。"这以后，我慢慢地认识阿福的确有一个艺术家的个性，他有一种为创作而创作的欲望，只是他所运用的素材不是普通艺术家所运用的，正如画家运用颜色，音乐家运用声音一样，他在运用植物。我认识一些画花卉的画家，他们运用颜色绘写出色的、奇妙的花卉，而实际上都是对实有的花卉的摹临。现在阿福所做，则是用现有的实物创造新的花卉。我了解他的努力方向以后，他开始对我比较接近，认为我是他真正的知己。他开始让我知道他真正在努力的工作。"阿福后来创作了一株奇异的花朵，"我"帮他命名为"娇妻爱女"，而生活中他又确实结下善缘，邂逅了娇妻爱女。这篇小说有点类似于郁达夫的《迟桂花》，寄托了作者美好的现实祈愿。

本年 作《追念余又荪》一文，辑录于《念人忆事》，后收入《徐讦文集》第十一卷。徐讦从印度回到香港的第二天，听到余又荪在台北因交通事故去逝的消息，不禁唏嘘怅惘。徐讦与余又荪是北大时期的同班同学。文中记载了两人之间并不频密的交往，而这种个人的际遇中总是夹杂着时代的烽烟。"余又荪是我的同系同班的同学，我们都是哲学系的学生。毕业后他到日本去留学，大概转攻历史，我则在北大转到心理学系读了两年心理学，以后就到上海。一九三六年去法国，抗战军兴，我乃转学回上海，其间我同他一直没有通信。珍珠港事变后，我到重庆，在重庆中央大学兼课，那时我听说余又荪本是中央大学总务长，那年刚刚离职去了成都或昆明，所以我仍是没有碰见他。以后我去美国，胜利后回上海，一直到一九五〇年来香港。大概是一九五三年秋听说他来了香港，很想碰见他。后来竟在华美酒家不期而遇，两人暌隔近三十年，也没有通过信，可是一见面他也认识我，我也认识他。他说我没有老，我知道是客气话，可是我可真的觉得他没有什么改变，只是他手拿烟斗，时时点火，则是他以前所没有的习惯。"

本年 作《柏林的问题》一文，收入《街边文学》。

此一时期作《巴夫洛夫的真貌》一文，收入《街边文学》，后收入《徐讦文集》第十卷；作《国有文艺与民有文艺》《庙宇与广场》《书价》《禽类学家》《集体创作》《恐惧的反顾》《世界历》《歧视与侮辱》《创造精神》《艺文漫笔》等文，收入《街边文学》；作《谈读书》一文，收入《思与感》；作《牢骚文学与宣传文学》一文，收入《门边文学》。

1966 年（丙午）　58 岁

▲1 月 1 日，综合杂志《香港影画》创刊。

▲1 月 5 日，香港文艺杂志《海光文艺》创刊。

▲1 月 12 日，"国际笔会香港中国笔会"主编之《文学天地》双周刊创刊，在《星岛日报》刊出。

▲1 月 15 日，香港《诗坛》杂志创刊。

▲1 月，综合杂志《明报月刊》创刊。

▲3 月，香港综合杂志《中学生活》创刊。

▲4 月 25 日，香港文艺杂志《文艺伴侣》月刊创刊。

▲5 月 4 日至 26 日，中共中央政治局扩大会议在北京召开。16 日会议通过由毛泽东主持制定的《五·一六通知》。

▲5 月，香港发生了历史上最严重的平民骚乱。暴乱最初因劳资纠纷引发，之后示威者发起"反英抗暴"运动，更以土制炸弹袭击警方，导致香港社会非常动荡。动乱至年底才结束，酿成不少伤亡。

▲8 月，中共八届十一中全会在北京举行，通过了《关于无产

阶级文化大革命的决定》。

▲8月18日,毛泽东首次在天安门接见全国各地来京串连的红卫兵和群众。至11月下旬,先后八次接见了1300万群众和红卫兵。

▲11月28日,江青、陈伯达主持召开首都文艺界无产阶级"文革"大会。

1 月

1 日　综合杂志《香港影画》创刊。杂志同日报道徐訏、姚兑、水建彤、末淇等参加香港每月电影座谈会。

5 日　香港文艺杂志《海光文艺》创刊。主编罗孚觉得徐訏太顽固,没有将他列入"统战"的约稿对象。后来两人熟悉后,才开始向徐訏约稿。

8 日　小说《过客》开始在《香港时报》连载,至1966年2月5日结束。

16 日　《知堂老人的回忆录》一文刊载于《展望》半月刊,收入《街边文学》,后收入《徐訏文集》第十卷。文中说:"知堂老人的回忆录曾经在《新晚报》上出现过几天,以后就不见了。"还说:"知堂老人在敌伪时代的失节是一件不应该有的事情。"

30 日　林语堂由台湾来香港探亲,参加《当代文艺》周年纪念晚宴。

2 月

10 日　周作人致信徐訏,谈及抗战沦陷时期滞留北平的情况。此信在周作人去世半年多后的1968年1月刊载于《笔端》

创刊号,因未收入《周作人散文全集》,兹录如下:

徐讦先生:

承在港友人寄示在《展望》上所发表的关于回想录的大文,对于鄙人的批评,宽和平恕,得未曾有,至为钦佩。但有一点,即是以"道义事功化"一文为"说明"自己的文章,则微有错误。此与"伦理之自然化"相并,是我多年来的主张,说句老实话,也只是一种空论罢了。我对于自己的行为向取"不辩解"主义,在《药堂杂文》中有过一篇文章申明此义,回想录中即实行之。但是对于先生却不妨来说明一下沦陷时的我的境况,就知道由于我不能丢下家族,所以留在北平。我的家族那时有我夫妇及子女各一,女已出嫁,丈夫在西安,所以她住在我家,带着两个儿子。我兄弟的弃妻,就是我的妻妹,有二子一女,也住在我处,过着共同生活,此外我的母亲同了鲁迅前妻虽然住在别处,也要我照看,这样说来,就是这不算在内,已经连我有十个人了。我也知道顶好是单身跑到西南去,但是撇下九个人没有办法,所以只好在北平"苦住"了。头一年(民廿六至廿七)我靠胡适之编译会译书的事,算是混过去了,后来编译会搬往香港,我乃托燕大友人在那里谋得四小时的功课,承燕大特给报酬百元,并一个"客座教授"的名义,我便借此抵挡了别处的劝诱,第一是师范大学的中文主任,算是成功了。但是到了廿八年的元旦,忽然光降了刺客,虽是没有死,可是燕京不能去了,所以只好就了北大图书馆长,随后是文学院长之职了。那刺客案后来查无结果,这也是当然的,因为那就是日本军部干的事,这在回想录里有点说明,可笑世间竟有这样无聊人,自己承认是那特务,并且用英文写什么书,还侃侃而谈呢。

以上这些"说明"实在没有什么说服的力量,当作辩解,结果无非证明我意思薄弱,没有撇掉家族,牺牲别人,救出自己的毅力而已,所以除了对于先生以外,我是并不曾说过。以前以教书为职业,没有余暇做翻译的工作,现今是工作与职业合一了,我好久想翻译的书于今才得实现,即如希腊路吉阿诺斯(英国人叫他 Lucian)的对话二十篇,总计有四十七八万言,这乃是我四十年来的心愿,在去年里总算完成了。虽然何时能够出版,目下还不能说,总之我的心愿已了,对于那位后汉末年的希腊作家,也已尽了介绍之职了。我与先生只于解放的那一年的夏天,在金性尧的席上见过一面,没有详谈的机会,今日草草写这封信,幸祈鉴察,并望勿加引用发表为幸。

　　此请近安。

　　一九六六年二月十日,周作人启。

16 日　《新声》报道徐讦出席台大"大学论坛"社举办的座谈会。

4 月

2 日　参加《展望》半月刊百期聚会。

5 月

30 日　作《〈时与光〉后记》。

9 月

5 日　作《悼念诗人伍叔傥先生》一文,刊载于《传记文学》

1966 年 10 月第 9 卷第 4 期,辑录于《念人忆事》,后收入《徐訏文集》第十一卷。伍叔傥毕业于北京大学,同班同学中有傅斯年、罗家伦、顾颉刚、许德珩、俞平伯等等。校长蔡元培,老师有胡适、陈独秀、李大钊、刘师培、黄侃等。1942 年徐訏进入国立中央大学师范学院国文系任教就是由于伍叔傥的延揽。抗战胜利后,徐訏回到上海,曾以出差之便到南京看望过伍叔傥,拜访过他在南京的暮远楼。由于这样的历史渊源,香港时期也常有往来,徐訏常常乘到清华书院上课之便到伍叔傥家里坐坐。得知伍叔傥创作有大量旧体诗,每每催促他尽快出版。但在此事尚未有结果时,伍叔傥便去世了。后来部分诗作以《暮远楼自选诗》为题出版,其中有诗云:"越缦才华最胜流,还同湘绮各千秋。他年若作文章手,后起应推暮远楼。"

8 日 在台北。作《全集后记》。其中有云:"文艺批评之所以不能建立,大概与中国社会的亲疏之分很有关系。我常见公共汽车或电车上,熟人相逢,互相抢购车票,客气异常;而对不相识的人则往往怒目切齿,争挤不让;这或者正是我们对相熟的人必须捧场,与对陌生人爱装腔作势的那种批评态度的同一来源。其他如政治挂帅,帮口堡垒,打手嘴脸,巫师衣冠等,自然更是建立真正的文艺批评的阻碍了。"可见,徐訏对于自己作品之不遇还是有些感慨的。对于全集中作品搜集的情况,徐訏则云:"回忆历年来所写的东西,当然并不只是这个全集所编集的这一些。许多初期的诗与散文,早已舍弃。在动乱时代的用许多笔名所写的应时杂感短文,因时过境迁,觉得没有收集的必要,也不再想收集。还有许多别人特约的专题而不为发表用的自然也不能收集在里面。""只有一篇关于谈戏剧美的文章,是上海租界孤岛时代(1939—1941)应《中美日报》副刊'集纳'写的,记得是每周一次，一共写了十几个星期，大概有七八万字左右，后来不知怎么没有写下去。我很想可以找到旧稿，把它补充成一篇完整的东西，可以让我收集在这次的总集里。我曾经向各处访寻。这次趁我游美之便，曾在华盛顿的国会图书馆，东京的国会图书馆，以及以收藏中国史料著名的胡佛图书馆及哥伦比亚大学图书馆查询，竟都没有找到。所以只好在这里再作广告，如果有仁人君子藏有，或知道何处藏有《中美日报》，得便赐知，那就感激无尽了。"这基本反映了此一时间点之前徐讦作品存留的总体概貌。

11 月

21 日 作长文《谐和论的信念与自由主义》，收入《门边文学》。

31 日 《谐和论的信念与自由主义》改题为《自由主义与谐和论》，刊载于《明报月刊》1967 年 7 月号。

1967 年(丁未) 59 岁

▲1 月 1 日，姚文元在《红旗》发表《评反革命两面派周扬》。17 日，中共中央正式发布《关于文艺团体无产阶级文化大革命的决定》。

▲1 月 11 日，《香港青年周报》创刊。

▲1 月，香港《中文杂志》创刊。

▲2 月，香港《影讯月刊》创刊。

▲3 月 12 日，综合杂志《磐古》创刊。

▲4月1日,香港文艺杂志《纯文学》月刊创刊。

▲5月10日,香港《文汇报》副刊《文艺》停刊。

▲5月23日,现代京剧《智取威虎山》等八个"样板戏"同时在北京舞台上演,历时37天,演出218场。

▲7月,香港综合杂志《新世纪》月刊创刊。

▲9月15日,香港综合杂志《中报周刊》创刊。

▲10月25日,香港左翼文艺工作者举行座谈会,提出要贯彻执行毛主席的文艺路线,要与工农兵结合,创作和演出反映工农群众战斗生活的文艺作品。

1 月

2 日　作诗歌《你的梦》,收入《原野的呼声》,后收入《徐讦文集》第十五卷。

本月　作《看中国电影》一文,刊载于《笔端》1968 年 2 月 16 日第 4 期 ,收入《门边文学》,后收入《徐讦文集》第十卷。文章主要是对中国(香港)电影的批评,认为存在着四种毛病:第一,故事大同小异;第二,题材贫乏;第三,人物空虚;第四,教训味重。

2 月

2 日　作《鲁迅先生的墨宝与良言》一文,刊载于《笔端》1968 年 3 月 16 日第 4 期。这篇文章回忆了与鲁迅有关的多个方面,比如鲁迅与林语堂交往的一些细节,鲁迅写《中国文学史》的夙愿,鲁迅所赠送的两幅墨宝等。文章还集中谈到此前苏雪林发表于台湾《传记文学》文学上的文章:"苏雪林写鲁迅的文章,刻薄阴损,似有太过。特别是关于鲁迅在金钱上小器一节,我觉得是与事实完全相反的。在前辈的文化界名人中,能够慷慨助青年的作家与教育界人士的,据我所知,是没有一个人可以与鲁迅相比的。我虽没有向鲁迅有什么金钱或其他往还,但耳闻的实在太多。许多从内地以及以后从东北来的流亡年轻作家,求鲁迅帮助的,或多或少,总没有失望过。而鼎鼎大名的衮衮诸公比鲁迅富有的则往往是一毛不拔的。有人说,这是鲁迅的想有群众,是以小惠笼络青年的手段,但许多事实是鲁迅有时并不要别人知道是他的借助。我觉得鲁迅对于弱者贫者的确是有更多同情心。其实即以对人施惠以笼络人心来说,世上有多少人一心想有群众而不肯对人施小惠多着呢。许多过分刻薄的批评可以使任何善举都成为丑恶。"

4 月

28 日 在中国文协(香港)演讲,演讲的题目是"文学与政治"。《香港时报》作了相关报道。

5 月

5 日 皇甫盛《徐讦的散文》一文刊载于《中国学生周报》第772 期。

7 月

14 日 作《关于文化的革命交流与复兴》一文,刊载于《明报月刊》1967 年 8 月号,收入《场边文学》。

20 日 作《吉铮的〈拾乡〉》一文,收入《门边文学》,后收入《徐讦文集》第十卷。文章由吉铮的小说《拾乡》谈到文学与创作者的现实经验的关系，强调小说虽然离不开想象，"但想象并不是可以离开生活的东西"。

28 日　作《大陆文艺的命运》一文，收入《门边文学》。作者以"第三只眼"观察大陆文坛，看到的是一些不同的景象。

10 月

27 日　作诗歌《久坐》《等待》，收入《原野的呼声》，后收入《徐訏文集》第十五卷。

28 日　作诗歌《满天星斗》，收入《原野的呼声》，后收入《徐訏文集》第十五卷。

29 日　作诗歌《变幻中的蜕变》，刊载于《明报月刊》1973 年 8 月号，收入《原野的呼声》，后收入《徐訏文集》第十五卷。

11 月

6 日　作《台湾之出路》一文。

7 日　作诗歌《什么事情》，收入《原野的呼声》，后收入《徐訏文集》第十五卷。

14 日　作《谈修正主义》一文。

24 日　作《HIPPIES 的陶醉药与魏晋的五石散》一文，刊载于《明报月刊》1968 年 1 月号，收入《场边文学》，后收入《徐訏文集》第十卷。在徐訏看来，现代社会 HIPPIES 的陶醉药与古代社会竹林七贤等人的五石散看上去相去不可道里计，但它们之间存在着内在的联系，都是社会苦闷的产物，都体现了社会对于人的精神的扭曲。

12 月

5 日　作《谈陈独秀与其晚年的思想》一文,刊载于《笔端》1968 年 2 月 1 日第 3 期,收入《场边文学》。

1968 年(戊申)　60 岁

▲3 月 23 日,于会泳在《文汇报》发表《让文艺舞台永远成为毛泽东思想的阵地》,提出"三突出"口号:在所有人物中突出正面人物来,在正面人物中突出主要英雄人物来,在主要英雄人物中突出最主要的中心人物来。

▲4 月 4 日,美国著名黑人民权运动领袖马丁·路德·金在田纳西州遇刺身亡。

▲6 月 20 日,香港文艺杂志《文艺》季刊创刊。

▲9 月 1 日,香港综合杂志《中文文摘》创刊。

▲10 月 13 至 31 日,中共八届十二中全会在北京举行,开除刘少奇党籍,并撤销其在党内外一切职务。

▲本年,香港文学研究社编印《中国新文学大系续编(第一至第十集)》出版。

1 月

1 日　香港文艺杂志《笔端》创刊,徐訏主编,主要作者有徐訏、十三妹、司马长风、胡品清、李辉英、黄思骋等。

徐訏撰《〈笔端〉发刊词》,主要表达了对自由精神的诉求,有云:"在态度上,我们这个小刊物既是公开的,势必容纳不同的意见与不同的所感所思,但也只限于个人的意见与所感所思,至若官方的公告、团体的宣言之类,则自在无法刊载之列。在内容上讲,这是本综合性的刊物,所以这与纯粹的文艺刊物政治刊物或电影刊物等不同,我们想接触较多的问题,也想包括较广的范围。"

对于《笔端》,刘以鬯《忆徐讦》也有提及:"徐讦办《笔端》,是与李吉如、黄村生合作的。《笔端》是半月刊,创刊于 1968 年 1 月 1 日。徐讦曾写信给我,要我为《笔端》写稿,我写了一篇《链》,刊在第三期。《笔端》编得相当好,只是销数不多。"

29 日　作随笔《从"金性尧的席上"说起》一文,刊载于《笔端》1968 年 3 月 1 日第 5 期。

2 月

16 日　《寸云斋随笔》开始刊载于《笔端》第 4 期。《寸云斋随笔》连续刊载多期,基本上延续此前的夜窗随笔式的哲思隽语。

28 日　古兆申《徐讦先生谈诗的传达性、时代性及民族性》刊载于《盘古》第 11 期。

3 月

1 日　《史坦尼斯拉夫斯基与平剧改革》(署名东方既白)一文刊载于《笔端》第 5 期,收入《门边文学》,后收入《徐讦文集》第十卷。文章谈到中国传统戏剧在中国传统文化现代转型中所处的位置,同时注意到大陆所重视的斯坦尼斯拉夫体系,由此而提出戏剧(平剧)改革的一些建议。

16 日　诗歌《夜听琵琶》(署名徐于)刊载于《笔端》第 6 期，收入《无题的问句》，后收入《徐讦文集》第十五卷。

30 日　作诗歌《来信》(署名杉彬)，刊载于《笔端》1968 年 4 月 1 日第 7 期，收入《无题的问句》。

4 月

1 日　戏剧《遗产的声音》(署名徐于)刊载于《笔端》第 7 期。

同日　参加《展望》半月刊十周年聚会。

6 月

22 日　创作小说《投海》，1968 年 8 月 16 日至 10 月 1 日连载于《知识分子》半月刊，收入小说集《花神》，后收入《徐讦文集》第八卷。作品写逃港者一群人的生活状态，他们的生活是纷乱的，心灵情感世界也是无序的。在这种情况下，余灵非结识了娟红，并结了婚。但娟红并不安分，很快碰到了昔日的情人梁占栋，就轻易出轨了。余灵非精心策划杀死了他们，并且自己也觉得活着无意思准备投海自杀，而在投海的时候却又救了一个女孩子。

本月　作《文学审查与文学统制》一文。

7 月

23 日　作《文学的去处》一文。

8 月

1 日 作《画家的诞生——题绿云画展》,刊载于《当代文艺》1969 年 1 月第 38 期,收入《原野的呼声》,后收入《徐讦文集》第十五卷。

16 日 《阴森的世纪》(后改为《悲惨的世纪》)开始在《展望》半月刊第 157 期连载,至 1969 年 10 月 16 日结束。

10 月

9 日 作《悼吉铮》一文,刊载于《明报月刊》1968 年 11 月号,收入《门边文学》。文章认为文学的创作要靠生活提供源源不断的源头活水,这本来是最自然不过的道理,但徐讦的这些议论还是引起了一些号称"纯文学""唯艺术"派的不满。据香港作家寒山碧的观察:"吉铮英年早逝,徐讦写了一篇《悼吉铮》,刊于《明报月刊》上。文内谈到写作与生活的关系,徐讦认为'生活的体验可以广,可以深,但必是有劫波痛苦产生的。如果陷入平庸而浅俗、舒服安定的泥沼里,想写出伟大的作品可以说是不可能的。书房里的作品,沙龙里的作品,袭用些西洋的写作上新鲜的技巧,或描写些沙龙里有趣的琐事与趣闻,可能是可爱东西,但只是第三流的作品而已'。认为'生活太安定了,也并不能写作'。……徐讦所阐述的不过是现实主义最浅显的普遍真理,可是却引起'唯艺术''纯文学'派的不满,并在《明报月刊》上引发一场争论。虽然是一场没有结论也没有结果的,但至此,徐讦与留美亲美派学人却是渐行渐远,《明报月刊》再也见不到徐讦的文章了。"①

25 日 作《题元道画会画展》，收入《原野的呼声》，后收入《徐訏文集》第十五卷。

12 月

20 日 作《不安宁的世界》一文。

本年 作小说《盖棺论定》，收入小说集《花神》，后收入《徐訏文集》第八卷。作品从中国的一句古话说起："中国还有一句古老的话是'盖棺论定'，就是一个人死了，才可以有公正的定论，这也就是说，普通想利用他或奉承他的人也会说出老实话了。而人们根据他一生的事迹与行为，就可以给他一个公正的评语。"但这一律条在小说的主人公朱正先这里似乎失效了。朱正先有两位夫人，大太太和二太太。二太太对他相对怨恨，但大太太的孩子们却很尊敬他，认为他是一个负责任的好父亲，因为他将钱财都转移用于大太太的孩子们了。这是家事，此外，在社会上的评价也是甚为悬殊。作为商人，他既在沦陷区经商，也到大后方做买卖，所以在社会上有人认为他抗战有功，也有人认为他是汉奸。小说写出了社会的多面性，以及人性的丰富复杂性。

本年 作《患难与安乐》《勇气与朝气》《自由的消长》《出版统计》《笑话与真话》《台湾的火车》《医学革命与社会革命》《明星随片登台》《台湾的裸浴照片》《轻松幽默》《祖国文字》《知识分子与知识的进步》《传记世界与传奇世界》《港币贬值与数学教材》《三十年代的文艺》《世界胸襟与美国眼光》《幕帘重重》《大陆与

---

① 寒山碧：《从〈三边文学〉看徐訏和香港文坛》，见《徐訏作品评论集》，香港文学出版社 2009 年 2 月版，第 244 页。

台湾的著作》《文化传统》《"挤牛奶"的悲剧》《道听途说》《盖棺论定》等杂感文章，收入《街边文学》，其中部分收入《徐訏文集》第十卷。

其中，《知识分子与知识的进步》中说："这次捷克的自由活动，据西方观察家说，正如一八三〇至一八四八的法国一样，是先发生于新闻界、教育界、作家与诗人。其实这也正像每个时代每个国家的自由运动一样，自由呼声都是来自知识分子的。中国的五四运动是如此，中国的革命文艺是如此，中国抗战要求是如此。知识分子之要求自由，是吸收的自由与表现的自由，这正如一株花、一株树一样，它要有吸收空气阳光的自由，它要空间的伸展以作开花抽芽的自由（也就是表现的自由）。知识如果没有'吸收'的自由，那么这知识就变成死板板的教条，如果稍有'吸收'的自由，那就有注诠、比较、添增、修改的发展。人类的社会可说是知识的社会，知识的发展才是社会的发展，所谓生产的发展往往是与知识的发展在一起的，多一份生产的发展一定多一分知识，多一份知识也一定多一分影响生产的发展。知识分子如果要有知识，那么它一定是不断地发展着。这发展就要'自由'。这也就是为什么知识分子与自由运动是比别人的关系要密切而渴望自由也比别人强烈了。"

《祖国文字》则是一个触动作者的老问题："……因此，他们主张背文言文，因为譬如陶渊明的《桃花源记》，岳武穆的《满江红》，文天祥的《正气歌》，其对读者所发生之感染力量，绝非白话文所得能达到的。提倡国文程度的目的，并非纯是语言文字之事，而实在含有'激励意志，陶冶性情'的深长意义。""这一套说法，似又回到五四运动以前。如果我们中国人的记忆力不太差的话，清末明初这一批'国文程度'很高的大人先生们虽然都会摇头摆脑背背岳武穆的《满江红》、文天祥的《正气歌》,但他们'意志'并没有因此激励起来,性情并未陶冶成高洁一点。懦弱无能,贪污腐化,帝国主义挟'洋文''洋炮',汹涌而来,于是才有'革命',才有'白话'运动,才便于科学的输入,才激起新的意志,才产生了新中国的精神。"在徐讦看来,文言文可以是有用的,但以为文言可以救国那是虚妄的,"主张小学生学文言文是一件事,学文言文主张背文言文是一件事,学文言文而以为可以'激励意志,陶冶性情'又是一件事。这三件事并不一定连在一起,不连在一起总还有理可寻,连在一起,就更见'头脑昏庸'了"。

此一时期还作有《该细想的问颗》《苏联的笑话》《说明、期望与恳求》《文章的难写》《许广平骂周作人》《塞哲·爱森斯坦死忌二十年祭》等杂感文章。

1969 年(己酉)　61 岁

▲1 月 3 日,香港《亚洲日报》创刊。

▲1 月 22 日,香港《东方日报》创刊。

▲3 月 15 日　香港综合杂志《青年杂志》创刊,

▲4 月 1 日至 24 日,中国共产党第九次代表大会在北京举行。

▲5 月,香港综合杂志《中学生》创刊。

▲6 月 10 日,香港文艺杂志《黄河文艺》月刊复刊。

▲7 月 20 日,美国"阿波罗 11 号"乘载 3 名宇航员登陆月球表面,实现人类首次月球登陆。

▲7 月至 9 月,文化部所属各单位和文联各协会全部工作人

员,分别下放到湖北咸宁、天津静海等"五七"干校及部队农场等地搞"斗、批、改"。

▲8 月 15 日,香港《大众文艺丛书》创刊。

▲9 月 30 日,《红旗》杂志第 10 期发表文章,提出"学习革命样板戏,保卫革命样板戏"口号。

▲12 月 1 日,《明报晚报》创刊。

▲12 月 15 日,香港《文艺世纪》停刊。

1 月

6 日 作诗歌《他们的家》《痛苦的记忆》,收入《原野的呼声》,后收入《徐讦文集》第十五卷。

7 日 在香港。作诗歌《你的家》《她的家》《天堂何处》,收入《原野的呼声》,后收入《徐讦文集》第十五卷。

11 日 在香港。作诗歌《殷殷旧情》,收入《原野的呼声》,后收入《徐讦文集》第十五卷。

本月 《拉纤夫》一文刊载于《明报月刊》1969 年 1 月号。

2 月

6 日 作《作家的生活及潜能》(署名徐于)一文,刊载于《明报月刊》1969 年 3 月号,收入《场边文学》。

针对徐讦的《悼吉铮》一文,《明报月刊》1969 年 2 月号刊载了台湾作家水晶《一个相反的看法》一文进行辩驳。对此,徐讦进一步对"生活"这一概念进行了阐说,他说:"'生活'这两个字,我的意义是:生下来活着即是生活。'走路'是生活,'吃饭'是生活,'谈话'是生活,'静坐'是生活,诸凡人的活动都是生活,人对刺激的反应就形成生活,这也就是说,当一个婴孩呱呱坠地,接触了世界,生活就开始,以后就永远不会停顿,一直到死亡一生命终止时才停顿。"又分析了水晶文章中的"潜能"这一概念,认为"潜能"这一概念虽然是一个新鲜字眼,但具体内涵指什么并不确切,从文章过程来看,似乎接近于"天才""天赋"或"才华"这些意思。而徐讦认为这些是不足依恃的,"人类只有不断地把生活经验扩充,保留,传递才有进步。如果人类把生理上的几点"易塑性"认为是"天赋的潜能",而忽略了这点"易塑性"正是人类的祖先几十万年生活经验所赐我们的,那么我们文明恐怕还停留在非洲以狩猎为生的最落后的部落里了。"

12日 作诗歌《难忘的梦境》,收入《原野的呼声》,后收入《徐讦文集》第十五卷。

13日 在香港。作诗歌《昨宵梦里》《街灯》,收入《原野的呼声》,后收入《徐讦文集》第十五卷。

20日 作诗歌《独立海边》,收入《原野的呼声》,后收入《徐讦文集》第十五卷。

30日 在香港。作诗歌《烟云》,收入《原野的呼声》,后收入《徐讦文集》第十五卷。

本月 《〈乐于艺〉序》(又名《艺术与我——兼介刘其伟的绘画世界》)刊载于《明报月刊》,收入《门边文学》,后收入《徐讦文集》第十卷。这是徐讦为画家朋友刘其伟的著作《乐于艺》所作的序言,除了谈及与刘其伟的缘分之外,还谈到作者自己与各类艺术的缘分:"我从来不懂音乐,但因为我爱听,常常听,时时听,音乐之门就为我打开。我不懂绘画,但因为我爱好,常常看,时时看,绘画的门也为我打开。这并不是说我已经懂了音乐或绘画,而是说我从音乐与绘画的世界中得到了享受。许多新派的艺术,或者说许多外来的艺术初接触时很陌生,多看看也就体会其中的趣味,慢慢地我也就能在里面获得了一种慰藉与愉悦。"

3月

15 日　香港综合杂志《青年杂志》创刊,主要作者有徐訏、梁从斌、沙千梦、温乃坚等。

26 日　作《五四以来文艺运动中的道学头巾气》一文,刊载于《明报月刊》,收入《场边文学》。

30 日　在香港。作诗歌《黄昏》,收入《原野的呼声》,后收入《徐訏文集》第十五卷。

4月

本月　作诗歌《舞窟》,收入《原野的呼声》,后收入《徐訏文集》第十五卷。

5月

6 日　作《从心理学的观点看人的"能"与"生活"》(署名徐于)一文,刊载于《明报月刊》1969 年 6 月号,收入《场边文学》,后收入《徐訏文集》第十卷。

这是前述由《悼吉铮》一文而引起的与水晶论争的继续:"自从我在三月份《明报月刊》发表《作家的生活与'潜能'》后,有许多朋友同我谈这个问题。我说我想到的话已经写出来了。现在我也在等水晶先生的意见。但我读了第四十一期《明报月刊》上水晶先生的《我的申述》,则实在很令我失望。""失望是两方面的,在'事'方面,水晶先生对拙文里所提到的论证并没有提出

'相反的意见',他在我的文章中似乎什么都没有读到,只读到我几句向他开玩笑的幽默话,而认为有'人身攻击之嫌'。在'人'方面,我原以为水晶先生可能是一个骄傲直率甚至有点狂妄,至少也有一种所谓'愤怒'青年的风采。不意竟是这样一个对己不诚实对事无诚意虚伪做作还有阴毒嫌疑的人。水晶先生说不要一再浪费《明报月刊》篇幅,可是还是写出两千多字。我的意思是如果水晶先生认为是'浪费',那么第一篇就不必写,而这篇《我的申述》中更应切切实实就问题来解答,为什么全文关于'对事'的部分只是四分之一,而四分之三,完全是'对人'的呢。"

27 日　作《中国大陆观光漫感序》,收入《门边文学》。这是为作者的日本友人鹿岛的著作《中国大陆观光漫感》所作的序言,文章谈到实地经验与新闻报道之间往往存在着一些差异。

7 月

8 日　作《从智能研究之成果谈天才的形成》一文,收入《场边文学》,后收入《徐訏文集》第十卷。这是一篇带有浓郁科学色彩的文章,从先天智能的角度讨论了人的才能的差异。但作为一个对现代心理学有甚深素养的人,徐訏并不同意这种思路。他认为:"现代的生理学与心理学是揭穿了英雄与天才之谜。真命天子,伟大的舵手都是人,都是要死的人。天才不过是生活经验组合中偶然凑合而成的一个特征,里面没有神秘的成分。"他的思路看上去更带有一种唯物论的色彩,"个人智能虽是有高下,但这正如人体之高矮,胃肠消化力之大小,是量的差别而不是质的差别。而生活所决定的,往往是无法违抗的。没有后天的营养,天生的胖子也是瘦子,高个子的种也无法长高。智能最高的人,头脑受了重创,马上可变成白痴。一次与细菌搏斗的大病可以改变整个的生理与心理。自然，最平等的是生老病死，美人与英雄终于同归于尘土。"

25日　作诗歌《太空行》，收入《原野的呼声》，后收入《徐訏文集》第十五卷。

本月　《张君劢先生》一文刊载于《明报月刊》，辑录于《念人忆事》，后收入《徐訏文集》第十一卷。

本月　《汪敬熙先生》一文刊载于《明报月刊》，辑录于《念人忆事》，后收入《徐訏文集》第十一卷。文章除了回忆与汪敬熙先生的过从与交往外，最后借吴俊生的口对汪敬熙进行了较为专业性的评价：汪敬熙先生有一种苦闷，是他所研究的东西，生理学家当他是心理学方面的，心理学家方面又当他是生理学方面的。徐訏最后说："这话我想想觉得很有道理，在心理与生理学间的桥梁工作，是只有几十年的历史，可说是还在萌芽的时期，前途应走的路还长，将来慢慢沟通了的时候，大家才会认识，那些先进科学家们是怎么样以一砖一石把它铺造成的，而汪敬熙先生也正是这方面的打基铺石的一位科学家。"

本月　《陆小曼先生》一文刊载于《明报月刊》，转载于《传记文学》1969年8月第15卷第2期，辑录于《念人忆事》，后收入《徐訏文集》第十一卷。徐訏这篇有关陆小曼的传记文章并不是缘于与传主有过密切的交往，也不是求异猎奇心理的驱使，更多地是一种疑问的心态以及对于传记人物历史流传中多个形象侧面的考虑。从缘起来说，是因为当时读了刘心皇在《作品》杂志上的一篇文章《陆小曼与徐志摩》，"文中提到陆小曼的美艳，我不免把我的一点印象写下来，聊充参考"。

1934年徐訏从北京回到上海时，曾在朋友社交场合见到过陆小曼，留在记忆中的印象是这样的："我想那时候陆小曼还不会到三十岁,不应该说老,但我的确看不出她有什么特别美丽之处。她的态度倒是很大方,穿得很朴实,脸上也没有什么浓妆艳抹。想到徐志摩对她的歌颂之辞,觉得这正是'情人眼里出西施'的诠释。"与陆小曼相联系的更多的是相关的疑问:"以洵美与志摩的关系又是志摩与小曼的出版人,志摩死后,他家与小曼应当有友情往还才对,尤其是洵美的太太是个最贤淑聪慧的太太。但是他们竟没有来往,洵美也很少谈到小曼,这点我则不甚了解。""还有,陆小曼与赵家璧曾计划出志摩全集,家璧是志摩的学生,与邵洵美也非常熟,何以没有向洵美征集志摩旧日的信札等等,这点我也不解。"很多的秘密正是深藏在历史的褶皱里,而历史也正是以此不断吸引着人们的探索与解读。

9 月

26 日 作《谈巴夫洛夫的交替反射之研究》一文,收入《场边文学》,后收入《徐讦文集》第十卷。1969 年巴甫洛夫诞辰 120 周年纪念,徐讦发表这篇文章除了对巴甫洛夫的学说作进一步的介绍之外,还对巴甫洛夫学说的巨大影响和意义进行了评说,认为巴氏的条件反应说"开辟了以后半世纪来心理学的研究的新途径","最大的影响,则是对于'人'有新的认识与了解"。

本月 《张道藩先生》一文刊载于《传记文学》1969 年 9 月第 15 卷第 3 期,辑录于《念人忆事》,后收入《徐讦文集》第十一卷。

本月 《舒舍予先生》一文刊载于《传记文学》1969 年 9 月第 15 卷第 3 期,辑录于《念人忆事》,后收入《徐讦文集》第十一卷。

12 月

4 日 作诗歌《人类的降生》,收入《原野的呼声》,后收入《徐讦文集》第十五卷。

本月 编著的《小说汇要》由台北正中书局出版发行。

本年 创作小说《新寡》，收入小说集《花神》，后收入《徐讦文集》第八卷。小说写女主人公为现在的富商丈夫在过去的男友那里购买了人生保险之后，富商意外地亡故了。这看上去是一篇带有小报新闻之类的小说，作品的笔墨相当泼辣，带有某种讽刺意味。小说的开头很有意思，忙碌了多少天的新寡的女主人公面对冷清、空寥的房间时究竟是一种什么样的心情呢？

本年 作《枷锁》《发奋图强的台湾》《登月漫想》《台湾的抄风》《中文与国语》《传记里的人物》等杂感文章，收入《街边文学》，其中部分收入《徐讦文集》第十卷。

其中《中文与国语》是由于当时香港的中学兴起学中文运动，但对于中文究竟何指存在不同的说法，在此背景下，徐讦对于"国语"一词进行了溯源："'国语'两个字，记得是始用于民国二年（一九一三年）成立的'国语读音统一会'，当时就议定了'国语注音字母'，这些读音虽以北京话为根据，但是作为'语言'，在这半世纪多的演变与通用中，很自然地扬弃很多北京的'方言'，成为现在流行的'普通话'。北京话里的'腔调'，在'普通话'中就很少人'用'。连会讲道地北京话的人们也故意避免，怕露出'土气'。至于'词汇'，原来北京话里有的则许多都已自然地舍弃不用。——如'胰子''取灯儿''串门儿''掌柜的''不赖''净'……一方面则很自然地掺入了各地方言的'词汇'，如'一道''刚刚''通通''搭档''幢''摘''面孔'……因此现在所谓'国语'，可以说是一种演变了很久的共同形的'普通话'，如仍认为它是'北京话'那是很可笑的事情。"

《传记里的人物》中，作者认为无论是自传还是为他人写传，做到客观是相当困难的:"台湾有一本很好的刊物叫《传记文学》,里面有不少好文章,香港许多刊物也有传记,如《明报月刊》的《张国焘自传》,《展望》半月刊的《杨子烈自传》。但是读多了我就觉得自传这个东西也真是不容易写。因为写来写去总是不免为自己宣扬与掩饰。我反躬自思,如果我自己动笔写一本自传,恐怕也一定无法不蹈此弊。当然,我的一生平淡庸俗,无足标榜。或者,如好好地写出平淡庸俗之生平,倒是可以避免自我吹牛了。"

本年 任浸会学院中文系兼职讲师。

1970 年(庚戌) 62 岁

▲4 月 24 日,我国成功发射第一颗人造地球卫星。

▲12 月,周恩来主持华北会议,揭发批判陈伯达的罪行。

1 月

本月 《姚雪垠》一文刊载于《传记文学》1970 年 1 月第 16 卷第 1 期。

2 月

7 日 作诗歌《未题》("锣鼓声逝"),收入《无题的问句》。

3 月

22 日 在香港。作诗歌《梦回》,收入《无题的问句》。

4 月

28 日　作诗歌《路人》,收入《无题的问句》。

6 月

21 日　自新加坡返港途中的飞机上。作诗歌《千万种云》,收入《无题的问句》。

5 月

20 日　《忙中闲笔》一文刊载于《盘古》第 32 期。

6 月

本月　作诗歌《你还在》,收入《无题的问句》。

7 月

25 日　作《对亚洲影展的检讨》一文,刊载于《银色世界》1970 年 9 月。1970 年,徐訏应邀担任第十六届亚洲影展评审专家,他为亚洲电影能与欧美电影相颉颃而提出了许多宝贵的意见。文章中,徐訏说要推动电影的发展,应该设立一些奖项,譬如设立主题奖、童星奖,譬如构拟详细的评审规定等等。徐訏还谈了他参加国际影展的一些体会和经验,他认为既不会有人来把持、操纵,同时,评审有自己的偏好,也就不可能有绝对的公平。最后,徐訏认为,商业电影和艺术电影可以从不同的路径加以努力。"制片人协会可努力的,在商业上应该打通国际市场,在艺术上力求上进。"

8 月

28 日　作《〈斜阳古道〉再版序》,收入《门边文学》,后收入《徐讦文集》第十卷。这是为田原的小说集所作的序言,作者强调"写实"对于小说艺术的重要性。"在这写实主义衰微的时代,写实的努力往往难有恰当的评价,这原是很自然的事。在三十年来中国文学的写实主义主流中,我始终是一个不想遵循写实路线的人。我一方面觉得一部伟大的作品,即使是标榜写实主义的大师的作品,如佛楼贝尔、巴尔札克等所写的,在写实的背后常是闪耀着写实以外的精神。另一方面,任何反写实主义的作家是必须从写实的基础上出发,才显出其伟大。中国之盛行写实主义,固然是文坛上的号召与风气,但等我稍稍研究所谓中国的现代文学,就无法不承认,写实主义的发扬与提倡,是有它坚实的社会的根据的。在动乱与激流的社会中,写实主义正是负着一种历史的任务的,而似乎是从农业社会走向工商业社会动荡时代的一种自然的要求,在工商业真正发达的社会中,写实主义的衰微,也许是必然的过程。"

10 月

14 日　唐书璇导演电影《董夫人》在香港上映,徐讦撰文大力赞扬,说是"一部诗意盎然的影片,一部很有民族风格的中国电影"。

12 月

20 日　作诗歌《昼寝》,收入《无题的问句》。

本年　诗歌《悼亡组曲》刊载于《文艺月刊》,收入《无题的问句》。诗作悼念的友人有陈约翰、慧珠、乐蒂、陶秦、薛志英、十三妹等。诗作的开始有一段题记:"这里写到的人,都是我或多或少认识的,我并不是因为想到他们而想写悼念,也不是因为悼念他们而写这个组曲,而是当我想到死亡时,他们偶然在我意识中流过的。但是流过的并不是'死亡',而是'生存',一种活泼的生存,因此,我谨此以祭亡魂。"

本年　任浸会学院中文系主任。

1971年(辛亥)　63岁

▲9月13日,林彪等驾机出逃,摔死于蒙古温都尔汗地区。

▲10月25日,联大通过决议,台湾退出联合国。

▲12月,在中共中央号召下,全国开始批林整风。

1月

2日　作诗歌《黄昏》,收入《无题的问句》。

6月

8日　作《写在中国艺术歌曲之夜的前面》一文,收入《门边文学》,后收入《徐訏文集》第十卷。文中说:"香港音乐界定于九月在大会堂举行中国艺术歌曲之夜,这是一件值得庆幸之事。"又说:"这一次香港音乐界演唱艺术歌曲,是选六十年来中国写歌曲者较为成功之作,而歌唱者又都是名闻遐迩的声学家,听说台湾于去年也曾有同样的尝试，博得社会一般的赞美。香港的演出自然也会收同样的效果。由于这次表现，我想作曲者对于文词的感应应该可有一个很好的比较；而歌唱者对于歌曲的感应也正是一个很好的示范，这对于年轻一代的音乐爱好者，我想会有很大的启发的。"

9 月

27 日　在香港。作诗歌《翅翼——赠辛永秀》，刊载于《音乐生活》月刊，收入《无题的问句》。

10 月

3 日　作诗歌《未题》（"天空如铅"），收入《无题的问句》。诗歌写出了人老异乡的岁月沉重感。

11 日　作诗歌《未题》（"云奔万里"），收入《无题的问句》。诗歌意境题旨与《未题》（"天空如铅"）相类。

本月　作《〈三边文学〉序》。在这篇文章中，徐訏把文学从空间场景上区分为庙堂文学、客厅文学、课堂文学、沙龙文学、书店文学、街边文学等六大类。不仅是文学场景的不同，同时也是文学功能、文学地位的不同。这里面街边文学的地位最低，但它也是最自由、最无拘无束的文学。在这种"无拘无束"的眼光中，反过来就看见庙堂文学、客厅文学、课堂文学正襟危坐相背后的僵化与猥琐。"自从科举废止以来，已经有半世纪以上的时间，可是科举头脑似乎始终留在我们'文学家'的灵魂里。科举时代，大家写八股文，写好八股文，中了进士状元去做官，这在想做官的人原未可厚非，但他往往以为天下文章已尽于八股文，场闱

343

以外的文章，认为都是引车卖浆之流的俚语俗言，不值一顾。"
"现在许多大学里或研究院里一些学生，也就除不了这套头巾。
他以为天下文章，不在大学英文系中文系中，也一定在美国大学
的写作专修班里，觉得自己生来就有一身绝技，才能进门入堂，
留学上国。忽听校外也有文学，不免大为惊异，初则抓手挖耳，
再则将信将疑，最后则叱之为偏门左道，魔经邪说。从此天下太
平，文学定于一尊。"

1972 年（壬子） 64 岁

▲2 月 28 日，中美双方发表联合公报，开辟中美关系新
前景。

▲2 月 29 日，中日两国政府发表联合声明，宣布中日邦交正
常化。

▲7 月，毛泽东作关于调整文艺政策的谈话："样板戏太少，
而且稍微有点差错就挨批。百花齐放都没有了。别人不能提意
见，不好。""怕写文章，怕写戏，没有小说，没有诗歌，缺少文艺
评论。"

1 月

下旬　接受《南华早报》专访，形成《孤独激起了写作能力》
一文，对于徐讦自己的童年以及如何走上创作道路留下了重要
的信息。他说："很小的时候，又有一位老师住在家里，专门教我
古文，直到今日，我还记得当时根本听不懂他讲些什么，凭揣摩
猜测，不了解真正意思，硬着头皮背诵，譬如像'道德'之类的字

眼,四五岁的孩子,如何能接受呢? 除此之外,每天都要写字作文。""五岁那年,父亲把我送到一间离家不远的小学去住校,跟那个老学究校长住在一起。""我喜欢到学校读书,可是不愿意住宿,那时乡间没有电灯,厕所远在室外,有几次我逃学回家,可是每次都被送回来。有一回我在学校楼上,看到家里失火,非要赶回家去不可,可是校长说什么也不准,我只好在那里干着急。"

他还说:"儿童接受老式教育方法,死记课本,不明了意思,当然绝不会对文学感兴趣。长大之后如果幸运的话,或许可以从另外的机会里接近书本,这时再把以前不懂的重新温读,'温故而知新',说不定从此对文学产生了更大的乐趣。"

谈到与文学和哲学的结缘:"两者都是我的兴趣,入学毕业之后我又继续念了两年心理学,事实上我把它们当科学来研究。那时我已经开始写诗,一位教授鼓励我,从这方面发展才能。文学与哲学,说它们像亲戚关系亦无不可。"

至于走上文学道路,徐讦说:"毕业之后,一时找不到工作,于是为了生活开始写各种不同类型的东西。后来有个机会可以到法国继续念哲学,我当然不肯放弃。当时本打算在法国好好再读几年书,但中日战争于 1937 年爆发,我只好辍学回国,以后就沦为卖文。"

4 月

本月 作《〈菜园里的心痕〉序》,刊载于《传记文学》1972 年10 月第 21 卷第 4 期,收入《徐讦文集》第十一卷。《菜园里的心痕》是旅美华人孙观汉的散文集。徐讦说自己通常所见的旅美华人及其情感经验大致可区分为三种类型:一种是少奶奶型,一种是风尘型,一种是老太爷型。而孙观汉似乎与此不同,他用孙观汉自己的说法,就是"出嫁了的女儿型"。这是一种充满困惑而又无法解脱的心理,何以造成这种心理呢?在徐讦看来还是时势使然:"孙先生所处的时代,是一个动荡变化的过渡时代,许许多多的机会与际遇造成他流落异地,归化美国,'出嫁'也好,'出家'也好,总之,他回国也只是暂时的事情了。他的满心的感慨与满怀的对中国期望,我知道是引不起什么波浪的。这方面讲,他的困惑是他个人的悲剧;另一方面讲,国家造成了孙先生以及其他类于孙先生的人才而不能使他们在中国有什么发挥(虽然他一度担任过原子研究所所长),则总是中国的悲剧。"

6 月

5 日 作《燧艾诗集〈旅尘〉序》。《旅尘》1972 年 12 月 15 日由明德青年中心出版。

27 日 作《谈旅游》一文,收入《徐讦文集》第十一卷。作者说,人生有二大乐趣,一是交友,二是读书,三是旅游。又说:"我读过不少游记与传记,我对于小说戏剧喜欢读近代的现代的,对于游记与传记则总是喜欢读古代的作品。原因是当代的传记,与我所知的事实一对,觉得吹牛撒谎太多。至于游记,我在中学时代就上过当,以为那些写游记的作者都是博闻强记的人,如什么塔多高,什么时候造的,建筑这个塔的人是谁……后来长大了才知道这些记载,都来自各地市政府、旅游社的宣传册子,那里面往往详细记载着一个城市的沿革、一条河流的历史与一个建筑的高度,以及什么名人过去在那里住过,诗人在那里题过诗之类的故事。一个人如果到一个地方去玩,到哪里都有人送你这些册子。不必出门的人都可以头头是道的根据这些资料来写游记,这也许正是'秀才不出门,能写万国游'的把戏了。读这类游记,我宁可读'旅行指南',或者索性读读《镜花缘》与《西游记》。"

7 月

25 日 作《胡适之先生》一文,刊载于《传记文学》1971 年 2 月第 18 卷第 2 期,辑录于《念人忆事》,后收入《徐讦文集》第十一卷。此时距胡适去世已经十年,这篇文章有十周年纪念的意思。文章虽然论及胡适在新文化运动中的巨大贡献,但也认为胡适是一个缺乏文学感觉的人,主要表现为幽默感和神秘感的缺乏。

8 月

3 日 作《悼曹聚仁先生》一文,刊载于《展望》半月刊 1972 年 8 月 16 日第 253 期,转载于《传记文学》1972 年 11 月第 21 卷第 5 期,辑录于《念人忆事》,后收入《徐讦文集》第十一卷。曹聚仁 1972 年 7 月 23 日在香港去世,这是一篇悼念文章。徐讦说在上海编《人间世》杂志的时候就认识了曹聚仁,此后一直有交往,到香港后两人既有交往也有争论,前前后后的友谊长达近四十年。他与曹聚仁的交往中,诤友中有着体谅,体谅中有着各自的立场。"每个人性格上都有许多矛盾的地方,曹聚仁似乎特别显著。我们的思想意见都不相同,但这倒并不使我们不能做朋友。而这是许多朋友间很难办到的事情。在许多不同的意见中,见诸于文字的也不少。第一,他主张回大陆,尤其是年轻人。我说这是个人的自由,年轻人应该任他自己来选择,他的号召人家回大陆,有点不顾人家死活,我写了《老鸦的感慨》挖苦他。第二,关于冯友兰思想的转变,他认为是一件大事,他强调冯友兰思想在抗战时影响之大，以衬出他的转变的重要。我写了冯友兰思想转变的文章批评他。第三是关于'具体的共相'，我说他没有了解，就滥用名词。他都不以为忤。但当我说到他太太是务本女校的校花时，他总是非常紧张地提出抗议，这总使我想到他到《人间世》编辑部时，林语堂说他'左派仁兄'的一种愠怒的紧张。"

尽管渗透着时代的动荡，但也不乏人间的温情："但不知怎么，从前年开始，他就常常来看我。有几次，我不在家，所以我要他来前必须先来电话，以便恭候。但他似乎不习惯于打电话，我不在时他有时留一个条子。后来与我女儿熟了，他也会坐下来与我女儿谈些有趣味的事情。我的女儿对我的朋友们很少喜欢，原因是我们总是谈她不懂的事情。现在曹伯伯肯同她谈些她爱的新鲜的事情，所以很喜欢他。曹聚仁又把他的女儿曹雷的照相送给我女儿，又很辛苦地带一只白猫送到我们家里，他还把他自己做的咸菜给我们，似比外面买得到的都好。"

14 日　作诗歌《未题》（"我害怕陌生"），收入《无题的问句》。

9 月

15 日　香港大学学生会六十周年纪念，举办文化节，徐訏担任文学创作大赛的评判。

本月　在浸会大学中文系对新生进行文学辅导。

10 月

17 日　作《诗人的道德责任与政治立场》一文，收入《徐訏文集》第十一卷。文学与道德是什么关系？文学与政治又是什么关系？这始终是文学史上纠缠不清的问题。当一些人要求把爱默生—梭罗奖颁与诗人艾拉·滂的时候，又遇到了这样的纠结。对此，徐訏说："我们可以很清楚地看到，文学的价值在道德的价值前就失去了重心，而道德的标准在政治的标准前则又失去重心。这大概也正是文学所以衰微的一个重大原因了。"

24 日　长篇小说《悲惨的世纪》脱稿，曾在《展望》半月刊及《文艺月刊》连载，收入《徐訏文集》第三卷。《后记》说："这本书著手写的时候是 1966 年，是在从美国到日本的船上，写了一半就搁下了。以后不知什么时候又拿起来。最后脱稿是 1972 年 10 月 24 日。曾经在《展望》半月刊及《文艺月刊》上发表过。有好些朋友同几位出版家促我把它出书，但因为当时很想再行修改一次，所以迄今未付印。哪里知道一拖又是几年。现在重读起来，倒有读别人作品的感觉。以前想改的地方反而觉得不应该更动，只是校正些发表时疏忽与错讹的地方。"

故事的情节是这样的：

这部小说的主人公是一个孤儿，名叫程秀红，19 岁的年纪。在 S 市纱厂工作的时候，认识了工程师苏洛明，很快因为长得漂亮而受到苏洛明的热烈追求。苏洛明是纺织技术工作委员会派来厂里做考察的，所以，对于苏洛明的追求，程秀红感到很惶惑。纺织厂的书记和厂长都是苏洛明的老朋友，在他们的鼓励和组织的允许下，程秀红与苏洛明发展起恋爱关系。尽管在这个过程中，程秀红对苏洛明优厚的物质条件感到不太适应，但对于组织的信任让她不会有太多的疑惑。

不久，两人申请结婚，婚后苏洛明调到了 P 城文化学院工程研究所。与此同时，程秀红也经过一系列的申请、审批进入文化学院读书。在文化学院里，程秀红发现这里的人与纱厂里的工人在想法上有很大的不同,每当有疑问向苏洛明请教的时候,苏的回答都是要相信党。接下来在学院里发生了有关党性的纯洁与人工生育问题的争论,并且在权力的争夺中一些人自杀身亡。这次的变化,使程秀红对政治产生了怀疑。"更令她难堪的是苏洛明为了自己不被卷入清算的漩涡中,便在某些人的支持下,做了假证供。生来正义感的程秀红,终于在一次的大会中供出了'百花齐放宫'是不人道的,苏洛明是做了假的证供,这样迫使苏走上自杀的路;而程秀红明白她仍是爱苏洛明,她不能忍受对党的理想幻灭,不能忍受失去苏洛明,不能再忍受政治的折磨,终于也步上了自我毁灭之路。"(可以《〈悲惨的世纪〉果真悲惨》)

有论者认为:"小说虽也一定程度反映了 60 年代大陆政治文化生活的某些事实,也触及到极'左'思潮的根源,但由于作者的自由主义立场以及预设的政治倾向,加上因远离现实而造成的隔膜,有些描写太简单化、漫画化,甚至存在着明显的丑化意图。[1]……虽存在着一定程度的政治偏见和艺术欠缺,但它们对'大跃进''文化大革命'的历史性透视,对个体在政治运动中受到的冤屈与精神创伤的展示,无疑是后来"伤痕文学"与"反思文学"的先行之作,从共时态的文学史角度看,这些作品在当时可谓空谷足音,其先锋性是不言自明的。"[2]

11 月

本月 1970 年代初,邵氏购买了徐讦写于 1950 年代末六

---

[1]　寒山碧:《从〈三边文学〉看徐讦和香港文坛》,见《徐讦作品评论集》,香港文学出版社 2009 年 2 月版,第 244 页。

[2]　陈旋波:《时与光——20 世纪中国文学史格局中的徐讦》,山东大学 2003 年博士论文,第 134 页。

十年代初的小说《江湖行》的拍摄权,筹划拍摄。记者陈韵文曾进行过早期报道(1972年10月至11月),并且对徐讦进行了采访。在导演张会泽和徐讦一起的时候进行了采访,大家进行热烈的讨论,认为女主角葛衣情应该由何莉莉出演,而男主角舵伯则应该由谷峰出演。而徐讦表示:"电影与小说,根本是两回事。人家拿他的小说怎样做改编,他不干预。他的小说,还是他的小说。一个忠于自己的艺术家,只对自己有要求。再有要求,还是对自己有要求。"这或许是前面《风萧萧》的经历让徐讦对电影不敢有过高的奢望。

影片最后由倪匡编剧,张会泽导演,何莉莉、李修贤、谷峰等联合主演。影片完成后,总体反响不错。影评文章说:徐讦《江湖行》题材感人,人物有性格,"包含着深刻的人生哲理,耐人寻味。这也是这位名作家所写小说的特色",小说所写时代的起伏,人物命运的波折感动过许多人,倪匡对原著进行了较大的改编,徐讦都表示认同。影评讨论的主要是针对电影的表现,如:有人认为"《江湖行》不但是人性的剖视图,水乡的风情画,而且还有多场精彩的戏中戏"。(《香港影画》1973年4月)又有人认为这是一部拍得"别具风格,深富特色的文艺动作片",片中有许多精彩的越剧表演,把传统的折子剧目发挥得淋漓尽致。(《香港影画》1973年5月4日)但也有部分文章提出了一些批评意见,如有人认为野壮子和葛衣情在情感转变上都显得有些"突兀"。(《明报》,1973年5月8日)也有人指出主要演员何莉莉缺乏"戏子气质"。(《星岛日报》1973年5月11日)还有人认为《江湖行》的最大缺点是"重心没有交代清楚",所以观众在看完电影之后,不知是为什么。(《工商时报》1973年5月6日)

12 月

6 日 接受《浸会学生报》记者的采访,就写作与读书、提高文学风气的方法、中文教育问题、低级小说问题谈了自己的看法,采访内容刊登于《浸会学生报》1973 年 12 月 15 日。

本年 回法国巴黎大学访学。

本年 据《香港时报》1980 年 10 月 16 日报道,徐讦被香港笔会推荐作为诺贝尔文学奖候选人。

1973 年(癸丑) 65 岁

▲3 月,中共中央决定恢复邓小平党组织生活和国务院副总理职务。

▲3 月 24 日至 28 日,中共十大在北京举行。

▲8 月 20 日,中共中央批准《关于林彪反党集团罪行的审批报告》,决定永远开除林彪及其反党集团主要成员的党籍。

1 月

31 日 作诗歌《未题》("宁静宁静的夜"),收入《无题的问句》,后收入《徐讦文集》第十五卷。

本月 作《未题》("当和平已经被炮声卷走"),收入《无题的问句》,后收入《徐讦文集》第十五卷。

4 月

17 日　作《求睡曲》,收入《无题的问句》,后收入《徐讦文集》第十五卷。

本月　作《未题》("你来自云端"),收入《无题的问句》,后收入《徐讦文集》第十五卷。

5 月

16 日　作《悼念张雪门先生》一文,刊载于《传记文学》1973年 7 月第 23 卷第 1 期,辑录于《念人忆事》,后收入《徐讦文集》第十一卷。4 月 18 日,张雪门病逝于台湾,终年 83 岁。张雪门是中国现代著名的儿童教育专家,在儿童教育实践和理论上有突出的贡献。徐讦在北京读中学的时候就认识了张雪门,前前后后的友谊近五十年。

31 日　作《悼徐诚斌主教》一文,刊载于《中华月报》1973年 7 月第 694 期,转载于《传记文学》1973 年 8 月第 23 卷第 2 期,辑录于《念人忆事》,后收入《徐讦文集》第十一卷。徐诚斌曾任香港天主教香港教区第三任正权主教,5 月 23 日因病去世。文章记叙了与徐诚斌之间长达三十多年的友情。

6 月

1 日　作《笑与幽默》一文,收入《徐讦文集》第十一卷。文章先是谈到"笑","蛊不会笑,鱼不会笑,鸟不会笑,狗与猫不会笑,狮子与老虎也不会笑。猴子与猩猩有一种表情像笑,但决不是人类的笑,笑是人类专有的行为,而且是有千万种不同的内容。"

"笑是最有特性而分别最细的一种东西。同样是笑,有恶意的笑,有善意的笑,有得意的笑,也有失意的笑。有冷笑,有苦笑,有狂笑,有谄笑,有佞笑,有媚笑,有大笑,有微笑,有真笑,有假笑,有含泪的笑,有带刺的笑,有作鹭丝笑的笑,有……"接着由"笑"谈到"幽默","许多人没有幽默感。许多民族缺少幽默感,一般人都称英国人富于幽默感,在香港,有人骂他们番鬼佬,他们也自认'番鬼佬'。有借佛道驱妖辟邪,他们也随民众跪拜如仪,这或者正也是有幽默感的证据。我想这不是天生的,而是民主社会训练的。"

24 日　作《赛珍珠》一文,刊载于《中华月报》1973 年 8 月第 695 期,转载于《传记文学》1973 年 9 月第 23 卷第 3 期,辑录于《念人忆事》,后收入《徐讦文集》第十一卷。赛珍珠于 3 月 6 日去世。徐讦在美国时与之曾有交往,此文是对往事的回忆。

本月　创作小说《时间的变形》(又名《轨外的时间》),收入小说集《灵的课题》(香港华汉文化事业公司 1985 年版),后收入《徐讦文集》第八卷。小说写的是记忆中的某个人物,经过时间的沉淀而进行一种艺术的表达。在作品中她的名字叫殷三姑,她很好学,让"我"做她的老师,凭着学来的知识,她到杭州佛教孤儿院找到了一份工作。"我"在求学的过程中一直与她保持着联系,有时还到杭州去看她,但与母亲说起殷三姑的时候,母亲却说她已经去世了。

本月　准备参加巴黎东方学人会议。徐讦将浸会大学的"现代文学"课程交给司马长风代授,因此司马长风必须"临阵磨枪上阵",一边"教",一边"学"。

这次欧洲旅行回来后,徐讦创作了"欧行漫感"系列散文刊载于《星岛日报》(1973 年 10 月至 11 月)。从游记中可以大致复

现当时的经历和心境:

某日傍晚从香港登上 BOA 飞机,第二天早上到达伦敦。睽隔三十多年,重回这旧游之地,让人不禁产生很多感慨。"伦敦是我旧游之地,但已经是三十多年前的事。久别的伦敦虽然经过了岁月的折磨,在第二次世界大战中历尽被轰炸的苦难,它依然是存在,依然是可以被我重新体验,因为这是空间的睽隔。但今日的伦敦自非过去的伦敦了,其中最大的变化是人。多数的人,那些三十岁以下的人当年是不存在的,四十的人当年还是小孩子,而昔日的壮年都已经老了。可是百年的大树百年的房屋——虽然或者经过了修养——则还是存在,而有许多我还是认识的。"房子和街道有些还是熟识的,有些树经过三十多年也还能辨认,但所见到的人却不是原来的人了。这种物是人非之感让徐讦这个当年曾经来学习哲学的人,对于时间、空间不免又陷入沉思。

在英国时,徐讦与雨生参观了莎翁的故乡 Stratford-on-Avon,恰巧有《罗密欧与朱丽叶》上演,于是两人一睹为快。但是,舞台的设计实在是与剧作的内容太不协调,让人不快。"舞台装置应该说是属于'构造派'的,构造派是二十年代兴起的派别,是工业机械文明的产物。这里整个的布景是钢铁的组合台的变化。就是这组合的变化,且不说这些生硬坚实的线条与这个戏的气氛很难调和,而在演出中,如原来朱丽叶在阳台上与罗密欧情话的场面,在钢铁架上的层次中表演,就令人有集中营囚犯的偷情的感觉。"

7 月

22 日　与朱伯奇约好一起到芬兰参加 I. L. F. 的会议,结果朱临时有事，签证未能办好，徐讦只好一人前往。这次 I.F.L. 集会，到会的有一百五十人，多数来自欧洲各国，新西兰、加拿大、美国也都有参加。这个会诚如宗旨所说，不过是促进人与人间的接触与交往。他们每年在一个地区举办集会，藉此度过假期，游览名胜，所以有点像成人的暑期营一样，也很有趣味。这年，在一百五十人中，只有徐讦是中国人，且来自香港，因而无形中做了香港的 I.L.F. 的代表。

这次会议设在距芬兰首都赫尔辛基不远的小镇奥图纳米。趁此机会，徐讦到芬兰的乡下走走看看。芬兰是一个湖泊之国，"在湖泊中坐船，我们有一天走漫长的行程。因为他们尽量把湖泊沟通，所以也正像在河中游船，两岸都是树林，有时候也散布着居民，有的岸边泊着船舶。我也看到了居民在湖边洗衣服。但是湖水都很清洁，湖上并不浮有任何渣滓杂物。我们也算是深入芬兰的郊区了，但风景则很单调，较之中国杭州西湖，或瑞士来梦湖，则无法比拟"。也顺便游览了芬兰的第二大城市唐拜雷（Tampere），在唐拜雷的时候，那种开放式的演出剧场给徐讦留下了很深的印象。

到苏联看看也是这次旅行的一个环节，因为在香港时就听苏联诗人叶夫托钦科说苏联是一个诗的国度，连街上的皮鞋匠工作时都能背诵英国吉布尔的诗。这让徐讦很是好奇，但列宁格勒的行程让他感到的是二战前后历史的巨变，他从中感到的是戏剧性而不是诗性。这种戏剧性当然也包含徐讦自身人生经历的戏剧性，当他三十多年前从欧洲回国的时候，正是这场战争的爆发，也是他思想的重要转变节点。所以，到了夜晚心绪很不安宁："夜里醒来，再也睡不着，到窗口远望。嵌镶美丽建筑物轮廓的天空是阴暗的，纳佛河（涅瓦河）静静流着，闪着不安定的反光,四周疏落的街灯,照着油滑的街道;远远仍像有电车声传来,更显得周围的宁静,而我竟有一种面对黄浦江上海夜景的感觉。我想,我应该抒写一点那时候的感觉吧,虽然不一定是诗。

闪耀在纳佛河的黯淡的流光,/像我的心跳跃。/那陌生的河中,/竟有我旧识的水流,/它在甬江里如此,/它在长江里如此,/它在扬子江里如此,/它入海,/载着我的倒影,/满满的远去,/满满的老去,/满满的淡去⋯⋯"

8 月

上旬 坐火车从瑞典的斯德哥尔摩返回巴黎。沿途穿过欧洲的乡村,其中的景象不禁让人产生思乡之情:"北欧的乡村,真是一片静穆和平灿烂,田野是绿的,水是清的,到处都有黄的紫的蓝的花卉,间隔着灰色的红色的以及白色的房子。八月初旬,还是夏天,有中国江南暮春的气息,偶尔看到农夫在田野里工作,孩童们在村路上骑自行车。掠过乡村,也有小小的镇集,汽车停在人家的门口,公路伸展到遥远的田野。有些地方,真有我记忆中的沪宁路、沪杭路所见的景象。"

列车经过比利时,经过德国,回到法国境内。

"现在,整个下午,车子在法国驶行了,乡村的趣味与北欧很有异趣,但欧洲究竟是很小的地区,除了房屋的建筑,很难说出他显著的不同的地方。在这样的季节,气候没有寒热的分别,社会又没有太多贫富的异殊,田野几乎都是一样的干净与清朗。这不如中国江南与华北也不像美国中部与西部。这是一个相仿经常有不断的交流的社会。"

返回巴黎,本来以为天气应该凉下来了,但依旧炎热难当。

在巴黎,李雨生请徐讦观看了一场摇滚歌剧(rockopera),台上闹哄哄,没有一点艺术气息可言,而那"手握扩音机的耶稣"更是让徐訏感到别扭。

这次旅行还有一个让徐訏难忘的经验。在巴黎的时候,遇到多年的老友 H 君,他正在做象牙相关的生意,看到徐訏教书写稿清贫的样子,便邀请徐訏下海从商跟他一起做生意。而徐訏也跟着一起到比利时的安卫帮忙联系生意,跑前跑后,效果似乎不差。当时,徐訏颇为动心,但回到巴黎之后,"不知怎么,竟很想早点回到香港"。

9 月

10 日　离开巴黎返回伦敦。

12 日　从伦敦回到香港。

此一期间,所写的相关游记及其刊发日期如下:《时代的演变》(《星岛日报》1973 年 9 月 2 日),《手握扩音机的耶稣》(《星岛日报》1973 年 9 月 6 日),《在莎翁故乡观〈罗密欧与朱丽叶〉》(《星岛日报》1973 年 9 月 8 日),《芬京一瞥》(《星岛日报》1973 年 9 月 9 日),《二十九界国际东方学者会议》(《星岛日报》1973 年 9 月 11 日),《列宁格勒的诗》(《星岛日报》1973 年 10 月 19 日),《在列宁格勒照相》(《星岛日报》1973 年 10 月 21 日),《从芬京到瑞京》(《星岛日报》1973 年 10 月 28 日),《在从瑞京到法京的火车上》(《星岛日报》1973 年 11 月 2 日)。

12 月

14 日　作诗歌《未题》("锁着眉"),收入《无题的问句》,后收入《徐訏文集》第十五卷。

1974 年(甲寅) 66 岁

▲1 月,"四人帮"在全国掀起批林批孔运动,把矛头指向周总理和老一辈革命家。

▲4 月,人民文学出版社陆续再版 20 卷本《鲁迅全集》。

▲7 月 17 日,毛泽东在中央政治局会议上批评王洪文、张春桥、江青、姚文元搞帮派活动,第一次提出"四人帮"问题。

▲8 月 9 日,美国总统杜鲁门因"水门事件"宣布辞职。

5 月

4 日 就"五四新文化运动"接受《浸会学生》报的采访。其中的主要问答有:

问:请谈谈五四精神及其在新文学方面的表现。

答:五四的基本精神是反封建,中国自经过鸦片战争和甲午战争后,许多人开始对中国传统文化失去信心。五四运动就是提倡"新"的运动,反对一切旧的。新文学也正是循着这一个方向。

问:有人以为,由于民族自卑感作祟,五四文人盲目推崇西方文学,致使白话文有走火入魔之弊,阁下以为如何?

答:自卑感原是由国家衰弱而来。但文学发展在社会发展中有着自然演变的趋势,当旧文学形式不能表现新的社会生活时,一般的演变大概有三种途径:一、复古,二、民间,三、模仿外国。五四以后,文学之吸收外国文学的形式与内容,也正反应中国社会生活之吸收西方的形式与内容一样。

问：徐主任对鲁迅作品的看法如何？关于鲁迅作品的欧化，你有什么看法？

答：鲁迅的作品他自己也承认是受西洋作品的影响，但与其说是欧化，不如说是现代化。因为现代生活的变化，才有各种新语汇及意象，如"革命"如"封建"如"进步"如"意识"如"生物"如"化学"，都是从生活中产生，谈不到欧化。

26 日　作《〈阿 Q 正传〉与〈玉君〉》一文。文章由司马长风在《中华月报》上发表的《鲁迅，陈源与"费厄泼赖"》一文谈到陈源与鲁迅的论战，认为司马长风对于当时文坛的背景非常隔膜。文章指出"现代评论派"的"集团"性质以及他们之间的评论的"标榜"做法："《现代评论》，可以说是英美派的一个集团，他们的互相标榜，无所不用其极。杨振声也是他们的一派，《玉君》出来后，那一批所谓'正人君子'，极力吹捧，当时中国没有人写长篇小说（他们故意不算当时上海流行的谴责小说与黑幕小说），《玉君》的长，就变成叫捧的特征之一（其实也不过十万字左右）。陈源说：'要是没有杨振声先生的《玉君》，我们简直可以说没有长篇小说。'也就是指它'长'。鲁迅说：'……杨振声先生的小说《玉君》即是其中之一种，理由之一是因为做得'长'。虽是对陈源的话而说，也是泛指当时那批大捧《玉君》的现代评论派及其流亚的人们而言。'"

"陈源的《新文学运动以来的十部著作》一文，司马长风先生把它看作'平心静气''中规中矩''态度很诚恳'的文章，那可真是显得太天真一点。"

……

"当时，鲁迅的《阿 Q 正传》早已是全国闻名的杰作，陈源一面故意伪作客观，说'我不能因为不尊敬鲁迅先生的人格，就不说他小说好……'表示公正,一面把平庸的《玉君》同《阿Q正传》放在一起,以收捧《玉君》之效果,而且还特别提出它是唯一的'长篇'小说。这也正如现在捧张爱玲、郭良蕙的人们把他们的作品放在鲁迅作品一起,认为是新文艺同样的有分量的收获一样,是一种捧角的手段。鲁迅当然看穿陈源的'战略',所以很技术地把它揭穿了。"

虽然说,从政治立场上看,徐讦总体上属于自由主义知识分子,但他往往保持了一个作家的耿直品性。而对于文坛上的"帮派"之间的"帮口"习性,徐讦尤其不能忍受,就此而言,他一定程度上是继承了鲁迅的传统。

6 月

4 日 作《两个中国》一文。

4 日 作《口号的逻辑》一文。

5 日 作《宾主之道》一文。

8 日 作《中文大学的中文》(署名云起白)一文,刊载于《明报月刊》1974 年 7 月号。文章对香港中文大学校长在中国文化研究所落成典礼上的演讲进行点评,认为"以文论文,这篇文章,可说有三大毛病:第一,啰嗦。第二,不通。第三,不知所云"。

13 日 作《一个红楼梦读者的红学》一文,收入《徐讦文集》第十一卷。潘重规是《红楼梦》研究方面的专家,他对于《红楼梦》研究主要是比较传统的"索隐派"。由于学术趣味的不同,或许还牵涉到新亚书院的因素,徐讦对于潘重规的研究有所批评和质疑。

7 月

25 日　作《"神—魔"综错》一文,刊载于《明报月刊》1974 年9 月号。文中认为现实与人性是复杂的,往往是彼此交融的,不应该简单地非此即彼地看待问题。

9 月

9 日　作《从〈中文大学的中文〉谈起》一文。

10 日　作《国家意识与民族意识》一文。

同日　作《情与理》一文,收入《徐讦文集》第十一卷。《明报月刊》发表了吴森先生的一篇演讲词,认为"中国文化最宝贵的是情,而情是儒家思想的中心"。作为一个清醒的五四精神的继承者,徐讦是很不同意新儒家的这套说辞的,他所提供的证词是这样的:"出发于家的人情味,家的一员必先照顾家属,一个人发达了,第一就是光扬门楣。先是一家得救,再是一族受益,三则枝亲家仆,个个分润。挨不到的,也可把妹妹女儿献给权要作姨太太,进为新的家族关系,至于'义子''义妹',及'结拜兄弟''过房女儿',挤不进核心的'大家',依附在旁枝外节的'小家',也大可分得一点利润。杨玉环做了贵妃,'姐妹兄弟皆列土',魏忠贤当权,多少人做他干儿子。民国以来,靠做了军阀的姨太太的女子,渡引了多少兄弟做厅长局长。裙带关系正是中国政治舞台的特征,凡是与权贵拉得关系,诸凡小舅子外甥,奶妈的儿子,梳头娘姨的侄子,都可由裙带援引。一个不识字的人,也可由此而在政府衙门里挂名专门委员而领干薪。"

从历史领域转向文学世界又会发现:"只要看看《红楼梦》

《金瓶梅》以及《官场现形记》所描写的,'人情'所笼罩的社会实际上只是官官相护,狼狈为奸,鱼肉百姓。而行贿纳赂,趋炎附势,钻营拉拢,正是那种人情味社会的产物。"

而西方社会真的一味轻情重理吗?对于西方哲学学养颇深的徐訏则认为:"西洋哲学,特别是德国唯理主义以及后来新实在论一派,的确偏重理性,但如果你看看柏格森看看梭罗,甚至现在的存在主义,都表现浓厚的重情的思想与趣味。"

12 月

本月 台湾作家代表团,访问菲律宾、新加坡、泰国、越南,最后一站是香港,徐訏参加两地作家会面宴会。

1975 年(乙卯) 67 岁

▲1 月 8 日至 10 日,中共十届二中全会在北京召开,选举邓小平为中共中央副主席、政治局常委。

▲1 月 13 至 18 日,第四届全国人民代表大会第一次会议在北京举行,周恩来总理作《政府工作报告》,会议通过《中华人民共和国宪法》。

▲4 月 5 日,蒋介石在台北阳明山官邸病逝,享年 88 岁。

▲9 月,香港笔会成立。

▲11 月,清华大学党委召开党委扩大会议,传达毛泽东对该校党委副书记刘冰等人信件的批示。随后全国开展"反击右倾翻案风"运动。

1 月

31 日　作诗歌《未题》("偏西西倒"),收入《无题的问句》,后收入《徐讦文集》第十五卷。

2 月

下旬　接受台湾作家陈乃欣采访,形成采访记《徐讦二三事》,刊载于《书评书目》1975 年 8 月 1 日第 28 期,后结集为《徐讦二三事》一书,台北尔雅出版社 1980 年 11 月出版。

3 月

15 日　作诗歌《未题》("我在斗室里等待"),收入《无题的问句》,后收入《徐讦文集》第十五卷。

4 月

9 日　作诗歌《未题》("他原是刚强的松柏"),收入《无题的问句》,后收入《徐讦文集》第十五卷。

初夏　经纽先铭将军介绍,认识司马中原。

6 月

3 日　作诗歌《未题》("我知道流水"),收入《无题的问句》,后收入《徐讦文集》第十五卷。

同日　作诗歌《未题》("像一只失群的小鸟"),收入《无题的问句》,后收入《徐讦文集》第十五卷。

同日　作诗歌《未题》("我本是一个自由的天鹅"),收入《无题的问句》,后收入《徐讦文集》第十五卷。

同日 作诗歌《未题》("当雷电粉碎了你的故巢"),收入《无题的问句》,后收入《徐讦文集》第十五卷。

同日 作诗歌《未题》("太阳已经抹去了"),收入《无题的问句》,后收入《徐讦文集》第十五卷。

10 月

14 日 作诗歌《未题》("高楼低厦"),收入《无题的问句》,后收入《徐讦文集》第十五卷。

本年 作诗歌《未题》("瓶中的玫瑰早已凋谢")与《动物狂欢节》,收入《无题的问句》,后收入《徐讦文集》第十五卷。

1976 年(丙辰) 68 岁

▲1 月 8 日,周恩来总理病逝于北京,华国锋任代总理。

▲4 月 5 日,天安门爆发反对"四人帮"的群众运动。

▲4 月 7 日,中共中央政治局根据毛泽东提议,通过《中共中央关于华国锋同志任中共中央第一副主席、国务院总理的决定》和《关于撤销邓小平党内外一切职务的决议》。

▲9 月 9 日,毛泽东在北京逝世。

▲10 月 18 日,中共中央发出《关于王洪文、张春桥、江青、姚文元反党集团事件的通知》,标志"文化大革命"结束。

1 月

22 日 作《我的马克思主义时代》一文,刊载于《明道文艺》

1981年3月第60期，又载于《大成》1976年3月1日第28期。

2月

26日　《大任》周刊以徐訏为封面人物。

5月

29日　收到欧洲留学时的老友钱歌川的来信，然后回复。回信全文如下：

歌川吾兄：

多年不见，正收到开胡书店出的大作《客边琐话》，忽见手教，欣慰奚似。汪火先生是我新亚书院同事，相识已久，承推荐为感。不过浸会中文系，六七年来人事迄未变动，故难有空缺。且私立大学，经济预算甚紧，亦无法加添新人。闻台湾文化学院吸收退休学人甚多，何不向那边进行之。兄退休寓美，定多佳胜。弟于一九六六年曾到美开会，匆匆已是十年。回忆我们同船赴欧之日，真有隔世之感矣。忙中匆复，容后再详。暇请时赐教言。

暑假已届，弟拟于六月初旬到台湾小住。专此即请文安。

弟徐訏顿首，五月二十九日。

夏　参加墨西哥城召开的东方学会。

7月

6日　作《嘴的堕落》一文。

15日　创作戏剧《白手兴学》，刊载于《七艺》1976年12月1

日第 2 期。

9 月

1 日　戏剧《红楼今梦》刊载于《大成》第 34 期。

7 日　作《歌剧〈鹊桥的想像〉合唱曲序》，收入《无题的问句》。其中谈到创作的缘起以及对歌剧这一艺术样式的理解："现在该说是十年前了，在一个偶然的场合与音乐界的朋友一起吃饭，大家希望我可以为他们写一个歌剧，由林声翕先生作曲。这样谈起来，有人提到牛郎织女的题材。我忽然回忆到许多关于牛郎织女许多民间的传说，就说：'也许可以试试看。'说过以后，也就忘了，后来林声翕先生就根据这个，来催我早点交卷。我于是就写了这个《鹊桥的想象》。"又说："我虽然是采用了牛郎与织女两个人物，也采用了鹊桥相会的鹊桥，但是在故事与涵义上，与传统的牛郎织女的故事，似乎没有什么关系，所以我定名为《鹊桥的想象》。"

10 月

28 日　诗歌《观望中的迷失》刊载于《笔端》第 2 期。

29 日　作诗歌《拥挤着的群像》《古典的梦想》。

30 日　作诗歌《风浪》。

11 月

1 日　创作戏剧《鸡蛋与鸡》。

本月　主办综合性艺术刊物《七艺》。

本月　《看戏》一文刊载于《七艺》创刊号。

1976 年，徐訏在未尽的编辑情怀驱动下，又找人投资创办了《七艺》月刊，该刊物又是寿命短暂，于 11 月创刊，出四期即停止。此前文华出版社的冯若行曾找过徐訏办《七艺》，当时是因徐訏与林年同各有不同的看法，林氏主张介绍西方电影，尤其是西方的电影理论；徐訏则主张以港台电影为主，推动当地电影发展，因意见不同而搁浅。此时重新操办，强调杂志的综合性，政论与文艺并重，外界与本地共生。《七艺》之所以终刊，是因为徐訏要去巴黎大学讲学半年，该刊并不缺乏赞助。有关《七艺》停刊的说法，出现了一个枝节，即徐速在悼念徐訏的文章中所说《七艺》一开初内容就是"不左不右、亦左亦右的大杂烩"，"开始弄糟了，神仙也救不活"，在岌岌可危的情势下，徐訏请他接管而他不愿，最后终刊。对于这种说法，香港文学界难表认同，因为此前徐訏已经清晰表达："《七艺》停刊，是因为我到法国去了。《七艺》赔钱，销路很少，赔本嘛，老板其实是赔得起的，他说你到法国去就停了。"

　　有关《七艺》徐訏所投入的精力以及徐訏办刊的认真，从刘以鬯的回忆中可见一斑："1975 年底，忽然接到《七艺》月刊征稿函，才知道《七艺》决定出版了。徐訏于 1976 年 1 月 15 日写了一封信给我，问我在'一月底前可写一篇给《七艺》月刊否'。他还说：'此刊想稍维持较高水准，不得不先由我们自己努力写一点，您如可每期写一篇短篇小说，则不但鼓励自己，亦且是鼓励朋侪之办法。'接到这封信之后，我写了一篇《评〈科尔沁前史〉》寄给他。他接到后，在复信中说：'这是一篇很结实的文章。'我以为《七艺》很快就会出版的，想不到徐訏却在这时候到外地去了。征稿函于几个月之前发出，《七艺》却迟迟未见出版。我因为替别人在《明报》补稿，一时忙不过来，就将《评〈科尔沁前史〉》

改在《明报》发表。徐讦从外地回来,打电话给我,我告诉他这件事。他将排好的清样交《七艺》编辑退回给我。"①

12 月

12 日 作《客自他乡来》(又名《客从阴间来》),刊载于《七艺》1977 年 2 月 1 日第 4 期。

1977 年(丁巳) 69 岁

▲1 月 7 日,《人民日报》《红旗》《解放军报》发表社论《学好文件抓住纲》,首次公开提出"两个凡是"。

▲4 月 15 日,《毛泽东选集》第五卷正式出版。

▲7 月 16 日至 21 日,中共十届三中全会在北京举行。会议通过关于恢复邓小平职务的决议;通过关于开除"四人帮"的党籍,撤销其党内外一切职务的决议。

▲8 月 12 日至 18 日,中共十一大在北京举行。会议选举华国锋为中央委员会主席,叶剑英、邓小平、李先念、汪东兴为副主席。

▲11 月 20 日,《人民日报》邀请文艺界人士举行座谈会,批判"文艺黑线专政"论。

1 月

1 日 作为主席组织 1977 年世界局势展望座谈会,座谈内

---

① 刘以鬯:《忆徐讦》,《明报月刊》1980 年 11 月号第 15 卷第 11 期。

容本日刊载于《七艺》第 3 期。

同日 戏剧《日月坛开花的时候》、散文《荒谬剧的对白与废话的情趣》刊载于《七艺》第 3 期。

2 月

6 日 作诗歌《香港艺术节颂诗》。

本月 作诗歌《观文坛旧画有感》（"丙辰岁尾"写），收入《无题的问句》。

本月 小说《巫兰的噩梦》由台北黎明文化事业公司出版，收入《徐讦文集》第五卷。

小说写到"我"的恋旧情结也是恋物情结："我的消遣，也变成了一种嗜好的，则是在我的花园里种植巫兰。我在这方面花了不少精力与金钱。起初时只是偶然种了几种，后来因为有朋友送我几支异种，我就慢慢搜集各种不同的巫兰，特别是台湾的，我不知道台湾究竟有多少种巫兰。我在宁园收集的则已经有三十四种，每种各植了五六盆，所以共有一百几十盆。其中有一种是我移接中所产生的变种，也是我特别珍贵的，则是纯白色的花瓣里有两点相对的鲜红的红点。因为这红点很像两红豆，所以我叫它为红豆巫兰。当这变种出现的时候，第一个引起我联想的则是尚宁身上的两点红痣。"在这种看似消闲的平静中却蕴藏着难以置信的感情动量，当发现国愔（儿子学森的女朋友）长得像尚宁的时候，"我"似乎要情不自禁反复确认，先是觉得国愔的微笑、害羞、胸有成竹的态度等都是妻子尚宁的再版。如果说这些还带有感受的色彩，那么，在海滩上不意间发现国愔背上的红痣，这就成了确切无疑的物证了。于是，探索国愔身上的红痣成了缠绕"我"梦境的一个执念。与此一线索相联系的是学森的恋母情结和国惜的恋父情结。学森的恋母情结部分的也可能是由于"我"在认识与叙述上的投射,这样,"我"就可以忘了国惜是儿子学森的女朋友;另一方面,国惜的恋父情结则使得故事的情节得以顺利延伸。总之,作品延续了作者一贯的心灵探险色彩,并且向着更加险峻的所在攀登。同时,这部作品也有意识地放在特定的时代背景下展开,制造出一种乱离世道人性错综的画面。

7 月

29 日　在日本东京。作《〈原野的呼声〉后记》。文章说:"《原野的呼声》这里编集的是我第八本诗集。我在《时间的去处》出版后,曾经把一些讽刺诗编在《街边文学》中,所剩的到一九六九年的诗作都收在这里了。这些诗作,不用说,同我别的作品一样,都反映我生命在这些年来的感受,而诗作似乎更直接流露了我脆弱的心灵在艰难的人生中的叹息、呻吟与呼唤。其中自然也记录着我在挣扎中理智与感情的冲突、得与失的递迭、希望与失望的变幻以及追求与幻灭的交替,我相信每一个生命都有它爱的执着与对于自由的向往,如果我所抒写的能唤起这个时代中一些朋友的共鸣,那么也就不失我出版这本书的意义了。"

12 月

1 日　长文《追思林语堂先生》刊载于《大成》第 49 期,又分两期转载于《传记文学》1977 年 12 月第 31 卷第 6 期和 1978 年 1 月第 32 卷第 1 期,辑录于《念人忆事》,后收入《徐讦文集》第十一卷。

此文为追忆之作，发表时间距林语堂 1976 年 3 月 26 日去世已经一载有余。林语堂对徐訏有知遇之恩，感情越是深挚越是难以理清头绪；再者，林语堂八十寿诞的时候曾有朋友为他编印纪念文集，徐訏也在受邀之列，但因邮路差池未能及时交稿，徐訏许诺等林语堂九十大寿时交上稿子。这样，在前后思路上就有些错叠，难以遽然下笔。在经过一个时间的沉淀之后，徐訏写了这样一篇长达二万字的长文，纪念林语堂的知遇之恩。文章谈及林语堂的为人、为学以及创作、行政等方面，认为林语堂在为人方面显示出一定的矛盾性，即想象世界的洒脱和现实世界的谨严，恰似他的"为文可幽默，做事须认真"说法一样；在为学方面讲究切身的体悟，不以简单的"博识多闻"而自喜，更注重对各种知识的融会贯通；在文学成就方面，主要成就表现在散文创作上，而在小说创作方面则显示出作者对于现实世界的隔膜，有一种用西洋眼睛看中国现实的感觉；在行政方面显示出某些书生意气，缺乏对现实环境的透彻理解，比如从就任南洋大学校长到最后的离开，固然有当地势力的挤兑，与其自身的书生气也是分不开的。

本年 著有《现代中国文学的课题》一书，其中部分内容刊载于《明报月刊》。本书内容主要是对中国现代文学的思考，带有一定的文学史模样。徐訏自四十年代以来断断续续在高校中执教多年，这些也不妨是他所教课程的一部分内容。作为一个深度参与中国现代文学历史进程的作家，同时又是一个具有很高理论修养的作家，他的这些反省与思考无疑是很有文学史的学术价值的，可以说确实提出了许多有重要意义的课题。全书共分为十一个部分。第一部分《关于新旧之争的检讨》认为中国文学的新旧变化是基于时代和社会生活的巨大改变，而其中文学形式尤其是文学语言的变化在其中又具有标志性和决定性的意义。同时也认为，理解这些变化不能过于机械、生硬。比如，徐訏提出在这种新旧的变化中一些现代作家的旧体诗以及新文学运动发生之后的中国传统戏等仍然具有强健的生命力，在新的文化语境中如何看待和评价这些文学现象是一个需要解决的理论问题。这样的反省与思考在大陆理论界和批评界大致到世纪之交前后才引起重视，而徐訏在上世纪七十年代就已经注意到这类问题了。就新文学作家的旧体诗现象，他指出：

"而值得我们思索的是那些先驱的诗人，如沈尹默、鲁迅、刘半农、周作人、陈独秀与稍后的郁达夫、俞平伯、左舜生后来都写诗，而且否定自己过去'新诗'的作品。如沈尹默，他出过诗集，所集的完全是旧诗，所写的新诗以后提都不愿提了。鲁迅只有一首《我的失恋》收在他的集子中，而是以杂感文姿态出现的。周作人、郁达夫更不必说，几乎没有人还记得他们是写过新诗的。这是不是可以证明这些人后来都发现新诗是无法成为诗，而承认旧诗是最好的诗的形式呢？这是不是正是承认了学衡社当年的主张是对的呢？

"我这里要提出的是，如果文学史的新旧，只是以时代的前后来说，那是所谓现代文学史，提到这些作家的作品时，是不是应该把他们旧诗词也该提出来讨论呢？如此说来，那么谈到近几十年中的文学时，我们是不应该舍弃许多许多的写旧诗的诗人与作品。这可以说是值得写所谓'新'文学史者注意的课题。

"同时，我们现在论他们那时候的所写新诗，我们似乎必须把启蒙的时代放在心中。胡适之把他第一本诗集为尝试集。其实那个时代的新诗都是尝试。我们可说那是尝试期的新诗，是不能作为诗歌欣赏与评论的对象，可说褒贬都没有什么意义的，而作为一个作家的评述时，他们所写的旧诗正是不可疏略的作品。这也就是说，我们提到沈尹默，不论及他自己重视的旧诗，提到郁达夫，不论及他后期所写的许多旧诗，是极为不公平与不完全的。"

第二部分，《启蒙时期的所谓写实主义与浪漫主义》。徐訏以文学研究会和创造社这两个当时主要的文学社团来刻画写实主义与浪漫主义两种文学思潮（当然也包含着相应的创作方法）。与我们一般从外国文学的影响来看待这种思潮不同，徐訏还把这一思潮置于中国文学自身发展进程来加以观照，认为"当时所谓写实主义与浪漫主义都没有什么高深的理论，也没有可以代表这两种精神的突出的作者。他们的态度上的不同，也止限于文学的功利与文学的非功利两种看法。文学对于政治、社会、道德的功用，原是梁启超以来的一种思想。这种思想也是中国'文以载道'的一种传统。创造社的文学主张，似乎并没有超出中国言志派与性灵派的理论"。

第三部分，《在短期的思想自由环境中》。其中有云："我们如果说新文化运动的始于1917年，那么从 1917 到 1925 年这八年中是思想界最蓬勃也是最自由的时期。当上海文艺界研究会与创造社论战之时，北京方面也正是刊物蜂起，有百家齐鸣之势。"

第四部分，《革命文学的论战》。其中有云："如果文艺要有内容，它就会是对现状不满，也就是所谓'不平则鸣'。无论怎么说为艺术而艺术，文学总是人生的反映，再根本一点说，文字本身、语言本身也正是从人生来的。一个文学家在文学中所写的总不外对人生的感受——无论是感触、感慨与感觉。他通过文字来表达的时候,也正是表示他对现状的不满。所谓现状,也就是自己的处境,在本身上讲,可能是生理的、心理的;在环境上讲,可能是传统的、家庭的、婚姻的。从大的环境里,自然有对社会、对经济制度、对政治现状,以及对大自然、对命运甚至对上苍都可以不满。这些不满都可以写成文学。"这两个部分主要探讨现代文学由第一个十年向第二个十年的转变。

第五部分到第八部分分别是《左翼作家联盟及其性质》《关于反左联的文学理论的几种说法》《文艺大众化问题》《左联分裂的过程与原因》。对于左联和左翼文学的探讨,不能说没有偏颇之处,但同样也有着令人耳目一新的发现。比如,对于左翼文学发展过程中不同谱系的探讨,大陆批评界过去大多以不同派别的意气之争作为解释,对不同谱系源流的梳理要到新世纪之后认识才逐步深入,而徐訏在这部著作中就已经有较为清晰、深入的看法。

第九到第十一部分分别是《服务于抗战的文艺》《左联传统的作家与边区干部作家》《外来文风与本位作家》。这些部分回顾了抗战这一特殊的历史环境下的文艺状况,认为在当时的条件下,单纯地要求文艺保持其独立性,要求作家效忠于艺术是一种迂腐之论:"朱光潜这种说法可说是书生迂腐之论,在整个民族动荡,军民流血流汗为国家生死存亡之日,掉这种迂腐的书袋子当然是不合时宜的。说这种话,似乎他是一个整天躲在书房里连报纸都不看的人一样可笑与可怜。"徐訏认为,战时环境下,要求文艺为抗战服务是无可厚非的:"在抗战的那些年头,我们要求艺术文学的精致与伟大,我以为是不必的。其实当时的日用品、事物、衣着以及极普通工业用品不都是质量降低了吗?"

作者又说:"现在回顾伟大的抗战史实,觉得文艺界的确少几部比较庞大有气魄的作品。有人说,伟大的动荡的时代中,往往是产生不出大作品的,一定是在时代平静了以后,作家们回忆或反刍当时的体念,才会产生作品。现在,抗战结束已经三十年了。那时年轻的作家已入老年。我们自也看到一些有关于抗战年代的小说戏剧与诗歌,但都不足以反映这空前的伟大的时代。我们没有权利要求作家们在战争进行时写细致的艺术品,我们也没有权利要求作家们在战争进行中写无关抗战的作品。但我们有权利要求作家们在胜利后三十年产生几部有关抗战的作品,而我们也应该在许多所谓粗制滥造的有关抗战的作品中选荐其较好者给年轻的读者。"

    本年   作诗歌《桃花的声音》,刊载于《联合报》1978 年 3 月 29 日副刊,收入《无题的问句》,后收入《徐讦文集》第十五卷。

    本年   作诗歌《铁门》,刊载于《联合报》1978 年 9 月 1 日副刊,收入《无题的问句》,后收入《徐讦文集》第十五卷。

    本年   创作小说《父亲》,收入小说集《花神》。

    本年   兼任浸会大学文学院院长。

1978 年(戊午)　70 岁

    ▲2 月 26 日至 3 月 6 日,五届人大第一次会议在北京举行,会议通过《中华人民共和国宪法》,选举叶剑英为人大委员长,任命华国锋为国务院总理,邓小平等 13 人为国务院副总理。

    ▲3 月,全国科学大会在北京开幕。

    ▲5 月,中共中央批准统战部、公安部《关于全部摘掉右派分子帽子的请示报告》。5 月 12 日,文化部举行揭批"四人帮"万人

大会,宣布为一大批受迫害的文艺工作者平反。

▲5月11日,《光明日报》发表评论员文章《实践是检验真理的唯一标准》,引发了关于真理标准问题的大讨论。

▲12月18日至22日,党的十一届三中全会在北京举行,批判了"两个凡是"的错误方针,作出了把全党工作重心转移到社会主义现代化建设上来的战略决策。

1月

22日　作散文《生老病死》。

2月

24日　浸会大学元宵晚会系际花灯设计比赛,徐訏担任评委。

28日　作诗歌《星光》,收入《无题的问句》,后收入《徐訏文集》第十五卷。

3月

12日　作诗歌《飞》,收入《无题的问句》,后收入《徐訏文集》第十五卷。

18日　参加由歌德文化中心和《明报月刊》组织的"作家的社会责任"研讨会。会议主席为胡菊人,小组成员主要有根塞·格拉斯、徐訏、余光中、刘以鬯、也斯(梁秉钧)、戴天、李国威等。会议就"作家与公民""政治性与艺术性""香港社会的问题""作家就是危险的职业""社会对作家的责任"等论题展开对谈、研讨。其中徐訏与格拉斯谈及"政治性与艺术性"问题。《明报月刊》1978年5月号有相关报道。

26日 撰《悼唐君毅先生与他的文化运动》一文,刊载于《联合报》1978年4月12日副刊,又载于《大成》1978年5月1日第54期,辑录于《念人忆事》,后收入《徐讦文集》第十一卷。

文中涉及港台及海外新儒家的一个基本理路以及由此产生的有关新文化运动认识上的差异。新儒家认为,以中国传统儒家文化为本位,足可以"开出"适应各种世事变化的方子,所以,新文化运动不仅是不必要的而且是破坏性的。这在徐讦看来是"迂执"的,是不谙世事的。在徐讦看来,新文化运动的发生不是少数人提倡的结果,而是中国近代社会历史运动的必然结果。既然有这种文化观念上的差异,就有对于"新亚书院""新亚精神"等具体事物评价上的差别。"在他的行动上,所谓事功的建立,也只是在他的意识中的幻影而已,就以他时常提及的新亚精神来说,是不是有他所理想的人文精神呢? 同其他的院校有什么特殊的表现呢? 所造就出来的人才,与其他院校有什么不同呢?""揭开新亚的内幕,还不是风风雨雨,你争我夺,争位据名者有之,见利忘义者有之,出卖友好者有之,即使在中文大学合并运动中,不承认新亚有什么独立之精神,不正是君毅的高足么?"言辞虽显尖锐,但基本还是学理的辨析。

但这在一些当事人看来,显然觉得受到冒犯,觉得难以忍受。这就需要对当时"新亚合并"事件有进一步的了解,马一介《徐讦也爱干预生活》一文(刊载于《香江文坛》2003年5月号)对此有较详细的介绍:"事缘上世纪六十年代初,香港政府以行政命令合并新亚书院、崇基书院和联合书院组成'香港中文大学',大改学制、更新人事,'新亚'旧师生感念'新亚精神',对'中大'的创校与新亚的创校在文化教育理想上和学制上的分歧,有正面的冲突,比之今天'中大'要合并'科大'的风波更大。当时有些论者把'中大'合并'新亚'说成是港英立意消除'中国文化道德传统'的基地,使大专教育更英化、欧化。也有人说'中大'与'新亚'创校人之争,在于道德化,即一方面代表邪恶、无耻、龌龊,而另一方面代表正义、理想、干净。有些人担心'新亚'的宣扬中国文化道德上的努力与成就,会一下子被无知但是有权的人毁掉,主张和争取'新亚书院'必须要把大学行政系统和整个中文大学分开来设计,不要压迫'新亚'师生盲从'工作小组'的决定。'新亚书院'不同于'崇基'和'联合'两书院的,它是有自己的道统和理想的。'新亚'合并前创校达三十年,前十五年是以哲学家、国学大师钱穆为主体,在艰苦中创校及支撑;后十五年是以哲学家唐君毅为主体,也是在困难中挣扎求存。'新亚'旧师生认为在该校的校史上,终将汇为中国文化大流中的一部分,像白鹿洞书院、象山书院、东林书院般永垂不朽,也应如巴黎大学、牛津大学、剑桥大学一样,长存于文化史上。'新亚精神'是'新亚书院'的全部生命,它的中心意义是对中国儒教文化传统给予基本的肯定。但唐君毅一死,'新亚'即被合并,有些偏爱'新亚'的人不胜其哀悼之情,认为今天托身于'中大新亚书院'的人,已由于'新亚研究所'的宣告独立和旧董事会的一些董事的退出'中大'校董会而显得堕落。有些追随唐君毅的人在香港和台湾的报刊上化名投稿,对异己者大张讨伐,一如孔子要鸣鼓而攻之的是自己的学生,争论是清理门户,而不是打击异己。风风火火,情况十分紧张。"

4月

1日 作散文《笑》。

25 日 作诗歌《寻求》,收入《无题的问句》,后收入《徐讦文集》第十五卷。

6 月

6 日 在香港。作《"评徐"与"悼唐"》一文,连载于《快报》1978 年 6 月,转载于《明报月刊》1978 年 8 月号,辑录于《念人忆事》。文章回应此前因悼念唐君毅而引起的攻击。

夏 作长诗《无题的问句——》。

7 月

11 日 到台湾小住。省亲度假,出版书籍,以及处理版权等事务。

8 月

25 日 创作小说《地狱》。

9 月

18 日 作《隐身术》一文。

11 月

本月 作诗歌《裸装》。

12 月

16 日 作《浸会〈小说专辑〉前言》。

31 日　创作小说《轮回》。

本月　接受李健文采访,形成《徐讦先生谈读书与写作》一文,刊载于《开卷月刊》1978 年 12 月 第 2 期。访问主要内容涉及读书与写作各个方面,以提问的方式展开,其中较为重要的问答有:

> 李:徐先生曾在香港中文大学的一次讲演时,说中国的传统小说中是没有"爱情小说"的,这个意思是说什么?
>
> 徐:中国以前没有恋爱,也不谈恋爱,男女之间的关系并不是西洋式的恋爱。
>
> 李:徐先生,你以为《红楼梦》中所描写的爱情,算是恋爱吗? 这部书又算不算是一部"爱情小说"呢?
>
> 徐:《红楼梦》也只是言情小说,不是像现在我们讲的恋爱,不同于现在的所谓爱情小说,五四以后才有恋爱的小说。
>
> ......
>
> 李:徐先生的小说都是大部头的,每一部要写多少时间? 写小说要不要先来一个提要,抑或随写随构思?
>
> 徐:就以《江湖行》来说吧。《江湖行》写了五六年,也不是每天写,有时是隔了一阵,有别的事情要做,所以写的时间很长。至于我写小说的习惯,就是先有一个想法,写起来往往就改变,再不依照当初的想法了,写起来按照人物性格发展而发展下去,很难控制住自己的,人物性格自动地发展下去了,我以为也不要控住它比较好一点。
>
> 李:徐先生在中外诸多作家中,谁的作品对你影响最大?
>
> 徐:我看书很杂,一定受人影响,不过受什么影响,却又

想不到,也想不出什么名堂,记性很坏,比方十九世纪俄国作家的作品都看过,法国作家的作品也都看,但都记不起来了。最近我又拿出《卡拉马佐夫兄弟们》来看,仔细地看。以前好像泛泛看过没有看完过。所以很难说到底受谁的影响大了。

李:你可以简单地谈一点创作经验以及写作时的习惯吗?

徐:我有什么经验可谈呢? 开始我是学哲学的,随便写写诗歌、散文,有老师鼓励我写,写了就投稿。后来我还是预备读哲学,跑到上海还未出国以前,在上海呆了两年,写写稿子,林语堂先生编杂志叫我去担任编辑,就编了一个时期杂志,变成多写一点。后来我到法国去了,预备读哲学,打仗么,书没有读好就回来了,回来后就变成写东西了,我觉得很奇怪,也是很偶然的事情。

……

李:徐先生,在你自己的六十几本作品中,你最喜爱哪几本?《风萧萧》怎样?

徐:后来写的自己比较满意一点,比较以前好一点,像《江湖行》,像《彼岸》,像《时与光》,觉得比以前写的广一点,人物写的多一点。至于《风萧萧》这个长篇,是较早时写的,是啊,写《风萧萧》时只有三十岁吧。《江湖行》是在这里写的,写的时候已五十岁了,生活体验较深、较广。

年末 参加年青人为杂志组织筹款的电影晚会。

本年 创作小说《歌乐山的笑容》,收入小说集《灵的课题》,收入《徐讦文集》第八卷。这是一篇带有神幻色彩的小说。林学仪的太太史淑明画了一幅画,画的景色让林学仪想起曾经住过的歌乐山,而史淑明从来没有到过歌乐山。今天妻子史淑明看医生回来,见面时脸上浮起一个奇怪的笑,这让林学仪感到很陌生。这个"凄艳幽冷"的笑容与平时史淑明的笑很不相同,史淑明的笑是甜美的,和善的。妻子去世后,林学仪一直回味着这不属于史淑明的笑。当他反复看着妻子那幅画时逐渐想起这笑容来,原来是歌乐山溪水中少女亡魂的幻影。

本年 作有《禅境与诗境》一文,刊载于《香港浸会学院学报》1978 年 第 5 卷,收入《徐訏文集》第十一卷。

徐訏诗歌的创作,是希望在接通中国诗歌固有传统的路径上重造新的生命。他对此一使命是有着清醒的自觉的,他在四十年代初就说:"我对于我的诗比对什么都'自大'(恕我厚脸),因为我觉得中国新诗非学英诗即学法诗,我则学'俳句',我则拟中国诗词,而我则自己在寻途径也。"(《孤岛零简》)

过了三十年,徐訏的诗歌实践也有四十多年的历史了。所以,《禅境与诗境》是徐訏诗歌创作的总结,也是对中国现代诗歌发展历程的探索。

这篇文章先是进行了一些具体诗作个案的分析,如分析千代的俳句"啊,牵牛花!/缠住了吊桶(缆绳)/(我)得去乞水","对于千代这首诗的'觉',本不必解释,到了感,读者才可以诠释,我对这首诗,觉得它表现了强烈的'生'的要求与'生命'的神奇。诗人为'生'而要求'水',这'水'象征什么都可以说,但是牵牛花需要水只是事实。花不一定知道小桶可以给它灌溉,但是诗人是'感'应到的,牵牛花已经比她更早握占了小桶。诗人与牵牛花合一是'生命'的感应。当然,我的感应,不一定是每一个人的感应,一首诗对于读者就会有不同的感应,这正如每一个诗相对于不同的诗人不同的感应一样。诗可以从'忘我'感出发,但必须走到'分别'感,而诗人必是从'出世'到'入世'(这里的'出世'与'入世'是非常狭义的说法),在技巧的运用上,诗人有从'忘我'而到'分别'感来写,也可以从'分别'感而到'忘我'的境界中来写。也可以完全跳出了忘我感,只是对读者解释,他如何生'忘我'感与'分别'感。这忘我感的对象可大可小,是一朵小花,一片小雪花,一个轰轰烈烈的场面,一件历史的事变以及一个哲理的概念;分别感,则不管对象的大小,都会清楚的与'我'对立而起分别。"

文章又分析了陶渊明、李白、李清照以及自己的诗,最后,对中国现代白话诗的发展进行了总结。首先强调了现代诗的汉语属性:"现在我们写诗,如果忘忽了我们中国文字的特殊的优美之处则总是可惜之事。"又说:"我们还应该想到的是中国诗词的韵律与格式,这单调的节拍与平正的整齐的字句,到底是什么魔力使我们诗人,在几百年中都在遵循,而五四以后,那些提倡新诗写新诗的人,如周树人、沈尹默、周作人、郁达夫、俞平伯、左舜生、郭沫若等等都回到写旧诗的路上去,这是很值得我们细想的问题。只有胡适之,他自从提倡白话以后,诗文都没有回到旧的形式上去。这可说是他最突出之处,但他也一直没有写出过一首好诗。

"我想这问题可以说有两种原因,一是传统的力量太大,当我们读了太多旧诗词以后,我们很容易套用这些形式,第二则是新诗始终没有走出一条大路来。

……

"我觉得文学的世界性,一定先有民族性。当全盘西化与民族传统之争论时,我的态度是倾向全盘西化的,但有一个不退让的保留,就是我们'中文'不能变成'洋文'。只要中文是存在的,怎么西化也无法'全盘',语言文字不只是一个民族传达意念的声音,而是传递文化精神活动的血液。

"至于有人努力把中文欧化,那个我可不反对。中文在表现许多综合性或暗示的空灵意向时,有它特殊的效能,在表现逻辑的严密的推理时,却有不够之处,但五四以来,演变中的欧化显然已弥补了这个缺点。

"五四运动的白话文运动是一种反对陈腐的古文运动,但时至今日,白话文早非过去的白话文,文言文,除了专写骈文汉魏文的专家们以外,普通流行的文言文也早非过去的文言文。文字的演变,是自然的融汇。在抗战的年代,我们发现各地方言的汇流,扩充了不少语汇。这些语汇,不好的自然淘汰,好的自然传流下来。在三十年代后,文坛上曾经提倡大众化,那时候人们有意吸收并运用方言,但是成功不大;可是在抗战的年代中,人的流动与语言的融汇,无意识的就在作家的文字中出现,而很快就普及起来。足见文字语言是生活所创造的,并不是一两个人所能改革的。在三十年代左右,那时候有人提倡世界语,世界语本有好几种,当时提倡的是 Esperanto,我当时也下了一点工夫学习,而且也达到一种相当的水准,勉强可以看书,但因为与生活无关,以后没有运用,也完全忘了。没有传统不与生活发生联系的语言是死僵的语言,是等于塑胶的花草,怎么好看也是没有生命的。活的语言则是有机体的,生长的,永远不停的,变化的。

……

"我这样说的时候,希望不要误会我是一个拥护旧诗反对新诗的人,我只觉得文学形式与内容照辩证法的说法,是一种矛盾而统一的东西,文学的内容基本上是人生,离不开人类的生活。人类生活是因物质生活的发展而发展,文学的内容是因人类生活的发展而改变。如果某种文学的形式无法容纳新的生活内容之时,这个文学形式自然而然就要改变。我曾为曾燧艾先生的诗集,写过一篇序,我在序里有这样的话:

"文学本是从民间生长的,但慢慢地专门化了,走到文人学士的手里,于是它离生活也越来越远,最后也变成纤弱、空洞与死僵。这时候文学一定会起变化。这变化不外是三条路:一条路是传统,也就是回到传统的文学中找生命,如六朝的骈文发展到极端,就有唐朝的古文运动;欧洲的文艺复兴的追踪到希腊,也是同一道理。第二条路是民间,如宋词走到精致纤巧的极致,就有元曲的兴起,元曲正是从民歌与民间语言吸收词汇来扩充文学的世界的。第三条路是外来,如佛经传入中国,使中国有变文与话本小说等的发展。自从新诗运动起来,作者辈出,但努力的道路也不外上述的三条,过去如刘大白,他从中国旧诗词的路径上,摸索出一种形式;徐志摩、闻一多辈则是模拟英国十八九世纪的诗歌;李金发、戴望舒等是做法国象征派的诗歌。现在大陆的诗人都走民间,所谓通俗化、大众化的民歌路线,台湾的许多诗人都在走西方的现代主义的路。这些努力,正都是为诗歌的园地扩充范围。千万的细流汇成大海,将来也许有大家会融会各派各式而独创一个天地。"

这篇诗论既是徐讦自己诗歌创作的理论总结,也是对现代诗歌发展历史路向的重要探索,有人认为:"这篇讨论的是诗的创作美学。由禅境至'诗的前身',从而谈到一首诗在写成传达时,怎样和传统、社会、人生密切相关,也比较了日本诗(俳句)和中国古典诗在物我交感、表现和传达上的异同。这和前篇的论点有相互呼应的地方,不过此篇在分析比较多首诗作的地方,更见深入细微。所用的分析方法,也不是单一的,而是在社会、传统、形式、心理等层面上的综合见解。其中有很多新鲜的论点，如分析陶渊明、李白、李清照的作品时候，就能跳出平面的解释，真正探讨到诗的境界上去。"①

1979 年(己未)　71 岁

▲2 月，中共中央宣传部批准文化部党组决定，对新中国成立后十七年来所谓"旧文化部""才子佳人部""帝王将相部""外国私人部"这一大错案以及因所谓"十七年文艺黑线"等错案受到迫害、诬陷者彻底平反。

▲3 月 30 日，邓小平在党的理论工作务虚会上作题为《坚持四项基本原则》的讲话。

▲10 月 30 日至 11 月 16 日，中国文学艺术工作者第四次全国代表大会在北京举行，邓小平代表中共中央和国务院向中国文学艺术工作者第四次代表大会致祝词，周扬作了题为《继往开来，繁荣社会主义文艺》的报告。会议选举茅盾为中国文联名誉主席，周扬为主席。

▲12 月，台湾发生了"美丽岛事件"，王拓、杨青矗等作家因为文字贾祸，被捕入狱，台湾"乡土派"受到了镇压和收编。台湾乡土文学论战，到此告一段落。

---

① 　陈德锦：《诗与诗论》，见《徐讦纪念文集》，香港浸会学院 1981 年 5 月版，第 205 页。

2 月

21 日 作诗歌《影子》，刊载于《联合报》副刊，收入《无题的问句》，后收入《徐訏文集》第十五卷。

4 月

上旬 收到台北开明书店刘甫琴寄来的《语堂文集》。

14 日 在香港。作《从〈语堂文集〉谈起》一文，刊载于《大成》1979 年 6 月 1 日第 67 期和《传记文学》1979 年 6 月第 34 卷第 6 期，辑录于《念人忆事》，后收入《徐訏文集》第十一卷。《追忆林语堂先生》一文主要谈到林语堂的为人处世，本文更多地谈到林语堂的文学主张以及在中国文学史上的贡献。"他在文学方面的主张，我们不妨分两方面来看。一是内容方面，他主张性灵文学，他主张幽默；二是在形式方面，他主张语录体，提倡简字俗字。"在徐訏看来，林语堂提倡性灵文学在文学史上的主要贡献在于对新文学发展过程中过分的"头巾气"、功利化倾向有所平衡，同时，这种语录体的提倡对于新文学白话文的进展也起到了积极的作用。

6 月

22 日 作诗歌《无题的问句——遥寄"文联""作协"的一些老朋友》（署名任子楚），刊载于《中国人》月刊 1979 年 8 月第 7 期，曾获《中国时报》1981 年文学奖叙事诗纪念奖，收入《无题的问句》。七十年代中期以来，徐訏的诗歌创作又进入一个活跃期，《无题的问句》便是这一时期的代表性作品。这是一首叙事长诗,它从诗人童年的困惑写起:"当我还是小孩的时候,/我就爱问东问西,/问风筝为什么往上飞,/问苹果为何要落地。/问一天为何有昼夜,/问一年为何有四季。/父母给我各种解释,/可是我仍要追根究底,/于是大家都说:这孩子真是不讨人欢喜。/……"既写了社会历史的沧桑巨变,也写到自己的探索与思想的转变。最后对自己进行了总结:"你们不妨说我是荒谬的知识分子,/总是不想讨人欢喜。/但请不要说我是反革命,/或者说是小资产阶级的劣根性,/我只是有一颗怀疑的头脑,/同一颗真正的爱国的痴心。"

22 日　作诗歌《你从北国回来》,刊载于《联合报》1979 年 8 月 19 日副刊,收入《无题的问句》。

夏　到台湾,遇到画家刘其伟。

9 月

8 日　作诗歌《修炼》,刊载于《联合报》1980 年 3 月 17 日副刊,收入《无题的问句》,后收入《徐訏文集》第十五卷。

24 日　作诗歌《白发》,刊载于《联合报》副刊,收入《无题的问句》,后收入《徐訏文集》第十五卷。

10 月

8 日　作小说《园内》(又名《魅影》),连载于《联合报》1979 年 10 月 8 日至 10 日副刊,收入小说集《灵的课题》,后收入《徐訏文集》第八卷。这是一篇"聊斋类"的神幻故事。小说写李采枫旅居香港的时候,在住处看到隔壁园子里一个姑娘,风姿绰约,让他不禁产生了爱意。后来从隔壁的花王那里才了解到他们所谈论的梁小姐在半年前已经患病去世了。作品以李长吉的两句诗"愿携汉戟召君鬼,休令恨骨填蒿里"作为题词,当是有所寄托。

24 日　作《其伟——其人、其画、其事》一文,刊载于《艺术家》月刊 1979 年 12 月第 5 号,辑录于《念人忆事》,后收入《徐讦文集》第十一卷。

11 月

本月　接待长期通信的旅美华人科学家孙观汉。

12 月

本月　接受学生刊物《新宇》的采访。主要就以下几个方面的问题回答了记者的提问:

教学设施设备方面:在不久的将来,会将现时的富兰明图书馆扩大,成立一个中文图书馆,此笔费用现在已有人捐赠了。

学科方面:今年增加不少,如史汉、史通等,可是选修的同学并不多。训诂一科,由原来的必修改为选修,原因在训诂是太专门的学科,是专门研究古典课程的一种预备课程。有兴趣研究古典文学的同学便可以选修,无兴趣者就没有必修的需要了。关于小说戏剧应否分为两年课程,我本人认为中国戏剧多来自小说,戏剧与小说是一脉相承的,因此并无将小说戏剧两者分为两年课程之必要。

学生的学习精神和学习状态:一般不错,但有些则差了点,如不上课,上课说话等。

学生的出路:不外教育界、报界及传播界三方面。有意全力研究古典文学的,训诂应该较好。有意以写作为生的,初时会觉得很难忍受。

中文的未来:我认为中文慢慢会重要起来。大陆愈自由,中文便愈重要。由于中外营商关系,国际上之交流愈来愈多,中外接触增多,中文之应用及地位亦相形重要起来。

1980 年(庚申) 72 岁

▲2 月 23 日至 29 日,中共中央召开党的十一届五中全会,通过《关于党内政治生活的若干准则》,选举胡耀邦为总书记。

▲5 月,中共中央批准《广东、福建两省会议纪要》,决定在广东省的深圳市、珠海市、汕头和福建省的厦门市各划出一定范围的区域,试办经济特区。

▲6 月 17 日,中国文联、作协、社会科学院联合举行座谈会,纪念瞿秋白就义 45 周年。

▲11 月 20 日,中国最高人民法院特别法庭开始公审林彪、江青反革命集团主犯。

2 月

20 日   作诗歌《新年偶感》,刊载于《联合报》副刊,收入《无题的问句》,后收入《徐訏文集》第十五卷。

4 月

16 日   作诗歌《消逝》《面壁》,刊载于《联合报》副刊,收入

《无题的问句》,后收入《徐讦文集》第十五卷。

5月

4日 作《〈于还素散文集〉序》。

19日 作诗歌《投胎》,收入《无题的问句》,后收入《徐讦文集》第十五卷。

初夏 致信台湾作家呼啸,谈及退休后希望到台湾定居。

6月

上旬 到访台湾。

16日至19日 到巴黎参加"中国抗战时期文学讨论会",于18日上午作《三十年代民族文学形式讨论》的演讲。香港作家梁锡华一起参加会议,并且同居一室。会议期间遇到艾青。

8月

8月 致信黄苗子。

本月 住进香港律敦治疗养院。

本月 刘以鬯、董桥前往医院探望徐讦。

9月

18日 经申请,女儿葛原被批准出境到香港探望父亲。

21日 葛原到医院见到病中的父亲徐讦。

本月 受洗皈依天主教。

10 月

5 日　因病逝世。

本年　作《盛澄华》一文。作者偶然从一本《欧洲文学史》的著作上看到自己多年前的老友盛澄华的名字已经挂上了黑框，不免有所感慨。回想起与盛澄华在巴黎时的交往，也述及此后匆匆的离聚，以及有关老友及家人的各种消息。文章写得星星点点，颇为寥落，但仍让人不免有世事翻覆白云苍狗之感。

本年　司马长风三卷本《中国新文学史》出齐。本书首开专章对徐讦长篇小说进行评说，影响两岸三地学界，大陆文学界和批评界重新开始关注徐讦。

后世影响

一、徐訏逝后，港台出版的纪念文集

1. 香港浸会学院 1981 年 5 月出版的《徐訏纪念文集》，其目录如下：

第一辑

怀伯訏兄	林伯雅
哀悼徐先生伯訏	何敬群
念伯訏兄	张　同
徐訏与我	刘其伟
悼念徐訏兄	赵　聪
忆徐訏	刘以鬯
徐訏先生与我	三　毛
深沉的哀思	南　思
徐訏的诗人胸怀	赵济安
徐訏先生的最后心路历程	劳达一
忆徐訏先生	林年同
傲骨嶙峋话徐訏	方龙骧

2. 台湾陈乃欣、隐地编选的《徐訏二三事》（台北尔雅出版社1980 年 11 月版），其目录如下：

二、相关纪念活动

1990 年,徐讦逝世 10 周年之际,香港银禧合唱团举办"徐讦诗乐欣赏会"纪念活动。

1990 年 10 月 5 日,徐讦逝世 10 周年之际,《香港时报》陆续刊发黄傲云、廖文杰、梁云英的纪念文章。

1993 年 12 月,《香港笔荟》出版纪念专集。

1996 年 10 月,《香港笔荟》出版纪念徐讦特辑。

2000 年 10 月,《香港文学》刊登纪念徐讦特辑。

2010 年,香港浸会大学语言文学系设立徐讦文学奖,获奖作品编成《丫城：徐讦文学奖作品选集》(林幸谦主编,香港天地图书有限公司 2011 年版)。

三、徐讦身后港台刊发的单篇作品

《我的马克思主义时代》,刊载于《明道文艺》1981 年 3 月第 60 期。

《遥寄》，刊载于《大成》1983 年 10 月 1 日第 119 期。

《婚事》，刊载于《四海港台海外华文文学》1990 年第 3 期。

《徐訏致张翼飞书》，刊载于《香港笔荟》1994 年 1 月 30 日总第 2 期。

《人生的意义》，刊载于《香港文艺》1995 年 6 月创刊号。

《徐訏诗八首》（《沉默》《即景》《谈》《哀吴越》《古道斜阳》《未题》《未题》《投胎》），刊载于《香港笔荟》1996 年 10 月 1 日总第 9 期。

《徐訏论文学：三边文学序；文学批评；文学的去处》《文化传统》，刊载于《香港笔荟》1996 年 12 月 31 日总第 10 期。

《方块文章》《诺贝尔奖金》《稿费问题》《国有文艺与民有文艺》《编辑之道》《患难与安排》，刊载于《香港笔荟》1997 年 3 月 29 日总第 11 期。

《时间的去处》，刊载于《呼吸诗刊》1998 年 6 月第 5 期。

《某先生暨夫人七秩双庆——为友人代拟寿诗》《博士与读书》《陈腔滥调》，刊载于《香港笔荟》1999 年 9 月 30 日复刊号。

《歌词——你的梦》《花絮——自外于香港，围攻与笔战》《佚诗两首——未题》《佚诗两首——有赠》《散文——夜》，刊载于《香港中学生文艺月刊》2016 年 10 月号。

四、徐訏身后港台及海外编选出版的作品集

1. 徐訏生前未曾结集出版而散见于各种报刊杂志的作品搜集整理为作品集，主要有：

《无题的问句——徐訏先生新诗·歌剧补遗》，廖文杰编，香港夜窗出版社 1993 年版。

《魔鬼的神话——徐訏先生小说创作·笔记·戏剧补遗》，

廖文杰编,香港1999年版。

《徐讦抒情诗一百首》,廖文杰编,香港1999年版。

《念人忆事——徐讦佚文选》,王璞、廖文杰编,岭南大学人文学科研究中心2003年版。

《戏剧谭丛》,台北酿出版2021年4月版。

2.重新再版或经过重新组合再行出版的作品集,主要有:

《徐讦选集》,香港文学研究社1981年版。

《人性的悲剧》,应凤凰编,台北尔雅出版社1982年11月版。

《香港当代作家作品选集·徐讦卷》,云丘编,香港天地图书有限公司2015年7月版。

《江湖行》(上、中、下),台北酿出版2015年版。

《时与光》,台北酿出版2016年版。

《结局》,台北酿出版2017年版。

《花束》,台北酿出版2017年版。

《盲恋》,台北酿出版2017年版。

《旧神》,台北酿出版2017年版。

《阿拉伯海的女神》,台北酿出版2017年版。

《成人的童话与魔鬼的神话》,台北酿出版2017年版。

《神偷与大盗》,台北酿出版2018年版。

《小人物的上进》,台北酿出版2018年版。

《思与感》,台北酿出版2019年版。

《场边文学》,台北酿出版2019年版。

《灯尾集》,台北酿出版2021年版。

《借火集》,台北酿出版2021年版。

《待绿集》,台北酿出版2021年版。

《灯笼集》,台北酿出版 2021 年版。

《轮回》,台北酿出版 2021 年版。

《母亲的肖像》,台北酿出版 2021 年版。

《鹊桥的想象》,台北酿出版 2021 年版。

《戏剧谭丛》,台北酿出版 2021 年版。

《原野的呼声》,台北酿出版 2022 年版。

《时间的去处》,台北酿出版 2022 年版。

《无题的问句》,台北酿出版 2022 年版。

Bird Talk and Other Stories：Modern Tales of a Chinese Romanticby Xu Xu．Translated and with Commentary by Frederik H. Green. Berkeley，California：Stone Bridge Press，2020.

五、徐讦身后大陆编选出版的作品集

《风萧萧》,春风文艺出版社 1988 年 2 月版。

《鬼恋》(中国现代文学史参考资料影印本),上海书店出版社 1988 年 5 月版。

《吉卜赛的诱惑》,中国文联出版公司 1988 年 11 月版。

《精神病患者的悲歌》,上海书店出版社 1988 年 12 月版。

《风萧萧》,上海书店出版社 1988 年 12 月版。

《吉布赛的诱惑》,华东师范大学出版社 1994 年 8 月版。

《陷阱》,安徽文艺出版社 1996 年 4 月版。

《风萧萧》,花城出版社 1996 年 4 月版。

《徐讦小说丛书》(收录《风萧萧》《舞女》《吉卜赛的诱惑》《鬼恋》《时与光》《痴心井》《离魂》),金宏达、于青编,安徽文艺出版社 1996 年 4 月版。

《等待：徐訏作品精粹》，上海书店出版社 1996 年 5 月版。

《徐訏奇情小说集》（上、下），子通编，花城出版社 1997 年 5 月版。

《赌窟里的花魂》，齐之编，中国华侨出版社 1997 年 7 月版。

《时与光》，安徽文艺出版社 1997 年 8 月版。

《鬼恋》，中国文联出版公司 1998 年 8 月版。

《禁果》，安徽文艺出版社 1998 年 10 月版。

《巫兰的噩梦》，安徽文艺出版社 1998 年 10 月版。

《海派作家作品精选：风萧萧》，黑龙江人民出版社、北方文艺出版社 1999 年 2 月版。

《徐訏代表作》，华夏出版社 1999 年 10 月版。

《鬼恋》，上海文化出版社 2006 年 1 月版。

《风萧萧》，人民文学出版社 2008 年 6 月版。

《徐訏文集》（全十六卷），上海三联书店 2008 年 10 月版。

六、徐訏身后港台的相关研究

1. 相关研究文章的结集

主要为《徐訏作品评论集》（寒山碧编，香港文学出版社 2009 年 2 月版），其目录如下：

香港需要文学批评——香港作家作品丛书总序　　　寒山碧

第一辑　徐訏的创作道路

"……""□□□□"补论　　　　　　　　　　曼雪（鲁迅）

忠于艺术　忠于人生——徐訏论　　　　　　　　璧华

徐訏作——家中的明星　　　　　　　　　　　慕容羽军

文艺与人生——徐訏文艺观初探　　　　　　　　璧华

个性・民族性・世界性——徐訏文艺观再探　　　璧华

第四辑　怀念与回忆

2. 相关研究专著

王璞:《一个孤独的讲故事人——徐讦小说研究》,香港里波出版社 2003 年版。

高博涵:《徐讦的"游离"体验与诗歌创作》,台北花木兰文化事业有限公司 2017 年版。

闫海田：《徐訏新论》，台北花木兰文化事业有限公司 2018 年版。

3.相关学位论文

陈同：《文化的疏离与文化的融合：徐訏、刘以鬯论》，香港中文大学 2001 年硕士论文。

文苑蕥：《回避·皈依·探寻——论台静农、徐訏及史铁生的宗教感书写》，香港中文大学 2022 年硕士论文。

於淑雯：《徐訏及其长篇小说研究》，台湾东吴大学 2014 年硕士论文。

张珺涵：《时与光：徐訏上海时期、重庆时期、香港时期小说论》，台湾成功大学 2015 年硕士论文。

4.散见各种期刊杂志的相关研究文章

聂华苓：《想起徐訏》，《明报月刊》1985 年 6 月号第 20 卷第 6 期。

黄康显：《旅港作家的流放感（上、中、下）》，《香港文学》1990 年第 66、67、68 期。

冬晖：《三毛穿越时空，灵界访徐訏》，《南北极》1991 年 3 月 18 日第 249 期。

包耀明：《想起徐訏：徐訏与日本著名女作家之恋》，《大成》1991 年 8 月 1 日第 213 期。

伊明善：《徐訏的中篇小说〈彼岸〉初探》，《香港文学》1992 年 5 月 5 日第 89 期。

黄傲云：《从〈无题的问句〉看徐訏最后期诗风的转变》，《香港文学》1994 年 4 月 1 日第 112 期。

曹惠民：《徐訏研究的拓荒之作》，《香港作家》1994 年 4 月

15 日总第 66 期。

黄康显:《〈无题的问句〉,有韵的诗篇——评徐訏最后期的诗作》,《现代中文文学评论》1994 年 6 月第 1 期。

吴福辉:《都市乡间的永久徘徊——徐訏香港时期小说论》,《现代中文文学评论》1994 年 12 月第 2 期。

廖文杰:《萧条异代不同时:从〈灯尾集〉到〈漂泊的都市之魂——徐訏论〉》,《读书人》1996 年 2 月第 12 期。

康夫:《读徐訏诗的一个晚上》,《香港文学》1996 年 2 月 1 日第 134 期。

周良沛:《徐訏的小说》,《香港文学》1996 年 3 月 1 日第 135 期。

王一心:《徐訏的上海夫人及其女儿》,《香港笔荟》1996 年 6 月第 2 期。

李今:《读徐訏的〈江湖行〉》,《香港笔荟》1996 年 10 月第 3 期。

葛原:《鲁迅赠徐訏墨宝的辗转和归宿》,《香港笔荟》1996 年 10 月第 3 期。

李必迭:《徐訏及其文学观》,《香港传记人物》1998 年 8 月第 1 期。

包耀明:《曹聚仁·徐訏·鹅湖斜塔》,《香港作家》2000 年 7 月第 7 期(新)。

潘亚暾:《神州掀起"徐訏热"——纪念徐訏逝世二十周年》,《纯文学》2000 年 7 月 31 日复刊第 27 期。

吴义勤:《文学史视野中的徐訏——为徐訏逝世 20 周年而作》,《香港文学》2000 年 10 月 1 日第 190 期。

朱道忠:《风萧萧兮一谔士——纪念徐訏先生逝世二十周

年》,《香港作家》2000 年 10 月第 10 期(新)。

陈智德:《怀乡与否定的依归:徐讦和力匡》,《作家》2001 年 12 月第 13 期。

袁良骏:《论徐讦的居港小说》,《香江文坛》2002 年 2 月第 2 期。

王璞:《徐讦小说艺术初探——细读〈阿拉伯海的女神〉和〈鬼恋〉》,《文学世纪》2002 年 3 月总第 12 期。

吴义勤:《徐讦与文学史写作的若干问题》,《香港文学》2002 年 11 月总第 215 期。

林曼叔:《徐讦和〈七艺〉》,《香港作家》2003 年 2 月 25 日第 1 期。

罗孚:《葛原和她的父亲徐讦》,《香江文坛》2003 年 5 月总第 17 期。

叶辉:《徐讦佚诗及其他》,《香江文坛》2003 年 5 月总第 17 期。

廖文杰:《徐讦佚诗十三首》,《香江文坛》2003 年 5 月总第 17 期。

柯振中:《徐讦眯起眼,背过身》,《香江文坛》2003 年 5 月总第 17 期。

蔡炎培:《读〈徐讦小说研究〉》,《香江文坛》2003 年 5 月总第 17 期。

康夫:《闲谈徐讦》,《秋萤》2004 年 1 月第 7 期(新)。

廖文杰:《从台湾正中书局新版〈风萧萧〉谈起》,《文学世纪》2004 年 9 月第 4 卷第 9 期。

柳苏:《徐讦获得新评价》,《明报月刊》2009 年 3 月号第 44 卷第 3 期。

七、徐訏身后大陆的相关研究

1.相关研究专著

吴义勤:《漂泊的都市之魂:徐訏论》,苏州大学出版社 1993年 8 月版。

陈旋波:《20 世纪中国文学史格局中的徐訏》,百花洲文艺出版社 2004 年 3 月版。

吴义勤,王素霞:《我心彷徨——徐訏传》,上海三联书店2008 年 11 月版。

乔世华:《徐訏文学论稿》,辽宁师范大学出版社 2015 年 6月版。

金凤:《徐訏小说的诗性品格研究》,中国社会科学出版社2016 年 10 月版。

陈绪石:《海洋文化精神视角下的徐訏研究》,海洋出版社2017 年 11 月版。

2.相关学位论文

田明秋:《徐訏思想及其小说创作论》,郑州大学 2002 年硕士论文。

张晶:《徐訏的小说创作》,西北大学 2002 年硕士论文。

陈燕玲:《徐訏情爱小说论》,华中师范大学 2002 年硕士论文。

郭彩云:《大动荡时代背景下的个人话语——徐訏四十年代小说研究》,西南师范大学 2003 年硕士论文。

沈铁:《寂寞灵魂的诉说——徐訏作品中的宗教色彩》,东北师范大学 2003 年硕士论文。

王丽:《诗性灵魂的自由高蹈——无名氏爱情小说探究》,广西师范大学 2004 年硕士论文。

马娟娟:《论徐讦小说的神性追寻》,华侨大学 2004 年硕士论文。

沈静:《现代人的途中——徐讦小说叙事研究》,苏州大学 2004 年硕士论文。

王梅:《论徐讦的新文学观与小说创作》,上海师范大学 2004 年硕士论文。

郑洪玲:《古典传奇的现代演绎——徐讦小说论》,东北师范大学 2004 年硕士论文。

蔡颖:《远方的诱惑——论梅里美对徐讦早期旅行小说的影响》,清华大学 2004 年硕士论文。

宋苹:《生命存在的诗意追问——徐讦小说创作论》,江西师范大学 2005 年硕士论文。

刘欣:《徐讦剧作论》,上海戏剧学院 2005 年硕士论文。

吴翠平:《女性形象:文学想象的载体——论新浪漫派中的女性形象》,暨南大学 2005 年硕士论文。

陈娟:《一种说不出的残缺——论徐讦的孤独及小说创作》,湖南师范大学 2006 年硕士论文。

计红芳:《跨界书写——香港南来作家的身份建构》,苏州大学 2006 年博士论文。

张蜜:《中国现代小说中的鬼怪传奇研究》,华中科技大学 2006 年硕士论文。

余礼凤:《论〈风萧萧〉的主题内涵及叙事艺术》,华中科技大学 2006 年硕士论文。

赖新芳:《徐讦小说中的奇情及其叙述》,暨南大学 2006 年硕士论文。

陈晓璐：《论徐訏的浪漫传奇小说》，华中科技大学 2006 年硕士论文。

任文妍：《自由灵魂的精神求索——徐訏小说创作论》，河北大学 2006 年硕士论文。

肖向明：《"幻魅"的现代想象——论中国现代作家笔下的"鬼"》，中山大学 2006 年博士论文。

姚俊：《白云与灰尘在东方飞扬——〈风萧萧〉风靡现象的文本研究》，福建师范大学 2006 年硕士论文。

章琼：《徐訏浪漫小说中的神秘主义倾向》，华中师范大学 2007 年硕士论文。

徐晋莉：《现代性与中国二十世纪浪漫主义文学思潮》，厦门大学 2007 年博士论文。

李洪华：《上海文化与现代派文学》，上海师范大学 2008 年博士论文。

陈俊：《徐訏小说与基督教观念》，浙江大学 2008 年硕士论文。

陈广江：《试论中国现代文学的几类鬼魂书写》，山东师范大学 2008 年硕士论文。

刘荻：《"媚俗"中的超越——论"新浪漫派"的言情书写》，郑州大学 2008 年硕士论文。

李旭玫：《穿越"此岸"与"彼岸"的艺术探索——徐訏小说女性形象论》，华中科技大学 2008 年硕士论文。

佟金丹：《徐訏小说创作的文化心理》，山东大学 2008 年硕士论文。

冯芳：《不懈地追索——论作家徐訏前期创作的哲理倾向及思想渊源》，广西师范大学 2008 年硕士论文。

华敏:《自恋、转移与升华——徐讦小说的心理学解读》,南昌大学 2008 年硕士论文。

宋贝贝:《二战谍报文学研究》,华侨大学 2009 年硕士论文。

黄凤梅:《论徐讦爱情小说的传奇性》,华东师范大学 2009 年硕士论文。

张盈:《对徐讦小说的心理学阐释》,华中师范大学 2009 年硕士论文。

尹莹:《小说中的重庆——国统区小说研究的一个视角》,华中师范大学 2009 年博士论文。

黄慧:《论徐讦的爱情小说》,湖南师范大学 2009 年硕士论文。

张洪滨:《徐讦与张爱玲小说创作比较论》,兰州大学 2009 年硕士论文。

李卫东:《传统与现代融合中的生命关注——施蛰存与徐讦小说比较研究》,兰州大学 2009 年硕士论文。

赵鹏:《海上唯美风:上海唯美主义思潮研究》,上海师范大学 2010 年博士论文。

全南玧:《中国现当代幻想文学研究》,中国社会科学院研究生院 2010 年博士论文。

杨阳:《徐讦小说的现代性叙事特征》,华中师范大学 2010 年硕士论文。

李齐:《抒写浪漫之爱——探索徐讦的人性之美》,山东大学 2010 年硕士论文。

欧阳志胜:《在"梦"与"哭"间游移——徐讦及其小说的另类解读》,湖南师范大学 2010 年硕士论文。

白玲:《论四十年代小说的想象力——以钱钟书、张爱玲、徐讦、无名氏为中心》，辽宁师范大学 2010 年硕士论文。

尹德胜：《徐讦剧作论》，云南艺术学院 2010 年硕士论文。

徐琼琼：《论徐讦小说对生命意义的追寻》，南昌大学 2010 年硕士论文。

张亚容：《时空意识下的生命体验——徐讦小说论》，宁波大学 2011 年硕士论文。

余礼凤：《雅俗之间：徐讦小说论》，华中师范大学 2011 博士论文。

丁乐慢：《徐讦小说叙事伦理研究》，杭州师范大学 2011 年硕士论文。

齐国动：《多重因素影响下的文学思想——徐讦文艺思想研究》，华东师范大学 2011 年硕士论文。

彭学咏：《视觉文化场力中的徐讦小说——论徐讦小说的图像化的文化特征》，四川师范大学 2011 年硕士论文。

谭玺：《〈圣经〉文本对徐讦小说创作的启迪和影响》，湖南师范大学 2011 年硕士论文。

刘吉宇：《论徐讦创作及文学史意义》，陕西师范大学 2011 年硕士论文。

邵平：《论徐讦在港的文学选择》，南京大学 2011 年硕士论文。

王荣珍：《"有意味的形式"——论徐讦小说的叙事模式》，东北师范大学 2011 年硕士论文。

贾妍：《穿越社会规范的精神想象与理想追求——徐讦小说的独特意义》，河北大学 2011 年硕士论文。

王晖：《徐讦创作的审美距离探幽》，暨南大学 2011 年博士论文。

金凤:《徐讦小说的诗性品格研究》,南京师范大学2012年博士论文。

王海燕:《"大宗教"的叙事:论徐讦作品中佛道耶思想的渗透与糅合》,浙江师范大学2012年硕士论文。

程理想:《超越与永恒——徐讦小说论》,河南大学2012年硕士论文。

张明丽:《徐讦小说创作风格的演变研究》,西北师范大学2012年硕士论文。

王楷:《徐讦小说雅俗融合的特点及原因》,温州大学2012年硕士论文。

吴蓉:《民国时期上海女性传奇的当代解读——改编〈风萧萧〉的创作谈》,南京大学2012年硕士论文。

杨鹏:《徐讦20世纪30—40年代都市传奇小说的文学图景》,东北师范大学2012年硕士论文。

刘云斐:《论徐讦小说的叙事艺术》,山东师范大学2012年硕士论文。

于晓姣:《论徐讦小说中的时间》,山东师范大学2012年硕士论文。

院志坤:《论徐讦40年代法国浪漫主义小说创作》,重庆师范大学2013年硕士论文。

侯抗:《论徐讦离开大陆后的剧作》,南京大学2013年硕士论文。

闫海田:《徐讦新论》,南京大学2013年博士论文。

张超:《徐讦小说与新文学现代主义发展的理性建构》,辽宁大学2014年硕士论文。

周维娜:《论20世纪40年代新浪漫主义小说创作——以徐

讦 40 年代小说创作为中心》,陕西师范大学 2014 年硕士论文。

李佳:《论徐讦诗歌"理性的浪漫"》,浙江师范大学 2014 年硕士论文。

杨淇:《论徐讦小说的诗性追求》,西华师范大学 2015 年硕士论文。

张新芝:《徐讦新诗意象研究》,华中师范大学 2015 年硕士论文。

刘程程:《论徐讦小说的先锋性》,云南大学 2015 年硕士论文。

翟志琪:《徐讦三四十年代小说研究》,吉林大学 2015 年硕士论文。

吴贤玲:《论徐讦小说的文学价值》,辽宁师范大学 2015 年硕士论文。

彭亦斐:《论海派作家徐讦的乡土书写》,河北师范大学 2015 年硕士论文。

袁绛树:《徐讦三十年代小说研究》,天津师范大学 2016 年硕士论文。

张露:《论徐讦小说中的现实主义因素》,河北大学 2016 年硕士论文。

郭盈:《徐讦与法国浪漫主义文学》,吉林大学 2016 年博士论文。

周令纯:《试问路在何方——论徐讦小说中知识分子的精神困境》,安徽大学 2017 年硕士论文。

任旭岚:《为求梦中真实的人生——论徐讦小说的乌托邦叙事》,华中师范大学 2017 年硕士论文。

吴燕晶:《徐讦小说的幻异叙事研究》,福建师范大学 2017

413

年硕士论文。

叶菁:《现代海派小说中街道空间的建构与表征》,东南大学 2017 年硕士论文。

黄婕:《一条既旧又新的河流——传奇叙事与中国现当代小说研究》,福建师范大学 2018 年博士论文。

马洁:《现代都市语境下〈人间世〉杂志研究》,辽宁大学 2018 年硕士论文。

巫毓:《1940 年代徐訏小说中的城市书写》,华东师范大学 2018 年硕士论文。

徐思越:《徐訏小说的氛围设置研究》,扬州大学 2018 年硕士论文。

孙冬雪:《〈人间世〉杂志研究》,湖南师范大学 2018 年硕士论文。

张惠莉:《"双城"文化影响下的徐訏小说创作研究》,湖南师范大学 2018 年硕士论文。

何雪凝:《心理世界的艺术呈现——中国现代心理现实主义小说研究》,山东师范大学 2018 年博士论文。

何美玲:《跨文化视野下徐訏的小说研究》,天津师范大学 2019 年硕士论文。

王明宪:《生存困境与精神突围——徐訏香港时期小说创作研究》,上海外国语大学 2019 年硕士论文。

张露:《现实关怀与自由立场——徐訏文学编辑出版事业研究》,河北大学 2019 年博士论文。

陈圆:《徐訏香港时期身份焦虑与文学创作研究》,四川师范大学 2020 年硕士论文。

谢香子:《从"上海经验"到"香港影响"——1949 年前后赴港

上海作家的小说创作研究》，西南大学 2020 年硕士论文。

王治中：《徐訏小说主题研究》，延边大学 2020 年硕士论文。

孙悦：《论孤岛话剧创作》，山东大学 2020 年硕士论文。

张亚茹：《论徐訏小说的哲理化意蕴》，浙江工业大学 2020 年硕士论文。

陈颖：《论徐訏小说中的死亡书写》，重庆师范大学 2020 年硕士论文。

张挺玺：《1943 年文学现象研究》，贵州师范大学 2021 年博士论文。

潘宇翔：《现代性视域下的徐訏戏剧研究》，杭州师范大学 2021 年硕士论文。

黄玉云：《抗战中的"第三空间"书写——1940 年代间谍文学研究》，华中科技大学 2021 年硕士论文。

黎静伊：《论徐訏小说的悬疑叙事》，华中师范大学 2021 年硕士论文。

王佑安：《"新浪漫派"小说中的家国意识》，上海师范大学 2021 年硕士论文。

唐阳：《徐訏小说乡土书写的精神考察》，西南交通大学 2021 年硕士论文。

胡楠楠：《论徐訏诗歌创作的审美意识》，陕西理工大学 2022 年硕士论文。

王绚：《"孤岛"自由主义作家的小说创作研究》，辽宁大学 2022 年硕士论文。

3.相关研究文章

相关研究文章数量众多，据 2022 年底中国期刊网（CNKI）统计有 400 篇左右。这些论文较为容易检索和获取，此处不再罗列。

从相关的文章和专著来看,大陆的徐訏研究直到 1990 年代后期才开始升温,到新世纪第一个十年进入高潮,此后逐步过渡到相对平稳的状态。

主要参考文献

《徐讦全集》(全十五卷),台北正中书局 1968 年 10 月版。

《徐讦文集》(全十六卷),上海三联书店 2008 年 10 月版。

王璞,廖文杰:《念人忆事——徐讦佚文选》,岭南大学人文学科研究中心 2003 年版。

《徐讦纪念文集》,香港浸会学院 1981 年 5 月版。

陈乃欣,隐地:《徐讦二三事》,台北尔雅出版社 1980 年 11 月版。

寒山碧:《徐讦作品评论集》,香港文学研究出版社 2009 年 2 月版。

唐沅等:《中国现代文学期刊目录汇编》,天津人民出版社 1996 年 5 月版。

郑树森等:《香港文学大事年表 1950—1969 年》,天地图书有限公司 2000 年版。

葛原:《我和我的父亲徐讦》,上海文化出版社 2003 年 12 月版。

吴义勤:《漂泊的都市之魂:徐讦论》,苏州大学出版社 1993 年 8 月版。

吴义勤,王素霞:《我心彷徨——徐訏传》,上海三联书店
2008 年 11 月版。

陈旋波:《20 世纪中国文学史格局中的徐訏》,百花洲文艺出
版社 2004 年 3 月版。

王璞:《一个孤独的讲故事人——徐訏小说研究》,香港里波
出版社 2003 年版。

鲁迅博物馆,鲁迅研究室:《鲁迅年谱》(全四卷),人民文学
出版社 1984 年 1 月版。

黄万华:《百年香港文学史》,花城出版社 2017 年版。

汪毅夫:《台湾文学史研究》,兰台出版社 2019 年版。

吴福辉:《都市漩流中的海派小说》,复旦大学出版社 2009
年 1 月版。

陈智德:《香港文学大系·文学史料卷》,香港商务印书馆
2016 年版。

司马长风:《中国新文学史》(上、中、下),香港昭明出版社
1980 年版。

杨义:《中国现代小说史》,人民文学出版社 1986 年版。

补注:年谱编撰到尾段的时候,曾得到闫海田先生的帮助,
他把廖文杰、余冠汉等先生搜集的资料转我参考。向他们表示
衷心的谢意!

跋：还论徐讦文学史地位问题

一

现代文学研究中有所谓"重写文学史"问题。实际上，重写文学史是普遍存在的，或者说，文学史总是在不断地重写过程中。比如说，在传统文学观念中，小说、戏剧等处于边缘的位置，是不入流的俗文学，而在现代文化语境中，小说、戏剧成为文学的主要类型。再比如，像李商隐、李贺这样偏向于晦涩的诗风，在传统诗学语境与现代诗学语境中的评价也是有着很大差别的。

但现代文学研究中的"重写文学史"又有其特殊之处。就是说，它主要指的是一次具体的重写文学史活动，那就是在 1980 年代后期《上海文论》上由陈思和、王晓明所开设"重写文学史"专栏。"重写文学史"之所以能得到广泛认同、引起巨大反响，并不在于这一口号本身有多么高明，而在于它有效切中了当时文学史的病理状态。"重写文学史"从本质上说就是要把过于意识形态化的文学史叙述拉回到审美性的文学史叙述上来。这是因为在 1950 年代文学史建构过程中出现了一次过于意识形态化的偏向。从"中国现代文学史"作为一门学科的形成过程来看，它大致经过了这样几个阶段，即原生态的书写阶段，意识形态化的书写阶段，审美性的书写阶段。

原生态的文学史书写阶段，主要是指现代文学发生期的一些即时性书写，它还不具有整体性，往往只是局部的，某一方面的文学史书写，同时，它可能缺乏理论的提炼，带有较强的资料汇编的性质。但另一方面，这些文学史书写又带有很强的现场感，往往与最初的感受相联系，对于语境改变之后重新解读和接近作品是一个必不可少的参考。同时，它所汇集的原始材料为更深广地重建文学史联系提供了史料的基础。新文学开创者们分头撰写的《中国新文学大系·导言》及李何林撰述的《近二十年中国文艺思潮论》应该说是这类文学史书写的代表性著作。

1950年代，建国之初，随着新文学史课程被列为高等院校的主干课程，由于国家意识形态建设的需要，作为直接联系着新的国家形成过程的历史叙述，新文学史打上比较强烈的意识形态色彩是十分自然的事情。王瑶的《新文学史稿》、丁易的《中国现代文学史略》、张毕来的《新文学史纲》等是这方面的代表性著述。但在这门学科的建构中，又不难看到存在着过度意识形态化的倾向，对于作家作品文学成就的高低常常跟作家的政治立场直接挂上钩，对于文学发展的历史脉络的描述，时常从社会历史分析框架中直接给出答案。总之，在过于鲜明的政治意识主导之下，这些文学史叙述大多脱离了文学的丰富的感性特征，久而久之，也就呈现出干枯的教条化倾向。我并不认为有所谓纯净的审美作品，但这不是说文学的意识形态色彩与文学的审美属性之间是无差别的。应当说，文学的审美属性作为一种感性存在，它比更偏向于认知性的意识形态要宽阔得多，感性得多；

反过来说,文学的意识形态内涵可以渗透而不宜越过其感性特质,否则会导致生硬的艺术表达,造成干枯的艺术形象。事实上,无论是文学创作实践还是文学史建构实践,这方面的经验和教训是不待多言的。

由此可见,现代文学领域的重写文学史问题,主要是对文学研究中过于意识形态化的调整与克服,是对文学的感性特质和审美特质的回归和恢复。但就每一具体的文学现象或具体作家的分析和判断是复杂的,多样的。比如说,有些作家在一个时期里完全处于被抑制状态,像徐志摩、沈从文、张爱玲等等;而当文学史研究回归到正常的文学视角的时候,这些人又重新浮出了历史的地表。又比如,对鲁迅杂文的认识,过去认为鲁迅杂文是伟大的文学作品,主要是从其现实的战斗功能出发的,首先是从思想内涵的判断出发的;如今,人们仍然认为鲁迅的杂文是了不起的文学创造,然而却是对于鲁迅杂文的文体有了进一步的认识。

在诸多的文学现象和众多的作家得以重新书写和重新评价的过程中,当文学史家的努力和读者的期待由此而得以实现的时候,人们不禁会感到精神的充实与满足。优秀作家的不断发掘,重要作品的反复阐发,不断带来的惊喜,也正烘托出文学(史)研究的生机。但在这个过程中,也可能出现文学史的失落现象。就是说,本来认为应该得到文学史承认(更高的承认)的作家却始终未能得到承认(更高的承认),它会带来文学史(研究)的失落感,乃至焦虑感。有关徐讦的解读和研究似乎就遇到了这样的问题。

作为二十世纪三四十年代(以下为行文方便皆略作三四十年代)中国文学史上曾引起巨大轰动且特点鲜明的作家,徐讦在五十年代移居香港之后不断有新作问世,甚至形成了新的创作高峰。与之形成对照的是,同为三四十年代上海孤岛时期的作家,张爱玲、钱钟书等被文学史重新书写,而徐訏似乎总是处于一种不温不火的状态之中。闫海田曾提出过徐訏的阅读和研究群体中有这样一种现象,"因徐訏的被冷落而生的不满、不平与愤激。这股不平之绪最初发生于港台,渐渐弥漫到大陆,近年来越发形成声势"①。其后,冯芳也提到相类似的情形,"1980 年徐訏逝世时,港台曾爆发过一次徐訏评价热潮,其缘起是港台、东南亚文学家(作家群及部分文学学者)久已感忿于徐訏未获'官方'公论。热潮一度冲刷了海内外学术壁垒。事隔已久,群怨稍歇、能量衰变,然而学术壁垒仍在,文坛代代更迭,暗尘恐将事实掩埋"。并希望通过"对徐訏文学史地位进行深入解读,从而期待学人走出壁垒"②。徐訏为何会失落于文学史或文学史的重新书写?对于这一问题,我们如果重返文学史的历史现场或许可以看得更为清楚一些,或许多少能够洞悉其中的一些原委与端倪。

三四十年代的文坛上,徐訏是一位有影响的作家,这是没有什么问题的。1937 年《鬼恋》的发表带来较大的反响,这种效应持续到四十年代,1940 年他的《鬼恋》又以《夜深的时候》在《沙漠画报》上连载;当然,1943 年《风萧萧》的成功带来了更大的反响,以至于 1943 年被称为"徐訏年"。殷孟湖在指出《风萧萧》幻想性特质的同时,也充分肯定作品所塑造的人物个性与典型性。但是四十年代后期老白以及左翼作家以座谈方式在《大公报》上

---

① 闫海田:《当代"重写文学史"后徐訏"座次"问题》,《当代文坛》2013 年第 2 期。
② 冯芳:《冲刷海内外学术壁垒,同谱徐訏文学史地位——1950—1981 徐訏文学史地位评述暨相关重要问题探讨》,《社会科学论坛》2015 年第 2 期。

的连续发文几乎已经决定了徐訏在一个时期里的文学史评价。这种评价与郭沫若同一时期在香港《大众文艺丛刊》发表文章批评沈从文、朱光潜、萧乾类似，就是在一个特定的政治气候下对一个作家进行政治的甄别与筛选。令人吃惊的是，徐訏在《风萧萧》的创作谈中说因为在现实中看到"达官富商""伪善者"的丑恶，出于对现实的愤懑，在作品中表达出"企慕""热情""理想与梦"；到了老白的笔下，"企慕"与"热情"成了虚假的矫揉造作的东西，而"达官富商"和"伪善者"则成了徐訏现实生活中的社会土壤，并进一步成了他的阶级地位的标签。到孟超等人开座谈会的时候，所讨论的主要就是徐訏作品的危害问题，说是让人减少革命的情绪，让人流于"厌世""颓废"。

徐訏失落于左翼作家群体，最直接的原因与他同"鲁迅风"的论争相关。1939年3月徐訏在《鲁迅风》第11期上发表了一篇题作《晨星两三》的文章，文中的一些说法，诸如："夸张你文章的数量等于夸张你精虫的数量一样，因为千千万万精虫只有一个可以成为人，而这还有赖于卵子的结合。"又如："医生是把人看作一只表，看护是把人看作一只鸟；所以我不爱医生而爱看护。——不能把人看作一只表的不是好医生，不能把人看作一只鸟的不是好看护，这些我不但不爱，而且痛恨。"种种似有弦外之音的说法引起了《鲁迅风》同仁的不满。很快，巴人写文章予以反驳，认为徐訏这种论调是一种不顾现实利害的个人主义表现，并要求对此展开斗争。尽管在当时的抗战环境下，双方逐步平息了论争，但这种论争还是留下了芥蒂和隔阂。多年后，徐訏回忆起这次论争，仍然表达的是对于宗派主义的不满，他说："我那时年轻，对金性尧这样富有财主，对周黎庵这样的才子手气的绅士，板起面孔附和无产阶级革命，我觉得像咸鱼商附弄风雅一样,不禁说了几句玩笑话,这就挖痛了他们的疮疤,引起了一阵论战。"

与左翼作家群体的摩擦,也影响了此后香港时期曹聚仁、李辉英这些文学史家在文学史书写中对于徐訏的判断。尽管香港时期曹聚仁与徐訏之间交往颇为密切,1953年曹聚仁还写过长篇文章《徐訏论》,但在其具有一定文学史性质的著作《文坛五十年》(正编续编)中对于徐訏几乎只字不提(略一提及了《风萧萧》)。这或许是出于一种不惹麻烦的避嫌,或者是出于自己内心的文学评判,无论是哪种,其后面的社会意识的判断还是起着重要的作用。写于1960年代末成书于70年代初的《中国现代文学史》,李辉英虽然论及徐訏,但范围上基本限于50年代之前的作品,认识上也基本限于左翼作家群体的意识判断。一方面指出徐訏前期作品与抗战联系不紧密,"就《荒谬的英法海峡》《吉布赛的诱惑》和《鬼恋》的题材讲,自然不是与抗战有关的小说。不但题材方面与抗战无关,就写作的风格讲,也是与众不同的。……织结成奇幻虚渺的故事引人入胜,颇为一般人所喜好"。另一方面也承认其代表性作品《风萧萧》的现实意义,"作者在《后记》上说:'……故事是虚构的,……;为理想,为梦,为信仰,为爱,以及为大我与小我的生存而已。'这一段话,大体也就可以理解《风萧萧》的内容和价值了。这是一部较具现实意义的作品,也是作者这一时期的代表作"①。

问题是,徐訏不但失落于左翼作家群体,他也失落于港台亲美文学群体。1952年冬,徐訏到台湾访问,回到香港后创作短篇小说《马伦克夫太太》,刊载于台湾报刊。小说以"我"的视角,写

---

① 李辉英:《中国现代文学史》,香港文学研究社1972年版,第269页。

了记忆中的"马伦克夫太太",原名叫做晓凤的远房亲戚。在作品貌似平静的回忆中,晓凤从一个淳朴的乡间少女蜕变为臃肿的俗不可耐的势利妇女,不仅寓含着"我"的青春记忆的破产,同时也昭示着这一历史时期中国社会和文化所遭受的挤压和扭曲。

这篇作品因为没有反共方面的内容,不符合当时台港文坛的期待,所以引起了围攻。台湾作家应凤凰在《人性的悲剧》一书中,谈到当时的情况——

当时刊登报章的骂徐文章,没有一篇是针对《马伦克夫太太》讨论其内容或文艺技巧的,只是说这篇小说不是反共小说,不写反共小说的作家就不是爱国作家,写传奇小说的作家就是黄色作家。如葛令的《〈租界作品〉说到〈马伦克夫太太〉》(《文坛月刊》二卷九期)说:"我们不能不说是失望了,徐大作家的第一次礼物,别说对反共抗俄没有丝毫关系,而且连'时代'的意义也没有。这一篇大作如果于民国二十五年左右,在上海发表的话,也许可以说是含有某一些启示,说明租界时代的外国瘪三或罗宋人,如何藉租界的恶势力而引诱乡间女人女孩子堕落。然而,今日何日?这篇东西搬到台湾来炒冷饭,请问有什么价值?老实说,帝国主义的殖民地,固然庇护了'马伦克夫',但他不是一样的庇护了我们的徐大作家,当年在那里写些《荒谬……悲歌……》等等荒谬可悲的麻醉人的东西?……"

这种带有人身攻击色彩的所谓批评,其杀伤效果还是很大的,使得徐訏在当时的政治文化气氛下显得相当另类,使得本来喜爱徐訏作品的读者不敢再自称是"徐訏迷",更不敢公开讨论徐訏。①

在当时的政治文化气候下，徐訏显得有些不谙世事。这一点与经历有些类似的张爱玲稍作比较就更为明显。张爱玲1952年出走香港，1953年就开始写作《秧歌》《赤地之恋》这类她自己并不熟悉的题材的作品，而且《赤地之恋》是事先由别人理好提纲让她写作的作品。徐訏在到达香港后可以说迎来了创作的高峰，先后有《炉火》《彼岸》《期待曲》《痴心井》《盲恋》《新春》这样一大批高质量的中短篇小说问世，还开始了长篇小说《江湖行》的创作。也可以说，徐訏完全是沉浸在自己的文学世界中，沿着自己的艺术思路稳步前行。虽然不能否认1954年出版过《在文艺思想与文化政策中》《个人的觉醒与民主自由》（都署名东方既白）这样带有政论色彩的论著，但也要看到它基本上是一种个人性的理论认识，总体上显示出徐訏拒绝与任何现实的政治势力结合的自由主义知识分子的底色。

有关《马伦克夫太太》的论争是因为徐訏未能按期待献上"投名状"，无法满足社会文化层面的政治期待；接下来，围绕《红楼梦》艺术性，吉铮创作的评价等有关争论，则是徐訏与港台亲美文学群体之间隔膜的进一步深化和意气化。

1950年代后期，台湾《文学杂志》第3卷第3期刊出刘守宜以"石堂"为笔名所撰写的《红楼梦的对话》。文章本意是讨论《红楼梦》的艺术性问题，但因文章以徐訏小说中的对话作为"洋化"的例子，徐訏不以为然，随即撰写《红楼梦的艺术价值与小说里的对白》，于《自由中国》1958年2月16日第18卷第4期刊

---

① 应凤凰：《人性的悲剧——徐訏的脚印》，台湾尔雅出版社1982年12月版，第2页。

出。该文除了引发刘守宜的进一步讨论外,还引起夏济安、夏志清兄弟的注意。夏志清曾撰写《文学·思想·智慧》一文予以回应。①

其后,就有关吉铮创作的评价,徐訏与港台亲美文学群体又产生了争论。在《吉铮的〈拾乡〉》《悼吉铮》两篇文章中,徐訏谈到与吉铮的相识,吉铮对文学的追求,以及创作中的苦恼等。文章中徐訏还就他所见的旅美作家创作中的常见问题,就是为生活经验所限,创作难以深化的问题谈了自己的看法,认为文学的创作要靠生活提供源源不断的源头活水。这本来是最自然不过的道理,但徐訏的这些议论还是引起了一些号称"纯文学""唯艺术"派的不满。水晶数次撰文强调作家可以凭借创作的"潜能"来弥补和超越现实生活中的不足。

从具体的创作来看,徐訏早期作品中不能说完全没有一些"西洋式"对话的痕迹,夏济安、夏志清等《文学杂志》同仁也不能说没有以西方现代派作为取法的艺术倾向。但是,从所论争的议题来看,如现代文学对于古代文学艺术营养的吸收,避免创作中过于西化的问题;如文学创作与现实生活的关系问题,通过现实经验的扩展突破艺术创作的瓶颈等,这些从学理上并不难得到答案,也并不难达成一致取得认同。然而,在论争的过程中,他们似乎都缺乏"同情的理解",从而有陷入意气之争之嫌。香港作家寒山碧曾做过这样的评价:"徐訏所阐述的不过是现实主义最浅显的普遍真理。可是却引起'唯艺术'、'纯文学'派的不满,并在《明报月刊》上引发一场争论。虽然是一场没有结论也

---

① 参见梅家玲《夏济安、〈文学杂志〉与台湾大学——兼论台湾"学院派"文学杂志及其与"文化场域"和"教育空间"的互涉》(《当代作家评论》2007 年第 2 期)对这一争端发生背景的梳理。

没有结果的论争,但至此,徐訏与留美亲美派学人却是渐行渐远。"①

虽然争论本身没有太大的学术意义,但争论的结果却造成徐訏创作受到不公正的对待,甚至导致了徐訏对于文学史的失落。1960 年代初,夏志清的《中国现代小说史》未把徐訏作为重要作家加以讨论,显然与前述的论争存在着内在的联系。对于此种因果,夏志清后来的解释是:"徐訏刚出书时,我看了他的《鬼恋》和《吉布赛的诱惑》(可能也看了《荒谬的英法海峡》,已记不清了),觉得不对我胃口,以后他出的书,我一本也没有看。我这种成见,可能冤枉了他,因为他后期作品可能有几种是很好的。但一个作家一开头不能给人新鲜而严肃的感觉,这是他自己不争气,不能怪人。"②把责任委之于徐訏的早期创作,从夏志清的文学修养和文学判断来说,这自然是有一定道理的。不过,如若认为这就是全部的真实,那么,从旁观者的眼光来看显然是难以认同的。夏志清若无其事的推搪在刘绍铭的笔下则现出其轮廓。七十年代,刘绍铭写了《忧容骑士(The Knight of Sorrowful Countenance)》和《期待奇迹的出现》这样两篇文章。其中的情绪表露无遗,这种情绪当然应该从徐訏与港台亲美文学群体之间的摩擦来加以认识和体会。如果说刘绍铭想把自己笔下的徐訏描写成不合时宜的堂吉诃德式的忧愁骑士,那么,下面一段文字徐訏所表达的可能不只是忧愁,可能还包含着蔑视与愤怒——

---

① 寒山碧:《从〈三边文学〉看徐訏和香港文坛》,见《徐訏作品评论集》,香港文学出版社 2009 年 2 月版,第 244 页。

② 转引自冯芳:《冲刷海内外学术壁垒同谱徐訏文学史地位——1950—1981 徐訏文学史地位评述暨相关重要问题探讨》,《社会科学论坛》2015 年第 2 期。

"《语堂文集》中，还收有他于一九六一年一月十六日在美国国会图书馆的演讲。在这篇演讲中，语堂先生有两处提到我，一处谈到诗的，他说：

One exception is Hsu Yu, who now lives in Hong Kong.

His lines, instinct with rhythm, come naturally.

而译文变成了：

'徐讦的诗尚可读，他的诗句铿锵成章，节奏自然。'

一处是谈到短篇小说的：

Of the writers of short stories, the works of Lu Hsun, Shen Ts'ung-wen, Feng Wen-ping(less well-known) and Hsu Yu are the best.

而译文则变成了：

'短篇小说作家中，鲁迅、沈从文、冯文炳（废名）则是最好的。'（删去了徐讦。）

我自然不会管译者史东先生对我怎么一种看法，但篡改语堂先生对我的意见则实是低能的手段。"①

这样，既失落于左翼作家群体，又见弃于港台亲美作家集群，那么，对于徐讦在文学史上的样貌的认识和准确定位似乎注定要经历波折，注定要演化为一个漫长的过程。

1980 年代之后，研究者们试图进一步从文学史视野来把握徐讦，当然，不同的研究者设置了不同的研究坐标，在不同的文学史坐标中，徐讦的创作呈现出不同的样貌和意义。比如，严家炎把徐讦放置于四十年代"后期浪漫派"的范畴中加以刻画，认

---

① 徐讦：《从〈语堂文集〉谈起》，见《徐讦文集》第十一卷；严家炎：《中国现代小说流派史》，高等教育出版社 2014 年 10 月版，第 263—264 页。

为其作品具有"异国情调"和"神秘色彩",尤其是《风萧萧》,"作者在这里巧妙地把爱情小说、哲理小说与间谍小说熔为一炉,用浪漫化的抒情笔法和哲理性的语言,赞颂了抗战时期的反日秘密工作战士"。① 论述中也提及了徐讦后期的《炉火》《彼岸》《江湖行》等作品,但重心显然在四十年代的部分。

与严家炎类似,吴福辉和杨义对于徐讦的定位也是放在四十年代文学的背景下加以体认的,但有所不同的是,严家炎把徐讦置于后期浪漫派这样一个较为单质化的流派之下,而吴福辉和杨义是把徐讦置于上海或者说是海派这样一个地理与文化空间的变化之中。吴福辉指出徐讦小说在"浪漫与现实交错"②的特征下对于现代情爱主题的深度探索。认为作者在审美创造中既力图满足现代市民的审美趣味,又试图深化人性主题内涵的探索。徐讦在吴福辉笔下是海派都市文学不断取得进展的一个环节,前有叶灵凤、张资平,以及刘呐鸥、穆时英、施蛰存,后有张爱玲、苏青等等。而在杨义笔下,徐讦是作为四十年代海派的代表性作家来呈现的,他与张爱玲、钱钟书并列,并且排在两者之前。这样的章节安排使得徐讦的作品得到较为透入的分析,除了描绘其"人鬼奇幻和异域风流"的审美特点,剖析其"民族意识与人性焦虑"主题内蕴外,对单篇作品的审美体味也更为细腻、精深,比如论及《风萧萧》时说,"这里写间谍,却没有陷入通俗的间谍小说的窠臼。在间谍与反间谍的密谋和疑忌之中,在繁华与孤寂、爱慕与冷酷之中,小说依然能够进行高层次的艺术探索,游刃有余地舒展清细的感情抒写和隽妙的景物描写,尤其是

---

① 严家炎:《中国现代小说流派史》,高等教育出版社 2014 年 10 月版,第 263—264 页。

② 吴福辉:《都市漩流中的海派小说》,湖南教育出版社 1995 年 8 月版,第 82 页。

海伦这个人物身影所及之处，给作品输入一种含情脉脉的旋律。应该承认，作品是不乏民族意识的，而且它把这种意识渗透在人物的憎、爱、怨、悔之中，不时迸发出清词隽语的哲理火花，这大概可以令人感到作家在《后记》中援引别人评述的这段话并非虚言：'《风萧萧》有你其他作品所不及的地方，那是随处都留有你特殊灵敏的感觉。'"①

如果说吴福辉、杨义对于徐讦的分析是与四十年代上海这样的特殊的地理文化空间结合在一起的；那么，钱理群等和范伯群对中国文学现代转型的分析则是把徐讦置于雅俗流变的过程中加以把握的。钱理群等的《中国现代文学三十年》写到徐讦虽稍显简略，但是在"通俗与先锋"这样的名目下展开的。一方面认为徐讦的小说"善于编织奇幻虚渺的传奇故事，包括爱情故事"；另一方面，其作品体现出一种"纯文人倾向"，体现出"对理想化人性的不懈追求"。② 范伯群也是在雅俗关系中来看待和解析徐讦的小说创作的，他说："如果说张爱玲善于俗事雅写，那么徐讦的特点是他的小说有着很浓郁的异域情调，可以说是外国通俗文学的洋为中用版。他善于引进若干外国通俗小说的模式，并加以创造性的改造，形成了他独有的个性风格。他的融汇中西的小说赢得了中国新市民的青睐。"③在中国文学的现代转型过程中，通俗文学的起伏，或者说通俗文学的创造性转化是其中的一项重要课题。把徐讦、张爱玲等置于这样的文学史节点

①　杨义：《中国现代小说史》，见《杨义文存》第二卷，人民出版社 1998 年 11 月版，第 461 页。

②　钱理群，温儒敏，吴福辉：《中国现代文学三十年》（修订本），北京大学出版社 1998 年版，第 518 页。

③　范伯群：《超越雅俗　融汇中西——论 20 世纪 40 年代新市民小说代表作家的创作经验》，《西北大学学报》2006 年第 6 期。

上加以透视，既可以深入地透析其文学内涵，也可以更好地剖视其文学史意义。

不可否认，上述相关的探讨主要落脚于徐訏三四十年代的创作，虽然也一般性地提及后期的一些作品，但重心主要在于前期作品。这样的对于徐訏的解读不可能是完整的，虽然说大多数的现代作家四十年代之后少有重要作品问世，但徐訏却是一个异数，甚至可以说，他的重要的创作主要集中于五十年代之后。把徐訏作为一个整体进行解读并感知其不可忽略的文学成就，香港文坛上，大概要算是司马长风。司马长风的《中国新文学史》在七十年代中期开始出版，写到徐訏的部分虽然也提及徐訏的《江湖行》《彼岸》等，并认为《江湖行》是"野心之作"，但对徐訏的探讨主要也集中于四十年代，在所谓"长篇小说竞泻潮"中论及的是徐訏的长篇小说《风萧萧》。但在 1973 年的《中华月报》上，司马长风历数中国现代作家时就认为徐訏未有受到"应得的评价"，他说："长篇《江湖行》尤为睥睨文坛，具野心之作。据笔者所知，徐訏的诗作、散文、戏剧、文艺批评，都有著作问世，而且都是水准线以上的作品。环顾中国文坛，像徐訏这样十八般武器件件精通的全才作家，可以数的出来的仅有鲁迅、郭沫若两个人。而鲁迅只写过中篇小说和短篇小说，从未有长篇小说的问世，而诗作也极少；郭沫若也没有长篇小说著作，而他的作品，除了古代史研究不算，无论是诗、散文、小说、戏剧、批评，都无法与徐訏的作品相比。也许在量的方面不相上下，但在质的方面，则相去不可以道里计。"①其后，司马氏又说："你走进他的作品，那是漫长的路，何止万水千山！如果你不一步一步走完他

---

① 司马长风：《徐訏及其〈街边文学〉》，《中华月报》1973 年 12 月第 699 期。

的创作历程,你对他的作品有什么资格发言?"①这里强调了徐訏后期作品的重要性,强调了对徐訏进行完整把握的重要性,但司马长风的论点主要还是出于一种直觉,有些说法并不稳健,所做的论证也有欠扎实、充分。此后,寒山碧、廖文杰等在徐訏资料的搜集、整理、研究的推动上做了很多工作。

大陆学界对徐訏展开深入研讨的要到1990年代之后,吴义勤、王璞、陈旋波等不再局限于徐訏三四十年代的创作,都开始对徐訏进行整体性的把握,但在研究指向上各有不同。王璞主要集中于徐訏作品的深细解读上,不但对徐訏早期的作品进行了逐篇与综合的解读,对徐訏后期的作品也倾注了精力进行细致的梳理。陈旋波更注重徐訏作品哲学和心理学品格的挖掘,寻找徐訏创作与康德、伯格森、弗洛伊德之间的联系,在此基础上强调徐訏创作在20世纪中国文学中的意义。当然,这其中最具有文学史眼光,提出了恰当的命题并进行了比较细致的论证的要算是吴义勤的有关徐訏的研究。在对徐訏的文艺思想进行总体把握的基础上,对徐訏的各类文学创作进行了梳理,同时对徐訏几种代表性的长篇小说进行了重点剖析,在此基础上把徐訏置于中国文学现代转型过程中,从传统与现代,雅与俗的递变过程中来审视和把握徐訏的创作。(其研究成果主要汇聚在《漂泊的都市之魂——徐訏论》及《我心彷徨——徐訏传》两部著作中。)此后,一些青年学者投入徐訏研究之中,像闫海田、冯芳、余礼凤、佟金丹等,他们的加入开辟出新的研究视角,带来了一些新颖的思路,使得徐訏研究的空间被进一步打开。可以想见,随着新的研究力量的持续加入,徐訏的文学形象一定会被不断刷

---

① 司马长风:《〈彼岸〉哲思的絮语》,《星岛日报》1976年6月20日。

新,文学史地位也一定会得以改写。

二

对于徐訏文学形象的改写,文学史地位的重构,靠的不是某一权威的振臂一呼,也不是扎堆凑热闹的兴风起浪,靠的是对徐訏文学世界的更真切的感受和传导,靠的是对于这种艺术创造的更准确的学术分析和学术定位,最终靠的是以理服人所取得的理解和认同。鲁迅曾说:"文艺是国民精神所发的火光,同时也是引导国民精神的前途的灯火。"说的更为通俗一些,文艺是国民精神的观照与拓展。从而,一个作家的成就和地位就必然与他在这一活动中的贡献相关,鲁迅之所以是中国新文学的奠基人,就在于他的作品中鲜明地留下了社会历史巨变期中国人精神裂变的影像;茅盾之所以是新文学的代表性作家,在于他以艺术的方式(长篇小说的文体)打开了现代都市世界;同样,老舍之所以作为新文学代表性的作家,在于他以特有的艺术方式打开了北京市民的生活世界和精神世界。

徐訏文学史地位的改写需要通过逐步深入的研究来达到,但一个核心的命题也是不能回避的:创作活动中,徐訏对现代中国人的心灵世界究竟作出了哪些发现和拓展?圆满地回答这样的问题或许仍需要经历一个过程,但通过对徐訏年谱的编撰及相关的学术史的梳理,我觉得这一进程中有两点值得注意。

其一,更好、更深入地把握作家徐訏的艺术气质及由此形成的创作个性。当然,过往的研究也常常地触及到这一问题,比如,指出徐訏小说中的"异域情调"或"奇情色彩"的时候,就已经包含着对徐訏艺术个性的理解和把握。但是,现象层面的把握容易流于浮面,也容易走偏。对于徐訏来说,他早期的几个作品,如《阿剌伯海的女神》《荒谬的英法海峡》《吉布赛的诱惑》等,是很容易吸引人的注意力,也是很容易把人的注意力固定在这样偏狭的印象中的(也就是夏志清说的"调调")。其实,这种异域情调只是徐讦的一次心灵的炫惑旅程,异域奇情并不是本质性的,其本质在于"幻想"。

对于徐讦来说,那种带有"灵异"色彩的幻想是贯穿始终的。早期代表性作品《鬼恋》为徐讦赢得"鬼才"的声誉,这不仅是因为作品中写了"女鬼"这样一个人物形象,而在于作者对于那样一个聊斋世界的沟通传导能力,他能够写得满纸阴风,鬼气森然。到去世之前,徐讦又写了《园内》《轨外的时间》《歌乐山的笑容》等带有灵异色彩的小说,命名为"灵的课题"。不是说,在徐讦的心中,还存在着一个前现代的灵异世界;至少可以说,徐讦并不相信人仅仅是理性的意识存在,人还是一种感受性的存在,某种意义上也就是一种幻想性的存在。灵异是幻想的一种品格,但幻想并不一定非要呈现为灵异的样态。在徐讦这里,幻想似乎是心灵的自由活动样式,是清晰的现实景物上所升腾的雾气。很多情况下,我们看着他好像在现实的道路上,但三下两下他就走入了现实边缘的幻境。我们不妨先看看其早期的一篇散文《寻病记》,作品写的是自己到乡下看望病中的表妹,结果被那种病态的美所吸引、所迷惑。这篇作品已经比较充分地显示出徐讦特有的创作个性,就是在写实的因由下注入幻想的成分,然后在幻想的世界中尽情邀游。再看看围绕他欧洲留学时的种种书写,其中的奥窍就更为清楚。围绕留学经历,徐讦大致上进行了三类写作,一类是直接的现实经验的记录,《海外的鳞爪》基本属于这一类;再一类则是在现实基础上融入了文化交往的反思和讨论,《西流集》就属于这类作品。还有一类作品,可说是处于亦实亦虚之间，《海外的情调》中诸篇什便是这样的作品。它们往往是以现实材料为蓝本而形成了一种想象性的表达。像《蒙摆拿斯的画室》《鲁森堡的一宿》《英伦的雾》这些作品究竟是散文还是小说，其实已经很难界说了。进一步幻化，如同腾空而起的风筝只留一点现实的因缘，那么就是《阿剌伯海的女神》《荒谬的英法海峡》《吉布赛的诱惑》这类作品了。

由一点现实的因缘引入幻想之境是一种致幻的方法，在现实的基础上重构一种拟真之境也是一种致幻的方法。五十年代初徐讦曾有一些散文结集为《传杯集》，其中有《驯兽的哲学》《当心恶犬》《妻的化钱》《讨债》《礼尚往来》《表》等几篇作品发表时署并不是徐讦的名字，收入《传杯集》的时候署的也是发表时的名字。这说明它们可能是由别人所作。用笔名发表作品并不奇怪，问题是这些作品在内容上还相互烘托，着意表明是不同的作者在写作，就是说徐讦是有意地制造亦真亦幻的假象。但这些作品最后被收入了 1968 年台北出版的《徐讦全集》，而《徐讦全集》是由徐讦本人审订过的。这说明徐讦把这些散文看作是自己的作品。还有一个多少有些类似，但看上去更为逼真的例子。《传杯集》中有一篇序文，叫做《序皇甫光〈无声的钢琴〉》。这是一篇写的非常幽默有趣的序文。文中写了徐讦自己到香港后准备改行的情况，也写了香港文坛的情况，还写了自己与皇甫光之间的奇特的交往经历。最后用与皇甫光太太对谈的诙谐方式对皇甫光的作品进行了评价，同时也对当时香港的散文创作进行了概观式总结："我觉得香港写这类小品的有两种，一种是传奇小品，这是靠巧合与奇遇，来引人入胜的，可说是浪漫派；一种是幽默讽刺小品，这是靠人情世故行为心理的揣摩来使人读来有亲切之感的，可说是写实派。他的小品则似乎常常会融汇了这两种特点,所以就又能引人入胜,又使人觉得有亲切之感了。"更有意思的是,徐訏的这类小品是在真假之间有一些奇遇和巧合,可以说,并非纯粹写实的;另外又常常有一种对于世情深刻洞见的幽默与嘲讽。所以,徐訏的序言,更像是对于自己作品的夫子自道。事实证明,皇甫光或有其人,但《无声的钢琴》等等据考证都是子虚乌有。"①徐訏究竟是用这种方式来炫耀自己亦真亦幻的本领,还是用这种方式考验读者辨识真实/虚幻的界限,不得而知。但在真实/虚幻的边界游走是他的兴趣所在,并能由此激发他表达的欲望。

徐訏曾经说,如果粘连于现实,就失去了想象的能力,只有在腾空而起,离开现实的地面的时候他的思维才能自由地翱翔。谈起《风萧萧》的时候,他有过这样的说法:"在许多谈到这书的人中,似乎都喜欢问我这故事是否事实,或者是部分的事实,再或者是事实的影子,我想这恐是人类共有的理智的欲求,而我对此并不能予人满足;长夜独自搜索我经验中生活中的事实,几乎没有一件可以与这里的故事调和,更不用说是吻合。还有许多朋友爱在我现在生活的周围寻找这书里的人物的模特儿,这是很使我奇怪的事情。我想我或许可能将生活中经验中的一些思想与情感在书中人物里出现,但实际上,在我写作过程里,似乎只有完全不想到我见过或听过的实在人物,我书中的人物方才可以在我脑中出现;如果我一想到一个我所认得的或认识的人,书中的人物就马上就隐去,必须用很多时间与努力排除我记忆或回忆中的人物,才能换出想象中的人物。我觉得许多先人的

---

① 吴义勤、王素霞:《我心彷徨——徐訏传》,上海三联书店 2012 年 8 月版,第234 页。

理论没有错，文学不是记忆或回忆，而是想像。"(《〈风萧萧〉后记》)他说的想象显然是一种比较纯净的想象，一种偏向于幻想的想象。

我以为，幻想性就是徐訏最重要的艺术气质。当然，这种幻想性既有天生的成分，也有一些后天的因素，比如说，徐訏童年时候曾遭到一个诅咒，"当我生下来的时候，一个算命先生说这个孩子养不大，如果养大准是个克星。果然，我的父母不久就分居了，我被送到了学校"。这对于天性敏感的徐訏带来了极大的影响，造成了极大的心理压力。徐訏在北京大学读完哲学之后继续研读心理学，不仅仅是知识的兴趣，更有来自自我解读的渴望。徐訏在选读心理学后发现没有什么可选的课程，因为大部分课程带有实验心理学的色彩，而不是他所希望的理解心理现象的心理学。选读汪敬熙的课程还是因为他曾经是一个作家，似乎一个作家能对心理现象做出独到的解释。

尽管徐訏放弃了心理学专业继续深造，但此后对心理学的兴趣一直没有减歇。比如，他对巴甫洛夫的条件反射的心理学意义就尤其注意。1936年巴甫洛夫逝世的时候，徐訏写了《巴甫洛夫之交替反应在近代思想上的意义》一文。此前，徐訏对盛行的西方行为心理学一直感到不满足。行为心理学的主要理论假设建立在刺激反应实验之上，用这种刺激反应的行为来解释人类的心理现象。这时，人类的心理与生理并没有很好地区别开来，这让徐訏感到有较大的欠缺。同时，徐訏在对马克思学说的追踪中感到物质和意识的关系问题虽然得到充分的论述，但就具体的人的生理/心理关系却多少有些忽视。因此，他一方面希望用马克思主义的辩证思想来深化、批判行为心理学；另一方面，也希望引入巴甫洛夫的生理—心理学来充实意识与物质关系的某些环节。所以,这篇文章是把巴甫洛夫的条件反应说放在近代思想史的背景下加以论析的。巴甫洛夫的心理学实验对徐讦来说是影响深久的。[①]

其后,徐讦到法国留学期间着意加以留心和研究的主要就是伯格森、弗洛伊德等人,这也正是西方近代哲学向现代哲学转变的时候,由传统的认识论哲学向现代存在论哲学转向的时候。弗洛伊德用大量的病例证明着无意识世界的存在,伯格森则试图以想象的方式消泯传统的主客体之间的界限,宣称一个意识之流的存在。这些学说极大地推动了现代艺术的发展,也吸引了正困惑于人的心理世界的徐讦。在这里,心理学与哲学走到了一起,它们共同构成了徐讦对于人的理解。至此,我们可以说,由一种幻想性气质和内心困惑的推动,到对现代心理学和哲学的吸收,大体上形成了徐讦的有关自由个体的人学观念。当然,徐讦既不是心理学家,也非哲学家,他对相关知识、观念的吸收是从一个作家的体验出发的;反过来,相关的知识、观念也融汇与影响到创作活动中,可以说,这种人学观念反过来影响到徐讦的美学观念。

说的稍微直接一些,那种本然的幻想性气质经由一种文化的反思与熔铸,经历一段创作的沉淀,在徐讦身上逐步形成了一种较为稳定的创作个性,可以称之为内体验的想象方式。它不再是幻想式的天马行空,但你说它是经验的,它又不具有很强的

---

① 三十多年之后,直到 1969 年巴甫洛夫诞辰 120 周年纪念的时候,徐讦又发表了一篇纪念文章《谈巴甫洛夫的交替反射之研究》。这篇文章除了对巴甫洛夫的学说作进一步的介绍之外,还对巴甫洛夫学说的巨大影响和意义进行了评说,认为巴氏的条件反应说"开辟了以后半世纪来心理学的研究的新途径","最大的影响,则是对于'人'有新的认识与了解"。

现实感；它更多地是一种心灵体验，以及在此基础上想象性的延伸。作品中它表现为对人物内心深度、复杂性和内心演变轨迹的卓越把握能力。徐訏稍后的那些优秀的中短篇小说，如《旧神》《期待曲》《婚事》《杀机》《炉火》《彼岸》《痴心井》《盲恋》《新春》等都可以这样看。在徐訏众多感情纠葛的小说中，对人物内心经验的把握或者说心灵叙事主要侧重于两个方面，一是人物心灵郁结的形成，二是人物之间的感情纠葛（或者是错失，或者是冲突）。

《旧神》中王微珠与刘伯群经朋友介绍撮合，刘伯群很是热心，而王微珠似乎没有感觉。不意之间，微珠爱上了到访的程姓朋友，并迅速坠入热恋。可是程去美国的路上就移情别恋了，这让微珠痛不欲生，并决心报复。此后，她与刘伯群的恋爱，以及离开刘伯群去往美国，并最后杀死程协云，都是对于受到"侮弃"的复仇。问题在于，刑期三年归国，在另嫁他人之后又堕入了相似的情境，在感到要被抛弃时候又杀死了丈夫。作为该案的推事审理此案的恰恰是当年的恋人刘伯群。刘伯群早已成为一个"恨女主义者"，认为女人不可信，这同样是一种心理惯习或心理郁积。《期待曲》写一个在艺术上颇有天赋的钢琴家许行霓在美留学的故事。留学期间先是学钢琴，接着无师自通地学起了作曲，并且在作曲上也显示了独到的天赋，而他转向作曲最重要的原因就是要为远在故乡的等待着的姑娘写一首钢琴曲——期待曲。然而，因为在美国滞留的时间过长，等待着的姑娘已经移情别恋了，这带给许行霓致命一击。匆忙赶回国内之后，也联系上了过去的女友，但许行霓已经不是要极力挽回，而是一意责备对方把他们圣洁的爱情毁灭了，由此，又把对方推得更远了。就像他妹妹分析的那样，许行霓的爱不是简单的感性的爱，它是一种抽象的完美的爱，它来自于人物的一种精神强迫症。这些小说对人物心灵错综，心理畸变的深入细微的体察和分析表现得淋漓尽致。

像《婚事》这样的小说，对人物心理症结的来龙去脉就追踪得更远了。作品由"我"姐姐的女儿阿密的婚事而引发的两段有关心理疾患的故事。一段是为外甥女治病的俞大夫所讲的有关外甥女男朋友杨秀常的故事。杨秀常曾在半幻梦状态中杀死了自己的妻子，他甚至也不能明确意识到自己的行为。俞大夫用催眠疗法诱导其暴露自己的内心世界，慢慢明白了事情的真相，原来是嫉妒和害怕妻子爱上自己死夫的弟弟，由此逐步明白了杨秀常杀妻的原始诱因。另一段则是杨秀常的妹妹杨秀桢给"我"讲的有关俞大夫的故事。俞大夫在为杨秀常治疗的过程中爱上了妹妹杨秀桢，但是俞大夫那种"尾随与注视"的强势态度让杨秀桢感到压力和恐惧，这同样是另一重的心理问题。作品显示作者对于心理问题，尤其是变态心理问题的浓厚兴趣和持续热情。

通过这样几个小例子我们就可以清楚看到徐訏小说的创作个性及其所达到的心灵深度，更不要说《彼岸》《江湖行》这类体现出一定诗性和历史感的作品对人物精神世界的纵深开掘了。鲁迅在谈到安特莱夫的创作的时候曾说："俄国作家中，没有一个人能够如他的创作一般，消融了内面世界与外面表现之差，而现出灵肉一致的境地。"①鲁迅这里谈到那种消融写实与写意的差别，有现实的外观，但又突入人物的精神内心，这样的作品是

---

① 鲁迅:《〈黯澹的烟霭里〉译者附记》，见《鲁迅译文集》第十卷，人民文学出版社 1958 年版，第 201 页。

真正的高境界的叙事作品。沈从文在谈到小说创作的经验时，也说要"贴着人物来写"。这种说法也同样显示出要从外部的现象，人物的语言、行为等透入到人物性格、心理的揣摩上去，也同样强调外部世界与内部世界的消融。准此以观徐訏的小说创作，我们可以说，徐訏的创作主要侧重于人物内面精神的发现与探索，作品体现出强大而清晰的心理逻辑，这也是其作品叙事过程中让人沉醉、着迷的地方。

明白了徐訏的创作个性，以及由此形成的创作特点，那么，对于其作品的解读就应该与这种个性特点相适应。我们对其作品的把握首先要看的是它对人物心灵穿越的深度，以及人物内心演变的轨迹的合理性与敏锐性等。而不能一味地说徐訏是一个浪漫主义作家，以一种外部打量的方式看待徐訏作品的浪漫性、诡异性等等。比如，有论者就认为《疯狂的巫兰》这样的作品显得浪漫又诡异，说是两个女性身上在同样的地方长着一样的红痣不可能，这是一种浪漫的想象云云。又比如说，"整部《江湖行》的成就，除却'奇情故事'而外，在'刻画时代'、'解剖人生'这些方面，其所能作到者要不外浮光掠影，似有还无而已"。这就是完全站在外部来感受和判断作品，都是不理会人物内心的逻辑，难免隔膜。诚然，徐訏的小说是不是存在着写实的不足，或者说社会历史感稍显薄弱一些的问题，我想，这也是不容回避也不必回避的。我们可以看到香港时期的作品，徐訏其实是努力增强其社会历史感的，《江湖行》中野壮子的几次出游，最后迁移重庆既有其外在历史背景，也是作品通过人物的经历有意卷入更多的社会历史内涵的一种努力。再比如《女人与事》《来高升路的一个女人》《小人物的上进》也都可以看到徐訏的写实能力，细节能力，以及娴熟的反讽技巧等。而且，在五六十年代的有关论争中,徐讦也一再强调社会体验与写实的重要性。可见,对于徐讦来说,写实的观念不是问题,写实的技术也不是问题;而在艺术表达的极致之处,在艺术的自由之境里,艺术家的本然的个性必将最深刻地袒露出来。而我们也必须在准确把握作家的艺术气质和创作个性时才能对他的创作做出深入的恰切的理解。

其二,更好地把握徐讦创作的多样性,及多样性所构成的整体性。过去,讨论徐讦的时候,主要集中在小说方面,这对于认识徐讦是不够的。徐讦写作中存在着文体多样性创造的冲动,小说、戏剧、散文、诗歌,现代文体的四个大类在他的写作中都得到了充分的表现。而且,在任何一种文体内部又存在着多样性的状况,比如,他最早的小说是《烟圈》《本质》这样带有鲜明的现代派色彩的小说,这些与《现代》时期的穆时英们是具有类似性的。等到留学欧洲前后写作的《鬼恋》《荒谬的英法海峡》《吉布赛的诱惑》等作品的时候又是一种偏向于浪漫派的艺术,到香港之后仍然进行着多样性的形式探索,像《彼岸》具有一种诗化气质,《女人与事》等作品则又增强了小说的写实品格。

小说如此,诗歌、散文、戏剧也都不例外,徐讦的诗歌大多数是以记录个人内在心绪变化的创作,但也写作过较长篇的叙事诗,《浪卷来的人群》《无题的问句》等,写过歌剧、诗剧《鹊桥的想象》《潮来的时候》等,写过较晦涩的哲理诗,也写过较通俗的电影歌词等,此外,徐讦也创作过传统的古体诗。戏剧方面,徐讦基本没有大部头的长篇巨著,所谓的四幕戏、五幕戏也只不过一个短篇小说的长度,但是,戏剧这种样式吸引徐讦的不是其中的冲突、戏剧线索或人物刻画之类,而是戏剧本身的设计感、布局感。他接近和热衷于未来派戏剧、表现派戏剧,也是基于其特别的形式感。再如,徐讦还特别愿意探讨戏剧舞台的设计、布局等，也是同样的道理。散文，本就是灵活的文体样式，在徐訏的笔下就更是变化多端。徐訏笔下有通常的抒情散文，如《夜》《鲁文的秋》等，但总体来看，这类抒情性的美文不多，更多的是杂感、随笔之类。从徐訏与朱光潜刊登于《天地人》上的通信可以看到，徐訏心目中的散文诗是一种文体灵活不光是传达美感，同时传达知识性、价值性的一种带有议论色彩的杂感。徐訏散文创作中，这类作品是最为丰富的。尽管这其中有些是即兴的写作，比如报刊上的连载作品。但总体上还是体现出一定的文化审美品格。像他的"三边文学"即《场边文学》《门边文学》《街边文学》即包含着对于自身写作的想象与定位。一定程度上，可以说继承了鲁迅杂文的某些特点。除此之外，徐訏的散文也有极为形式化的探索，如近似散文诗之类的"絮语"，带有抽象品格的"日记"，具有哲思语录性质的"寸云斋随笔"等。当然，如若我们把标准放得更宽一些，他还有写的相当严谨规范的学术文章和论著，如对现代诗歌实践进行反思的《诗与诗论》，如对左翼文学思潮和谱系进行梳理的《现代中国文学的课题》等。

我并不十分认同司马长风的说法，所谓"徐訏的诗作、散文、戏剧、文艺批评，都有著作问世，而且都是水准线以上的作品。环顾中国文坛，像徐訏这样十八般武器件件精通的全才作家，可以数的出来的仅有鲁迅，郭沫若两个人"。作家所掌握的文类形式的多寡并不与他的艺术水平完全成正比，有些作家只经营一种文体形式，同样可以达到很高的境界，比如老舍的长篇小说，艾青的现代诗歌等。但是，从另一方面来看，一个作家强烈的形式冲动，这种冲动隐含着怎样的创造性，带来其创作怎样的影响，这是一个需要考察的问题。现代文学中，体现出较强的形式冲动的还有鲁迅。鲁迅不光是小说家，也是诗人、散文家，还是文学史家。各种文类的表达中，我们都可以感到巨大的创造性。且不要说他的小说"一篇有一篇的形式"，即如散文也是各式各样，既有较为传统的记人或记事散文，也有充满现代感的散文诗，还有随物赋形最具鲁迅个性的各式杂文。不仅如此，古老的神话故事点染之后具有了现代的生气（《故事新编》），哪怕是《中国小说史略》这样的研究论著也因其眼光独到而成为后来者的典则。问题不在于这些文类或文体形式本身，不在于作者有掌握更多的艺术形式的能力，而在于作者进行这些形式探索背后的推动力是什么，其中隐含的内在一致性是什么。鲁迅的上述文体看上去相去很远，但实际上都存在着深刻的联系，小说创作与小说史研究，散文（包括杂文）创作与小说创作之间的联系过去人们有所谈论，即使是杂文创作与小说史研究之间也同样存在着深刻的联系。鲁迅的杂文绝不仅仅具有现实感，或者说他的杂文的现实感与作者深厚的思想文化意识是分不开的。所以，鲁迅文体形式的多样性与中国社会文化的现代转型紧密相关。

那么，徐訏多样性的文体创造冲动中又隐含着怎样的内在联系呢？这里我们对其创作中几个突出的文本现象略加考察可能更便于我们说明问题。比如，徐訏的戏剧文体就很显眼，像《人类史》《女性史》这样的作品，前者设置"过去""现在""未来"三幕戏，后者构想的是"悠远的过去""地球表面""壮而有力的男子，窈窕美丽的女性"这样宏阔的场景。与其说是戏，不如说仅仅以一种构想的场景，一种严重超拔于现实的场景。虽然说徐訏在戏剧创作上受到"表现派"和"未来派"的影响，但我们看到他也是把这种影响极端化了，成为一种非常触目的形式存在；或者说，"未来派"和"表现派"的这种艺术样式最能触动徐訏的艺术表达。这种穿越各种既有规范,超拔于现实表象之上而达致一种精神自由翱翔艺术表达的冲动,它带来艺术多样性的尝试,带来对文体正面与背面的揭示,带来对艺术边界的穿越,这似乎也是题中应有之义。

香港时期,徐訏曾写过两篇带有元叙事色彩的小说,《字纸篓里的故事》和《未曾剪辑的故事》。《字纸篓里的故事》带有一些寓言的色彩,"我"走在一座浅蓝色洋房边上的时候,房子边上的字纸篓突然开口对"我"说话,让"我"帮它写一篇小说,它提供一些原始的素材。从小说的结构来看,带有拼贴的意味,虽然有一些原始的材料,但它们之间的关系并不明朗,人物之间究竟是怎样的关系也不清楚。经过拼贴形成了小说的结构框架,但并不完整,需要读者的积极参与。从拼贴起来的框架形成的叙事轮廓我们大致上知道:这是一个重新组合的家庭,由一个父亲带着一个学音乐的儿子,以及一个母亲带着姐弟三人,大姐在音乐方面颇具禀赋。在这个拼贴的图画的缝隙间我们还获得了更多的信息,父亲非常反对儿子与女儿之间的感情,尽管他俩之间没有血缘关系,但他觉得这有碍于他的面子。我们还看到菁儿与老师之间的感情;看到"父亲"因炒金失败带来情绪上的低沉,试图去台湾发展;还看到"母亲"并不安分,在外面结交一些不明身份的人。总之,可以感受到现代社会人际的错综与生命的律动。小说《不曾修饰的故事》写了两对男女之间奇特的感情纠葛,张志文与俞维兰两人相爱六年,分别了三年,在张志文从英国留学回来后结婚,结果却是婚后五个月就离婚了。因为这之间出现另外两个人物,一个是张志文在回国途中认识的莫帼英,一个是不久前从南洋回国的俞维兰的表哥汤尼丁。表面上,张志文和俞维兰都忠于他们的感情,他们的婚期没有受到什么影响,但从内里来看,他们的感情受到了深深的冲击。漫长的等待之后,当汤尼丁回来的时候,其实俞维兰的心情已经改变,她是通过极力帮助汤尼丁来寄托和表达这份情感。同样,张志文碰到莫帼英之后内心也是另有归属,所以,俞维兰说什么,做什么都让他感到不愉快。除了这种感情上错综和错位之外,文本在叙事上的呈现尤其值得注意。与《字纸篓里的故事》相类似,小说也带有很强的叙事形式探索的色彩,《字纸篓里的故事》设想了一个从纸篓里获得的原始材料,然后略加编排成为小说文本;这里也设想从张志文那里得到了有关他过去感情的经历为"不曾修饰"的原始材料,然后是作为小说家的"我"对这些材料进行了想象性的加工。我们所看到的只是小说家加工的结果,只是一种通过语言文字的想象与表达。

从这里我们可以看到徐訏对于所谓"现实"的洞穿性思考,小说与文学的真实,甚至整个的语言文字的真实只是一种表达的真实,一种可能性的建构的真实。由此,我们不难理解,对徐訏来说,文体形式的创构主要来自于超拔和穿越现实的心灵自由与既有的现实规范与艺术表达之间的平衡。前者对徐訏来说并不需要耗费太多心神,他的诗歌就像日记一样成为心灵经验的记录簿,而后者则需要一番心灵的苦斗。事实上,艺术表达的过程往往也就是一种艺术的斗争过程,在斗争中实现或部分实现艺术表达的过程。

对徐訏创作多样性与整体性关系的把握,还应包含着对其创作前后变化性,及变化中内在联系性的认识。这里自然指五十年代初他出走香港以后的创作与此前创作之间的关系。新的国家的建立,从社会和文化层面来说当然是巨大的变化,它对此一时期前后的创作产生巨大的影响是自不待言的。比如,像郭沫若、茅盾主要从事文化事业的管理工作,所写的是实用性的文字,很少或是基本没有像样的文学创作,老舍、巴金在短暂的创作后也陷入僵局,沈从文、胡风等更是失去了创作的权利。总之,社会现实的巨大变迁与创作者认知情感上的不同步造成了创作的失语现象。还有一种因现实文化环境的变迁而对创作发生深刻影响的情况,比如,张爱玲就是这样情况,她在五十年代的创作与此前上海时期的创作发生了很大的变化,但这种变化是因外在影响而发生的,她的《秧歌》《赤地之恋》是因外在要求(甚至拟好提纲)而书写的。在这一点上,徐讦的创作是有所不同的,是值得注意的。不是说剧烈的现实变迁对徐讦的创作没有影响,1948 年之后到 1950 年上半年徐讦几乎没有什么写作,这显然是现实剧烈的动荡造成的。但 1950 年下半年开始,徐讦迅速迎来一个创作的高峰。这个创作的高峰对徐讦来说是此前创作的延续,同时也是前期创作的提升。《期待曲》《炉火》这些作品与此前的《旧神》《一家》等一脉相承,同时,这一时期的创作无论是质还是量都有明显的提升。这种变化与延续说明文学受到社会生活的影响,但同时还存在着自身内在的延续和规律。文学会受到意识形态的影响,但应当承认,从本质上说,文学是一个比意识形态更宽泛的存在。

三

鲁迅说:"分类有益于揣摩文章,编年有利于明白时势,倘要知人论世,是非要看编年的文集不可,现在新作的古人年谱的流行,即证明着已经有许多人醒悟了此中的消息。"(《且介亭杂文·序言》)通过对徐讦人生历程和创作历程的梳理,从而对其创作概貌和创作个性有进一步的把握和更深入的理解,或许并不能就此讨论徐讦的文学史的地位，议定他的文学史座次之类，但做好这些工作可以让我们更好地理解徐讦在文学史上所起到的作用及因此而产生的贡献。换句话说，这也是徐讦研究的价值和意义所在。我以为，这种学术价值主要表现在两个方面。其一，从时间维度来看，可以更深入地理解中国文学的现代转型，尤其是这一过程中的雅俗流变。中国文学的现代转型是一次极为复杂的历程，它以新文学（文化）对旧文学（文化）批判的方式展开，但任何文学（文化）在其转型过程中都不可能彻底地脱开母体，它还必须从母体自身寻找根据和滋养。中国新文学从最初的激烈的反叛姿态到三十年代逐步呈现出某些回归自身的趋向，小品文的出现从文学的角度似乎可以做如此的解读。这种回归的倾向也还表现在对民间文学，尤其是对民间戏剧的态度和认知上。三十年代，徐讦初登文坛，受到林语堂的赏识，协助编辑《论语》和《人间世》，由此而步入文学的道路。由于这样的文学时空和文学姻缘，所以，徐讦身上一方面体现出鲜明的五四精神；另一方面，也体现出向传统文学复归，吸取传统滋养的意识。徐讦身上的五四精神是十分鲜明的，从三十年代中期反对文言复古到七十年代与新亚书院的论争都显示出一以贯之的五四知识分子的风姿。但与此同时，徐讦身上的文化思路要宽泛一些，比如，他对白话诗的态度，一方面坚持白话诗的方向，另一方面认为对传统诗歌韵律和格式应基于汉语语言特征加以接续和吸收。这一点与三十年代的汉语诗歌实践也是相通的，比如戴望舒等对西方象征派艺术借鉴的同时对于古代诗歌意象表达的特征也开始有所自觉。只不过，戴望舒侧重于意象方面，徐讦侧重于音调节律方面。所以，后来林语堂曾评价他的诗句"铿锵成章，节奏自然"。再如，徐讦对于中国传统戏剧一直很留心并有一些切身的经验，他曾向鲁迅询问有关目连戏的情况，鲁迅的回复无疑增强了对传统戏的认知。

当然，我们这里不宜笼统地讨论中国文学现代转型中徐訏提供了哪些可资借鉴的经验，但这其中一个较为重要的方面是小说创作中如何实现对于志怪传统的接续。我们知道，志怪不仅在古代文学中有深厚的传统，在文化心理上也有着深厚的积淀，在民间戏剧、民间习俗等方面有广泛的表现；另一方面，我们也应清楚地意识到志怪传统因其非现实特征是新文学批判的一个重要对象。这样，如何在新的现代语境中把传统的志怪元素恰当地演化与释放出来，这显然是此类文学创造的关节点所在。徐訏《鬼恋》的出现看上去有些突兀，实际上并非如此，甚至可以说是顺理成章的。假如我们把《鬼恋》与郁达夫《十三夜》联系起来就可以看到，传统志怪元素在现代语境中的出现是经历过一个精致、细腻的审美转换过程，而不是简单地认同俗文学或回到俗文学的叙事线路上去。这种联系体现在这样几个方面：第一，《鬼恋》和《十三夜》一样，在内核上都是"人鬼恋"的故事，其中的两个核心人物及小说的基本情节都与中国文学传统中非现实的人鬼恋叙事相联系。第二，两篇作品都是现代语境中展开的现代叙事。既要激发志怪元素的神幻效果，又要满足现代人的真实感。《十三夜》中，葛岭上月光下的白衣女子朦胧飘忽，她可能是画家陈君的幻觉，小说在处理上是颇具匠心的，一方面，有关白衣女子的叙述都从陈先生这里出来（其中一次是朋友的转述）；另一方面，小说在结尾的部分以叙事人的角度写到杨云友的墓和墓碑，暗示"女鬼"可能的来历。《鬼恋》中"我"在深夜的街头碰到的黑衣女子则显得冷峻、美丽，她称"我"为人，自称为"鬼"，一路上让"我"产生有关聊斋故事的联想，她的住处也总让人心生疑惑，担心是不是真的到了一个非人间的所在，但最后发现黑衣女子并非是鬼而是一个经历了世事浮沉而厌倦了社会俗世的人。第三，作品审美演化的目标都是表达对于现实的愤懑。《十三夜》中陈君之所以遇上这样的白衣女子，与他的精神状况是分不开的。陈君从台湾，到日本，再到大陆一路上郁郁不得志的挣扎，与山间监狱里犯人悲切的长啸相映照，非现实的幻影是与这样现实的根源相联系的。《鬼恋》中的黑衣女子并不是什么女鬼，她曾是一个革命者，参加过多次暗杀，还曾亡命海外，只是由于做人的艰难才以"鬼"的面目示人。这种转换之间不只是离奇的故事，同样包含着对于现实的愤懑和抗议。

由此可以看到，雅俗流变在徐訏这里并不是一味地回归俗文学的传统，而是在一些特定的命题上与文化传统的沟通，这里主要体现为与非现实的文化心理的沟通。在此基础上，它可能延伸出悬疑和诡异的故事性趣味，从而满足通俗层面的审美需求。但无论是从具体作品来看，还是从整个创作历程来看，徐訏的这类小说并不是要进行一种俗文学的故事化叙事，从而堕入俗文学的窠臼，而是在有效激活深层文化心理的情形下实现对人物存在状态的揭示。这也是贯穿徐訏创作过程的持续性思考，除了早期的《鬼恋》，后来又有《百灵树》《痴心井》《离魂》等，生命的最后阶段还创作了《园内》《轨外的时间》《歌乐山的笑容》等。最后几篇作品结集为"灵的课题"，从中不难感受到徐訏对现代中国人灵魂安顿的思考。

其次，从空间维度来看，更有利于把文学形态的多样性与文学空间流变结合起来，从而在更广阔的时空背景下考察中国现当代文学的起伏变化。长久以来，文学史研究中的时间问题，诸如现代文学的起源问题、分期问题、文学思潮发展的脉络问题等吸引着研究中的目光，成为文学史研究的主要关注点，但在现当代文学研究不断深化的过程中，人们发现文学史研究不但存在着时间问题，同时也存在着空间问题。中国现当代文学不应该仅仅是大陆文学史，同时，也应该包括台港澳文学史。这种包括在初期的理解中是从空间版图上出发的，是一种静态的包括，因此，出现于文学史中的台港澳文学往往只是作为一个附加的部分，表示有一种完整的国家版图意识。实际上，文学史层面的空间不应该是简单的、静态的空间范围，空间流变也就是空间的历史流变，应该是文学史意蕴的重要组成部分。就是说，中国现当代文学从其生成的意义上它是有空间性的，是存在着不同文学形态的起伏流散的。

对于此一论题，我们这里同样无法进行宏观的展开，只能以徐訏为个例进行一些例证性的探讨，好在我们探讨这种空间的流变本应从具体的演化轨迹、接榫的关节点入手。

徐訏的小说具有明显的空间性特征。从早期小说《滔滔》到最后的《歌乐山的笑容》，大多数小说都具有明显的空间特征。《滔滔》写一个乡下妇女从乡村到城市然后回到乡村，重点写前后心绪的变化。《歌乐山的笑容》则是一篇带神幻色彩的小说。太太史淑明从未到过歌乐山，但她的画却呈现出歌乐山的景色，藉此线索先生林学仪读懂了她脸上神秘的笑，原来是歌乐山溪水中少女亡魂的幻影。这些作品中我们不难感受到，空间的变化与人的命运联系在一起，或者说，人的命运是通过空间的变化呈现出来的。我们前文谈到徐訏作品善于掘发人物心灵的郁结，以及不同人物之间心灵的错失，而这又不能不与相应的空间环境相联系。徐訏香港时期的小说这方面表现得尤为突出，黄康显（傲云）曾就此做过专门的的统计和研究，他说，徐訏五十年代在香港创作的 39 篇短篇小说,其中纯粹写香港本地的作品只有 11 篇,从中可以感到徐訏的流寓心态。他说不难从徐訏小说中体会到一种流放感,而这种流放感来源于作者特殊的心态,"这种心态,反映在文学的触觉上是一种变迁感,在题材上是一种怀乡调,在气氛上是一种颓废味"①。徐訏小说中的这种空间背景确实应该得到关注和更深的探讨,但我觉得先不妨从两个层面来加以把握,一是这种空间的变化造成个人命运的沉浮,再者这种空间的变化意味着时代的沧桑巨变(当然,有时这两者是融合在一起的)。这都是徐訏经常借助于也是他善于展开的空间方式,《江湖行》《过客》《鸟语》《离魂》等等,比比皆是,莫不如此。

然而,徐訏创作中这种空间场景流变所带来的人生意蕴的错综与社会现实中空间场域变换所形成的文学史意义的嬗变,这两者之间存在什么关联关系吗?我以为,它们是存在关联域和内通性的。创作中,空间场景的变化导致的是人生意义的郁结或错综,而社会现实中空间场域的变化也同样导致文学形态延续或突变,前者是文学的感性或具体样式,后者是文学的抽象或理论形态。徐訏出走香港,一方面是生活空间,社会空间的巨变,另一方面却是他已经习惯了文学形态的持续。从徐訏与香港的关系而言,是徐訏人生环境的巨大变化,而从现当代文学的流变来看,又在巨变的边缘保持了某些稳定的样态。这样,我们就可以从两个方向来看待和解读徐訏,一是从香港文学空间来解读徐訏,一是从中国现当代文学空间来解读徐訏。非常有意

① 参见黄康显:《香港作家的流放感(上)——徐訏后期的短篇小说》,《香港文学》1990 年 6 月总第 66 期;《香港作家的流放感(下)——徐訏后期的短篇小说》,《香港文学》1990 年 7 月总第 67 期。

思的是,徐讦并不把香港当作自己的归依之地,香港也不把徐讦当作自己的作家。许多香港文学史甚至不提徐讦,有些提及也是轻描淡写。刘绍铭、徐速笔下还把徐讦描绘成格格不入的失意者。而在中国现当代文学史上,徐讦又只是一个偶然被记起的失踪者。虽然,这些情形已然得到了一定程度的改观,但我们相信随着研究的深入,徐讦还将在文学史的意义上进一步被人们发现。

图书在版编目（CIP）数据

徐讦年谱/赵顺宏著. —杭州:浙江大学出版社，
2024.1
（浙江现代文学名家年谱 / 洪治纲主编）
ISBN 978-7-308-24393-3

Ⅰ.①徐… Ⅱ.①赵… Ⅲ.①徐讦(1908—1980)—
年谱 Ⅳ.①K825.6

中国国家版本馆 CIP 数据核字(2023)第 220048 号

徐讦年谱

赵顺宏　著

责任编辑	潘丕秀
责任校对	蔡　帆
封面设计	周　灵
出版发行	浙江大学出版社
	（杭州市天目山路 148 号　邮政编码 310007）
	（网址:http://www.zjupress.com）
排　　版	浙江大千时代文化传媒有限公司
印　　刷	杭州高腾印务有限公司
开　　本	880mm×1230mm　1/32
印　　张	15.125
字　　数	340 千
版 印 次	2024 年 1 月第 1 版　2024 年 1 月第 1 次印刷
书　　号	ISBN 978-7-308-24393-3
定　　价	88.00 元

.